《西方古典学研究》
编辑委员会

主　编：黄　洋　（复旦大学）
　　　　高峰枫　（北京大学）

编　委：陈　恒　（上海师范大学）
　　　　李　猛　（北京大学）
　　　　刘津瑜　（美国德堡大学）
　　　　刘　玮　（中国人民大学）
　　　　穆启乐　（Fritz-Heiner Mutschler，德国德累斯顿大学）
　　　　彭小瑜　（北京大学）
　　　　吴　飞　（北京大学）
　　　　吴天岳　（北京大学）
　　　　徐向东　（浙江大学）
　　　　薛　军　（北京大学）
　　　　晏绍祥　（首都师范大学）
　　　　岳秀坤　（首都师范大学）
　　　　张　强　（东北师范大学）
　　　　张　巍　（复旦大学）

西方古典学研究

An Introductory
Research Guide to
Greek History

Second Edition

希腊史研究入门

（第二版）

黄洋　晏绍祥　著

北京大学出版社
PEKING UNIVERSITY PRESS

图书在版编目（CIP）数据

希腊史研究入门/黄洋，晏绍祥著.—2版.—北京：北京大学出版社，2021.10
（西方古典学研究）
ISBN 978-7-301-32549-0

Ⅰ.①希… Ⅱ.①黄… ②晏… Ⅲ.①古希腊-历史-研究 Ⅳ.①K125

中国版本图书馆 CIP 数据核字（2021）第 192766 号

书　　名	希腊史研究入门（第二版） XILASHI YANJIU RUMEN（DI-ER BAN）
著作责任者	黄　洋　晏绍祥　著
责任编辑	王晨玉　修　毅
标准书号	ISBN 978-7-301-32549-0
出版发行	北京大学出版社
地　　址	北京市海淀区成府路 205 号　100871
网　　址	http://www.pup.cn　新浪微博：@北京大学出版社
电子信箱	pkuwsz@126.com
电　　话	邮购部 010-62752015　发行部 010-62750672　编辑部 010-62752025
印刷者	北京中科印刷有限公司
经销者	新华书店
	730 毫米 ×1020 毫米　16 开本　26.75 印张　316 千字 2009 年 8 月第 1 版 2021 年 10 月第 2 版　2022 年 12 月第 2 次印刷
定　　价	82.00 元

未经许可，不得以任何方式复制或抄袭本书之部分或全部内容。
版权所有，侵权必究
举报电话：010-62752024　电子信箱：fd@pup.pku.edu.cn
图书如有印装质量问题，请与出版部联系，电话：010-62756370

"西方古典学研究"总序

古典学是西方一门具有悠久传统的学问,初时是以学习和通晓古希腊文和拉丁文为基础,研读和整理古代希腊拉丁文献,阐发其大意。18世纪中后期以来,古典教育成为西方人文教育的核心,古典学逐渐发展成为以多学科的视野和方法全面而深入研究希腊罗马文明的一个现代学科,也是西方知识体系中必不可少的基础人文学科。

在我国,明末即有士人与来华传教士陆续译介希腊拉丁文献,传播西方古典知识。进入20世纪,梁启超、周作人等不遗余力地介绍希腊文明,希冀以希腊之精神改造我们的国民性。鲁迅亦曾撰《斯巴达之魂》,以此呼唤中国的武士精神。20世纪40年代,陈康开创了我国的希腊哲学研究,发出欲使欧美学者以不通汉语为憾的豪言壮语。晚年周作人专事希腊文学译介,罗念生一生献身于希腊文学翻译。更晚近,张竹明和王焕生亦致力于希腊和拉丁文学译介。就国内学科分化来看,古典知识基本被分割在文学、历史、哲学这些传统学科之中。20世纪80年代初,我国世界古代史学科的开创者日知(林志纯)先生始倡建立古典学学科。时至今日,古典学作为一门学问已渐为学界所识,其在西学和人文研究中的地位日益凸显。在此背景之下,我们编辑出版这套"西方古典学研究"丛书,希冀它成为古典学学习者和研究者的一个知识与精神园地。"古典学"一词在西文中固无歧义，但在中文中可包含多重意思。丛书取"西方古典学"之名，是为避免中文语境中的歧义。

收入本丛书的著述大体包括以下几类：一是我国学者的研究成果。近年来国内开始出现一批严肃的西方古典学研究者，尤其是立志于从事西方古典学研究的青年学子。他们具有国际学术视野，其研究往往大胆而独具见解，代表了我国西方古典学研究的前沿水平和发展方向。二是国外学者的研究论著。我们选择翻译出版在一些重要领域或是重要问题上反映国外最新研究取向的论著，希望为国内研究者和学习者提供一定的指引。三是西方古典学研习者亟需的书籍，包括一些工具书和部分不常见的英译西方古典文献汇编。对这类书，我们采取影印原著的方式予以出版。四是关系到西方古典学学科基础建设的著述，尤其是西方古典文献的汉文译注。收入这类的著述要求直接从古希腊文和拉丁文原文译出，且译者要有研究基础，在翻译的同时做研究性评注。这是一项长远的事业，非经几代人的努力不能见成效，但又是亟需的学术积累。我们希望能从细小处着手，为这一项事业添砖加瓦。无论哪一类著述，我们在收入时都将以学术品质为要，倡导严谨、踏实、审慎的学风。

我们希望，这套丛书能够引领读者走进古希腊罗马文明的世界，也盼望西方古典学研习者共同关心、浇灌这片精神的园地，使之呈现常绿的景色。

"西方古典学研究"编委会

2013 年 7 月

目 录

前　言	I
第二版前言	III
导　言	IV

第一章　希腊史概述　　1

一、青铜时代（约前 3100—前 1070）　　3

二、早期铁器时代（约前 1070—前 800）　　8

三、古风时期（约前 800—前 500）　　18

四、古典时期（约前 500—前 338）　　36

五、希腊化时期（前 338—前 30）　　54

基本参考书目　　65

第二章　史　料　　67

一、历史著作　　69

二、政论著作与其他文献资料　　88

三、考古学与人类学资料　　102

基本参考书目　　121

第三章　学术史　126

一、从文艺复兴到启蒙运动　126

二、19世纪到20世纪初年西欧的古希腊史研究　130

三、两次世界大战之间西方的古希腊史研究　143

四、战后30年的古希腊史研究　158

五、最近40年的进展　184

六、中国学者的视角　237

基本参考书目　264

第四章　重要研究专题　267

一、希腊城邦的兴起　268

二、荷马社会研究　277

三、早期希腊城邦的发展　285

四、"东方"的影响　298

五、族群认同、自我与他者　305

六、雅典民主政治　312

七、希腊经济研究　324

八、性与性别研究　331

九、希腊化研究　336

第五章　学术资源　344

一、工具书　344

二、原始资料　349

| 三、主要期刊 | 355 |
| 四、网络资源 | 357 |

附录：关键词   360
参考文献   372

前　言

当历史学研究入门这套丛书的策划者邀我撰写其中的《希腊史研究入门》的时候，我觉得这是很有意义的工作，乃毫不犹豫地接受了这个任务。然而这类著作看似浅显，要写好却殊为不易，因为不仅需要作者对该领域的全方位了解，而且需要很强的综合能力，要具有在千丝万缕的头绪中梳理出问题关键之所在的洞见。自忖未必能独立圆满完成这项工作，遂力邀晏绍祥教授联手，所幸蒙其应允。绍祥君多年从事古典历史学学术史的梳理工作，一直跟踪与关注有关领域的研究进展，对于国内外研究状况的了解相当全面。本书的部分核心章节正是倚仗了他的专长而得以成型。具体而言，绍祥君执笔了书中的第二和第三章，其余部分则由笔者撰写。至于合作的方式，我们充分尊重对方的学问路径和文风，只是在完稿之后相互阅读初稿并提出修改意见。这种方式也许使得全书风格不完全一致，但在本书却未必是个缺点。因为本书并非讲究连贯性和统一性的研究专著，不同的风格和思想对于读者也许更具启发性。全书最后由笔者作了修订和体例的统一。

需要说明的是，本书的第一章和第三章是在我们各自已发表的成果基础上写成，但我们都进行了必要的更新和修改。具体情况见两章标题注解。虽然我们竭尽所能，但全书难免存在疏漏甚至错误，谨请读者谅解，并提出批评意见。另外，第三章和第四章略有重复，亦在所难免。

  复旦大学历史系的张巍博士阅读了部分初稿，并提出了宝贵的修改意见，特此感谢，当然仍然存在的错误和问题完全由我们负责。最需要感谢的是丛书的策划陈恒教授和编辑岳秀坤先生，他们的支持和耐心是本书得以顺利完成的保障。

黄　洋

2008 年 7 月

第二版前言

感谢北京大学出版社提供了修订本书的机会。在这一版中，我们对存在的一些明显错误进行了订正，根据研究的进展，尽可能补充了一些新的信息和内容，在第四章增加了"古代希腊经济史"以及"性与性别研究"两个专题。然而如今的希腊史研究更为纷繁复杂，趋势更难把握。尤其是对最新的研究领域，笔者已有无力把握之感，不足之处尚请读者批评和谅解。

特别感谢北京大学出版社的王晨玉编辑，若非她的耐心催促，尚不知何时能完成修订工作。

黄洋
2021年3月

导　言

作为一个研究领域而言，对于希腊史的介绍得从西方的古典学（Classics 或 Classical Studies）说起。所谓"古典学"，是指专门研究希腊罗马文明的一门学问，它以学习并掌握古希腊文及拉丁文为基础，对希腊罗马文明的语言、文学、历史、哲学、艺术、经济、文化等进行全方位的研究，其时间跨度上迄公元前 2000 多年以前的米诺斯文明，下至公元 6 世纪中世纪的降临。这也是西方最具传统的一个学科，其源头可以追溯到希腊化时期亚历山大里亚学派对希腊经典文献的考订、整理与研究。在西文中，"古典学"最早是用 philology/philologie 来表示，这个词出自古希腊文的 φιλολογία（philologia），意思是"对语言及其所表达的思想的热爱"。亚历山大里亚学派的大学者埃拉托斯剃尼第一个称自己为 philologos（"学者"）。到文艺复兴时期，人文主义学者如彼得拉克和埃拉斯莫热心于拉丁和希腊文献的收集、整理和研究，奠定了现代古典学的基础。16 世纪 40 年代，英王亨利八世最先在牛津大学设立 5 个钦定教授席位，其中就包括了古希腊文钦定教授一席。文艺复兴以后，欧洲人对希腊拉丁文献的研究就再也没有中断过，其中以拉丁文献研究占据统治地位。18 世纪中期开始，德国人温克尔曼发表一系列关于希腊艺术的论著，掀起了学习希腊的热潮。1777 年，一位名叫弗雷德里希·奥古斯特·沃尔夫（Friedrich August Wolf）的年轻德国学生在进入哥廷根大学时，要求注册为古典学学科（studiosus philologiae）的学生。这个事件通常被看成是现代古典学学科的正式确立。沃尔夫后来成为著名的古典学家，他极力推动对于古代的科学研究，提倡建立"古代研究的科学"（Altertumswissenschaft）。

顾名思义，"古典学"含有经典的意思。英文的"古典学"（Classics）一词源出于拉丁文的 classicus，其意为"最高等级的"，原指罗马 5 个公民等级中的最高一级。这是因为，西方人把古典时代流传下来的希腊文和拉丁文文献视为传世经典，认为它们包含了最为重要的哲理、真知、智慧乃至德性。因此，学习这些文献就成为人文修养必不可少的基础。在近代，熟谙希腊语和拉丁语更是精英阶级的标志及其引以为豪的知识特权。18 世纪后期到 19 世纪的著名文人学者乃至政治家，莫不有着深厚的古典学素养。歌德被誉为"北方的希腊人"，尼采 24 岁时即当上了巴塞尔大学的古典学教授。英国人最为推崇的首相之一是 19 世纪的威廉·格莱斯顿（William Gladstone）。此人在 1868 至 1894 年间曾四次担任首相，但他同时也是位知名的古典学者，著有三卷本《荷马与荷马时代研究》。德国近代著名教育家洪堡所提倡的教育以古典知识为核心。1809 年他担任普鲁士教育部长后，即极力推动教育改革，树立起了希腊文、拉丁文在中学课程中的核心地位。直至 20 世纪上半期，希腊文和拉丁文都是欧洲中学的必修课程，通晓古典语言也是英国的精英大学如牛津大学和剑桥大学学生必要的入学资格。

古典学在西方教育与学术文化中的重要地位，还可从学科的分类看出来。在西方近代确立的知识分类体系中，西方传统的人文知识是以其类别而划分成科的，因而有文学、历史学和哲学之分，关于非西方的知识则主要以地域或者文明范围分科，因而有"近东研究""东亚研究""伊斯兰研究"等。本来属于西方传统人文知识的希腊罗马文明却被划分出来，单独成科，和文学、历史、哲学并立，看起来似乎和非西方的地域研究没有什么两样，但其划分背后的指导思想全然不同。相对而言，非西方的知识显得不那么重要，因而笼统地以地域划分，而兼具地域及文明特征的希腊罗马文明之所以被单独划列出来，则是因为其无可比拟的重要性。可以说古典学是西方人文学科中最为基础的学科，是文史哲的基石，算得上是西方的"国学"。

早期的古典学偏重于对文献本身的考证、修订、注解以及阐述其微言大义。沃尔夫本人的传世之作即为研究荷马史诗的《荷马史诗导论》(*Prolegomena ad Homerum*, 1795 年)。自此之后，在整个 19 世纪至 20 世纪初德国古典学的全盛时期，经典文献研究一直是重心。德国最伟大的古典学家之一是比尼采小 4 岁的维拉莫维茨 (Ulrich von Wilamowitz-Moellendorff)，其一生著述不可谓不丰，但主要集中在对古希腊文献的整理、考订、校注，其名声则不及被他"赶出"了古典学领域的尼采。这也就可以说明，古典文献研究占据了多么重要的地位。尼采的《悲剧的诞生》对后世产生了深远的影响，但在当时的古典学中完全是异端。除了对传世文献的考订与整理之外，古典学家的视线还投射到了文献残篇和铭文的整理。由蒙森 (Theodor Mommsen) 发起与主持的《拉丁铭文集成》(*Corpus Inscriptionum Latinarum*)，同样是德国古典学家收集编订的《希腊铭文集成》(*Inscriptiones Graecae*)，以及费利克斯·雅可比 (Felix Jacoby) 编订的《希腊历史残篇》(*Die Fragmente der Griechischen Historiker*) 等文献巨著代表了文献学的伟大成果，早已成为研究者必不可少的工具书。

当然，就是在强调经典文献研究的时候，学者对希腊史也一直怀有浓厚的兴趣。早在 1784 年，英国人威廉·米特福德（William Mitford）就开始出版其 8 卷本的《希腊史》。不过奠定希腊史研究传统的著作当属英国人乔治·格罗特（George Grote）在 1846—1856 年间出版的 12 卷本《希腊史》。格罗特吸收了德国古典文献学研究新近发展出来的文献批评方法，采取资产阶级自由主义的立场，充分肯定雅典民主政治，这使其巨著大获成功。在格罗特之后，德国学者恩斯特·科修斯（Ernst Curtius）和朱利斯·贝洛赫（Julius Beloch）、格奥尔格·布佐尔特（Georg Busolt）、意大利学者德·桑克提斯（de Sanctis）纷纷出版经典的多卷本《希腊史》著作，希腊史研究遂渐渐繁荣。时至今日，研究的重点早已不限于撰写通史类著作，而是对希腊史的各个方面进行深入研究，学者们不断尝试提出新的问题，或是从新的角度、运用新的理论或者方法对同样的问题进行不同的审视，希冀加深我们对这个伟大文明的理解。

本书的主要目的在于为有兴趣从事或者了解希腊史研究的读者提供入门的指导。为此我们侧重于在对希腊史研究传统作较为全面介绍的同时，提供实用的工具性指南。其主体部分共为五章，第一章为希腊史概述，在给出希腊历史基本框架的同时，我们力图说明，这一框架不是确定的，是带有特定历史和文化背景的学者以特定视角建立起来的，如果变换视角，就可能建立不同的框架。同时我们也根据新近的认识，对希腊史的传统框架作了修订，尤其是抛弃了带有浓厚西方价值的"黑暗时代"一说。第二章对可资利用的原始资料做全面介绍，包括传世文献、考古文献和考古实物，同时力图说明不同类型的资料的特征及其局限性。第三章概述学术史，包括国外和国内的希腊史研究及其成果。希腊史研究是一个浩如烟海的领域，要概述整个学术史殊为不易，在此我们虽力求全面，但疏漏也许在所难免。第四章侧重介绍近几十年来学界比较集中关注的一些重点问题。学者们的研究旨趣各异，因此要作全面介绍几乎是不可能的。为此我们采取的方法是选取其中的一些问题作较为深入的评述，交代问题的提出、不同观点的交锋、近来占主导地位的观点，以及学者们观点变化的原因。介绍不求全面，但希望这样的做法能给研究者一些启发。最后第五章介绍可资利用的学术资源，包括工具书、原始资料丛刊、主要期刊和一些重要的古典学研究网站。主体部分的最后还附录一些可能存在模糊性的关键词和参考文献。需要说明的是，这些参考文献大体反映了20世纪希腊史研究的面貌，但挂一漏万也实在是不可避免的。而且其中一些研究文献业已过时，不足以作为研究的基础和出发点，研究者必须关注最新的进展情况。

必须指出的是，比起许多的历史研究领域，古希腊史（和罗马史）研究对于语言的要求要高得多。研究者不仅要掌握研究对象的语言，即古希腊语和拉丁语，还要掌握多门现代语言，如英语、德语、法语、意大利语和现代希腊语。这是因为，西方人把古希腊罗马文明看成现代西方文明共同的历史根基，因而希腊罗马文明超出了民族历史的范围，成为西方世界共同的文化传统。也因为如此，更为深厚的古希腊史研究传统是在西欧和北美，而不限于希腊本身。就希腊史研究而言，最为重要的成果主要是以上述诸种语言发表和出版的。

除了语言的要求外，希腊史研究还要特别注重不同类型的史料和不同领域的研究方法。传世文献固然重要，但学者们越来越注意到其他史料及其研究方法的价值,这包括考古学、铭文学、钱币学和纸草文献学等。具体而言,因为缺乏文献记载,米诺斯文明和迈锡尼文明在传统上一直属于考古学和古文字学的研究领域。但近些年来,古风时代也越来越成为考古学中占主导地位的领域。除了当时文献记载的稀缺,这种转向还受到另一个因素的影响,即从20世纪70年代起,考古学从注重文物本身的研究转向综合文物本身传达的历史信息,进而从考古学的角度勾勒历史面貌。这种取向在80年代取得巨大成功,从而确立了考古学的主导地位,也因为如此,新一代占据领导地位的古风时代研究者多是考古学出身。因此,研究古风时代的历史必须充分吸收考古学的方法与成就。除此以外,考古资料从两个方面影响到希腊史研究。其一,如同法国著名古典碑铭学家路易·罗伯尔(Louis Robert)所说,古典文明是个"碑铭文明"。古希腊、古罗马的各个时期都留下了大量的碑铭。这些碑铭所保留的历史信息往往是传世文献没有反映的,因而弥足珍贵。碑铭资料对许多领域诸如雅典民主政治及其霸权、希腊宗教、希腊经济的研究等都是不可或缺的。其二,如同一本法文著作的书名所表达的,希腊城邦是个"图像的城邦"(cité des images)[1]。这在于,希腊人善于用视觉形象来表达自己的思想和观念。通过壁画、瓶画和雕塑塑造的形象散见于城邦各处,不仅是观念的表达,而且在缺乏现代媒体的时代,是传达和灌输观念的重要方式。传统的研究惯于将这些视觉形象当作艺术史研究的对象,把它们放在艺术发展内在逻辑的框架中予以解释。而现在,

---

[1] *La Cité des Images. Religion et Société en Grèce Antique* (Institute d'archéologie et d'histoire ancienne, Lausanne, Centre de recherches comparées sur les sociétés anciennes, Paris), Editions de la Tour SA, 1984.

学者们越来越意识到，这些形象是特定历史文化背景下的产物，因而反映了当时人们的思想、观念、态度和好恶，同样是我们走进那个文化世界的途径。因此，视觉形象成为历史学的资料和历史学研究的一个新领域，往往能提供令人耳目一新的视角和解释。

然而即使考虑到原始资料的拓展，我们所能依据的史料仍然远远不足以描绘出希腊史整体而确凿的面貌，因此引入一些社会科学理论或许有助于弥补史料的不足，帮助我们理解希腊历史的一些问题。综观20世纪后半期的学术史，我们可以看到韦伯（Max Weber）的现代性命题和卡尔·波兰尼（Karl Polanyi）的社会经济理论如何被运用于对希腊罗马经济的研究并引起激烈争论，新考古学和"后新考古学"如何解读希腊早期的历史，后殖民主义理论如何促使学者们反思希腊文明对于其他民族的想象，也可以看到葛兰西的霸权理论、巴赫金的文学理论、福柯的话语—权力思想如何启发了对于不同问题的研究，当然，还可以看到列维-斯特劳斯（Claude Levi-Strauss）的结构人类学以及格尔茨（Clifford Geertz）的文化人类学理论对于希腊文化的不同解读。这些都启示我们，对于希腊史研究而言，对重要理论和思想的了解同样是不可缺少的。

第一章 希腊史概述[①]

本章的目的在于提供简明的希腊史脉络，但着重点不在提供详细的、确定的知识，而在交代清楚希腊历史线索的同时，对我们深信不疑，或者认为理所当然的一些说法和结论提出疑问。自然，我们不可能一一回答这些疑问，但我们希望，这些质疑本身即会引导读者思考一些问题，进而试图深入研究，给出自己的回答。因此，这不是一个常规的概要，而是一个不全面的、充满疑问的、没有定论的希腊史概要。

无论是对于理解希腊史的脉络，还是对于希腊史具体问题的研究，怀着质疑的态度都是十分重要的。这是因为，我们关于希腊历史的知识几乎全部来自于西方学者的研究，希腊历史书写的框架也是西方学者搭建起来的。毫无疑问，这些知识和这个书写框架是两个多世纪里一代又一代历史学者和考古学者严谨而细致研究的结果。然而即便如此，它们也不可避免地带有西方学者的局限。这种局限通常不是学者个人的偏见所致，而是他们所处社会的价值的反映。历史学家虽然意识到要"同情地理解"历史，但也总是或多或少不可避免地将自己所处社会中的价值带入对历

[①] 本章的写作依据笔者在黄洋、赵立行、金寿福所著《世界古代中世纪史》（复旦大学出版社，2005年版）中所撰第二编第二章"古代希腊文明"和第三编第一章"亚历山大的帝国"的内容，但进行了更新和修改。

史的解释之中。与此相关,由于通常而言,幸存下来的关于古希腊史的史料总是不那么全面,一些看似确定无疑的结论也有可能是西方价值观引导的结果,实际情况却未必如此确定。因此,我们也要注意到可能存在不确定性的地方,并且正视不确定性。

传统上,历史学家通常把古希腊史划分成以下几个主要的时期:

1. 青铜时代(约前3100—前1200)
2. "黑暗时代"(约前1200—前750)
3. 古风时期(约前750—前479)
4. 古典时期(前478—前338)
5. 希腊化时期(前338—前146或前30)

首先必须指出,历史发展本身是没有分期的。之所以这样的分期,虽然是一代代西方学者严谨而细致地研究的成果,是依据希腊历史发展各个阶段显示出来的突出特征而划分的,但并不意味着这些分期就不存在问题。虽然分期对于认识历史,继而研究历史来说是必不可少的,但也必然存在一定的武断性,往往和划分者的价值判断相关联。例如所谓的"黑暗时期",随着相关考古材料的不断涌现和学者们对这一时期了解的加深,其实越来越难以成立。但是它正好把历来被看成是东方式专制王权的迈锡尼文明和被看成是西方文明纯洁源头的希腊城邦文明区分开来,因此至今仍为大多数西方学者所接受,或者至少仍未被抛弃。再如,古风时代和古典时代的划分历来是个问题。从希腊历史演进的历程来看,很难找到一个特定的时间,能够把这两个时期区分开来。但东方和西方的对立在西方学者的意识里早已根深蒂固,因此公元前479年希腊人在希波战争中的胜利就被赋予了特殊的含义，被看成是"历史的新纪元"，或是"改变历史进程的事件"，抑或是"骆驼也要穿过的针眼"，等等。根据新近的研究进展，并考虑到西方学者明显的价值取向，我们对这些分期修正如下。

1. 青铜时代（约前3100—前1070）
2. 早期铁器时代（约前1070—前800）
3. 古风时期（约前800—前500）
4. 古典时期（前500—前338）
5. 希腊化时期（前338—前146或前30）

一、青铜时代（约前3100—前1070）

公元前3100年左右，希腊地区进入青铜时代，这个时代一直延续到公元前1070年左右，之后青铜器开始为铁器所取代。青铜时代的希腊尚未进入拥有传世文献记载的历史时期，对这个时代进行研究的途径主要是考古学。考古学家习惯上把青铜时代的希腊划分成三个区域，即希腊大陆、克里特岛和库克拉底群岛，分别命名为Helladic（源自希腊文中的"希腊"Hellas一词）、Minoan（源自传说中克里特王米诺斯Minos的名字）和Cycladic（取自库克拉底群岛Cyclades之名）。根据各个区域内部的考古材料，又各划分成早、中、晚三个阶段，分别称为EH、MH、LH、EM、MM、LM、EC、MC、LC。

到公元前1900年左右，克里特岛率先进入文明时期，随后到公元前1600年左右，希腊大陆以伯罗奔尼撒半岛为中心的地区也进入了文明阶段。发现克里特文明的英国考古学家阿瑟·伊文思

（Arthur Evans）用传说中克里特岛最有名的国王米诺斯的名字，将克里特文明命名为米诺斯文明（约前1900—前1400），而以伯罗奔尼撒半岛上最强大的王国迈锡尼王国之名，将希腊大陆的青铜文明命名为迈锡尼文明（约前1600—前1200）。学界通常把这两个早期文明合称为爱琴文明。①

青铜时代早期，即约公元前3100至前2000年，希腊大陆、克里特岛和库克拉底群岛都出现了史前文化，其中以库克拉底文化最具特征。库克拉底群岛位于爱琴海中南部，由一系列小岛组成。这里的史前文化是以小规模聚落为基础发展起来的。居民主要沿海而居，靠农业与渔猎为生。居民的住房最初是土屋，而后逐渐过渡到石屋。死者的墓葬靠近居民点，随葬品包括陶器、青铜剑、大理石人像等，其中最为著名的是抽象的大理石人像雕塑。有学者认为，库克拉底文化的居民已形成复杂社会，因而它标志着爱琴海地区文明的兴起。②然而进一步的研究认为，这一说法言过其实。

克里特岛和库克拉底群岛大约同时进入青铜时代，经过差不多1000年的发展，到公元前2000年之后，希腊最早的文明在这里兴起，其标志是大型宫殿建筑的出现。相比起来，我们对米诺斯文明的了解要丰富得多。这要归功于英国人阿瑟·伊文思的贡献。

---

① Oliver Dickinson, *The Aegean Bronze Age*, Cambridge: Cambridge University Press, 1994 从考古学的角度对希腊青铜时代作了较为全面的介绍。更晚近的研究进展的全面介绍见 Cynthia W. Shelmerdine, ed., *The Cambridge Companion to the Aegean Bronze Age*, Cambridge: Cambridge University Press, 2008; Eric H. Cline ed., *The Oxford Handbook of the Bronze Age Aegean (ca. 3000-1000 BC)*, Oxford: Oxford University Press, 2010.

② Colin Renfrew, *The Emergence of Civilization: The Cyclades and the Aegean in the Third Millenium BC*, Oxford: Oxbow Books, 2011 (first published in 1972).

1900年，还在牛津大学研究象形文字的伊文思来到克里特岛，想要寻找象形文字的痕迹。在克里特岛中部的克诺索斯（Knossos），他发现存在丰富的古代遗迹，乃开始发掘，从而发现了著名的克诺索斯王宫。这是一座巨大的王宫，伊文思用了足足5年的时间，才把它全部发掘出来。它最高处多达4层，占地面积达2万平方米。如此巨大规模的建筑，需要动用大量人力物力，这说明王宫拥有足够的权威来动员社会资源。王宫中设有议政厅，中间设王座，左右摆放石凳。宫中还有多间大型储藏室，其中摆放成排的巨型陶缸，用以储藏食物。这些都说明，王宫曾经统治一个繁荣的王国，并已形成强有力的中央统治权威。除了克诺索斯以外，在菲斯托斯（Phaestos）、马里亚（Mallia）和扎克洛斯（Zakros）等地也发现了较为大型的王宫遗址，说明当时的克里特岛存在一系列的小王国。

公元前1450年左右，除克诺索斯的王宫以外，克里特岛上的所有大型居民点都遭到毁灭性打击，而克诺索斯也在公元前1375年左右遭受了同样的命运。对于这场剧变的原因，学者们无从确定，或以为是地震所致，或以为是内部冲突或者迈锡尼文明入侵所致，但均因无法令人满意而不能取得一致意见。无论如何，其间在希腊大陆兴起的迈锡尼文明进入全盛时期，其居民乘乱进入了克里特岛，并在此定居下来。

根据古希腊人的传说，迈锡尼诸王国曾经联合远征小亚细亚的特洛伊（又称伊利乌姆）。希腊最早的史诗作品中有8部围绕这场战争展开叙事，其中两部得以幸存下来，这就是希腊现存最早的文学作品"荷马史诗"（《伊利亚特》和《奥德赛》）。1870年，德国自学成才的考古学家海因里希·谢里曼（Heinrich Schliemann）根据"荷马史诗"的记载，成功地发掘了特洛伊遗址，接着又对迈锡尼和提林斯等遗址进行发掘，从而开启了迈锡尼文明的考古学研究。然而，学者们一致认为，成型于公元前8世纪后期乃至前7世纪初期的"荷马史诗"并不能反映400多年以前的迈锡尼文明的历史面貌。因此，对于迈锡尼文明的研究需要依靠其他资料。

幸运的是，迈锡尼文明的文字被成功释读出来了。当初伊文思在克里特岛发掘的时候，就已经发现了两种史前的泥板文字，他把属于米诺斯文明的泥板文字命名为线形文字A，把属于迈锡尼文明的文字命名为线形文字B。这些泥板文字本是王宫里的记事档案，由书记官刻写在泥板上，晒干后暂时保存在王宫的档案室里。但在公元前13世纪末迈锡尼文明毁灭之际，诸王国的王宫先后被大火烧毁，那些泥板被烧成陶片，使这些本来只能短期保存的文书得以幸存下来。也是由于这个偶然的原因，现存线形文字B的泥板文书基本都属于迈锡尼文明末期的档案资料。1952年，英国一位名叫文特里斯（Michael Ventris）的建筑师成功地释读出了这种文字，因而线形文字B的泥板文书成为研究迈锡尼文明的重要资料。① 米诺斯文明的线形文字A因遗存量少而至今无法释读。

当然，除了泥板文书之外，那些被大火烧毁的王宫遗址本身也是重要的研究资料。其他的考古资料主要包括墓葬及其随葬品，还有少数宗教崇拜中心的遗迹。根据在派罗斯（Pylos）王国

---

① Michael Ventris and John Chadwick, *Documents in Mycenaean Greek*, Cambridge: Cambridge University Press, 1959; John Chadwick, *The Decipherment of Linear B*, Cambridge: Cambridge University Press, 1967, 2nd edition (first published in 1958).

遗址上发现的泥板文书资料，我们大致可以非常粗略地勾勒出迈锡尼文明的社会与政治轮廓。王国的统治者称为 wanax，即后来"荷马史诗"中所称的"王"。他们似乎掌握着相当大的权力。对此我们虽然无法清楚地知道，但从王宫建筑的巨大规模、王宫集中了涵盖多方面的经济生活档案等线索判断，王国的政治经济活动似乎是以王宫为中心的，因而通常被称为"以宫廷为中心的社会"，其经济亦被称为"再分配型经济"。不过上世纪末以来，学者们倾向于认为，王国中央集权的程度可能受到夸大，地方在社会经济生活领域也拥有一定的权力①。同时，王宫对于王国经济的动员并非总是直接干预，而是不得不依赖包括税收在内的各种间接方式。②

在君王之下，存在一个包括军事统帅（lawagetas）和"臣下"

---

① Carol G. Thomas, "The Components of Political Identity in Mycenaean Greece", in Robert Laffineur and Wolf-Dietrich Niemeier, eds., *Politeia: Society and State in the Aegean Bronze Age, Proceedings of the 5th International Aegean Conference, University of Heidelberg, Archäologisches Institut, 10-13 April 1994*, Vol. II, Liège: Université de Liège, and Austin: University of Texas at Austin, 1995, pp. 349-354.

② Paul Halstead, "The Mycenaean Palatial Economy: Making the Most of the Gaps in the Evidence", *PCPS* 38 (1992), pp. 57-86; "Agriculture in the Bronze Age Aegean: Towards a Model of Palatial Economy", in B. Wells, ed., *Agriculture in Ancient Greece, Proceedings of the Seventh International Symposium at the Swedish Institute at Athens, 16-17 May 1990*, Stockholm: Svenska Institute I Athen, 1992, pp. 105-117; "Mycenaean Agriculture: the Nature of Palatial Intervention", *Bulletin of the Institute of Classical Studies*, 43 (1999), pp. 211-212; "Surplus and Share-croppers: the Grain Production Strategies of Mycenaean Palaces," in R. Laffineur and P. P. Betancourt, eds., *MELETEMATA: Studies in Aegean Archaeology Presented to Malcolm H. Wiener as He Enters His 65th Year*, Liège: Université de Liège and Austin: University of Texas at Austin, 1999, pp. 319-26; "Toward a Model of Mycenaean Palatial Mobilization", in Michael L. Galaty and William A. Parkinson, eds., *Rethinking Mycenaean Palaces II*, Monograph 60, The Cotsen Institute of Arachaeology, University of California, Los Angeles, 2007, second edition (first published in 1999), pp. 66-73. 又见 Pia de Fidio, "Centralization and its Iimits in the Mycenaean Palatial System", in Sofia Voutsaki and John Killen, eds., *Economy and Politics in the Mycenaean Palace States*, Cambridge Philological Society Suppl. 27, Cambridge: Cambridge Philological Society, 2001, pp. 15-25。

（telestai）在内的官僚贵族集团，他们似乎也占有较多的社会经济资源，尤其是土地资源。"巴昔琉斯"（后来在古风时代上升到"王"的地位）的地位则似乎相对低下。对于王国普通成员的状况，我们所知甚少。但王宫的部分经济档案似乎是关于平等份地的档案，说明王宫很可能给社会部分成员提供份地，而他们对于国王或者王宫承担某种义务。另外，也有相当一部分社会成员直接从事服务于王宫的劳动。值得注意的是，古典时代用于表示"民众"或者"人民"（多里安方言称damos，阿提卡方言称dēmos）的词，在线形文字B中已经出现，称为da-mo。但这是否意味着民众已经拥有一定的社会政治权利，就不得而知了。

总体而言，由于缺乏可靠的传世文献记载，爱琴文明研究属于考古学的研究领域，研究者必须具备专业的考古学训练，还要掌握线形文字B。由于我国目前尚没有人涉足古典考古学和线形文字B，所以并不具备深入研究这些领域的基础和条件。

二、早期铁器时代（约前1070—前800）

传统上，西方学者把这个时期划入所谓的"黑暗时代"。我们在这里将要阐明，"黑暗时代"的说法带有明显的现代西方价值观烙印，同时也不能得到充分的历史证据的支撑。

公元前1200之后不久，迈锡尼文明突然遭到了破坏性打击，其王宫均被烧毁。关于迈锡尼文明遭受打击的原因，传统的说法是多里安人的入侵。他们分批从希腊西北部往东南迁移，进入迈锡尼文明腹地，造成了严重破坏。迈锡尼诸王国的城堡和王宫遭遗弃，强大的王权似乎再未得到恢复。但这一说法始终无法得到考古学材料的证明。从地中海世界的广阔背景来看，公元前1200年之后不久，地中海东北部从希腊到安纳托利亚、叙利亚和黎凡特地区的中心城市遭到广泛破坏，学界称之为"青铜时代末期的崩溃"。虽然确切的原因尚不得而知，但同时期埃及的记载中提到"海上民族"的侵袭。很可能这一时期地中海东北部世界出现了大规模的动荡，造成武装人口的流动和侵袭，导致广泛的破坏。

19世纪后期，对迈锡尼文明的考古取得了一系列重大进展，然而从考古学上看，迈锡尼文明之后的三四个世纪里，似乎没有留下什么值得一提的遗迹。学者们相信，希腊地区的文明衰落了，因而把这段时间称为"黑暗时代"。① 然而这个概念明显包含了欧洲人的价值取向。西方知识界对古代希腊产生特别兴趣是在18世纪中期到19世纪。这一时期正是现代西方文明快速上升、现代性意识逐渐形成的时期。出于对现代西方文明发展的热情拥抱和满怀信心，西方知识界所建构的现代性包含了两个核心因素，即西方中心主义和普世主义。他们认为，西方世界因其高度繁荣的物质生活、良好的教育等，而代表了文明世界；西方世界之外的所有其他文明在西方人眼里都是停滞的、落后的，因而被表述成与之相对的野蛮的"他者"世界。西方中心主义更进一步，就形成了白人种族中心主义。与此同时，西方人坚信，他们自身文明所发展出来的科学、理性、民主、自由等价值是人类的普遍价值，是人类文明进步的表

---

① 对于"黑暗时代"这一说法的由来与演变，参见 Ian Morris, "Periodization and the Heroes: Inventing a Dark Age", in Mark Golden and Peter Toohey, eds., *Inventing Ancient Culture. Historicism, Periodization, and the Ancient World*, London and New York: Routledge, 1997, pp. 96-131 及其 *Archaeology as Cultural History: Words and Things in Iron Age Greece*, Malden, MA and Oxford: Blackwell Publishing, 2000, chapter 3。

现，因此其他文明都应该接受这些价值，普世主义观念由此确立。现代性的这些核心价值取向不可避免地渗透进了西方人所建立的诸多研究领域。而"黑暗时代"一说即与此有关。在有关现代性的表述中，希腊城邦文明被看成现代西方文明的源头，它发展出来的价值如理性、民主、自由等和西方文明的价值观一脉相承，从另一个侧面也确认了其普世性。但城邦文明之前的迈锡尼文明明显体现出不同于城邦文明的特征，表现出现代西方文明所唾弃的君主制甚至专制色彩，成为现代性表述的一个难题和窘境。而恰好在迈锡尼文明和城邦文明之间出现了考古学意义上的一个衰落期，两者之间的联系就顺理成章地被割断了。作为现代西方文明根源的希腊城邦文明得以保持其纯洁性。正是在这种背景之下，"黑暗时代"的说法才得到如此广泛的接受与支持。

实际上，许多方面的证据都和这个"黑暗时代"的说法相矛盾。首先，迈锡尼文明固然衰落了，但它的衰落是一个逐渐的过程。学者们发现，在整个公元前12世纪和前11世纪早期，即便迈锡尼文明的诸宫殿中心被毁弃了，希腊社会仍然保持着一定的活力，因此把这个时期称为"次迈锡尼时期"（Submycenaean period）。这样，学者们就不得不把原先纵贯四个世纪的"黑暗时代"修改为从约公元前1070年至约公元前800年。其次，在线形文字B被成功释读出来之后，学者们发现，迈锡尼文明的居民同样使用希腊语，因而它和"荷马史诗"所描述的社会以及和古典希腊之间的诸多联系得以从语言上反映出来，这和西方学者历来强调的断裂不相符合。再次，学界一般认为，希腊人殖民小亚细亚的伊奥尼亚（Ionia）地区的时间是公元前1050年左右，也就是在所谓的"黑暗时代"。传说是雅典人在伊奥尼亚建立了 12 座城市。无论这个传说是否可信，伊奥尼亚的希腊城市出现在这个时期是众所接受的事实。如果像西方学者所说，文明彻底衰落了，那么这些城市的兴起如何解释呢？最后，20 世纪 30 年代，美国学者米尔曼·帕里（Milman Parry）通过对塞尔维亚游吟诗歌所做的实地调查研究揭示，"荷马史诗"是经过一代代游吟诗人创作和传唱而逐渐成形的。这就意味着，它的创作时间可能要大大早于其初步定型的公元前 8 世纪后期，可能反映的是所谓"黑暗时代"的社会面貌。芬利曾经将荷马社会确定在公元前 10—前 9 世纪，在很大程度上就是因为吸收了帕里的研究成果。[1] 但他的这个观点不符合现有框架而被轻视。还有，新的考古发现也开始质疑"黑暗时代"的说法。1964 年，英国考古学家在尤卑亚（Euboea）岛位于古代卡尔基斯（Chalcis）和埃里特里亚（Eretria）之间的沿海地带发现了勒夫坎地（Lefkandi）遗址，其定居点的历史可以追溯到青铜时代早期（约前 2000），在公元前 11 至前 8 世纪最为兴盛。[2] 考古学

---

[1] M. I. Finley, *The World of Odysseus*, Harmondsworth, Middlesex: Penguin Books, 1979, 2nd revised edition, p. 48.

[2] 详细的考古报告见 M. R. Popham, L. H. Sackett and P. G. Themelis, eds., *Lefkandi I, The Iron Age: The Settlement; The Cemeteries* (British School at Athens Supplementary Volume, no. 11), London: Thames and Hudson, 1980; R. W. V. Catling and I. S. Lemos, *Lefkandi II, The Protogeometric Building at Toumba: Part 1: The Pottery* (British School at Athens Supplementary Volume, No. 22), London: Thames and Hudson, 1990; M. R. Popham, P. G. Calligas and L. H. Sackett, eds., *Lefkandi II, The Protogeometric Building at Toumba, Part 2: The Excavation, Architecture and Finds* (British School at Athens Supplementary Volume, No. 23), London: Thames and Hudson, 1993; M. R. Popham and I. S. Lemos, *Lefkandi III: The Early Iron Age Cemetery at Toumba* (British School at Athens Supplementary Volume, No. 29), London: Thames and Hudson, 1996; D. Evely, ed., *Lefkandi IV, The Bronze Age: The Late Helladic IIIC Settlement at Xeropolis* (British School at Athens Supplementary Volume, No. 39), London: Thames and Hudson, 2006。

家在这里发现的大型建筑包括建于公元前 10 世纪初、希腊最早的柱式建筑，它长 45 米，宽 10 米；还有大型的墓葬，大量贵金属如黄金，以及从埃及、塞浦路斯和西亚进口的奢侈品。这个遗址说明，在所谓"黑暗时期"，文明仍然存在于希腊地区。[1]

然而，所有这些证据都没能使西方学者放弃"黑暗时代"的说法。直到近些年来，随着西方知识界对现代性的反思，"黑暗时代"之说才开始受到真正的冲击。这就是说，在我们对自己的认识发生根本性改变的时候，我们对历史的认识也可能相应地发生变化。作为现代性反思的一部分，马丁·贝纳尔（Martin Bernal）对 18 世纪以后西方希腊研究中的种族中心主义主导模式提出了尖锐批判[2]，这促使学者们进一步关注希腊文明和西亚以及埃及文明之间的交流与联系。而对这些交流与联系的深入探讨最有可能有助于全面推翻"黑暗时代"之说。然而，在一本新出版、旨在建立新正统的古风时代希腊史著作中，颇有影响的学者乔纳森·霍尔（Jonathan M. Hall）再次重申了传统的正统观念，认为勒夫坎第遗址不过是"黑暗时代"的一个例外。[3] 看来围绕这个问题的争论远未结束。

---

[1] 参见拙文：《迈锡尼文明、"黑暗时代"与希腊城邦的兴起》，《世界历史》2010 年第 3 期。

[2] Martin Bernal, *Black Athena. The Afroasiatic Roots of Classical Civilization*, Vol. 1, *The Fabrication of Ancient Greece 1785-1985*, London: Free Association Books, 1987.

[3] Jonathan M. Hall, *A History of the Archaic Greek World, ca. 1200-479 BCE*, 2nd edition, Malden, Mass. and Oxford: Blackwell Publishing, 2014（first published in 2007）, pp. 59-66. 值得注意的是，该书根本没有引用备受关注的 Walter Burkert 和 M. L. West 有关东方对希腊的影响的著作。乔纳森·霍尔是芝加哥大学人文学科 Phyllis Fay Horton 讲座教授、古典学教授、古典学系主任以及历史学教授。Robin Osborne, *Greece in the Making, 1200-479 BC*, 2nd edition, London and New York: Routledge, 2009（first published in 1996）, chapter 2 也确认了"黑暗时代"的说法，但其立场更为温和。

和传统的"黑暗时代"说相辅相成的是"多里安人"入侵说。到古典时代,诸多希腊城邦声称他们同属于一支多里安人。这些城邦分布的地区包括伯罗奔尼撒半岛东部和南部,爱琴海南部岛屿如克里特、米洛斯、特拉(Thera),爱琴海东南部的多德卡尼斯群岛(Dodecanese),小亚细亚西南部,北非,意大利南部和西西里。根据希腊人的这个文献传统,多里安人原本居于希腊北部,后由赫拉克利斯的后代(Heraclidai)率领进入伯罗奔尼撒半岛,再由此扩张到各地。可以和古典文献中的这个说法相互验证的是希腊语的所谓"多里安"方言区和多里安人占据的地域大体相同(但也有不完全吻合之处)。这就是发生在"黑暗时代"的所谓"多里安人入侵"的由来。但即使是在西方学术界,这一说法也历来受到怀疑。原因在于,古代希腊人非常善于根据细小的古老说法建构他们祖先的谱系,并将之系统化,而关于"多里安人入侵"的说法多为后来的文献所记。最为致命的是,对于多里安人原始的居住地、他们迁移进希腊的路线和方式,在考古学上都找不到蛛丝马迹。① 对此,专门从事希腊铁器时代早期考古学研究的奥利弗·狄更生(Oliver Dickinson)指出:"尽管有许多糟糕的理由,但没有好的理由表明,在后王宫时代有值得注意的新的人口因素进入希腊。"② 但近来有学者指出,即便如此,因为一个纯粹白种雅利安部落入侵的说法,正好符合了希腊文明种族中心主义解释的需要,所以受到欢迎与接受。值得注意的是,上文提及的乔纳

---

① 参见 Robin Osborne, *Greece in the Making, 1200-479 BC*, pp. 32-37。
② Oliver Dickinson, "The Mycenaean Heritage of Early Iron Age Greece", in Sigrid Deger-Jalkotzy and Irene S. Lemos, *Ancient Greece: From the Mycenaean Palaces to the Age of Homer*, Edinburgh: Edinburgh University Press, 2006, pp. 115-122.

森·霍尔再一次全盘肯定了"多里安人入侵"的说法，认为这一文献传统的"根本因素""在古风时代早期已经清楚地建立起来"①，因而是可信的，是多里安人迫使伊奥尼亚人东迁，从而在小亚细亚建立起了自己的家园。也许在考古发掘取得突破性进展之前，关于这一问题的争论也将继续下去。

如果抛弃"黑暗时代"的说法，那么对于这段时间的希腊历史该如何理解呢？其中的一个方法是认为"荷马史诗"反映了这期间的历史面貌。如果米尔曼·帕里的结论可靠的话（学者们似乎都倾向于接受这一点），即"荷马史诗"的实体部分实际上创作于其基本定型的公元前8世纪后期以前，那么这样做不是没有理由的。但即便如此，也仍然存在问题，我们能够有足够的信心、足够的证据说明"荷马史诗"大体上反映的是一个真实历史社会的面貌，而不是个文学想象加上不同时期历史元素的大杂烩吗？以英国考古学家安东尼·斯诺德格拉斯（Anthony Snodgrass）为代表的一些学者就对此提出过质疑，认为"荷马史诗"不能反映任何一个真实的历史社会的面貌。实际上也很难提出充分的证据予以证明，但多数学者相信，就较为稳定的社会行为规范、思想观念，以及社会政治结构而言，"荷马史诗"是能够代表一个特定历史时期的情况的。然而问题还没有完全解决，果真如此的话，它到底反映的是哪个特定时期呢？是如芬利所提出的公元前10—前9

---

① 他所提到的根本因素不过是斯巴达诗人提尔泰俄斯（Tyrtaeus）的诗句"我们和赫拉克利斯的子孙离开了多风的厄里内俄斯［Erineos］，到达了广阔的伯罗奔尼撒"（残篇2），以及《奥德赛》（19.177）中提到克里特岛的多里安人。见 Jonathan M. Hall, *A History of the Archaic Greek World, ca. 1200-479 BCE*, pp.50。

世纪①，抑或是像西方学者普遍认为的那样，是城邦兴起之后，即公元前8世纪甚至前7世纪呢？对此并没有确凿的答案。这里我们采取的立场是，虽然无法确定具体是什么年代范围，但"荷马史诗"确实能够反映从迈锡尼文明衰落到古风时代开始之前某个特定阶段的历史面貌，因而可以利用它来解读这个时期的希腊历史。

如果说迈锡尼文明的政治特征是中央集权的王制的话，那么在"荷马史诗"所表现的世界里，似乎是地方权贵群雄逐鹿的局面。虽然还有像阿伽门侬这样位尊权重的军事首领，而且也被称为王（anax），但他已经不是迈锡尼时代的集权君主，更像是贵族集团所推举并认可的首领，其权力和地位并不十分稳固。因此，当贵族武士中的一员认为他的行为不公的话，就能够毫不犹豫地站出来挑战他，就像阿喀琉斯对希腊盟军统帅阿伽门侬的批评那样。不仅贵族如此，有时候似乎社会的普通成员也能公开批评他。一个名叫特西特斯（Thersites）的普通士兵在阿伽门侬召集的军士大会上公开站出来指责他，似乎就能说明这一点。而且，作为最高军事首领，阿伽门侬的权力似乎还受到正式的制约。每当作出重大军事决策之前，他都要召开贵族首领开会，取得他们的支持，然后才召开军士大会，向他们公布决策的结果。而贵族首领的支持的重要性在于，如果普通军士不满决策，军事首领可以利用其地位与影响，迫使普通军士服从。就是说，政治军事决策已经必须遵循一定的程序。最高军事首领在很大程度上必须依靠贵族集团的力量行使其权力和维护其统治。据此似乎可以推测，

---

① M. I. Finley, *The World of Odysseus*, p. 48.

在迈锡尼文明的中央集权体系被摧毁以后，出现了一个地方贵族割据的局面。由于集权力量的缺乏，贵族集团要实施有效统治，通常需要进行联合与合作。因此在"荷马史诗"的描述中，贵族武士特别注重礼尚往来，不惜互赠贵重物品。广泛的结交与联系网络成为贵族权力的一个重要基础。①

这样看来，荷马社会的政治结构是迈锡尼文明中央集权瓦解的一个后果。出于某种我们无法确定的原因，强大的中央集权再也无法建立起来，或者是不再被人接受。贵族武士由割据一方走向间或的联合，一个贵族统治阶级开始形成。也许是由于权力的分散，政治决策也开始走向一定的程序化。首领、长老会议、民众大会的政治参与机制业已成型，而这个机制其实是后来城邦政治生活的基石。出于这样的理解，一些学者越来越倾向于认为，城邦的早期形态在"荷马史诗"所描述的社会里已经出现了。②对于希腊早期战争方式的进一步研究似乎也支持了这样的认识。传统的观念认为，"荷马史诗"所描绘的作战方式是贵族武士间的决斗，武士的决斗在很大程度上决定了战争的结果，因此贵族武士在政治上、经济上都成了社会的特权群体。公元前7世纪，随着方阵作战方式取代了决斗的方式，重装步兵阶层的军事作用日益突出，贵族武士的作用则受到削弱。这就是所谓的"重装步兵改

---

① Irene J. F. de Jong, ed., *Homer : Critical Assessments*, Vol. II, *The Homeric World*, London: Routledge, 1999 收集了"荷马社会"的主要研究文献。晚近有关"荷马社会"研究进展的综合情况，可参见 Ian Morris and Barry Powell eds., *A New Companion to Homer*, Leiden: Brill, 1997; Robert Fowler ed., *The Cambridge Companion to Homer*, Cambridge: Cambridge University Press, 2004; Corinne Ondine Pache ed., *The Cambridge Guide to Homer*, Cambridge: Cambridge University Press, 2020。

② 晏绍祥：《荷马社会研究》，上海三联书店，2006年版。

革"。作为这一军事变革的政治后果,一个基础更为广泛的重装步兵阶层获得了分享政治权力的权利,由此城邦政治迈出了民主化的第一步。但现在的研究认为,"荷马史诗"里描绘的并不纯粹是英雄决斗,普通军士组成的步兵方阵已经开始成为决定战争胜负的关键因素。也就是说,在"荷马史诗"里已经可见所谓方阵作战的雏形了。这就意味着,公元前7世纪"重装步兵改革"以及由此带来政治后果的说法都不能成立了,要提前到荷马社会了。

从经济和社会生活的角度而言,荷马社会的一个核心单位似乎是"家庭"(oikos)。当然,从荷马时代起,希腊人的这个概念就大不同于我们现代人仅仅限于血亲成员的家庭概念。希腊人的"家庭"不仅包括血亲成员,还包括附庸、仆人、奴隶和财产,因此是一个更为宽泛的社会经济生活单位。长期主导我们认识的所谓"氏族社会"的说法,在荷马社会里找不到踪影。实际上,希腊文中被看成是对应于所谓"氏族"的词genos,其含义更接近于我们所说的"家族"。它更多地出现在后来的文献中。一些显赫的家庭为了光宗耀祖,纷纷建立可以追溯到古代英雄的家族谱系,于是就有了早期存在genos的文献传统。等到关于原始氏族社会的人类学研究成果受到关注之后,一些学者(包括恩格斯)便认为找到了弥补古代史研究文献不足的办法,就是把人类学的研究结论运用到古代史研究之中。希腊文中的genos一词自然让他们十分兴奋,以为找到了存在"氏族"的证据,人类学和古代文献的证据可以相互验证了。时至今日,这种认识方法早已为国际学界所抛弃,但国内一些论述中仍然不时出现这样的说法,因而值得在此进一步说明。

三、古风时期（约前 800—前 500）

首先必须阐明，西方学者把公元前 479 年看成是古风时代的结束，其实同样带有浓厚的价值色彩。诚然，希腊在希波战争中的胜利对于希腊世界的历史产生了深远的影响，以这样一个事件划定历史时期也未尝不可。但如果从希腊世界内在的发展来看，公元前 479 年无论如何不是一个分界线。如若仅仅依据一个社会和外部的关系来划定历史时期不是没有问题，就像把 1840 年鸦片战争看成是中国近代史的开端也缺乏足够的说服力一样。更值得注意的是，希波战争被西方学者赋予了更为重大的历史意义，被看成是西方民主自由对东方专制侵略的胜利，希腊人被说成是为整个后来的西方文明而战。约翰·密尔在 1846 年写道："即使是作为英国历史上的事件，马拉松之战也比黑斯廷斯之战更为重要。如果那天的结果相反，不列颠人和萨克森人可能仍然生活在丛林之中。"① 直到今天，像这样的说法仍然充斥着有关希波战争的叙述。比如 2004 年再版的一本书的标题即为《温泉关：为西方而战》。② 2006 年，通常极具反思性的剑桥大学古希腊史教授保罗·卡特里奇（Paul Cartledge）同样出版了一本叙述温泉关之战、面向普通读者的著作，书名为《温泉关：改变世界的战役》。③ 实际上西方学者把后来的东西方对立放大到对希腊历史的理解，是冷战

---

① John Stuart Mill, "Grote's History of Greece [1]" (1846), in J. M. Robson, ed., *Collected Works of John Stuart Mill*, Vol. XI, Toronto: University of Toronto Press, 1987, pp. 271-305, 引文见 p. 271。黑斯廷斯之战指 1066 年诺曼底威廉公爵征服英国的决定性之战。

② Ernle Bradford, *Thermopylae: The Battle for the West*, Cambridge, Mass.: Da Capo, 2004 (first published in 1980).

③ Paul Cartledge, *Thermopylae: The Battle that Changed the World*, London: Macmillan, 2006.

思维在这一研究领域的体现。他们的潜台词是，如果波斯成功征服了希腊，希腊人就成为东方专制君主奴役的对象，就不可能发展出他们古典时代的文化，从而也就不会孕育出现代西方文明。但以这样一个并未发生的历史作为出发点来理解历史，显然是存在内在的逻辑谬误的。因为一个缘故，我们提出，在划定古风时代的下限的时候，应该更重视希腊世界内部的发展轨迹。依此来看，把公元前6世纪与前5世纪之交作为古风时代的结束更为合适。此时在希腊世界曾经广泛存在的僭主政治逐渐让位于更为民主的政体，民主化成为希腊历史的主流。实际上很可能也正是因为政治的民主化激发了城邦的力量，从而为希腊在希波战争中取得胜利打下了基础，甚至成为胜利的保障。

至于古风时代的开端，西方学者之所以将它定在公元前750年左右，是因为他们相信，希腊城邦在此时兴起，象征了"黑暗时代"的结束和希腊文明的"复兴"（renaissance）。在确立这个范式的过程中起到关键作用的是考古学家，尤其是剑桥大学已退休的考古学教授安东尼·斯诺德格拉斯。20世纪70年代，包括斯诺德格拉斯在内的3位英国考古学家分别出版了有关"黑暗时代"考古的综论，从考古学的角度进一步论证"黑暗时代"说的合理性。① 由于他们的著作都是非常专门的考古材料分析与解读，而且研究的对象都是之前一直受到忽视的一个时期，同时又由于他们的著作都是对这一时期的综合研究，所以他们的结论被普遍接

---

① Anthony M. Snodgrass, *The Dark Age of Greece*, Edinburgh: Edinburgh University Press, 1971（2nd edition, 2000）; Vincent R. Desborough, *The Greek Dark Ages*, London: Methuen, 1972; J. Nicolas Coldstream, *Geometric Greece*, London: Methuen, 1977（2nd edition, Routledge, 2003）.

受，成了主导后来20多年的观点。在"证明""黑暗时代"的确存在的观点之后，斯诺德格拉斯又通过一系列的论著，力图证明希腊城邦兴起于公元前8世纪中期，其理由是神庙等宗教性公共建筑的出现、居民点的增加、大型雕塑的出现等等。从这些考古材料出发，斯诺德格拉斯又进一步论证，在公元前8世纪后期到前7世纪初期，希腊世界的人口急剧增长，导致了社会的结构性变革，从而推动了城邦制度的形成。在此我们无法对于斯诺德格拉斯的分析展开深入讨论，但他的一些结论，比如人口的急剧增长，受到学者们的质疑。[①] 不过大多数质疑都是在接受他关于城邦兴起的总体框架下，对他的一些具体论述的批评。他的这个构架仍然被普遍接受，名副其实地成为库恩所说的范式。大量的研究也都是在接受这个框架的前提下进行的。

正如我们在上一节所述，晚近的研究开始倾向于认为城邦结构在荷马社会即已出现，从而对斯诺德格拉斯的范式提出了潜在的挑战。[②] 无论如何，我们认为，把城邦的兴起看成是一个较短时间段内突然发生的事情，甚至说成是"新生"或者"诞生"，恐怕都是存在问题的。更为可取的是把它看成迈锡尼文明瓦解后希腊社会长期演变的结果，以至于到公元前8世纪中后期，在文献资料缺乏的情况下，我们开始从物质存留上看到城邦结构业已存在，而不是

---

① 可参见Ian Morris, *Burial and Society: The Rise of the Ancient Greek City-State*, Cambridge: Cambridge University Press, 1987；黄洋：《古代希腊土地制度研究》，复旦大学出版社，1995年版，第70—73页。

② 目前西方学者普遍倾向于认为，"荷马史诗"反映的是公元前8—前7世纪城邦兴起之后的社会情形，因而并不构成挑战。在此笔者认为"荷马史诗"反映的是公元前8世纪之前的社会情形，如此则构成挑战。因此，如何看待这一问题在很大程度上取决于研究者对于荷马社会的定年。

把这些物质存留看成是城邦兴起的标志。实际上，相应物质形态的出现很可能要晚于社会政治结构的形成，而不是同步的。

无论如何，更为重要的问题是说明城邦兴起之后，其制度的确立与完善过程，而不是追究其难以确定的起源。当然，在这方面我们同样面临文献记载不详的难题，而且大部分文献记载都是古典时期乃至罗马统治时期的叙述，其可信度也值得推敲。由于这样的缘故，也由于斯诺德格拉斯等考古学家的影响，考古学在古风时代的历史研究中占据了重要的位置，以至于可以说不充分吸收考古学的成果，已经无法书写古风时代的历史了。但是即便如此，书写古风时代的叙事史也是不可能的，我们只能梳理出这一时期的重大事件，并试图阐释其对城邦形态演变所产生的影响。

按照亚里士多德的经典定义，城邦是"在特定政体之下的公民共同体"（《政治学》，1276b1-2）。如果我们以这个定义来探讨城邦的发展，首先就要关注公民共同体的形成，即公民共同体意识是如何发展起来的。公民共同体意味着集体参与，也意味着一定意义上的平等。法国学者弗朗索瓦·德·波里尼亚克（François de Polignac）在接受城邦兴起于公元前8世纪中期的范式前提下，提出公元前9—前8世纪宗教崇拜中心的形成，是导致城邦共同体意识形成的关键因素。[①] 宗教崇拜中心周围的居民共同崇拜特定的神明，共同参与特定的神明崇拜仪式，逐渐意识到他们和围绕其他崇拜中心形成的群体区别开来，组成了一个特定的社会共同体，这是城邦共同体意识的起源。正是在此基础上，城邦共同体

---

① 见第四章有关希腊城邦兴起的讨论。

才得以形成。因此，圣地、宗教崇拜中心的大量出现，也成为城邦兴起的标志。这个理论还从宗教圣地的角度解释城邦领土概念的形成。一些最早的宗教圣地不是在中心城市，而是在远离城市的领土边缘，它们实际上成为划定城邦领土边界的象征。这种从在希腊人生活中起到重要作用的宗教崇拜、圣地和宗教仪式角度作出的解释，具有很强的说服力。

共同体意识的形成是希腊城邦发展的关键。正是因为有了强烈的共同体意识，希腊城邦才走上了一条既不同于之前的迈锡尼文明，也不同于许多其他古代文明以君主制和严格等级制为特征的道路，从而在世界历史上开创了一种新的国家形态。从其形成的早期阶段开始，城邦就抛弃了专制君主统治，通常由一个大体上世袭的贵族集团进行统治。起初，城邦的政治、社会和经济权力主要控制在这个贵族集团内部。古风时代一系列事件的发展进程导致了社会的不断平等化，社会的普通成员也逐渐获得了参与城邦政治的权利。

到公元前8世纪中期，希腊城邦社会已迅速发展，不久就开始了大规模向外扩张。事实上，在更早一些的公元前9世纪末期，希腊人已经在叙利亚西北部奥隆托斯（Orontos）河口附近的阿尔·米那（Al Mina）建立起永久性据点。在稍后的公元前8世纪前期，希腊人已经来到意大利那不勒斯海湾，先后建立起在意大利的最早殖民地皮特库萨（Pithekoussai）和库迈（Cyme）。

公元前8世纪中期以后，希腊人的扩张迅即展开。他们扩张的主要方式是在海外建立殖民地。但希腊人的殖民地不同于后来罗马或者近代早期欧洲人建立的殖民地，其殖民地从一开始建立就不是母邦的属地，而是一个个独立的城邦。他们殖民活动的目的地首先是西西里岛和意大利南部，随后则是亚得里亚海东部和北部沿海、爱琴海北部和东北部沿海、博斯普鲁斯海峡两岸、黑海沿岸、北非和今法国东南部以及西班牙东部一带。这场大规模的海外殖民活动一直持续到公元前580年左右，传统上称之为"殖民运动"。这样，在近两百年的时间里，希腊人在海外建立起多达数百个新的城邦，将城邦模式复制到地中海世界和黑海周围的广大地区。他们生存的世界大大扩大，为希腊文明的繁荣奠定了坚实的基础。

希腊人的殖民活动，从一开始就是由本土城邦组织和主导的。这从另一个侧面说明，至迟到公元前8世纪中期，城邦已经发展成为稳固的国家形态了。对于希腊人大量殖民海外的原因，历来没有令人满意的解释。传统的解释分成两派：一派认为是海上贸易和对原材料的需求，促使希腊人殖民海上贸易通道上的主要贸易点和中转站；另一派认为人口增长的压力迫使希腊人殖民，以解决土地缺乏的问题。就贸易说而言，希腊人殖民的许多地方，如西西里和意大利南部一些地方，并不是进行贸易的理想地点，而是土地资源丰富的地方。而就缓解人口压力说而言，实际上并没有确切的证据表明，参与殖民活动最活跃的地区，如迈加拉、科林斯、阿凯亚和尤卑亚，在古风时代早期出现了人口过剩，而有迹象表明人口出现增长的阿提卡和阿尔戈斯则并没有参与早期的殖民活动。[①] 姑且不说古风时代初期的人口增长是

[①] Gocha R. Tsetskhladze, ed., *Greek Colonisation: An Account of Greek Colonies and Other Settlements Overseas*, Vol. 1, Leiden: Brill, 2006, pp. xxviii-xxix.

否已经导致了土地缺乏,希腊人无论如何不至于需要多达数百个殖民地来缓解人口增长和土地缺乏的压力。一些城邦像米利都(Miletus)、迈加拉和科林斯都建立了多个殖民地,其中米利都更是组织和参与了多达 26 个殖民地的建立。① 它们的动机显然不是为了解决人口过剩的问题。而且有时候根本就招募不到足够的殖民者,而迫使几个城邦联合建立一个殖民地,或者以法令形式规定每个家庭都必须有一人参加海外殖民活动。笔者曾经提出,希腊世界内部社会结构及相应的观念变化是导致殖民运动的根本原因。具体而言,就是财产私有制的初步确立成为影响城邦结构的一个重要因素,刺激了人们对于财富的欲望和追求,从而造成了大规模的殖民,② 这和近代欧洲的殖民有相通之处。

无论如何,殖民运动大致确定了古代希腊文明的地理范围,它将希腊人的生活世界扩大到一个更为广阔的空间,为希腊文明的发展提供了充分的资源保障,是希腊史上影响深远的事件。殖民城邦大多建立在离大海不足四五十公里的范围之内,也确定了希腊人生活世界的一个显著特征,即和大海的紧密联系。柏拉图笔下的苏格拉底曾说,希腊人生活在大海的周围,就像青蛙生活在池塘的周围一样。不仅如此,殖民运动对于城邦内部结构的发展可能也产生了重要影响。在新建立一个殖民地时,最初的殖民者可能通过制定一套规则,来分配殖民地的政治、经济权利。虽然没有直接的证据,但有理由认为,除了殖民首领(oikistes)可

---

① Robin Osborne, *Greece in the Making 1200 – 479BC*, London: Routledge, 2009,2nd edition (first published in 1996),83—87 页详细列举了殖民地及其建立者和大体建立时间的信息。

② 黄洋:《古代希腊土地制度研究》,第 2 章。

能享有特权外，殖民者对这些权利是进行平均分配的。这样的结论是基于至少两方面的间接证据。古典时代保留下来的殖民法令通常规定，殖民者将平均分得殖民城市的宅地和城外的耕地。同时殖民城邦的传统政体通常为寡头政体，说明最初的殖民者在政治上也是平等的，随着后来殖民城邦人口的进一步增加，他们变成一个特权寡头群体。殖民城邦的这种政治经济安排所体现出来的制度化以及平等性特征，很可能反过来冲击希腊本土城邦旧有的政治观念，从而推动城邦制度发展，促使其走向民主化。

然而对于殖民运动的传统解读，学者们也开始提出质疑。剑桥大学古代史教授罗宾·奥斯邦（Robin Osborne）通过对西西里和意大利南部希腊殖民地的考察，提出"殖民地"或者"殖民运动"这些概念本身就不准确。他认为，希腊人移民并定居海外不同于罗马或者近代欧洲的殖民，不是由国家以武力方式强行占领海外领土而建立的殖民地，在很多时候是个人联合行动的结果。新建立的社会群体也不像近代殖民地那样，接受母邦的统治，因此应该抛弃"殖民运动"或者"殖民"的说法。[①] 这一看法具有很强的颠覆性，一方面意味着在殖民之时，本土未必形成了有效的城邦机制，或者至少殖民不是城邦决策的结果。另一方面，它实际上等于否认学者们业已认识到的殖民者对原住居民的剥夺和压迫。然而他的说法虽有新意，但并不一定能令人信服。很难想象，基于个人行为的移民风潮会有如此统一的目的性，能够迅速占领那

---

① Robin Osborne, "Early Greek Colonization? The Nature of Greek Settlement in the West", in Nick Fisher and Hans van Wees, eds., *Archaic Greece: New Approaches and New Evidence*, London: Duckworth, 1998, pp. 251-269.

些经济和交通要地，并迅速建立起城邦体制；也很难想象，个人移民风潮会如此大规模地席卷整个希腊世界。因此我们不能接受他的结论，仍然坚持认为殖民行动是城邦或者集体决策的结果。而且，殖民者所占据的领土也不可能都是无人居住的地方，无疑会涉及对原住居民实行某种程度的武力征服。然而西方学者几乎无一例外都淡化这种征服及其暴力特性。① 毫无疑问，所谓殖民运动实质上是希腊文明的大规模武力扩张。

当殖民运动还在如火如荼地展开的时候，希腊本土的众多城邦又掀起了一个僭主政治的浪潮。从大约公元前 650 年起，在许多城邦，具有政治野心的个人攫取权力，建立起个人统治，而被希腊人称为僭主（τύραννος, tyrant），其统治具有世袭特征。僭主的出身各不相同，但大体都出于贵族统治阶级，而后成为贵族统治集团的反对者。他们的出现，打破了贵族阶级集体统治的贵族政治局面，给城邦政治带来了新的冲击。主要的僭主有科林斯的居普色鲁斯（Cypselus）和佩里安德罗斯（Periandros）父子，他们统治科林斯近 70 年（前 650—前 580）。据希罗多德记载（5.92），居普色鲁斯推翻了科林斯贵族集团巴库斯家庭（Bacchiadai）而建立起自己的统治。西居昂（Sicyon）僭主奥尔塔戈拉斯（Orthagoras）家族统治最久，达一个世纪（前 650—前 550）。它的第三代僭主克里斯提尼（leisthenes）曾经为女儿阿珈里斯忒（Agariste）公开招婿，结果选中了雅典贵族迈加克勒斯（Megacles），他们的儿子即为以外祖父名字命名的雅典政治家与改革家克里斯提尼。根据希罗多

---

① 最近的一本教科书将希腊殖民运动称为 diaspora（流散）。见 Jeremy McInerney, *Ancient Greece: A New History*, London: Thames & Hudson, 2018, p. 108。

德的记载（v.68），西居昂的克里斯提尼也曾改革过"部落"体制。在爱琴海勒斯博斯岛上最大的城邦米提林（Mytilene），贵族家族彭提里德（Penthilidai）的统治同样被推翻（Alcaeus fr. 75 LP，亚里士多德：《政治学》1311b），代之而起的是两个不太知名的僭主梅兰克罗斯（Melanchros）和米尔西罗斯（Myrsilos），古风时期米提林诗人阿尔凯俄斯（Alcaeus）的诗歌残篇证实了他们的存在。之后皮塔科斯（Pittacos）成为僭主，尽管受到阿尔凯俄斯的鄙视，他却名列希腊"七贤"之中。在雅典，名为"高贵出身者"（Eupatridai）的贵族集团的统治同样导致社会矛盾激化，经过居伦（Cylon）的僭主政治企图和梭伦的改革，最后庇西斯特拉图在公元前546年巩固了自己的僭主统治，直至其子希庇阿斯在公元前510年被推翻。

我们看到，僭主政治通常都是作为贵族政治的对立面出现的。自荷马社会以降即主宰城邦社会的贵族政治因此而受到冲击，贵族阶级的力量受到削弱。另一方面，僭主之所以能够成功地推翻贵族统治，实行个人统治，是因为他们通常能够获得社会中下层力量的支持。这样，僭主和社会中下层暂时结成了反对贵族阶级的联盟。贵族力量的削弱也意味着社会中下层地位的提高和生活状况的改善。雅典的庇西斯特拉图采取过一系列减轻农民负担的措施（《雅典政制》，16.7）。文献记载说居普色鲁斯"给科林斯带来公正"，所反映的也应该是这样的情况。因此，从客观后果而言，僭主统治实际上推动了城邦民主化的进程。僭主统治通常延续不过两代，最多如西居昂僭主也不过三代。他们的统治垮台之后，即让位给了更为民主化的政体。

现代人对于希腊僭主政治的理解，容易带上双重的价值角度，即后来希腊人对僭主政治的敌视和现代人对个人专权的恐惧。公元前508／7年①雅典民主政治建立起来之后，采取了一系列防止僭主复辟的措施，同时培养了一种反对僭主政治的政治意识。但即使如此，到公元前430左右希罗多德写作其《历史》之时，仍然将"僭主"和"王"（basileus）交替使用，说明他对僭主还没有敌视的态度。而到修昔底德撰写《伯罗奔尼撒战争史》的时候，僭主就和"王"完全分开了，僭主被描绘为残暴的统治者。古典作家对僭主政治的描绘常常会影响现代学者的认识，因而僭主政治通常被定性为"违背政体"（unconstitutional）的统治。但在古风时代城邦的政体（politeia）尚未完全建立起来，因此也很难说什么样的政治是合乎"政体"的，什么样的是不合乎"政体"的。从这个意义上说，僭主和"王"其实没有什么实质性差别。希腊早期的"七贤"既包括泰勒斯这样的哲学家，又包括梭伦这样的立法者，也包括科林斯僭主佩里安德罗斯和米提林僭主皮塔科斯，②这说明僭主也能和其他社会名流一样受人尊重。把僭主政治说成是"违背政体"的统治，也反映了现代西方人对于个人统治的憎恶以及对于制度性政治无以复加的信任。

僭主统治对城邦的另一个贡献在于，他们大力推动城邦的公共生活，特别是修建公共建筑，举办或者推广进行宗教崇拜的公

---

① 雅典历法的一年始于今公历的8月，终于次年7月，因此雅典的一年跨越今公历前一年下半年和后一年上半年。如果史料记载的雅典历史事件只具体到某一年，而未更精确具体到季节或者月份，则学界用公历纪年时，采用如公元前508/7年的方法，意指公元前508年下半年至前507年上半年。

② 通常的"七贤"之说为林多斯（Lindos）的克莱奥布洛斯（Cleobulus）、雅典的梭伦、斯巴达的基隆（Chilon）、米利都的泰勒斯、米提林的皮塔科斯、普里厄尼（Priene）的比阿斯（Bias）和科林斯的佩里安德罗斯。

共节日。在这一方面雅典的庇西斯特拉图尤其具有代表性。他创办了泛雅典人节的运动会（亚里士多德，fr.637），修建了一系列的神庙和圣地，包括雅典的宙斯神庙、雅典卫城上的雅典娜神庙和卫城南坡上的狄奥尼索斯圣地。雅典的城市狄奥尼索斯节也是在其统治期间开始变得重要起来的。僭主的所有这些活动可能都是为了增加其威望，但客观上丰富了城邦的公共生活，对城邦共同体的建设起到了推动作用，也赋予了城邦生活一些重要的特征。

在经历了这一系列的进程之后，城邦的发展又迈出了关键的一步。从公元前7世纪开始，各城邦纷纷制定自己的成文法，通过法的形式确立自己的政体。斯巴达的莱库古立法和雅典的梭伦立法是文献记载最为详细的立法活动，但他们只是这个时期应运而生的一批立法者的代表。亚里士多德注意到了立法者在早期希腊政治发展中所起的重要作用，在《政治学》中对他们进行了专门的论述。在斯巴达的莱库古（Lycurgus）和雅典的梭伦之外，他还提到为洛克里·埃皮泽弗里立法的扎琉科斯（Zaleukos）、西西里卡塔拉的喀荣达斯（Charondas），为忒拜立法的科林斯人菲洛劳斯（Philolaos）等。① 如此广泛的立法活动完全可以称得上是一场立法运动，也足以说明城邦制度发展的方向。立法的内容通常包括明确公民的权利，限定公民群体的范围，确立城邦的政治体制。克里特岛上的德瑞罗斯（Dreros）制定的法律是现存最早的成文法，它以铭文的形式保留了下来，其中规定，行政长官Kosmos一职的任职期限为1年，此后10年中他不得再任此职。这个法律

---

① 亚里士多德：《政治学》，1273b27—1274b28。

文本最早提到了作为政治概念的"城邦"(polis)。① 斯巴达的莱库古立法则更为全面。虽然由于缺乏当时的史料，莱库古的确切生平已不可考，但他的立法的基本内容应是可信的。最为可信的说法是，他的立法当在公元前7世纪前半期。公元1至2世纪之交的传记作家普鲁塔克引述了其立法的核心内容如下：

> 在建立起苏拉尼亚宙斯和苏拉尼亚雅典娜的圣地后，人民分成部落和村落，包括（两名）国王在内的三十人组成长老会议。应经常在巴比卡和克纳吉翁之间举行会议，以提出和撤销动议。人民将享有最终决定权；但如果人民的意见不公，长老和国王将不予理会。②

普鲁塔克所引文字十分古涩，说明是出自古老的记载。十分明显，立法确定了斯巴达的贵族寡头政体。人民有权参与城邦的议政大会，表达自己的看法，但最终的决策权实际上操纵在一个30人组成的长老会议手中。城邦虽有两名世袭的国王，但他们也是长老会议成员，并不能凌驾于其上。

除此以外，古典文献传统还把一系列的社会改革归之于莱库古，它包括平等份地的分配以及与之相适应的共餐制（syssitia）。根据这些改革，城邦将其控制的土地平均分配给所有斯巴达公民，同时建立公共食堂，包括两名国王在内的男性都必须在公共

---

① Russell Meiggs and David Lewis eds., *A Selection of Greek Historical Inscriptions to the End of the Fifth Century B.C.*, Oxford: Oxford University Press, 1988, 修订版, 1969年初版, 第2条, 第2—3页.

② 普鲁塔克:《莱库古传》, 6.

食堂集体进餐。为此，每年每个斯巴达人都须将份地的一部分收成交纳给公共食堂。此外，具有公民身份、年龄处于7岁至30岁之间的男性都必须集体生活，接受以身体与军事训练为核心的严格教育（称为agoge）。通过这些改革措施，斯巴达的城邦制度得以确立起来，这其中最重要的环节是公民权的确立。立法从政治和经济两个方面明确定义了公民权：其一，只有公民有权参加城邦的议政会议即公民大会，所谓的"居于周围者"（perioikoi，又音译为庇里阿西人）也是斯巴达的一个主要阶层，他们拥有自由，在一定程度上实行自治，需要参与城邦的军事行动，但却没有参加公民大会的权利；其二，只有公民才可分得份地。份地的分配是斯巴达城邦制度的基础。从古风时代起，斯巴达就拥有一支无敌于希腊世界的公民兵。之所以能如此，是因为其公民接受军事化的生活方式，将大部分时间用于日常军事训练。份地的分配使得所有公民都有足够的经济基础维持其军事化的生活，否则难以想象如何维持这种生活方式。份地由被征服的奴隶即黑劳士耕种，公民无须花费太多的时间从事农业劳动。另一方面，共餐制在公民群体中培养了一种集体精神和平等意识，斯巴达人称他们自己为"平等者"（homoioi），即是这种平等意识的体现。不过，斯巴达的这套社会体制（尤其是平等份地分配制度）的真实性，历来受到一些西方学者的质疑，其理由在于，平等份地分配制度难以长期维持，而且从亚里士多德的记载来看，后来斯巴达公民之间的贫富分化似乎十分明显。但这些都不足以否定在早期城邦曾经推行过平等份地分配制度，最多只能证明这套制度无法持久罢了。实际上，份地分配、共餐制以及斯巴达的教育制度是密切关联的,他们也是斯巴达城邦独特性的基础,我们没有理由完全否认这套制度的真实性。

雅典的梭伦改革是另一个显著的例子。在梭伦改革之前,一个名为"高贵出身者"(Eupatridai)的贵族阶层占据了统治地位。许多穷苦农民因欠债而失去土地的控制权,成为贵族附庸,而被称为"六一汉"(hektemoroi),甚或沦为债务奴隶,被卖到异国他乡。公元前621/0年,德拉孔(Drakon)进行了雅典的第一次立法,但并没有缓和紧张的局势,雅典社会处于爆发暴力革命的边缘。公元前594/3年,雅典人选举梭伦为该年度的执政官(archon),授权他进行改革。

梭伦进行了意义深远的改革和立法。[①]他颁布"解负令",废除下层人民的一切债务,禁止因债务而将雅典人卖为奴隶。在此基础上,他按土地收成多少,将雅典人分为四个等级:第一等级为年收成在500"斗"以上者,称"500斗级";第二等级为年收成在300"斗"以上者,称"骑士级";第三等级为年收成在200"斗"以上者,称"双牛级";第四等级年收成在200"斗"以下,称为"贫民"。梭伦规定,不同等级享有不同的政治权利。只有前三个等级才能担任官职,而城邦的高级官职九执政官[②]和司库只能由第一等级担任。"贫民"没有担任官职的权利,但有权参加公民大会。

[①] 亚里士多德:《雅典政制》,5—12;《政治学》,1273b35—1274a21;普鲁塔克:《梭伦传》。
[②] 所谓九执政官指古风时期雅典主要的9名行政长官,包括执政官(archon,亦称纪名执政官,因雅典人以其名字纪年)、负责宗教事务的巴昔琉斯(basileus)、军事长官(polemarch)和6名称作"立法者"(thesmothetai)的次级行政长官,合称"九执政官"(执政官译自archon,其本意为行政长官)。

在政治体制方面,梭伦建立了一个400人议事会,其成员分别从4个部落中抽签选出,每部落100人。虽然原有的贵族议事会——战神山议事会(Areopagus)仍然是城邦体制的"监护者",但新的400人议事会无疑会分享一定的政治权力,从而使得政治生活更为民主化。梭伦进行的另外两项重要立法是确立第三者起诉权的原则和上诉权,均具有重要的政治意味。在此之前,法律规定,只有被害人及其直系亲属才能提起诉讼。这意味着,诉讼限于私人之间的纠纷。第三者起诉权不仅意味着任何雅典公民可以代表受害人提起诉讼,而且意味着可以对危害公共利益乃至城邦利益的人提起诉讼,实际上给予了民众监督官员的权利。上诉权规定,当事人若对裁决不服,可以向人民法庭上诉。由于诉讼裁决主要由官员进行,而人民法庭是由普通公民组成,上诉权意味着官员的裁决也要受到民主的监督。学者们认为,人民法庭实际上是梭伦建立起来的。在古典时期,它成为雅典民主政体的核心机构之一。

梭伦改革和立法的根本意义在于建立雅典城邦制度化和民主化的社会与制度基础。通过废除债务奴隶制、保障公民人身自由、给予公民参与政治活动的权利,梭伦实际上定义了公民权。政治权利不再限于贵族阶层,而是扩大到包括穷人在内的整个公民群体。不仅如此,通过废除债务,梭伦实际上使得下层农民收回了其被贵族利用债务而控制的土地,由此培育了一个自由农阶层,它成为雅典民主政治的社会基础。同时通过建立公民广泛参与的400人议事会、人民法庭以及确立上诉权和第三者起诉权,梭伦初步确立了雅典民主的城邦制度。

当然，如同莱库古立法一样，对于梭伦立法的确切内容，学者们也存在争议。主要的问题来自两个方面：一是后来的政治家倾向于进行"托古改制"，将他们实行的措施归于具有传奇色彩的古代立法者；二是后来的文献记载也易于将一应的改革都归于他们。因此对于一些具体的改革措施，学者们的意见并不统一。

无论如何，通过改革和立法，城邦制度得到确立和完善，尤其是通过立法，确立了法制的基本原则，为古典时代希腊文化的繁荣打下了坚实的基础。需要指出的是，至此我们的叙述完全以城邦制度的发展为中心，这实际上浸透着我们前面所批评的西方主流价值的影响。事实上，在阿凯亚、帖撒利乃至贝奥提亚等地区，首先发展出来的是被称为 ethnos 的国家形态，它没有城市中心，居民散居在领土上，是一种松散的政治联合体。直至古风时代后期甚至是古典时代，这些 ethnos 国家才发展出城邦体制。[1] 因此，古风时代的政治发展并非单一模式的，而是多样性的。

在文化上，东方文明亦即西亚诸文明和埃及文明的影响受到学者们普遍关注。至迟从青铜时代始，希腊世界和东方文明似乎就保持了经常性的交流与联系。从古风时代一开始，东方文化对希腊文明的影响就更为显著地表现出来。东方文化的影响体现在多个方面。在艺术上，东方艺术的主题开始进入希腊人的视野。在此之前，希腊彩陶的装饰风格主要是规则的几何纹饰，因此被称为几何陶。到古风时代初期，希腊工匠开始借鉴西亚艺术的主

---

[1] 可见 Jonathan M. Hall, *A History of the Archaic Greek World, ca. 1200-479 BCE*, pp. 88-91。也有学者认为，ethnos 的含义十分模糊，并不是对立于 polis 的另一种国家形态。见 Catherine Morgan, *Early Greek States beyond the Polis*, London and New York: Routledge, 2003。

题，采用人物、动物、花卉图案作为彩陶装饰，创造了彩陶艺术的"东方化风格"，使希腊彩陶艺术走上了自然主义风格的发展道路。稍后，埃及的建筑艺术和大型人物雕塑艺术也传入希腊。公元前650年后，希腊各地开始出现真人大小的大理石人物雕像。这些雕像均为正面立像，尤以男性裸体雕像（称为kouros）为主，其典型姿势为双手自然下垂，微微握拳放于大腿外侧，左脚向前迈出半步，其造型明显反映出埃及雕塑的影响。值得注意的是，对希腊人来说，这些雕像并非纯粹艺术品，主要是献给神的圣地的供奉品，或用于墓葬的纪念塑像。在宗教观念方面，东方对希腊的影响几乎没有间断过，奥林帕斯主神中的阿波罗和阿芙罗蒂忒早就从西亚或小亚细亚传到希腊。在古风时代早期，仍有神祇不断从西亚传入，阿多尼斯（Adonis）便是一例。尤其值得一提的是，赫西俄德在《神谱》中讲述的克罗诺斯篡夺父权、宙斯复又夺权的神权更替神话，同赫梯人起源于公元前2000年前的库马比（Kumarbi）神话惊人地相似。似乎难以用巧合来进行解释，更可能是赫西俄德接受了来自东方的传说。

来自东方最深远的影响是在文字方面。在迈锡尼文明的宫殿遭到破坏之后，线形文字B的使用痕迹便不见踪影了。直到公元前8世纪，在希腊才重新出现了使用文字的证据。不过新出现的文字已不是线形文字B，而是希腊人在腓尼基音节文字的基础上创造的一种字母文字。他们借用腓尼基文字的22个字母，创造了共有24个辅音和元音字母、真正意义上的字母文字。古希腊人对腓尼基的影响予以了充分的肯定，希罗多德就说道：

> 随卡德谟斯而来的腓尼基人……定居希腊,并带来了许多文化成就,尤其是文字,而我认为在此之前希腊人没有文字。①

当然,东方的影响还不止于此,古风时期的希腊诗歌、社会生活方式的形成都受到东方文明不同程度的影响。晚近的研究倾向于认为,东方的影响是全方位的,而且贯穿了希腊历史的所有时期,甚至有学者提出,在公元前 500 年之前,希腊世界和东方世界本为一体,形成了地中海东部世界一个文化的共同体,对此我们将在第四章详述。

四、古典时期(约前 500—前 338)

出于在上一节中所说明的原因,我们抛弃了将古典时代的开端定在公元前 478 年的传统做法,而将其定在公元前 500 年左右。通过选择一个没有标志性事件的年份,我们想要表明,本没有什么标志性的事件将古风时代和古典时代划分开来。如果历史分期对于现代人的研究不可缺少的话,那么到公元前 6 世纪末 5 世纪初,希腊城邦社会得到充分发展,为其文化的繁荣打下了坚实的基础,同时也作好了应付外部挑战的准备。因此把这个时期看成是古风时代和古典时代的分期也许更能体现希腊历史发展的特点。

由于不同的城邦有着不同的演进步伐和节奏,因此仍然难以撰写一部统一的叙事史。在雅典,僭主政治于公元前 510 年被推翻,引发了贵族集团内部激烈的权力斗争。最后贵族出生的克里

---

① 希罗多德:《历史》,V,58。

斯提尼"站到人民一边"，依靠人民的力量击败了斯巴达支持的伊萨戈拉斯（Isagoras），夺取了城邦的领导权。之后，他在公元前508/7年进行了意义深远的政治改革，是谓克里斯提尼改革。

克里斯提尼所进行的是一次有意识的、复杂的政治改革，也是一次十分理性的改革，具有韦尔南所说的"几何性"特征。首先，他改革了雅典的行政区划。传统上伊奥尼亚人的社会通常划分成四个"部落"，雅典也是如此。虽然"部落"（phylē）一词可能是从远古时期流传下来的，但此时"部落"已不代表氏族社会的血缘单位，而是已经演化成以地域为标准划分的行政、军事和宗教崇拜组织。克里斯提尼打破原有部落划分，将雅典城邦的领土（称为阿提卡）划分为沿海、内陆和雅典城区三大部分，又将每部分分成十份，然后各取一份组成一个新部落，计十个部落，每个部落以一位雅典英雄命名。因而每个新部落均由各不相连的沿海、内陆和城区三部分组成，这三部分也因而被称为"三一区"（Trittyes）。这一行政区划异常复杂，可能一方面是为了打破贵族势力的地域基础，另一方面则是为了使新的部落由更为平等的成分组成。在此基础上，克里斯提尼改组了梭伦的400人议事会，成立500人议事会，其成员分别从十个新部落中以抽签方式选出，每个部落50人。这意味着，公民不分贵贱，均可直接参与城邦的管理。最后，克里斯提尼制定了一项独特的法律，即"陶片放逐法"。根据这条法律，每年雅典公民可以投票的方式选出一名政治领袖，予以放逐。这条法律旨在防止僭主政治的复辟以及个人权威的膨胀对新确立的民主政体形成威胁。

克里斯提尼改革初步确立了雅典的民主制度。差不多同一时期,其他一些城邦如克俄斯(Chios)也建立起民主政体。民主政体给予全体公民直接参与城邦管理的机会和权利,在人类历史上开创了国家管理的新方式。虽然像雅典和克俄斯这样建立民主政体的城邦只是少数,大部分城邦建立的是贵族或者寡头政体,然而城邦社会的民主化趋势仍然显而易见,即使在实行贵族或者寡头政治的城邦亦是如此,公民大会和议事会成为政治参与和决策的普遍机制。到公元前6世纪末,希腊世界主要的城邦都完成了立法,确立了公民权,这是所有民主化政治生活的基础。凡公民皆有权参与城邦的政治活动,有权参加公民大会和表达自己的政治主张。所不同的是,在实行民主政治的成邦,公民拥有更为广泛的权利,轮流担任各种官职,直接参与城邦的管理,公民大会拥有最高决策权。在贵族政制之下,虽然也召开公民大会,但最高决策权在于贵族议事会。在寡头政制之下,政治参与权则被限制在具有一定数量财产的公民群体范围内。另一方面,公民权的确立同时也意味着,公民群体成为城邦的特权群体,社会的其他群体则被排除在城邦的政治生活之外。尤其是奴隶,他们没有基本的人身自由,也不享有任何政治与社会权利。此外还有一些自由人,如雅典的外邦人、斯巴达的"居于周围者",也被排除在公民群体之外。公民妇女虽然名义上享有公民权,但实际上也不能参与城邦的政治活动。

逐步进入文明盛期的希腊世界很快将要面临来自外部世界的第一次巨大冲击。盘驻在今伊朗高原的弱小王国波斯逐渐强盛起来。公元前559年,波斯帝国的缔造者居鲁士二世即位后,励精图治,于公元前550年吞并了长期令其臣服的强大的米底王国,建立雄踞伊朗的霸权，旋即向外扩张，先是于公元前547年左右征服了小亚细亚的吕底亚王国，占领小亚细亚沿海希腊各邦，继而征服了巴比伦（前539年），其子冈比西斯统治时又征服埃及（前525年），建立起横跨亚非的大帝国。但小亚细亚希腊诸邦并不甘心屈服于波斯的统治，以米利都为首的伊奥尼亚诸邦于公元前499年发动起义，并向希腊本土求救，得到雅典支持。但公元前494年，米利都陷落，起义失败。公元前490年，波斯王大流士下令进攻雅典和尤卑亚岛上的埃里特里亚，以报复它们对伊奥尼亚起义的支持。波斯军队跨过爱琴海，很快攻占了埃里特里亚，之后进攻雅典。雅典一面派长跑健将菲狄彼得斯（Pheidipides）前往斯巴达求援，一面尽遣军队在阿提卡东北部马拉松沿海迎敌。斯巴达答应救援，但却坚持按习俗在月圆之后才出兵。雅典军队只能和前来救援的普拉特亚一小支军队单独面对这场生死较量。结果雅典军队以少胜多，击败了波斯大军，这就是著名的马拉松之战。战斗结束之后，2000名救援的斯巴达士兵才赶到战场。第一次希波战争以波斯的失败告终。

公元前480年，大流士之子、波斯王薛西斯亲率大军，渡过赫勒斯滂海峡，从海陆两路再次入侵希腊。在强大的波斯面前，众多希腊城邦选择了臣服，但以斯巴达和雅典为首的约31个城邦结成同盟，抗击来犯的大敌。在希腊北部的重要隘口温泉关，斯巴达王列奥尼达斯率少量希腊军队死守关口，浴血奋战，包括列奥尼达斯王在内的斯巴达300名勇士全部战死。之后波斯大军长驱直入，占领雅典，希腊盟军被迫退守科林斯地峡，形势十分危急。幸运的是，在战争爆发前不久，雅典城邦采纳其领袖地米斯托克利（Themistocles）的建议，利用在劳里昂（Laurion）所发现的银矿资源，建造了一个强大的水师。公元前 480 年，在撒拉米斯岛 (Salamis) 东面狭长水域展开的水师决战中，以雅典水师为主力的希腊舰队打败波斯水军，取得了扭转战局的胜利。撒拉米斯海战后，薛西斯眼看征服计划受挫，命大将马尔多纽斯坐镇指挥军队，自己先行退回了波斯。次年，以斯巴达为首的希腊盟军在普拉特亚（Plataea）阻击波斯陆军，再次取得大捷，是为普拉特亚大捷。波斯军队撤出希腊，宣告其征服希腊的计划彻底失败。希腊世界经受住了最为严峻的一次考验。

希波战争的胜利，给希腊世界带来了深远的影响。在政治格局上，雅典从斯巴达手中接过抗击波斯的领导权，一跃而成为希腊世界和斯巴达并驾齐驱的超级强国。公元前 478 年，以雅典为首的爱琴海周围诸邦组成共同继续抗击波斯威胁的提洛同盟（因总部设在提洛岛而得名）。通过继续和波斯人作战，力图解放小亚细亚仍被波斯占领的希腊城邦，雅典人巩固了其领导地位，逐步发展成为爱琴海世界的霸主。反过来，斯巴达因在公元前 479 年之后放弃继续同波斯作战，而丧失了对波斯战争的领导权，其影响大体局限在伯罗奔尼撒半岛这一传统的势力范围之内。希腊世界两大阵营的形成也为后来的冲突埋下了伏笔。

然而还有一个观念上的影响。希波战争促使希腊人强化了其正在形成中的民族与文化认同。和古代中国人一样，希腊人具有典型的民族中心主义思想，认为除它们自己之外的所有民族皆为蛮族。希波战争之后，这种民族中心主义表现发生了一个明显的转向。波斯的入侵使得希腊人产生了一种联想，开始把波斯人和希腊人传说中的敌人联系起来,这包括特洛伊人、阿马宗女人族和半人半马族,把它们一概视为来自亚细亚、对希腊产生巨大威胁的宿敌,因而也视为对立于希腊方式的典型蛮族。这样的思想在希罗多德的《历史》与公元前5世纪中后期的壁画、瓶画和神庙雕塑中都明显表现了出来。甚至有学者认为,在希波战争之后,希腊民族认同的方式发生了变化,主要通过形成一套希腊人和蛮族人对立的话语而表达出来。① 这种两分法本身也许还不构成现代意义的"东方"和"西方"对立,但当现代西方学者在东西方划分的思维框架下来理解希腊历史的时候,这种对立就被看成了东西方对立之始,从而对西方的东方想象施加了强有力的影响。在很大程度上,希波战争被现代西方学者所赋予的特殊意义即在于此。这也意味着,在东西方对立的思维框架下,希波战争的意义被大大放大了。实际上,这场战争很难说得上是整个希腊民族为了维护民族独立与自由的战争,更说不上是希腊民族保卫西方文明免受东方专制统治的战争。在波斯大军兵临城下的时候,希腊大部分城邦和地区完全放弃了抵抗,接受了波斯人臣服的要求,这包括色雷斯沿海、帖撒利和贝奥提亚等诸多的希腊城邦和国家,而结成希腊盟军、坚决抵抗的城邦仅31个。②

---

① 参见第4章相关讨论。
② 普拉特亚之战后,希腊人在泛希腊圣地敬献祭品,其中包括在德尔斐敬献的金制三足鼎,它架于一条青铜三头蛇立柱的顶端,立柱上刻有31个抗击波斯的希腊城邦的名字。见希罗多德:《历史》,8.81;Russuell Meiggs and David Lewis, *A Selection of Greek Historical Inscriptions*, No. 27, 57—60行。参见 B. Ridgeway, "The Plataean Tripod and the Serpent Column", *AJA* 81 (1977), pp. 374-79。

一定程度上也是由于东西方对立观念的主导作用，在希波战争时期希腊世界发生的另一件重要事件被学者们忽视了，这就是西部希腊人抗击迦太基的战争。从公元前 6 世纪后期开始，希腊人就和迦太基人为争夺西西里的控制权而发生断断续续的冲突。就在本土希腊人和波斯人在撒拉米斯决战的这一年，西西里的希腊人在叙拉古僭主格隆（Gelon）率领下，在希美拉（Himera）之战中击败来犯的迦太基大军，从而保全了西西里希腊诸邦的独立。和希腊波斯长期冲突一样，西西里的希腊人和迦太基人也是长期对立的。公元前 409 年，迦太基人摧毁希美拉和西西里南部沿海一些希腊城邦，之后叙拉古僭主狄奥尼修斯一世又挫败迦太基人，将迦太基人的势力局限在了该岛的西部。这一系列事件对希腊世界的发展也产生了不可忽视的重要影响。

在很大程度上说，雅典在希波战争后的崛起是希腊世界最为重大的事件。战争的胜利进一步增强了雅典人对其政治体制的自信，也促使政治生活进一步民主化。公元前 462／1 年，埃菲阿尔特斯（Ephialtes）再次进行民主改革，剥夺了贵族议事会——战神山议事会的全部政治权力，移交给公民大会和人民法庭，至此城邦政治制度得以完善。但改革后他即遇刺身亡，伯里克利成为雅典的政治领袖。后者进一步发展民主制度，在公元前 450 年左右开始向参与政治活动的公民如人民法庭审判员等发放津贴。此举看似普通，其实具有重要的民主意味，确保了贫穷公民有条件参与政治生活，使民主政治落到了实处。伯里克利的另一项重要措施是在公元前 451/0 年提出公民权法，并获得公民大会通过。学者们认为，之所以制定这条法律，可能是为了保护日益增加的公民权所带来的利益，但它同时也有助于进一步规范城邦的政治生活。

在伯里克利时期，雅典民主政治的机制得到完善，城邦政治体现了充分的民主性，公民大会成为名副其实的最高权力机关，它对城邦所有重大事务进行讨论决策，并负责制定城邦的法律。凡年满20岁的守法男性公民均有权参加公民大会并以投票的方式参与决策。雅典历法将一年分为10个月，公民大会每月开会4次，一年40次；而如果形势需要，可召开紧急会议。雅典民主政体中没有现代意义的政府或内阁，500人议事会是常设的政府机构，其成员从雅典10个部落年满30岁的男性公民中抽签选出，每部落50人，任期一年，且不得连任。除不宜议政的凶日外，议事会每天召开会议，负责处理城邦的日常事务，接待外邦使节等。各部落的50名成员组成常务委员会，称为prytaneia，负责主持一个月的事务，其间部分成员须日夜值班。又从常务委员会中抽签选举主席一人，负责掌管城邦的国印和金库钥匙，但任期仅为一日，且不得连任。500人议事会的另一项重要职责是为公民大会准备预案，凡公民皆可向议事会提出议案，经议事会讨论通过，即可列入预案，提交公民大会讨论决策。议事会常务委员会则负责召集并主持公民大会。[①] 雅典民主政体的另一重要机构是人民法庭，亦称公民法庭。之所以将它视为民主的政治机构，是因为公民享有第三者起诉权，即公民有权起诉损害城邦利益或民主制度的行为和个人，人民法庭因而成为维护民主政治的重要机制。另外，法庭审判也充分体现了民主的精神。法庭的判决完全由公民

---

① 公元前4世纪改由专门的主持团主持公民大会。

审判团投票决定，而审判员则是从年满30岁的志愿公民中抽签选出。审理私人纠纷的公民审判团至少由200名公民组成，审理涉及城邦公共利益的案件则至少须有500名审判员，多则达2000人。公元前4世纪初期，公民审判团人数改为相应的奇数（即201人和501人），以避免出现正反两方票数相等的情况。有时公民大会也会直接对重大案件进行审判。在官员的任命方面，除了十将军和司库等约100个需要专业技能的官员仍由选举产生外，雅典的绝大部分官员均以抽签方式从年满30岁的男性公民中选出，任期限为一年，不得连任。此外，民主雅典还建立了一套有效的监察机制，包括陶片放逐法以及官员的资格审查制度和任职监察制度。官员在上任之前须通过资格审查（称为 dokimasia），卸任之时亦须通过对其任职行为的审查，任何公民均可对其任职期间的不端行为提出指控。在公元前5世纪，陶片放逐法频频付诸实施，有效地防止了个人权威对民主政治带来的威胁。

雅典人创造的民主政治具有非常独有的特征，它以抽签和轮流的方式，最大限度地调动公民直接参与城邦的管理。伯里克利推行的津贴法确立了给出席人民法庭的审判员发放津贴的制度，保障了贫穷公民的参与。之后500人议事会成员也获得津贴。到公元前4世纪初，参加公民大会的公民也可获得津贴。虽然广大妇女和奴隶都被排斥在政治生活之外，但如此广泛的公民参与，尤其是将国家最高决策权直接赋予普通公民集体，在古代历史上仍是前所未有的，在后世也极为少见。

对于以雅典民主政治为代表的古希腊民主政治，现代人的理解也因自身的价值取向不同而多有差异。国内曾经占据统治地位的说法认为,它是奴隶主阶级的民主或者是工商业奴隶主的民主。这种说法纯属机械运用经典理论,对一个基本事实视而不见,即在雅典民主制下,根本没有多少财产的贫民(thetes)也获得了完全的公民权,能够参与城邦的政治决策,担任绝大多数官职,他们无论如何都算不上是奴隶主阶级的成员。另一个常见于国内学者和学生的批评是,雅典民主制只是少数人的民主,广大的奴隶和妇女都被排除在外。指出雅典民主制的这种局限性未尝不可,但因此而否定它则不仅未能做到"同情的理解",而且犯了时代错乱的毛病。要知道,奴隶制得到完全废除是迟至19世纪的事情,而妇女获得政治权利更是第一次世界大战之后的事情。还有一种在知识界流行的说法,其实是发端于近代西方民主政治的理论家们。他们在建构近代民主制的时候,有意识地选择了精英主义的罗马共和制作为模式,而抛弃了古代希腊更为民主的政治模式。其根源在于他们对于普通大众的极端不信任,而想使权力真正操纵在一小部分精英手中。因而,他们把雅典民主制说成是"暴民"的统治,说它是"短命"的和不稳定的。自由主义思想家们同样助长了这种说法。在他们看来,苏格拉底之死纯粹代表了雅典民主制对思想和言论自由的肆意践踏,"暴民"对精英的专制。实际上雅典民主政治远非如此简单、粗暴和原始,它其实是一套复杂和完善得多的政治制度。普通公民的政治智慧得到充分信任,广泛地参与到城邦的重大决策中来,同时具有才能的精英分子也能充分发挥其智慧和才能,起到关键的领导作用。换言之,雅典民主政治既非下层民众专权的"暴民"政治,亦未对精英进行系统迫害,而是精英和民众在取得一定共识基础上合作的结果。① 此外，它所允许的思想、言论以及批评的自由在历史上也是少见的。正因为照顾到了各方利益，最大限度地发挥了公民群体的作用，激发了普通公民的积极性，这套制度行之有效，而且十分稳固。从公元前508年建立直至公元前338年马其顿征服希腊，这套民主制施行了将近两个世纪，其间虽然经历了公元前411年的寡头政变、伯罗奔尼撒战争的失败以及战后斯巴达在公元前404—前403年扶植的寡头统治，但民主政治均经受住了考验，得以迅速恢复，恰恰说明了它的生命力之强。另一方面，正是在民主的政治制度下，雅典城邦变得空前强盛，知识和文化生活空前繁荣，体现出了前所未有的创造性，以至于成为希腊文明的中心和象征，这也不能不归功于民主制的成功。因此，现代知识分子的激烈批评，通常反映了其强烈的精英主义价值取向，而不是对雅典民主政治客观如实的认识。

当然，近代政治理论家和思想家们对雅典民主政治的批判早已为对它的赞叹所取代，只不过国内知识界经常还抱着旧有的说法不放。只是，赞美的观点并不是没有问题。它通常把雅典民主制看成是现代民主政治的源头，同样和现代人的价值观纠缠在一起。对于带有这种倾向的学者来说，雅典霸权（英文作imperialism）是一个尴尬的事实。因为在民主政治的忠实拥护者看来，民主国家是不可能施行霸权的。因此，民主的雅典是否有意识地、广泛地推行了霸权主义，就成了一个引起讨论和争议的问

---

① 参见黄洋：《雅典民主政治中的大众与精英》，《世界历史评论》2016年第5期，第7—25页。

题。① 然而，如果修昔底德的记载可靠的话，在提洛同盟成立后不久，雅典就已开始利用它为自己的利益服务。在公元前470年代中期占领爱琴海北部沿海的埃昂（Eion）和爱琴海中部的斯库罗斯岛（Scyros）后，它向这两个地方派驻了移植民（cleruches）。公元前467年，就在提洛同盟军队取得对波斯的优里墨顿河（Eurymedon）大捷之前，爱琴海上的那克索斯岛宣布退出提洛同盟，此举招致雅典派兵镇压。曾任雅典将军的历史学家修昔底德评论道：

> 这是首个违反章程、奴役同盟城邦的例子，此后其他城邦也遭此对待。同盟城邦叛离的主要原因是没有交纳贡金和战舰，有时是则没有派军作战。雅典人则要求它们完全遵守规定，并因强迫那些不习惯或不愿受苦的城邦而招致怨恨。在其他方面雅典人也不是如从前那样受欢迎的领袖，他们承担了大部分的战事，这使他们更容易迫使那些试图脱离者服从。对此诸盟邦自身负有责任，它们中的大部分由于不愿远离家乡作战，选择了交纳相应数量的金钱来替代派遣战舰。雅典人的舰队则因它们交纳的贡金而日益强大，而当盟邦叛离时，总是发现自己对战争没有准备，缺乏经验。②

修昔底德的这段话反映了提洛同盟成员国受到雅典胁迫的事实。试图叛离的成员国往往受到雅典的严厉镇压，以至成年男子被处

---

① 参见 Loren J. Samons II, ed., *The Cambridge Companion to the Age of Pericles*, Cambridge: Cambridge University Press, 2007, chapter 1, "Democracy and Empire", by P. J. Rhodes, 尤见 pp. 24-25。

② 修昔底德：《伯罗奔尼撒战争史》，I，98—99。

死，妇女儿童被卖为奴隶。这说明，在施行暴力方面，民主制和其他政体形式的国家似乎并没有本质的区别。

公元前5世纪中叶，提洛同盟似乎结束了针对波斯的敌对行动（对于是否存在公元前449年的"卡里阿斯和约"，学者们仍然争论不休），但是雅典对于提洛同盟的控制丝毫没有放松。它开始以武力在同盟内部推广民主政体，要求同盟成员国在雅典的泛雅典娜节上献祭。公元前454年，它将同盟金库从提洛岛迁移到雅典，同时强行要求把同盟内部的纠纷移交到雅典的法庭进行审判。这些加上同盟国缴纳的贡金、雅典派出的移植民、强占拒绝服从的成员国的财产等等，所有这些行径使得芬利得出结论："雅典霸权主义利用了那个社会所有可利用和可能的物质剥削形式"[①]。

然而雅典的空前强盛和它推行霸权的做法，引起了斯巴达以及伯罗奔尼撒同盟其他成员国的不满。公元前460年，双方开始发生正面冲突，这就是学者们所说的第一次伯罗奔尼撒战争，时断时续的冲突持续了14年之久。公元前457年，拥有1500名重装步兵的斯巴达主力部队和雅典军队在贝奥提亚地区的塔那格拉遭遇，斯巴达军队大胜；但仅仅两个月之后，雅典军队在奥伊诺夫塔决定性地击败贝奥提亚军队，从而控制了贝奥提亚地区。公元前446年，以斯巴达为首的伯罗奔尼撒联军侵入阿提卡，雅典形势危急，被迫讲和，双方签订了"三十年和约"。根据和约，雅典虽然被迫放弃了控制希腊中部的野心，但其庞大的海上帝国得以保

---

① M. I. Finley, "The Fifth-Century Athenian Empire: A Balance Sheet", in P. D. A. Garnsey and C. R. Whittaker, eds., *Imperialism in the Ancient World*, Cambridge: Cambridge University Press, 1978, 103-126. 引文见126页。

留，因而其实力并未在根本上受到削弱。公元前5世纪30年代，正面冲突又起。其时，科林斯在希腊西部的殖民地科居拉和科居拉自己的殖民地埃皮达姆诺斯发生冲突，双方分别向雅典和科林斯求援，致使公元前433年，雅典和科林斯舰队直接交火。次年，双方围绕希腊北部城邦波提德亚再起冲突。波提德亚是科林斯的殖民地，后者向它派驻官员。但它又是提洛同盟的成员国。为加强控制，雅典乃要求它摧毁部分城墙，向雅典派驻人质，并驱逐科林斯官员。这些要求导致波提德亚反叛。雅典遂派兵镇压，与科林斯派来救援的军队再动干戈。① 与此同时，雅典人通过了一条"迈加拉法令"，严禁迈加拉人出入雅典集市和雅典帝国的所有港口，这条法令实际上意味着对迈加拉实行经济封锁，被认为是伯罗奔尼撒战争的导火线之一。公元前432年，斯巴达控制的伯罗奔尼撒同盟会议通过向雅典宣战的决议。次年，斯巴达王阿基达摩斯率伯罗奔尼撒联军侵入阿提卡，战争正式爆发。对于战争的根本原因，修昔底德有一段著名的评论。他说：

> 至于他们（指雅典人和伯罗奔尼撒人）打破和约的原因，我计划先叙述他们相互指责对方的理由及其利益冲突的具体事例，这是为了使所有人明白是什么导致了这场战争降临到希腊人身上。但是我认为，战争的真正原因很可能被这样的叙述所掩盖。战争之所以不可避免，是因为雅典力量的增强及其在斯巴达引起的担忧。②

---

① 修昔底德：《伯罗奔尼撒战争史》，I，31—65。
② 修昔底德：《伯罗奔尼撒战争史》，I，23。

伯罗奔尼撒战争持续达 27 年之久。修昔底德说，它是希腊世界最大的战争，绝大部分希腊城邦都卷了进来，甚至希腊世界以外的地中海大部分地区也是如此。战争前期，雅典人据有海军优势，而伯罗奔尼撒联盟则在陆上称雄，双方相持不下。这一阶段又因斯巴达的主要军事统帅为其国王阿基达摩斯（Archidamos）而称为"阿基达米亚战争"（Archidamian War），至公元前 421 年以雅典将军尼基阿斯（Nicias）主持签订的和约（因此而称为尼基阿斯和约）而告结束。公元前 415 年，雅典决定以主力舰队远征西西里，至公元前 413 年远征彻底失败，舰队几乎全军覆没。在战争后期，波斯越来越深地卷入战争，利用金钱支持并帮助斯巴达建立舰队，最终使雅典人丧失了制海权。公元前 405 年，斯巴达舰队在赫勒斯滂海峡附近给雅典主力舰队以毁灭性的打击；次年斯巴达将军吕山德罗斯（Lysandros）率军占领雅典，迫使雅典投降，战争宣告结束。

伯罗奔尼撒战争对整个希腊世界而言都是一个沉重的打击，对此修昔底德评论道：

> 伯罗奔尼撒战争不仅持续时间长久，而且在整个战争期间给希腊带来空前的苦难。此前从未有如此多的城市被占领、被毁灭，无论是被外邦军队还是被希腊人自己的军队；从未有如此多的人被驱逐；从未有如此多的生命被牺牲，他们牺牲在战争中和内部的革命中。①

---

① 修昔底德：《伯罗奔尼撒战争史》，I，23。

就连作为胜利者的斯巴达也因公民人口的急剧减少而国力受到严重削弱。在雅典，战争的失利使得民主政体面临严峻的考验。人们对民主政治的信心受到削弱，贵族寡头派乘机卷土重来。先是在西西里远征的灾难性失败之后，贵族寡头联合起来，于公元前411年推翻民主整体，建立了400人寡头政府。不过寡头政府仅仅维持了4个月便垮了台；而后在公元前404年，斯巴达扶持寡头派建立起"三十僭主"的统治，对民主派进行血腥镇压，但它也只维持了10个月。公元前403年秋，民主派进行武力抵抗，推翻了"三十僭主"的统治，民主政体得以恢复。公元前399年苏格拉底被处死，在很大程度上是因为他长期坚持并传播反对民主政治的思想，这说明此时的民主政治仍然脆弱，没有足够的信心容忍反对意见。不过，苏格拉底之死并不能用来说明雅典民主制是民众的"暴政"，或者是民主制对自由的压制，只不过是雅典民主制下的自由和现代西方的自由观念有着根本性差别罢了。

伯罗奔尼撒战争之后，希腊世界进入了一个更为动荡的时期。公元前4世纪易于被看成是希腊文明开始走向衰落的时期而受到忽视，然而衰落只是表现在某些方面，例如政治与军事力量。在其他方面，希腊文明则继续表现出令人惊叹的创造力。可以毫不夸张地说，雅典演说家兼教育家伊索克拉底（Isocrates）所建立的教育体系对后来罗马帝国乃至西方的教育都产生了深远的影响；柏拉图定义了哲学的一些最基本问题，后世哲学都是围绕这些问题的解答而展开的；而亚里士多德的政治、伦理与自然科学研究奠定了诸多学科的基础。当然，我们忽视公元前4世纪希腊史的部分原因还在于史料的相对缺乏与混乱。在续写修昔底德《伯罗奔尼撒战争史》的众多史书中，唯有色诺芬的《希腊史》（*Hellenica*）完好地保存了下来。它记叙了从公元前411年到公元前362年曼提尼亚（Mantinea）之战的重大事件。此外我们就只能依靠狄奥多罗斯（Diodorus Siculus）的《历史文库》（*Library of History*）。它虽然大量援引了公元前4世纪的其他历史著作，尤其是业已遗失的埃弗鲁斯（Ephorus）的《通史》（*Histories*），但其叙述的精彩程度以及历史洞见远不及修昔底德那样的历史学家的著作。除了这些主要的历史著作之外，普鲁塔克的部分传记、雅典演说家的大量演说词也是重要的历史资料。

作为伯罗奔尼撒战争的胜利者，斯巴达赢得了短暂的霸权。它虽然打着把希腊各邦从雅典霸权之下解放出来的旗号，但在战后却接管了雅典的海上帝国。公元前402年，波斯王阿塔薛西斯之弟小居鲁士（Cyrus III）反叛，获得了小亚细亚希腊城邦和斯巴达的支持。一支万人希腊雇佣军参加了居鲁士的反叛，雇佣兵将领之一色诺芬后来在《长征记》中叙述了其参战和返回的经过。但小居鲁士的反叛以失败告终，阿塔薛西斯立即任命提撒菲尔尼斯（Tissaphernes）为波斯驻萨迪斯总督，令其迫使小亚细亚希腊诸邦臣服。以希腊解放者自居的斯巴达不得不在公元前400年派出一小支部队救援。公元前396年，在伯罗奔尼撒同盟决议增援小亚细亚后，年轻的国王阿格西劳斯（Agesilaus）才率军亲征。他的节节胜利令波斯国王大为恼火，后者下令处死了提撒菲尔尼斯。之后波斯驻弗里吉亚总督法尔那巴祖斯（Pharnabazus）采取金钱外交的手段，促使雅典和忒拜结成反对斯巴达的联盟。科林斯、阿尔戈斯和希腊中部诸多城邦都加入了联盟，阿格西劳斯被召回应付本土战局。公元前394年,雅典将军科农率领的波斯舰队在克尼杜斯(Cnidus)击败斯巴达舰队,结束了斯巴达在爱琴海地区的短暂霸权。两面受敌的斯巴达遂寻求外交谈判的途径,同时波斯亦不愿看到雅典战胜斯巴达而重整旗鼓,因此波斯国王采用武力威胁和调停的双重手段,迫使交战各方于公元前387年签订和约,即所谓的"大王和约"(亦称"共同和约")。它规定小亚细亚的希腊城邦属波斯统治,希腊本土各城邦除雅典占领爱琴海上的勒姆诺斯(Lemnos)、因布罗斯(Imbros)和斯库罗斯三个岛屿外,均获得独立。这就意味着,无论是斯巴达还是雅典都不能建立霸权,而波斯再也不用担心其在小亚细亚的统治受到来自希腊本土城邦的威胁。但在希腊世界内部,争斗仍然不断。斯巴达利用"大王和约"之机,在伯罗奔尼撒半岛铲除异己力量,而雅典则于公元前378年建立起所谓的"第二次海上同盟",一方面与斯巴达抗衡,一方面遏制波斯势力向爱琴海扩张。与此同时,忒拜势力渐强,于公元前373年消灭普拉特亚,意图称霸贝奥提亚,使得局势进一步复杂化。公元前371年,斯巴达召开和会,试图重申和续签"大王和约",以避免进一步的武力冲突。忒拜坚持代表贝奥提亚联盟签字,遭到拒绝,而拒不接受和约。斯巴达和忒拜再次爆发战争,忒拜军队在留克特拉战役中出人意料地大败斯巴达军队。公元前370—前369年,忒拜军队攻入斯巴达领土拉科尼亚,把美塞尼亚(Messenia)从斯巴达统治之下解放了出来。斯巴达从此一蹶不振,而忒拜则建立了自己短暂的霸权。公元前362年,忒拜军队和阿格西劳斯指挥的斯巴达军队战于曼提尼亚,其杰出军事将领埃帕米农达战死,忒拜的霸权迅即衰落。色诺芬在评论这场战争时说："希腊在战后甚至比战前更为混乱"①。

正当希腊列强处于一片混战之时，希腊世界北部边陲的马其顿王国迅速崛起。公元前359年，被古典作家称为欧洲第一位伟大君主的腓力浦二世登上马其顿王位，他立即着手进行卓有成效的改革，使马其顿一举成为军事强国。之后他利用希腊世界的混战局面，轻而易举地控制了北部和中部的帖撒利和贝奥提亚地区。公元前346年，雅典被迫求和，放弃在希腊北部的势力范围。但雅典政治家和演说家德谟斯梯尼主张坚决抵抗腓力浦的扩张。公元前340年，腓力浦围攻赫勒斯滂海峡上的拜占庭，雅典的粮食供给线受到威胁，遂派兵救援拜占庭，双方实际上进入战争状态。次年，腓力浦挥军南下，直接威胁到雅典的安全。在紧要关头，德谟斯梯尼成功地说服雅典与宿敌忒拜结成同盟，共同抗击马其顿。公元前338年，雅典和忒拜联军在贝奥提亚西北部的喀洛尼亚迎击马其顿军队，但先胜后败，腓力浦扫除了征服希腊的最后障碍。公元前337年，腓力浦召集希腊各邦代表在科林斯开会，迫使其结成"科林斯联盟"，宣布同马其顿保持和平。腓力浦成了希腊事实上的统治者，希腊古典时代就此宣告结束。

五、希腊化时期（前338—前30）

征服希腊之后，腓力浦立即着手准备进攻波斯。和雅典领导的提洛同盟、斯巴达领导的伯罗奔尼撒同盟对波斯的战争一样，腓力浦同样宣称，战争的目的是解放小亚细亚的希腊城邦。一支

---

① 色诺芬：《希腊史》，7.5.27。

10000人的先遣部队业已渡过赫勒斯滂海峡，进入亚洲。但公元前336年，腓力浦突然遇刺身亡，其年仅20岁的儿子亚历山大三世登上王位。面对实际上已经开始的征服战争，亚历山大果敢地继承了其父的遗愿。公元前334年春天，经过近两年的准备，亚历山大率领一支37000人（包括5000骑兵）的部队开进亚洲，开始东征。马其顿军队先是在格拉尼科斯河之战（Granikos，公元前334年）击败前来阻击的波斯军队，而后又在叙利亚北部的伊索斯之战（Issos，公元前333年）大败波斯国王大流士亲自率领的军队，之后长驱直入，于公元前332年冬天攻入埃及。亚历山大在尼罗河入海口建立了一座希腊式的城市，并以自己的名字命名，称为亚历山大城（通常译为"亚历山大里亚"），它后来成为地中海世界最重要的文化中心之一。之后，亚历山大穿过埃及西部沙漠，前往西瓦（Siwah）祈求著名的阿蒙神谕，神谕称他为"神之子"，从而认可了他对埃及的统治。

公元前331年，亚历山大挥师北上，进军波斯帝国的心脏地带。在底格里斯河畔的高加美拉（Gaugamela，位于今伊拉克北部）遭遇大流士统帅的波斯主力军队。马其顿军队以寡敌众，取得了决定性的胜利。在巴比伦休整一个半月之后，亚历山大攻入波斯本土，顺利占领了波斯的都城波斯波利斯（Persepolis），并将王宫付之一炬。记载亚历山大东征的历史学家阿里安评论说，此举是为了报波斯王薛西斯入侵希腊的一箭之仇。大势已去的大流士又遭厄运，为波斯驻巴克特里亚（Bactria，即中国史书中所说的大夏所在地区）总督贝索斯（Bessus）所杀，后者随即自立为波斯王。亚历山大令人将大流士安葬于波斯王陵，以此举宣布自己才是波斯的新统治者。公元前329年，亚历山大翻过兴都库什山脉，攻入巴克特里亚，俘获并处死贝索斯，以波斯王的身份为大流士报了仇。

之后，亚历山大继续征战中亚，北击斯基泰人之后，在今塔吉克斯坦西北部建立起一座同样以自己名字命名的城市，称为亚历山大里亚·埃斯卡特（Alexandria Eschate，意为"最远的亚历山大城"）。公元前327年夏，亚历山大率部再次翻越兴都库什山，南下攻入印度，占领旁遮普地区。雄心勃勃的亚历山大打算继续东进，但其将士不愿再战。无奈之下，他只好退兵，于公元前325年分海陆两路退回美索不达米亚。仅两年之后，公元前323年6月13日，亚历山大病逝于巴比伦，时年33岁。

亚历山大的统治虽然短暂，但是他以雄才大略建立了一个横跨亚、欧、非三大洲的大帝国，其征服对后来的历史发展产生了深远的影响，因而获得了亚历山大大帝的美名。在征服过程中，他建立了一系列以自己名字命名的希腊式城市。普鲁塔克说，亚历山大一共建立了70座城市。① 虽然这个数字不一定可靠，但可以确定的即有约20座，而且其中的绝大部分都位于城市化水平比较低的底格里斯河以东地区。亚历山大最初的目的可能是为了控制战略要地，对被征服地区进行有效的控制。城市的定居者主要是希腊人和马其顿人，其结构和管理也是希腊式的。这些希腊城市的建立，不仅推动了这些地区的城市化，而且更为重要的是，将希腊文化带到了从叙利亚直到中亚的广大地区，为希腊化时期希腊文化的传播奠定了基础，也建立了希腊化的模式。

---

① 普鲁塔克：《论亚历山大的运气》，I，5。

作为欧洲第一位伟大的君主、东方的征服者，亚历山大自古即受到推崇，由此产生了一个神话。亚历山大被说成是文明的播撒者，将光明带到了东方，他的征服被说成是为了实现大同世界的理想。他娶波斯公主为妻、鼓励马其顿将领和军士娶波斯妇女为妻的做法，被解释成促进民族融合的具体措施。这个神话可能产生于亚历山大的随军历史学家和将领的历史叙述，后来经过普鲁塔克的发扬，渗透到现代西方的历史叙述，尤其是 20 世纪研究亚历山大的权威英国人威廉·塔恩（William Tarn）的叙述中，再由西方学者的叙述进入我国学者对于亚历山大的评价，这一过程中，很少有人对这个明显带有西方殖民主义的立场进行反思。[①] 实际上，他所推行的和亲波斯的政策说到底不过是为了利用波斯贵族的势力，巩固其庞大帝国的统治罢了。[②]

亚历山大死时，留下了一个西起亚得里亚海岸、东至旁遮普的庞大帝国，但后来的事实证明，没有人具有他那样的雄才大略，能统领整个帝国。在他死后，他手下的将领们立即展开了争夺王位的斗争，被称为"继承者战争"。混战延续了二十多年，最终形成割据局面。先是安提戈努斯（Antigonos）于公元前 306 年称王；次年，占据埃及的托勒密（Ptolemy）称王；再次年，占据东方的塞琉古（Seleucus）亦称王。公元前 301 年，安提戈努斯企图夺取整个帝国统治权的野心受到毁灭性打击。在伊普苏斯（Ipsus）之战中，他的军队被反对者组成的联军击败，他本人战死，三分

---

① 详见第四章相关讨论。
② A. B. Bosworth 令人信服地反驳了亚历山大旨在推动马其顿人和波斯人融合的说法，见其 "Alexander and the Iranians", *JHS* 100 (1980), pp. 1-21.

天下的局面最终形成。安提戈努斯王朝占据了马其顿，塞琉古王朝占据了亚洲，托勒密王朝占据了埃及，这便是主宰希腊化时代政治局势的三大王国。

在三大王国中，马其顿的统治迟至公元前276年颇具才干的安提戈努斯二世登上王位时，才趋于稳定。由于王国仅仅涵盖马其顿和希腊本土，二者皆以希腊文化为本，所以不存在统治者和被统治者之间的巨大文化差异，同时在马其顿存在着一个传统的贵族阶层。在贵族阶层的传统观念中，国王仅仅是由贵族组成的"伙伴"中的首领，因此王权受到一定程度上的牵制。在希腊，马其顿的控制亦非专制性的，它一方面驻军战略要地，一方面宣称维护希腊各邦的独立与自由，试图以宣传方式左右希腊人，使其遵从马其顿的政策，而这也是后来罗马人统治希腊的方式。但是任何试图摆脱马其顿人控制的反抗都遭到严厉镇压，如同雅典在公元前266—前262年的起义一样。

相比起来，希腊化时代的另外两大王国则体现出十分不同的特征。由于统治者与被统治者分属于不同的民族，其文化传统差异巨大，因此统治者面临更为复杂的形势。在争夺亚历山大王位的众多将领之中，托勒密（古希腊语意为"尚武者"）也许是最为务实的。他获得了埃及的统治权之后，将亚历山大的遗体运来，安葬在亚历山大里亚，以此举显示自己统治的合法性，但他的野心似乎仅仅限于埃及。托勒密王国也是三大王国中统治最为长久的，其统治者以法老时代的政治体制为基础，建立了一套中央集权的官僚体制。王国划分为40个省份（nome），省份又进一步划分为区域和村社；又在各地驻扎军队，由将军统领，因此各地将军权势日重，甚至控制了军事以外的地方事务。除了有效控制王国领地以外，托勒密王朝的另一个统治目标是聚敛财富。王国各地设有财务官，负责征收租税，中央则设财政大臣，总管王室财政。在国王看来，王国所有的土地都归他所有，正所谓"溥天之下，莫非王土"。但实际上，埃及传统的贵族阶层即僧侣阶层控制了部分土地，王室不得不有所妥协。国王直接控制的土地一般分租给埃及农民，他们必须向王室缴纳租金。为了保障战时的兵源供应，避免雇佣兵的高昂费用，托勒密王朝还建立了一套份地制度，将王室部分土地分成份地，分给新来的定居者，他们中的多数为马其顿人和希腊人。作为回报，战时他们必须参军打仗，而且和王室佃农一样，他们也必须向王室缴纳赋税。

在王室之下，是一个马其顿人和希腊人组成的封闭的统治阶层，它包括高级官僚、祭司、份地占有者、王室赏赐土地的拥有者、亚历山大里亚与其他城市中的马其顿人和希腊人，埃及人则处于被统治地位，即便是富有的埃及人，其地位也低于马其顿人和希腊人。总的看来，马其顿人和希腊人构成的统治阶层将自己高高凌驾于埃及人之上。但是到公元前3世纪末和前2世纪，国王不得不招募埃及人打仗，后者的地位从而有所上升。相应地，其民族意识有所抬头，这也进一步加剧了统治阶级和被统治阶级的矛盾。

和托勒密王国一样，塞琉古王国统治的也是具有悠久文明传统的核心地带。所不同的是，它统治的不是一个单一的民族，而是多个具有悠久历史的民族，包括叙利亚人、犹太人、波斯人、阿拉伯人，其文化传统亦具有很大差异。这使得塞琉古王国的统治者更多地依靠武力来维持自己的统治，也是其领土极不稳固的原因。在王国的建立者塞琉古一世统治期间，其版图最为广阔，包括了从小亚细亚直至中亚的广大地区。但到公元前3世纪中叶，巴克特里亚即已脱离塞琉古王国，成为一个独立的王国，其存在维持了一个世纪之久。与此同时，位于里海东南面的帕提亚王国（安息）开始兴起并向外扩张。到公元前2世纪晚期，它利用塞琉古王国被罗马人削弱这一机会，吞并了幼发拉底河以东的地区。在小亚细亚，占据帕加马（Pergamum）的阿塔鲁斯王朝势力日盛，到公元前2世纪初逐渐控制了小亚细亚大部分地区，此后塞琉古王国的统治局限于叙利亚一带。在政治上，塞琉古的统治者抛弃了亚历山大大帝联合波斯人共同统治的做法，主要依靠马其顿人和希腊人这一精英群体进行统治，其他被征服民族基本上被排除在统治阶级之外。虽然后来少数当地居民被吸纳进了统治阶级，但他们仅占很小比例，主要充任当地居民组成的军队的指挥官。为了吸引足够多的马其顿人和希腊人，塞琉古的统治者一面赏赐土地给他们，一面在王国境内兴建希腊式城市，通过这些希腊式城市实施有效控制。

马其顿王国的崛起不仅改变了由独立城邦组成的希腊世界的政治面貌，而且改变了整个地中海东部广大地区的政治与文化面貌，把这一地区的历史带入了"希腊化时代"，其历史延续了三个世纪之久，直至公元前30年，罗马人征服最后一个希腊化王国——埃及的托勒密王国。

和许多历史分期概念一样，"希腊化时代"并不是一个古已有之的概念，而是后来历史学家的建构。确切地说，它是由19世纪德国历史学家德罗伊曾（J. G. Droysen）首先提出来的。毫无疑问，这一概念准确地抓住了亚历山大征服之后地中海东部世界最突出的特征，即希腊文化的广泛传播。亚历山大本人建立了一系列以自己名字命名的希腊城市。其继承者们沿袭了他的做法，几乎每个割据一方的将领都建立过新城市，而且通常以自己或家人的名字命名。希腊化王国的君主们更是将建立希腊式城市看成是君王的特权。在小亚细亚和叙利亚，安提戈努斯建立了一系列希腊式城市，包括位于叙利亚北部、以自己名字命名的安提戈涅亚。公元前301年，塞琉古夺取叙利亚以后，该城被改名为安条克，即塞琉古王国的都城。在埃及，托勒密王朝的统治者们可能感到没有必要建立新型城市，因为该地区的城市化程度本来较高，而且民族和文化传统相对单一，易于控制。但即使如此，托勒密一世还是在忒拜附近建立了以自己名字命名的希腊式城市托勒马伊斯。

不过最热衷于建立希腊式城市的还是塞琉古王国的君主们。他们在其统治的巨大版图上建立了为数众多的希腊式城市，分布于叙利亚、美索不达米亚和巴克特里亚等地区，其中的大部分都是王国的开国君主塞琉古一世和其继承者安条克一世、安条克二世建立的。仅塞琉古就建立了16座名为安条克、9座名为塞琉西亚、6座名为劳迪克亚、3座名为阿帕美亚和1座名为斯特拉托尼克亚的城市。除了以王室成员名字命名的城市之外，相当一部分城市的名字取自马其顿和临近马其顿的希腊北部地名。此外，一些当地的城市也被希腊化，改用希腊名字，如耶路撒冷被改名为安条克。在叙利亚以外，位于中亚的巴克特里亚也是新型希腊式城市比较集中的一个地区，其中许多可以追溯到安条克四世统治之时。塞琉古王国的君主们之所以如此热衷于建立希腊式城市，在很大程度上是因为王国由许多具有不同文化传统的民族组成，且版图辽阔，需要以一系列的希腊式城市为据点，实施军事和政治上的有效控制。

无论如何，在异族土地上建立起来的这些希腊式城市有着共同的特征，那就是希腊式的政治与社会生活方式。各城市都有自己的公民大会、议事会、市政官员等，城市公民通过这些机制参与其管理；更有法律规定了城市的制度，以及公民参与管理的方式。在社会生活方面，希腊的方式也占据了主导地位。人们参与体育训练，举办希腊式的运动会；兴建露天剧场，上演希腊戏剧大师们的作品；崇拜奥林帕斯众神，庆祝希腊的节日。而在传承希腊文化方面，希腊式的学校则起了至关重要的作用。十分明显，这些在异族土地上新建的希腊城市成为希腊文化传播的据点，把希腊人的语言文化、制度和观念带到了希腊化世界各地，甚至最偏远的地方。在阿富汗北部边境一个叫阿伊·哈努姆（Ai Khanum）的地方，考古学家发现了一座属于这个时期的城市遗址，其古代名称已不可考。遗址上的建筑遗迹包括市政大厅、一个能容纳5000人的露天剧场、一所学校，还有一个图书馆，其中保存了少量莎草纸书卷的残片。在体育馆中还发现了一块属于公元前3世纪中期的碑文，抄录了140条希腊格言。碑文的前言告诉我们，这些格言抄录自阿波罗的圣地德尔斐：

> 前世伟人的这些格言被奉献在神圣的庇托（德尔斐的别称）。克莱阿科斯（Clearchos）从那里仔细地抄录了它们，并将它们树立在基尼阿斯的圣地上，使它们在遥远的地方闪耀光芒。

学者们发现，这块碑文书法精湛，堪称一流，说明在这个边陲小城，人们也能接受良好的希腊语教育。当然，阿伊·哈努姆并不是希腊文化在中亚植根的唯一例子，考古学家在这一地区发现了众多的希腊式城市遗址和希腊语的碑文。事实上，在希腊化时代，一种简化了的希腊语（Koine）成为亚历山大所征服地区的通用语言，是名副其实的"普通话"。

希腊文化的广泛传播推动了它的发展，并使其呈现出不同于古典时代的特征。最为突出的是，希腊文化的中心不再限于希腊本土，埃及亚历山大里亚和小亚细亚帕伽马的崛起，使希腊文化在东部地中海周围形成了一个多中心的格局。托勒密一世统治时期（前323—前283），仿照亚里士多德建立吕克昂学院的做法，在亚历山大里亚建立了著名的研究院（museion，意为"缪斯圣殿"）和图书馆。它成为古代世界最为著名的高级研究机构和最大的图书馆，藏书最多时达50万卷莎草纸书籍。位于小亚细亚西北部的帕伽马则成为希腊化时代的艺术中心。在希腊本土，雅典仍然是希腊文化的旗帜，希腊化时代的"新喜剧"沿袭了以阿里斯托芬为代表的旧喜剧传统，将喜剧艺术推向了自阿里斯托芬之后的又一个高峰。在哲学上，雅典依然是所有哲学家向往的地方，柏拉图创立的学园和亚里士多德创立的吕克昂学院仍然保持着很高的声望。与此同时，新的哲学学派不断涌现。公元前4世纪，出生于黑海之滨的第欧根尼来到雅典，师从苏格拉底的弟子安提斯泰尼，成为犬儒学派的代表人物。不过希腊化时代最具影响力的哲学派别还是伊壁鸠鲁学派和斯多葛学派。公元前307年，出生于萨摩斯岛（Samos）的伊壁鸠鲁在雅典创立了自己的哲学派别。伊壁鸠鲁学派认为快乐即善，因此推崇享乐，但强调快乐应是必要的自然欲望的满足，而不是追求感官刺激，尤其重要的是使内心达到平静，不受侵扰。斯多葛学派的创始人是塞浦路斯人芝诺（前335—前263）。他在20岁时来到雅典学习哲学，后来在雅典市政广场上的公共柱廊（古希腊文称为stoa）传授自己的哲学思想，因为这个缘故，他所创立的学派以斯多葛哲学（Stoicism）著称。斯多葛学派认为，世界是由理性（logos）支配的，而理性是神的旨意，以命运的形式表现出来。因此，人应该认识和了解自然世界，进而顺应自然（即理性）生活，和自然保持和谐。这是人的美德，也是唯一的善。通过把握这唯一的善，智慧之人能够避免一切的恶，因而能够获得快乐。享乐和欲望不属于善的内容，因此必须克制自己。在罗马帝国的前两个世纪，斯多葛哲学的这种伦理道德思想产生了广泛的影响。

必须指出的是，虽然希腊化文化在很大程度上意味着希腊文化的扩张与传播，但并不仅仅限于此。实际上希腊化文化是复合性的，它包含了多个层面的因素。一方面希腊文化的传播赋予了希腊化世界统一的文化面貌，这在以希腊人和马其顿人为主的统治阶级内尤其如此。无论是在埃及还是在中亚巴克特里亚的城市中，一个希腊人或马其顿人都会如同在他自己的家乡那样自在。另一方面，被征服地区原有的文化传统仍然发挥着作用，在一定程度上抵制了希腊文化的侵入。我们不应忘记，当希腊文化侵入西亚和埃及时，那里已拥有数千年的文化传统。毋庸置疑，占据统治地位的希腊文化对当地居民，尤其是对当地依附于马其顿和希腊统治阶级的上层社会产生了一定的影响，希腊语成为希腊化世界通用的语言即可说明这一点；但是在社会的下层，传统文化仍然顽强地支配着人们的行为方式和日常生活。在另一个层面上看，希腊文化和当地文化又存在融合的趋势。在希腊化时代，亚历山大里亚科学的繁荣显然是希腊科学精神与古埃及几何和天文学相结合的结果。在宗教方面，文化融合的趋势也十分明显，同样崇拜多神教的人们对其他民族的神明采取了开明的态度，不是吸收了异族的神明，就是把它们同本民族的神明等同起来。此外，在希腊化时代盛行的对君王的崇拜，也是希腊人吸收西亚和埃及宗教崇拜传统的结果。总之，希腊化文化是一个复杂的复合文化系统。

基本参考书目

近 40 年出版的英文版希腊史教材诸多，其中伦敦 Fontana Press 和 Routledge 出版社出版的系列教材较好。前者包括 Oswyn Murray, *Early Greece*, 1993, second edition; J. K. Davies, *Democracy and Classical Greece*, 1993, second edition，以 F. W. Walbank, *The Hellenistic World*, 1993, revised edition，且有中译本。后者包括 Robin Osborne, *Greece in the Making, 1200-479 BC*, 2nd edition, London and New York: Routledge, 2009; Simon Hornblower, *The Greek World, 479-323 BC*, third edition, London and New York: Routledge, 2002, 以及 Graham Shipley, *The Greek World after Alexander, 323-30 BC*, London and New York: Routledge, 2000。除此以外，还可参考新版《剑桥古代史》(*Cambridge Ancient History*) 第 II—VII 卷，详见第 5 章。更新的希腊史系列教材为 Blackwell 出版社所出版，包括 Jonathan Hall, *A History of the Archaic Greek*

World, ca. 1200-479 BCE, 2nd edition, Malden, Mass. and Oxford: Blackwell Publishing, 2014; P. J. Rhodes, *A History of the Classical Greek World*, 2nd edition, 以及 R. Malcolm Errington, *A History of the Hellenistic World*, 2008，亦值得参考。最新的单卷本希腊史教材 Jeremy McIinerney, *Ancient Greece: A New History*, London: Thames & Hudson, 2018 尤其注重图像与考古材料，值得一读。

第二章 史 料

据希罗多德和修昔底德记载，约公元前8世纪，尤卑亚岛上的卡尔基斯和埃里特里亚为争夺拉伦丁平原（the Lelantine）爆发战争。修昔底德将它与其他早期的边界冲突进行对比时说："在古代的战争中，特别是在卡尔基斯和埃里特里亚人的战争中，希腊世界的其他地区也都分别与交战的这边或者那边结盟。"① 结合古代其他作家的记载，英国学者奥斯温·默里（Oswyn Murray）将对阵双方的形势列表如下②：

卡尔基斯	埃里特里亚
萨摩斯	米利都
厄里特拉（Erythrae）	克俄斯
帖撒利人（Thessalians）	
科林斯	迈加拉（Megara）
斯巴达	美塞尼亚？

其他学者还会给对阵表补充上另外一些城邦，在埃里特里亚一方可能加上贝奥提亚和埃吉那（Aegina），在卡尔基斯一方添上

---

① 修昔底德：《伯罗奔尼撒战争史》，1.15.
② Oswyn Murray, *Early Greece*, 2nd ed., London: Fontana Press, 1993, p. 77.

雅典等。属于这一时期的某些事件，也与该事件联系起来。科林斯人从科居拉驱逐了埃里特里亚定居者，因为科林斯是卡尔基斯的盟友；远在意大利西部的希腊殖民地皮特库萨的定居者分裂，一部分人迁居到了库迈，可能是因为卡尔基斯和埃里特里亚的战争，双方在殖民地的合作破裂。尽管学者们相当小心，在分析这场战争的进程及其影响时使用了"可能""也许"之类的不确定的词汇，但给普通读者的感觉，至少是两者之间爆发过一次大战，而且有众多的希腊城邦卷入。可是，如果我们仔细考察有关这场战争的资料，会发现最早的记载是公元前 8—前 7 世纪的诗人赫西俄德和阿基罗科斯（Archilochus）等所作，最晚的则是公元 1 至 2 世纪的普鲁塔克所作，且没有一个作家的记载是完整的。正是依靠学者们对前后相隔近千年的史料的爬梳和建构，才把这场战争的面貌大致恢复出来。有意思的是，20 世纪 70—80 年代，英国学者在尤卑亚的勒夫坎地发现了一座被放弃的城市以及墓葬。墓葬的陪葬品包括马匹、青铜武器等，似乎印证了古代文献中有关这场战争以及尤卑亚人长于使用骑兵的记载。

在有关拉伦丁战争的研究中，学者们运用了历史学家的记载，古代的诗歌，哲学家亚里士多德、地理学家斯特拉波（Strabo）、传记作家普鲁塔克的作品，以及现代考古发现的碑铭、墓葬、定居点遗迹等资料。就希腊史而论，它们大体涵盖了古希腊史史料的主要类型。从大的方面说，一类史料是文献资料，一类是考古资料。人类学资料虽然有时能提供某些借鉴，但毕竟只具有参照功能，因此，本章的论述，将以文献和考古两类资料为主。文献资料中，又可以细分为历史著述、政论作品和文艺作品等类别。如有关拉伦丁战争的研究所示，文献史料是我们认识古希腊史的基础。但考古资料正发挥着越来越重要的作用，尤其是对文献相对稀少的早期希腊史来说，考古资料成为我们主要的依靠对象。对古典时代希腊史的新解释，很多时候也有赖于新考古资料的发现。如文献史料一样，考古资料也可细分为考古实物和考古文献等类别。①

一、历史著作

古希腊文明史可谓源远流长。根据目前的研究成果，克里特岛早在公元前3千纪末即已进入文明时期，希腊大陆至迟在公元前2千纪中叶跨入了文明社会的大门。但古代希腊的史学并未随着文明时代的来临立刻产生。直到公元前5世纪，来自小亚细亚西岸希腊人城邦哈里卡纳苏斯（Halicarnassus）的希罗多德，才把伊奥尼亚纪事家创造的史话式作品改造成历史著作，他也因此被称为西方的历史之父，而他撰写的《历史》②（又称《希腊波斯战争史》）也成了西方史学的第一部经典之作。

---

① 关于古代希腊罗马史不同类型史料的特征的论述，可见 Michael Crawford ed., *Sources for Ancient History*, Cambridge: Cambridge University Press, 1983; Andrew Erskine ed., *A Companion to Ancient History*, Malden, MA: Wiley-Blackwell, 2009, Part I。

② 郭小凌认为，希腊史学应自赫卡泰俄斯开始，因为他的著述中已经具有了求真求实的精神。赫卡泰俄斯的确在《谱系》中宣布那是他的调查成果，并且声称希腊人的很多传说荒诞不经。他可能还是希腊人中第一个使用"历史"一词的人，尝试用人的话语在遥远的神话时代与城邦时代之间构建起联系，遗憾的是他的著作大部分已经失传，仅少数残篇存世，无法系统讨论他到底理性到什么程度，其主要著作《大地环游记》中包含多少历史成分。见郭小凌：《西方史学史》，北京师范大学出版社，1995年版；于沛主编：《西方史学思想史》，湖南教育出版社，2015年版，第43页；恩斯特·布赖萨赫：《西方史学史——古代、中世纪和近代》，黄艳红、徐翀、吴延民译，北京大学出版社，2019年版，第12—13页。

希罗多德一生游历广泛。他本是小亚细亚的希腊人，但自从青年时代离开家乡后，便一直在海外游历，可能到过波斯统治下的两河流域、埃及、北非，后来到过希腊大陆，最后可能终老于意大利南部的希腊人殖民城邦图里（Thurii）。我们不清楚他通过什么途径谋生，而有时间和精力撰述历史。古代的一个传说称，他曾在节日上朗诵自己的创作，修昔底德感动得热泪盈眶。又有他因自己的朗诵在忒拜不受欢迎，未能赢得报酬，故在其著作中大说忒拜人坏话的传说。① 事虽无法核实，但至少他有可能像古代的吟游诗人一样，靠在公开场合朗诵自己的作品获得部分收入。关于撰述历史的目的，他在自己著作的开头做过明确的交代："我之所以要把这些研究成果发表出来，是为了保存人类的功业，使之不致由于年深日久而被人们遗忘，为了使希腊人和蛮族人的那些值得赞叹的丰功伟绩不致失去它们的光彩，特别是为了把他们发生纷争的原因给记载下来。"② 对希罗多德来说，历史的功能有两个：记录过去和探索事件发生的原因。按照希罗多德 400 年后的同乡狄奥尼修斯的说法，虽然之前的史话家们各有贡献，叙事风格和主题多样，有些人清晰，有些人普通，有些人简明，但都适合他们所叙主题的风格，并且保存了从希腊人和蛮族的古代流传下来的各种传说，既不减省，也不增添，具有史学求真和求实的基本精神，"但是哈里卡纳苏斯的希罗多德——他出生于希波战争前不久，而且活到伯罗奔尼撒战争时——扩大了范围，给这个主

---

① 普鲁塔克宣称希罗多德是个骗子，抨击希罗多德谎话连篇，运用写作伎俩极力讨好某些人，攻击另一些人，因为跟忒拜人伸手要钱被拒，所以大说忒拜人的坏话。见 Plutarch, *On the Malice of Herodotus*, 854F, 864D。

② 希里多德：《历史》, 1.1。译文据王以铸，略有修改。

题增添了光辉。他的选择不是记录某一个城市或单独某个国家的历史,而是将发生在欧洲和亚洲的诸多不同事件汇集起来,将它们聚合成一部独一无二的综合性作品。他以吕底亚(Lydia)帝国为起点,将叙述下延到希波战争,将这 220 年间发生在希腊和蛮族世界的所有重大事件,都整合进一部叙述中。此外,他的风格具有之前的史家所忽视的所有美德"。①

《历史》共分 9 卷,主题是公元前 5 世纪前期希腊与波斯之间的战争,至今仍是我们研究这场冲突最可靠、最基本的史料。为了阐明战争的起因,希罗多德广泛搜集资料,记录了许多有关早期希腊史、小亚细亚、两河流域、波斯、埃及等地的风土人情与历史沿革的史料。虽然他的著作看起来杂乱无章,实际上有它自己的逻辑秩序。为说明战争的起因,他首先说到吕底亚和小亚细亚希腊人的冲突。由于吕底亚被波斯征服,他详尽叙述了居鲁士以来波斯的历史。他之所以详尽描述埃及、两河流域、印度等地的风土人情和历史,也是为了说明波斯的强大和繁荣。到第 5 卷,他才正式叙述这场战争的直接起因——小亚细亚希腊人的起义以及雅典和埃里特里亚对起义者的援助。为了报复雅典等对波斯的干涉,更重要的是波斯本有意征服希腊,于是有了波斯的 3 次大规模入侵和希腊人的抵抗活动。从总体上看,《历史》前后一贯,在西方历史上首次系统叙述了一个重大事件,希罗多德成为西方历史学的开创者。

《历史》所叙述的,绝不仅仅是希腊与波斯之间的冲突,还

---

① Dionysius of Halicarnassus, *Thucydides*, in Dionysius of Halicarnassus, *Critical Essays*, Vol. 1, translated by Stephen Usher, Cambridge, MA: Harvard University Press, 2000, p. 475.

大量涉及早期希腊的历史。从传说中的米诺斯和半真半假的特洛伊战争，到完全具有历史性质的古风时代，无不涉及，为我们保存了大量珍贵的资料。有关昔兰尼（Cyrene）殖民的历史，科林斯、雅典、米提林的僭主政治，斯巴达早期的历史与伯罗奔尼撒同盟，克里斯提尼的改革等重要事件的资料，很大程度上都因为希罗多德的记载而保存下来。

希罗多德兴趣广泛，有闻必录，对历史，对各个地方的风土人情以及地理等各方面的情况，均有记载。泰勒斯（Thales）预见日食，希腊人和埃及、西亚地区的关系，都在《历史》中得到了反映。甚至对于希波战争以后希腊的历史，也多少留下了些蛛丝马迹。但总体上看，对于公元前650年以前的希腊历史，希罗多德记载的可靠性值得推敲。因为他的资料来源少有官方档案和可靠记载，他所能依靠的主要是民间的口头传说。而此类传说不免会随着时代和地区的不同，受到不同程度的改造，导致历史的失真甚至被蓄意歪曲①。希罗多德显然意识到这一点，因此对于公元前7世纪之前的事件，不管是希腊的还是异邦的，很多时候他会承认自己的无知。对历史研究而言，承认无知比假装知道或许更加可取。希罗多德的处理办法，以今天的标准衡量，倒是值得肯定。

希罗多德缺乏精确的年代学体系，他几乎总是按代追溯过去的事件，而且很多情况下似乎是按照40年一代人的时间来推算，造成许多事件的时间，例如斯巴达的莱库古改革，早得让人难以置

---

① 如希罗多德有关波斯国王大流士夺权的记载，虽然大体准确，但也受到了大流士宣传政策的影响。见吕厚量：《古希腊史学中帝国形象的演变研究》，中国社会科学出版社，2021年版，第11—41页。

信。对于某些重大事件,希罗多德不能准确地判断其意义。雅典历史上十分重要的梭伦改革,希罗多德似乎不是不知道,但他有关梭伦的记载,不过是让人充分相信梭伦与克罗伊索斯(Croesus)的会面,以及他所说的道德教育故事,对改革内容居然只字不提。对于克里斯提尼的改革,他宣称改革家不过是在模仿西居昂的僭主、他同名的外祖父。甚至对于希波战争本身的事件,他更关心的好像也是某些人物的作为和故事,而不是事件的整体进程。关于撒拉米斯战役的战斗进程,他记载的也多是个人方面的活动,对全局的把握可能还不如埃斯库罗斯(Aeschylus)的悲剧《波斯人》;对于普拉特亚战役中希腊方面的战略,我们今天只能从统帅宝桑尼阿斯(Pausanias)的行动去推测了。希罗多德虽然也抄录过一些铭文,但对于组织雅典大撤退和战争部署的地米斯托克利命令,他一带而过。对于资料,他主要依赖口传和讲述。这样,虽然可以采访当事人,但也让他受到严重限制——他的可靠性取决于他的资料来源。在雅典和斯巴达问题上,他表现得尤其明显。后人推测,他之所以拼命为阿尔克美昂家族(the Alkmeonidai)辩护,是因为他与伯里克利的良好关系[①];克列奥美涅斯(Cleomenes)被描写成疯子,则可能因为他的资料来自克列奥美涅斯的对手戴玛拉托斯(Demaratus)的后代。最后,我们必须承认,希罗多德

---

① 普鲁塔克则说希罗多德是故意先贬损阿尔克美昂家族,之后再出面辩护,正表现了他的阴险。托马斯也认为,希罗多德表面上在为阿尔克美昂家族辩护,实际上也记录了许多该家族的不堪,说明希罗多德在把口传传统记录下来时,可能并未细心核实不同传统之间的矛盾,"体现了对口传传统进行文学解释时内在的矛盾和不合逻辑"。见 Plutarch, *On the Malice of Herodotus*, 862D-863B; Rosalind Thomas, *Oral Tradition and Written Record in Classical Athens*, Cambridge: Cambridge University Press, 1989, pp. 247-251。

有闻必录，记录了许多荒诞不经的传说。在德尔斐神谕问题上，他表现得尤其天真。

《历史》叙述到公元前478年雅典人攻占塞斯托斯（Sestos）为止，对此后的史实极少涉及，所以关于希波战争后到公元前5世纪末的希腊历史，我们主要依赖修昔底德的《伯罗奔尼撒战争史》。修昔底德出身雅典名门，曾任雅典将军。公元前424年因指挥战役失利，让雅典人丧失了在北希腊最重要的盟邦安菲波里斯（Amphipolis）而遭流放。不过修昔底德是个有心人，他自称从战争一开始，就意识到那将是希腊历史上最伟大的战争，关注着战争的进程。在遭到流放后，他广泛搜罗敌对双方的资料，撰写后来成为后世不朽名作的《伯罗奔尼撒战争史》。可惜天不假年，修昔底德的著作并未最终完成，叙事到公元前411年戛然而止，其最后一卷显然只是个草稿，甚至最后一个句子都不完整。有人推测，修昔底德可能是突然去世的。

《伯罗奔尼撒战争史》共分8卷，除第1卷追述早期希腊海权的发展以及雅典帝国的扩大、分析战争的原因外，其他各卷均以年代为序，逐年记述战争双方的政治和军事行动。与希罗多德不同，修昔底德更多地受到了公元前5世纪后期雅典思想变革的影响，并且拥有丰富的政治和军事经验。对于那场战争爆发的原因，他区分了真实的原因和双方的战争借口，指出真正的原因乃雅典势力的增长及其所引起的斯巴达的恐惧。所谓的科居拉事件、波提德亚争端和迈加拉法令等，不过是双方，特别是斯巴达方面发动战争的口实。对于战争双方的实力、推行的政策背后的动机，他通过政治家的演说进行分析。对于神谕，包括有关雅典瘟疫的神谕，他从理性的角度加以解释。在他的著作中，起作用的始终是人性，不是天意。

对于经济的作用，修昔底德有清醒的认识。对于早期希腊的弱小，他从社会生产发展的角度给予解释。对于科林斯的兴起，他从地理位置和商业发展的角度予以说明。对于雅典和斯巴达在战争中采取的策略，他同样留意到经济实力的影响。斯巴达国王阿基达摩斯之所以力劝斯巴达人推迟发动战争，很重要的原因是斯巴达缺乏强大的海军，缺乏足够的财政储备。而伯里克利在主张雅典拒绝斯巴达的最后通牒、接受斯巴达的宣战时，强调的也是雅典充足的财政准备。在后来的叙述中，他也多次提到了经济，特别是财政对战争的影响。

修昔底德的著作有相对精确的年代学框架，按年代分季节叙述了从公元前431年到公元前411年希腊的政治与军事史。对个别重要事件的年代，考虑到希腊城邦纪年体系的多样性，他甚至列举了多个可供参照的年代。在叙述忒拜进攻普拉特亚的准确时间时，他特意表明，那时"尤卑亚被征服后订立的'三十年和约'延续了14年。在第15年，阿尔戈斯的女祭司克里西斯（Chrysis）在位第48年；埃涅西亚斯（Aenesias）任斯巴达监察官；雅典的皮特多罗斯（Pythodorus）执政官任期结束前4个月；波提德亚战役开始后第16个月，正值初春之时，一支比300人略多的贝奥提亚军队……"[①]。对于其他事件，他往往也提供多个可供参考的纪年。正因如此，我们对伯罗奔尼撒战争的进程的了解比希波

---

① 修昔底德：《伯罗奔尼撒战争史》，2.2。谢德风译文，略有改动。下同。

战争要准确得多。他纪年的参照系是他所记载的那场战争结束的时间（即公元前404年），由此前推一般事件的年代。所以希腊历史上的第一次大规模海战，是"大约发生在260年以前"。对于当时的事件，他则根据"三十年和约"签订的年代或者战争开始的年代来判断，因此我们看到，他的叙述以战争开始的年份为基础。而对战争的爆发，他则使用了"三十年和约"签订的时间来说明。

他的著作显然经过周密考证。他很清楚，人们对于自己的过去经常持有不同的看法，"在研究过去的历史而得到我的结论时，我认为我们不能相信传说中的每个细节。普通人常常容易不用批判的方式去接受所有古代的故事——就是对于那些和他们本国有关的故事，他们也是这样"。"其他希腊人也同样地不但对于记忆模糊的过去，而且对于当代的历史，有许多不正确的猜想。"所以，"关于战争的叙述，我确定了一个原则：不要偶然听到一个故事就写下来，甚至也不单凭我自己的一般印象作为根据；我所描述的事件，不是我亲自看见的，就是我从那些亲自看见这些事情的人那里听到后，经过我仔细考核过了的。就是这样，真理还是不容易发现的：不同的目击者对于同一个事件，有不同的说法，由于他们或者偏袒这一边，或者偏袒那一边，或者由于记忆的不完全。"[①] 为保证史实的准确性，对于某些重要的历史文件，例如"尼基阿斯和约"或者斯巴达人和波斯人签订的条约，他甚至原文照录。但对于那些他觉得不可信的故事，则予以抛弃，仅仅记录

---

① 修昔底德：《伯罗奔尼撒战争史》，1，22—23。

经过他考订的史实，但考订的过程基本没有呈现。他整部著作的叙述紧扣主题，绝无旁生的枝节。但这也让我们对伯罗奔尼撒战争这样一个重大的事件的认识，只能拥有修昔底德的版本，缺少其他人不同看法的参照。

对希腊史研究而言，修昔底德所谓的"考古学"具有特别的意义。为了说明伯罗奔尼撒战争的伟大以及战争发生的原因、战争双方准备的充分和资源的丰富，修昔底德追溯了希腊海权发展的历史，特别是雅典海上帝国的发展史。他从传说中的米诺斯开始，历述希腊海军从克里特时期，经过迈锡尼到古风时代的变迁。对希腊人的航海和造船技术，他也没有放过，明确提到"一般人都认为科林斯人是最早采用近代方法建造航海设备的，据说，希腊最早的三列桨战船是在科林斯建造的。当时科林斯有一个造船人阿密恩诺克利（Ameinocles），他似乎替萨摩斯人建造了4条船。……历史上所记载的第一次海军战役是科林斯人和科居拉人之间的战争，这个战役大约发生在260年以前"。[①] 对希腊僭主政治的崛起及垮台，他也做出了自己独特的说明，将前者归于商业和财富的增加，将后者归入斯巴达的干涉。虽不免有以偏概全之嫌，但总算是为我们提供了一条重要的线索。

修昔底德的一大创造，是他的著作中包含了大量演说辞。按照修昔底德本人的说法，"在这部著作中，我利用了一些现成的演说辞，有些是在战争开始之前发表的，有些是在战争时期发表的。我亲自听到的演说辞中的确实词句，我很难记得了，从各种

[①] 修昔底德：《伯罗奔尼撒战争史》，1，13。

来源告诉我的人也觉得有同样的困难；所以我的方法是这样的：一方面尽量保持实际上所讲的话的大意；同时使演说者说出我认为每个场合所要求他们说出的话语来"①。在修改过的前7卷中，演说辞占了相当大的篇幅。它或者被用来说明有关各方的基本立场，其采取政策的理由，或者是对战略和策略的说明，或者是战场上将军们鼓舞士气的话语，这些对修昔底德的历史叙述发挥着非常重要的作用。尽管他所开创的此种写作方法为后世的大量作家仿效，但在近代批判史学那里，他的演说辞不免成为诟病的对象。因为如他本人承认，即使是他亲自听到的演说辞，他也很难准确记忆，只能求其大意。从别人那里听来的，准确性当然更要大打折扣。但使他的演说辞最遭批评的，是他最后的那句话，"使演说者说出我认为每个场合所要求他们说出的话来"，也就是说，大量的演说辞出自修昔底德本人的创作甚至杜撰，缺乏必要的史实支撑。现代对演说辞的分析表明，许多演说辞显然经过精心构思，多次修改。有些演说辞，例如伯罗奔尼撒战争开始前伯里克利在雅典的演说和阿基达摩斯在斯巴达的演说，甚至形成对应关系。科林武德（R. G. Collingwood）因此批评道："让我们自问一下：一个具有真正历史头脑的正直的人，能允许自己使用那样一套程式吗？首先来考虑一下他们的文风。从历史上说，使所有那些非常之不同的人物都用同一种方式在讲话，这难道不是粗暴吗？在一次战斗之前对军队讲话时或者在为被征服者乞求活命时，没有任何人是能用那种方式来讲话的。……第二，再考虑一下它们的

---

① 修昔底德：《伯罗奔尼撒战争史》，1，22。

内容。……在我看来，这些演说似乎本质上并不是历史学而是修昔底德对演说人行动的评论，是修昔底德对演说人动机和意图的重建。……作者的头脑不能完全集中在事件本身，而是不断在脱离事件而走到隐藏在它们背后的某种教训里去，走到某种永恒不变的真理里去。"① 科林武德的评论不免极端，但他至少提醒我们，对修昔底德的演说辞需要做更谨慎和深入的分析②。

修昔底德自称以追求真理为终极目标，多次暗中批评希罗多德是说故事的人，但他本人也说了不少故事。他有关西西里远征的描写，就借用了不少希罗多德有关波斯国王薛西斯公元前480年进攻希腊的结构和情节。细心的读者不难发现，两者的出征本身都是错误的决定，出征的规模都异常宏大，出发之时都有军队之间的竞赛，入侵者都傲慢无比，结局皆以失败告终。所不同的是，雅典人失败得更惨，不仅全军覆没，主将也丢了性命。因此，对于这位历来被视为科学或客观史学奠基人的著作，人们发现了越来越多的主观臆断。在对人对事的评价上，他的客观性多有瑕疵。由于他是一个雅典人，而雅典人在战争中最终遭遇了失败，雅典城到庇里乌斯（Piraeus）的长墙以及雅典的城墙均被拆毁；雅典帝国在战争结束后被消灭；雅典国家丧失了对外政策的自主权，甚至内政都受到斯巴达的干涉。所以，修昔底德所关注的，更多的是雅典在战争中所犯的错误，以及希腊舆论中对雅典不利的一面。这样我们看到，对修昔底德而言，雅典帝国及其统治是

---

① R. G. 科林武德：《历史的观念》，中国社会科学出版社，1986年版，第34—35页。
② 例如有关米洛斯（Melos）的对话，更多地像是雅典帝国主义理论的阐述，不大可能是当时真实的对话记录。

对盟国的暴政；对战争的发动，雅典似应承担主要责任；绝大多数希腊人，包括德尔斐的神谕在内，都对雅典抱着敌视，至少是不友好的态度；雅典人多次在战争中犯下严重错误。相应地，雅典的许多政治家，特别是伯里克利之后的政治家，似乎除尼基阿斯这个唯一的好人外，其他都是些恶棍、流氓，雅典的公民大会也成了暴民的聚会，议事缺少理性，决策经常错误，而且朝令夕改。与此同时，斯巴达似乎成为希腊自由的捍卫者。其在战争中的错误和暴行，或多或少被修昔底德忽视了。对于斯巴达以出卖小亚细亚希腊人的独立为代价而获得援助的做法，他好像没有作任何批评。现代史学的研究表明，修昔底德的许多论断，至少不像他所自称的那么客观和公正，其著作的主观建构色彩也许远超过他的前辈希罗多德。《伯罗奔尼撒战争史》在很大程度上是一部"对关键事件和个人高度风格化的和选择性的处理"的著作。[1] 他浓墨重彩地描写了许多人物和战役，却有意忽视或者抛弃了大量非常重要的史实。他详尽记录了公元前431年伯里克利在雅典阵亡将士国葬典礼上的演说，也会比较详尽地记录尼基阿斯和阿克比亚德斯在雅典公民大会上就远征西西里进行的辩论，甚至可能虚构出一篇冗长的雅典人与米洛斯人的对话，以凸显雅典帝国主义的本质，但他也会故意忽略许多非常重要的史实。他对迈加拉法令的沉默，就是其中最显著的例子。[2] 对公元前425年雅典重新厘定同盟贡金、大幅度提高盟国缴纳贡金数量的沉默，或许是他最为重要的"省略"。在有关伯罗奔尼撒战争的许多问题上，他都是

---

[1] Simon Hornblower, *Thucydides*, Baltimore: The Johns Hopkins University Press, 1987, p. 43.

[2] Simon Hornblower, *Thucydides*, pp. 155-157.

在"构思与创作",在进行"理性历史建构"。① 因此,我们在利用修昔底德提供的史料时,必须同时参考其他史料,有时还需要用作为历史家的修昔底德来批评作为编者的修昔底德②。

关于公元前4世纪的希腊史,我们缺少可靠的同时代文献,唯一完整保留至今的是色诺芬的《希腊史》。色诺芬是苏格拉底的门生,写有大量著作,但大多篇幅短小。对历史学家来说,最重要的是他的《希腊史》和《长征记》。《希腊史》上承修昔底德的《伯罗奔尼撒战争史》,其第一句话正好接续修昔底德第8卷最后那句不够完整的话,下至公元前362年的曼提尼亚之战,实是斯巴达与忒拜霸权的兴衰史。在学术修养及对全局的把握上,色诺芬明显弱于修昔底德,有时囿于个别事件而忽略了带有全局性的问题,因而在他的书中没有出现雅典第二海上同盟建立、美塞尼亚独立、迈加洛波利斯(Megalopolis)建城等一系列重大事件,对于忒拜统一贝奥提亚的进程,他不甚了了。而对特拉美尼斯(Theramenes)被处死的全过程,甚至他喝毒酒的情节,却一一记录在案。政治上,他是个典型的亲斯巴达派,与斯巴达国王阿格西劳斯(Agesilaus)过从甚密,其《拉西第梦人政制》实在像是斯巴达制度的赞美诗,为后世所谓"斯巴达奇迹"的重要文献来源。所有这些,都让他的著作在见识上无法与修昔底德比肩,在客观性上不如希罗多德。

---

① 黄洋:《古代希腊政治与社会初探》,北京大学出版社,2014年版,第214—215页。

② 英国史学家德·圣克鲁瓦(G. E. M. de Ste. Croix)的有关研究表明,真正在雅典盟邦中煽起暴动的,是少数有产阶级人士。伯罗奔尼撒战争的真正原因,也是斯巴达为维护其社会制度主动发动的。德·圣克鲁瓦自称,他是用历史学家修昔底德来攻击编辑家修昔底德。见 G. E. M. de Ste. Croix, *The Origins of the Peloponnesian War*, London: Duckworth, 1972; G. E. M. de Ste. Croix, "The Characters of the Athenian Empire", *Historia* 3 (1954), pp. 1-41。

但是,《希腊史》毕竟是我们有关公元前 5 世纪末到前 4 世纪前期希腊历史的唯一完整的连续叙述,是我们确立该时期希腊历史框架的基本素材。由于他在斯巴达生活了相当长时间,他对斯巴达历史的了解似乎较其他人更加深入和细致。在《希腊史》中,对于斯巴达内部政治的运作,包括公元前 404 年与雅典签订的休战条约、弗伊比达斯(Phoebidas)和斯福德里亚斯(Sphodrias)案件的审判等,他多有涉及。在有些问题上,他也能客观公允地加以记叙。他详细记载了雅典民主派在重建民主政权后推行的和解政策,批评了斯巴达偷袭忒拜并开脱肇事者斯福德里亚斯的做法。在《希腊史》的结尾,他有关曼提尼亚战役结果的评价,或许非常准确地反映了希腊人对当时局势的悲观判断:

> 这些事情发生后,所有人都相信会发生的对抗结束了。因为希腊人惯于走到一起,组成相互对立的阵营,所以所有人都认为,如果进行一场战斗,胜利者会成为统治者,战败者会成为臣民。但神的规定却是这样的:双方都建立了一座胜利纪念碑,好像他们是胜利者一般,而且任何一方都没有尝试阻止对方这样做,双方犹如胜利者一般,在休战协定下交还了死者,同时又犹如战败者一般,在休战协定下收回自己的死者。虽然双方各自都宣布自己是胜利者,但就额外的领土、城市或霸权而言,谁都不比那场战役前更好。那场战役之后,希腊的混乱与无序,犹胜战役之前。[①]

---

① Xenophon, *Hellenica*, Vol. 2, translated by Carleton L. Brownson, Cambridge, MA: Harvard University Press, 2004, pp. 337-339.

《长征记》①以色诺芬的亲身经历为基础，叙述了小居鲁士远征军中的希腊人雇佣兵从巴比伦北部返回希腊的历史，其中不免有诸多美化或夸大自己作用之处。小居鲁士为争夺波斯王位，秘密招募了一批希腊雇佣兵，并利用这支军队进军苏萨（Susa）。可是在巴比伦北部的库纳克萨（Cunaxa）战役中，小居鲁士战败身亡。对于残存的希腊雇佣兵，波斯人将其主要将领谋杀。在这种情况下，雇佣兵们推举了新的将领，并由巴比伦北上，冲破波斯的阻击到达黑海地区。该事件曾极大地影响了公元前4世纪初波斯与斯巴达的关系，直接造成了斯巴达与波斯关系的破裂。不过色诺芬的记载让我们看到了当时希腊雇佣兵发展的情况，以及雇佣兵的招募、组织和给养的筹集等许多非常重要的方面，也记录了波斯统治下小亚细亚内陆的许多具体材料，成为研究公元前4世纪希腊雇佣兵以及波斯历史最为重要的资料之一。

大约与色诺芬同时或稍晚的另外两位史家——库迈的埃弗鲁斯和克俄斯的提奥庞波斯（Theopompos），也都写有著作，可惜无一完整保存至今，仅有少数残篇传世；而所谓的阿提卡史家的著作命运与之相类，我们今天仅知其残篇，不足以从根本上改变公元前4世纪希腊史的史料状况。在埃及莎草纸中曾发现一部《希腊史》（称为 Hellenica Oxyrhynchia），重点记叙了公元前4世纪初希腊的历史，特别是贝奥提亚同盟在忒拜领导下的发展，因此有人推测其作者可能是贝奥提亚某个城邦的人。从现存的内容看，作者具有相当深厚的历史修养，其见识尚在色诺芬之上。在判断

---

① 有崔金戎翻译、商务印书馆出版的中译本。

科林斯战争爆发的原因时，作者或许在回应修昔底德："有些人说，他（波斯国王）的钱是这些人、某些比奥提亚人和前面提及的其他城邦的某些人协同行动的原因，但他们不知道，所有人都讨厌斯巴达人，试图找到一种他们可以促使城邦采取战争政策的方法。"① 可惜该书损毁严重，完整的段落不多，而且有关作者以及作者所处的时代也存在争议，影响了学者们的有效利用。

从公元前4世纪中期到公元前3世纪末的希腊史，我们缺少系统的、连续性的当时人的同时叙述。虽然这一时期希腊产生过不少史家，他们中的某些人不乏史才，如提奥庞波斯、埃弗鲁斯、卡狄亚的希罗里莫斯（Hieronymos of Cardia）、叙拉古的菲力斯提乌斯（Philistius）、提马埃乌斯（Timaeus）、多里斯（Doris）等，他们或者撰有通史性质的著作，或者写有关于希腊化时代初期及中期希腊大陆、希腊化诸国及西部希腊人的历史著作，但无一完整地保留至今。由于亚历山大大帝东侵成功，卡里斯提尼斯（Callisthenes）、托勒密、阿利斯托布鲁斯（Aristobulus）、米提林的卡莱斯（Chares of Mytilene）和克里特的尼阿库斯（Nearchus Creticus）等先后写过这位大帝的历史或者传记，但无一完整保留至今。公元前2世纪中后期的希腊历史家波里比阿（Polybius）撰写的《通史》（*Histories*）体大思精，可惜仅有一部分被保存下来。波里比阿本为阿凯亚（Achaea）同盟的政治家，曾作为人质长期生活在罗马，后得罗马西庇阿（Scipio）家族赏识，得以恢复自由之身。当时罗马已经崛起于西部地中海区，且已经将触角伸入东部地中海，到公元前2世

---

① *Hellenica Oxyrhynchia*, edited with an Introduction, translation and commentary by P. R. McKechine & S. J. Kern, Oxford: Aris & Philips, 1998, vii, 2.

纪中期已经征服马其顿和巴尔干半岛，数度击败塞琉古帝国，也已经可以对托勒密埃及颐指气使。因此，波里比阿的目的，是阐明罗马崛起于东西地中海区的原因。但他眼光远大，意识到东西地中海区的历史已构成一有机的整体，对希腊历史也给予了充分的重视，马其顿、斯巴达、阿凯亚同盟和埃托利亚（Aetolia）同盟的历史都曾得到叙述。对于公元前2世纪以前的希腊史，他主要依赖前人的研究成果。关于他那个时代的历史，有些事件是他亲身经历的，有些是他采访当事人、目击者得来，具有较大的可信性。但他在政治上是个亲罗马分子，而且关注的是罗马如何在不到53年的时间里能够征服地中海地区的原因，希腊仅是在与罗马发生关系时附带涉及，少有系统叙述。他的著作目前仅前5卷保存完整，其他均为残篇。尽管如此，他有关斯巴达、阿凯亚同盟和埃托利亚同盟的历史，仍具有重要的价值。

以上所述以同时代人叙述他们亲历事件的历史著作为主。但希腊国家被罗马征服后，其历史创作活动并未马上终止，反而有某种走向繁荣的趋势。这些著作虽然产生的时代稍晚，但因利用了前人的著作，仍为我们保存了一部分十分珍贵的史料。首先必须提及的是西西里的狄奥多罗斯的《历史文库》，全书共40卷，相当部分被保留至今。狄奥多罗斯缺少历史批判精神，写作方法在今人看来也有不符合学术规范之处。在叙述某一时期的历史时，他通常以某一作家的著作为主，而且理解也并不总是准确的。但因其他著作大多失传，所以他的做法间接保存了已经失传的某些历史学家（如前述埃弗鲁斯等人）的著作。狄奥多罗斯有关希波战争后到公元前5世纪末的记载基本保存下来，主要史料可能取自埃弗鲁斯,而后者是小亚细亚的库迈人,立场和观点都有所不同,有些记载与修昔底德和色诺芬的说法之间有相当程度的出入,给我们提供了另外一种不同版本的叙事。此外,作为公元前1世纪西西里的希腊人,狄奥多罗斯比较注意西部希腊人的历史,对其事件的叙述相对详细。生于罗马共和国末年的罗马史学家奈波斯(Cornelius Nepos),写有一部篇幅不大的《外族名将传》,叙述了公元前5—前4世纪希腊著名将领的生平和功绩。虽然他提供的史实常有不够准确之处,而且其资料大多取自早期的其他著作,但也提供了一些有趣的史实,其中某些史实显然来自一些已经失传的著作,补充了现有史料的不足。另一位值得重视的人物是公元1至2世纪的普鲁塔克。他写有众多的著作,包括60卷的《道德论丛》(*Moralia*)。该书的目标虽然并非历史,但其中保存了大量希腊罗马的历史掌故,有些篇章如《国王和将领的佳言警语》《斯巴达人的格言》《斯巴达人的古代习惯》《勇敢的妇女》《希腊掌故》等,包含着大量史实,而且相当多史实系从已经失传的著述中摘录而来,是学者们必须参考的重要资料。他有关雅典人和亚历山大大帝到底是因为功业还是文人宣扬得来的名声的讨论,至少反映了罗马帝国时代希腊文化精英对待传统与现实的态度。他的《名人传》(*Parallel Lives*)(又译《平行传记》或《希腊罗马名人传》,后一个译名显然与内容有出入)具有非常重要的意义。该书采用平行立传的方式,大体上以一个希腊名人对应于一个罗马名人,个别有两人合传,后附以论赞。作者撰写此书的目的,一是宣扬其道德观,一是再现希腊过去的伟大,其伦理、哲学意图远远超过史学目的。有人甚至认为,普鲁塔克叙述得越生动、越具体,其可靠性就越要打折扣。但他学识渊博,熟知希腊史实,在其关于 20 余位希腊史上名人的传记中,作者为我们保留了大量久已失传的资料。尤其重要的是,普鲁塔克喜好征引名家言论,往往说明其资料来源,使我们由此可推知其史料的价值。《名人传》当然也存在不平衡问题,关于雅典的人物较多,关于其他各邦的人物相对较少;从时间上来说,关于古典时代希腊的人物多,关于早期希腊和希腊化时代的人物较少。他的《道德论集》篇幅宏大,保留了不少古代希腊人的趣闻逸事,有些对历史研究颇有价值。

马其顿亚历山大是个风云一时的人物,关于他的传说在古代即已十分流行,但没有一部同时代的著作传留至今。阿里安(Arrian)的《亚历山大远征记》虽写于公元 2 世纪,但充分运用了亚历山大的部将托勒密、尼阿库斯、王室历史学家卡里斯提尼斯等提供的史料,且摒弃了某些荒诞不经的传说,具有较高的史料价值,成为亚历山大正史传统的代表。不过阿里安过于相信托勒密和尼阿库斯等人,又没有利用波斯方面的资料,把亚历山大严重地理想化了,把东侵写成了凯歌行进,低估了波斯的抵抗力量,因此在使用阿里安的史料时,我们必须同时参考查士丁(Justin)保存下来的、庞培·特罗古斯(Pompeius Trogus)和库尔提乌斯·鲁福斯(Curtius Rufus)等所谓"通俗传统"所提供的材料,并且注意发掘西亚地区编年史的相关记载。关于希腊化末期和罗马征服希腊的历史,我们的史料主要来自罗马时期的历史家如李维(Livy)、阿庇安(Appian)等。李维的《自建城以来》煌煌 142 卷,虽仅有 35 卷保存下来,但在叙述罗马扩张过程中,他也多次涉及希腊国家,特别是意大利、西西里地区希腊人的历史,至少在有关希腊与罗马扩张的关系问题上,提供了大量生动而具体的资料。阿庇安的《罗马史》采用的是记事本末体,其关于汉尼拔(Hannibal)战争、米特拉达梯(Mithridates)战争和共和国末年内战的记载大多被保存下来,为我们认识公元前1世纪本都王国、公元前3世纪罗马扩张时代西西里和意大利南部希腊人的历史,提供了不少有价值的资料。不过他们大多站在罗马人的立场上从事写作,其史著较少涉及希腊各国的内政与社会经济,且不乏美化罗马扩张的嫌疑。

二、政论著作与其他文献资料

对于研究希腊史来说,希腊人的政论作品相当重要。这类文献中首先应提及哲学家们的言论,色诺芬尼(Xenophanes)、赫拉克利特(Heraclitus)、德谟克利特(Democritus)以及公元前5世纪的智者,都曾深入思考过政治问题。可能出自雅典寡头集团首领的克里提阿(Critias)借西西弗斯之口,宣布早期人类犹如动物,毫无秩序,法律是为了惩罚并阻止人们实施暴力而颁布的。他甚至宣称,神灵可能也是由某个智者为凡人发明的,以使人类即使在无人监督时也会有所畏惧。与之相反的,是智者普罗泰戈拉借用神话,为人类政治上的平等张目。[1] 遗憾的是柏拉图之前的哲学家都没有完整著作存世,难以全面考察他们的思想。但现存的某些残篇,仍可以使我们对他们的思想有所认识。19世纪以来,西方学

---

[1] 关于智者对政治思考的贡献,见克里斯托弗·罗和马尔科姆·斯科菲尔德主编:《剑桥希腊罗马政治思想史》,晏绍祥译,商务印书馆,2016年版,第95—107页;黄洋:《西方政治学的前史:公元前5世纪希腊的政治思想》,《历史研究》2020年第1期,第174—190页。

者经过努力，已经将这些残篇汇集成书，可以方便地使用。① 第一部完整流传至今的古希腊政论文献，可能是被称为"老寡头"（Old Oligarch）的《雅典政制》（Athenaion Politeia）。该书篇幅不大，类似于政论小册子，缺少理论阐述。它夹杂在色诺芬的著作中流传下来，但学者们普遍相信其作者并非历史上的色诺芬，而是公元前5世纪后期雅典某位敌视民主政治的贵族寡头分子，故通常将其称为"伪色诺芬"或"老寡头"。作者一方面批评雅典是穷人执政，贵族受到压迫，另一方面又不得不承认雅典在民主派的统治下政治稳定、经济繁荣、奴隶受到较好的对待。对我们研究公元前5世纪雅典的政治、经济及社会，它都有一定参考价值。

柏拉图的一系列著作，特别是他关于政治理论的著作如《理想国》《法律篇》《政治家》《普罗泰戈拉篇》等，虽然都是以假设的前提为出发点，但讨论了当时希腊各邦存在的典型政体、城邦的社会结构、经济特点等，既反映了柏拉图本人的政治观、哲学观，又是反映希腊各邦现实的一面镜子。他关于每一希腊城邦都被分为穷人的与富人的两个城邦的论断，揭示了公元前4世纪城邦危机之际社会分化剧烈、公民集体逐步瓦解的史实。他对当时希腊各邦现存政体的分类和特点的归纳，虽然主要是理论性的描述，而且很多时候还是歪曲性的，但至少反映了当时相当数量的希腊人的看法。他有关苏格拉底受审和被判死刑的对话，无疑是今天研究苏格拉底问题最为基本的资料。此外，柏拉图的对话集

---

① 最早是德国哲学家狄尔斯汇集的版本，20世纪中期，英国学者基尔克（G. S. Kirk）等将之加以整理。中文版本可以参考北京大学哲学系外国哲学史教研室编：《古希腊罗马哲学》，商务印书馆，1961年版。现在可以参考 G. S. 基尔克、J. E. 拉文和 M. 斯科菲尔德：《前苏格拉底哲学家：原文精选的批评史》，聂敏里译，华东师范大学出版社，2014年版。

大多以真实人物为基础,其对话的场景亦在某一雅典人的家中,因此它们既反映了对话参与者的学术观点,又是我们了解当时雅典社会及文化思潮最可信的资料来源之一。

色诺芬写有一系列政论著作,其中对历史研究具有重要价值的是《拉西第梦人政制》《家政论》①和《雅典的收入》等。《拉西第梦人政制》虽有美化斯巴达制度的倾向,但因其在斯巴达生活多年,亲自观察过斯巴达社会,提供了不少希罗多德、修昔底德无法提供的资料。不过总体上看,那是一篇关于斯巴达社会的理想化描绘。而且作者明确指出,他所描述的是传说中的莱库古的制度,在当时的斯巴达已经不存在。《家政论》借苏格拉底之口,描绘了当时雅典富有的土地所有者的生活,以及雅典上流社会对妇女、政治生活的态度。《雅典的收入》讨论雅典人可以增加收入、改善其财政状况的各种办法。色诺芬特别提到由国家购买奴隶以供出租、给予外邦人同等征税权以吸引更多外邦人前来投资,以及开发劳里昂银矿等措施。《回忆苏格拉底》和《苏格拉底的申辩》《会饮篇》所提供的资料,让我们看到了另一个几乎完全不同于柏拉图笔下的苏格拉底。那里的苏格拉底更像一个普通的雅典公民,对神虔诚,富有辩才,甚至可以大量饮酒,与别人开各种下流的玩笑。这些作品生动地展示了雅典民主政治的内部运行机制,以及雅典人对公民的期望。此外,色诺芬关于阿格西劳斯的传记对这位国王的经历和为人有生动的描绘,但因传主同时是作者的恩主,不免过于美化。看过他的传记后,人们很难相信,

---

① 商务印书馆汉译名著版译为《经济论》。

在一个如此优秀的指挥官和国王的治下，斯巴达竟然会丧失其对希腊的霸权，变成希腊世界的一个二流乃至三流国家。他关于骑兵和狩猎技术的讨论，对当时希腊世界的政治和军事有一定的反映。他的传记体裁的小说《居鲁士的教育》，在很大程度上是借波斯帝国的开国君主居鲁士的作为，探讨理想政治家的形象。《希耶隆》借叙拉古僭主希耶隆和诗人西门尼德（Simonides）之口，讨论了公元前4世纪初再度流行起来的僭主政治，所表达的无非是僭主乃最不幸之人的希腊人的老生常谈。除少数作品外，它们大多采用对话形式，文字清新流畅，是研究公元前4世纪雅典社会与政治生活必不可少的资料。

亚里士多德被视为古代希腊最博学的人，现代科学的许多学科都是在他的手里取得独立学科地位的。与柏拉图不同，亚里士多德是个十分重视经验事实的思想家，他的大量著作都以实际观察为基础写成，其中固然谬论不少，代表了当时希腊人的流行观念，但毕竟保存了大量有关当时希腊社会的资料。他的3部《伦理学》和1部《政治学》不仅是我们研究亚里士多德政治、社会与经济观点的主要史料，而且是我们研究希腊历史必不可少的参考资料。他关于城邦兴起的理论在今天固然已不足取，但他关于创立城邦的目的，政体的分类、演变以及形成原因，保卫各种政体的方法的讨论，以大量实证材料为基础，包含许多各邦政体沿革的史实，以及对不同类型城邦优劣的分析。他与其门生分别撰写了研究158个城邦政体的长篇论文，虽然基本都未能保存下来，但在19世纪末学者们发现了其中最重要的《雅典政制》。它的前半部叙述了居伦政变以来雅典政体的沿革，后半部详述了公元前4世纪中期雅典的民主政治制度，深入而具体。其遗失的开头部分，大概不过是收罗了当时流传的有关早期雅典王政时代的传说，固然十分可惜，但关于早期雅典的历史，亚里士多德似乎也不比今天的学者们知道得更多。《雅典政制》的发现弥补了雅典史研究中的许多空白，受到学者们的高度重视。自19世纪末以来，西方不少学者参与了对它的研究，出版了很多校注和疏证本。亚里士多德有关修辞学的讨论，实际上讨论的是当时的演说技术。他对演说在当时希腊社会中的作用和地位，有非常深入的讨论，其中的不少内容，同样与历史研究有密切关系。托名亚里士多德的《家政学》（*Oeconomica*）并非讨论任何经济政策、经济理论的著作，但它搜罗了当时众多希腊城邦的政治领袖和军事将领为应对财政危机所采取的具体措施，对于研究希腊经济史，特别是公元前4世纪的希腊经济史，以及希腊人的经济思想，无疑是第一手的宝贵资料。即使那些看似与历史研究关系不大的著述，例如《植物学》《动物学》《动物的生殖》等，对我们了解希腊人的农业、畜牧业状况，也具有重要的价值。① 亚里士多德的门生提奥弗拉斯图斯（Theophrastus）对希腊人物的评论，也具有重要的价值。

演说既是希腊社会的产物，又是对希腊社会的反映。现今流传下来的演说辞，几乎全部出自雅典。它们大体上可分为两类：政论性演说与法庭讼词，两者有时又密不可分地混杂在一起。它们中有些表达了当事人对某些历史事件的看法，如吕西阿斯

---

① 尤其是在农业史研究中，这些著述是极其重要的参考文献。Signe Isager and Jens Erik Skydsgaard, *Ancient Greek Agriculture: An Introduction*, London and New York: Routledge, 1992; Alison Burford, *Land and Labor in the Greek World*, Baltimore: The Johns Hopkins University Press, 1993 等著述，都大量利用了亚里士多德和提奥弗拉斯图斯等人的植物学文献。

（Lysias）的《控告厄拉托斯提尼》(Against Eratosthenes)生动地叙述了雅典三十僭主暴政给雅典人、外邦人造成的巨大伤害；安多基德（Andocides）的《论密仪》(On the Mysteries)、《论和平》(On Peace)也有重大价值。前者把公元前415年雅典因渎神案引发的恐慌写得活灵活现，后者反映了公元前4世纪初部分雅典人对外交政策的看法。伊索克拉底本人似乎不曾在公开场合发表过演说，如今流传下来的归于他名下的演说，大多是他精心写作的成果，其中的不少演说，例如《战神山议事会颂》(Areopagiticus)、《泛雅典人节演说》(Panathenaicus)等，表达了公元前4世纪部分雅典上层人物对时政和雅典历史的看法；《致腓力浦》(To Philip)、《致尼科克列斯》(To Nicocles)等演说，则与色诺芬的《居鲁士的教育》《阿格西劳斯传》等一道，成为君主制在公元前4世纪的希腊世界回潮的典型表现。德谟斯梯尼是公元前4世纪后期雅典最重要的演说家，归于其名下且流传下来的演说共有60篇之多，其中部分可能属于他人托名之作，但大部分为他本人的作品。他的演说不仅文辞优美，而且因为他是政治领域的活跃人物，民主政治的坚决拥护者，公元前4世纪中期以后雅典几乎所有的重大政治决策，都在他的演说中或多或少地出现过。因为他的演说，现代学者们能够了解到喀罗尼亚战役前数年中雅典的某些重要历史事件，竟然可以罕见地精确到月和日。他在雅典公开发表的演说，如《论和平》《论金冠》(On the Crown)等，直接反映了当时雅典的政治运作。有些关于对外政策的演说，如《论奥林托斯》(Olynthiacs)、《反腓力浦》(Philippics)、《论罗德斯人的自由》(For the Liberty of the Rhodians)等，既涉及雅典国家的实力和政策，也与希腊世界的一般形势有关。作为政治人物,德谟斯梯尼不可避免地卷入各种类型的诉讼之中,并因此发表了大量演说,他在其中不仅为自己辩护,控告对手,同时阐述了民主政治的基本原则,他的演说因此成为公元前4世纪雅典民主政治意识形态的重要资料。其他演说家的演说,例如埃斯基涅斯(Aeschines)、伊赛欧斯(Isaeus)等,也都不同程度地反映了当时雅典的政治和社会状况。演说辞的局限性在于,演说家所说的不一定都是事实,其中充满了对自己及其祖先的夸饰,对对手的污蔑和不实之词。而保存下来的演说中,往往只属于斗争中的一方,另一方的言论,除少数例外,多数已经失传,据此做出的判断,难免片面。这里只举一个例子略作说明。如果我们相信德谟斯梯尼的《论金冠》,不免会以为德谟斯梯尼在雅典拥有君主都难以企及的地位和影响,"我走上前,向公民大会发表演讲……全场欢呼,毫无异议。如果不提出动议,我是不会说话的。"芬利论及这篇演说时,说它虽然大体符合实际,却是"一篇绝妙的片面之词"。① 盖因此前10余年的时间里,德谟斯梯尼一直提醒雅典人要阻止腓力浦的扩张,甚至连篇累牍地发表了《反腓力浦》,但雅典人始终不曾采取决定性的行动,致使腓力浦日益做大,终于征服帖撒利,进入中希腊,军队直逼雅典大门口。同样需要注意的,是这篇演说固然促成了雅典与忒拜的结盟,但喀罗尼亚战役的结果,是雅典等希腊城邦的联军惨败,腓力浦借此成为希腊新的霸主,组建科林斯同盟。但此前和此后的一切,都不曾出现在这篇著名的演说中。所以,在使用演

---

① M. I. 芬利:《古代世界的政治》,晏绍祥、黄洋译,商务印书馆,2019年版,第100页。

说辞作为材料时，我们不仅要关注演说本身，更要留意演说的背景、意图以及与之相关的其他史实。

作为史料，文学作品较演说有更大的局限性，因为作家信笔由缰，其作品中含有很大的虚构成分。就希腊的文学作品来说，很多以古代的神话传说为题材，背景被放在遥远的过去，虚拟成分更大，至少不比现代文学作品少。但是，作家不可能完全脱离现实去虚构，其作品或多或少会含有一定的真实成分。德国商人谢里曼对特洛伊、迈锡尼，英国学者伊文思对克里特，美国学者布列根（Carl Blegen）对派罗斯的发掘，如果没有"荷马史诗"《伊利亚特》和《奥德赛》及希腊神话提供的线索，几乎是不可想象的。悲剧、喜剧作品、诗歌中也或多或少会出现当时的社会情况，只要善加利用，它们一样会成为很好的资料。

希腊文学中出现最早的是史诗。它们本是民间吟游诗人弹唱的作品，初期也许并无定本，到文字产生后，逐渐定型。其最著名者，无疑是传说中由荷马创作的《伊利亚特》和《奥德赛》(又译《奥德修记》）。对希腊的文学和宗教来说，它们几乎具有圣经式的地位。《伊利亚特》长约15000余行，分24卷，以阿喀琉斯（Achilles）的愤怒为中心，叙述了特洛伊战争最后1年约50天中希腊、特洛伊双方战争的情况。《奥德赛》有12000余行，也分24卷，以奥德修斯（Odysseus）在特洛伊战争结束后的漂泊和回归为中心，交代了特洛伊战争和英雄们的结局，从而呈现出希腊社会的广阔画面。对历史学家来说，重要的问题在于史诗是如何创作的？创作于何时？与这两个问题紧密相关的，是它们主要反映了哪个时代？遗憾的是，截止到目前，学者们尚未就此达成一致意见。当前的基本趋向是把史诗作为对"黑暗时代"或者公元前 8 世纪的反映来对待，但也有少数学者坚持认为，它们主要反映的是迈锡尼时代的情况，或者干脆否认有所谓的荷马社会存在。无论如何，作为希腊最早的文学作品，"荷马史诗"作为史料的价值，在于它首次向我们描绘了早期希腊社会的政治、社会结构、生产与信仰，为研究早期希腊史提供了最为重要的文献资料。

如果说"荷马史诗"是从社会上层向下看，那么贝奥提亚的诗人赫西俄德可以说是从下向上看当时的社会了。他的两部篇幅不大的史诗《劳作与时令》（又译《工作与时日》）和《神谱》在研究希腊宗教和社会生产方面具有重要意义。《劳作与时令》借一个农民之口，不仅叙述了一个农夫一年四季应当从事的活计，而且对农民的理想做了生动的描绘。对于神与人之间、统治者和普通大众之间，甚至邻里之间的关系，诗人都有自己独特的说明。《劳作与时令》也因此成为研究古风时代早期希腊社会经济最为重要的文献之一。《神谱》则叙述了希腊人的世界观。它从天地万物的产生开始，列举了诸神的诞生，以及他们的各种功绩，为希腊宗教史最重要的文献之一。时代先后不一的《荷马颂诗》(*Homeric Hymns*)，几乎给希腊所有重要的神灵都创作了一到两首颂诗。这些颂诗大多与神灵们的经历和职能有关，虽然长短不一（长者数百行，短者两行），绝大部分很可能是相关作品的开头部分，却是研究希腊宗教与神话的必读之作。

公元前 7 世纪至前 6 世纪兴起的抒情诗，大多以抒发个人情感为主。但它们的作者中有不少人，如梭伦、提尔泰俄斯、特阿根尼斯（Theagenes）、阿基罗科斯等，同时又是政治生活的积极参与者，他们的作品或多或少地反映了这一时期希腊社会与历史的变动。有些人的诗篇，因其与某些特定事件关系密切，还成为我们研究该事件的主要文字资料，最显著的是梭伦和提尔泰俄斯的诗篇。梭伦的诗篇是我们讨论公元前 6 世纪初雅典社会政治危机的出发点与基础。由于普鲁塔克和亚里士多德的摘引，相当部分保存下来。提尔泰俄斯的哀歌是对希腊重装步兵出现和战斗方式的最早的文献写照，其名为《优良政制》(*Eunomia*) 的诗篇体现了斯巴达重装步兵的政治理想，是我们研究第二次美塞尼亚战争以及与之相关的斯巴达社会和政治变革最基本的文献。其他诗人如阿基罗科斯、阿尔凯俄斯、萨福（Sappho）、安纳克瑞翁（Anacreon）等人的诗篇，与当时诗人们的经历、环境存在不同程度的联系。阿基罗科斯、阿尔凯俄斯的诗篇都不约而同地提到了他们在战场上作战逃跑、丢弃盾牌的经历；色诺芬尼的诗歌则充分描绘了一次贵族举行的酒会情景："现在地擦干净了，人们的双手和酒器也洗净了。我们一些人在头上戴了编织成的花冠，另一些人用一只碗奉献着香膏。调酒壶已经放在那里，装满悦人的香醇，别的酒也早已盛在壶中，谁都可以来痛饮，这酒既甘美又芬芳。在我们中间香烟缥缈，发出圣洁的异香；这里有清冽的水，甜美，淳净。旁边放着棕色的面包，豪华的餐桌被重重的乳酪和浓蜜压得沉沉。中央是祭坛，满盖着鲜花，歌声和节日的欢笑洋溢在整个屋宇中。首先聪明的人们必须用神圣的歌词和纯洁的语言颂赞神明。然后奠酒并且祈请神明赐予力量，使人们能够做得允当（因为恳求这种力量是首先要做的事情），不要有一个人喝得过量，只要不太老，人人都能不用搀扶回到家门。在人们中间，要赞美那个饮酒之后仍然清醒、心里仍然不忘记美德的人。不要歌颂提坦诸神、巨人或半人半兽的怪物们的斗争，这些都是古代人的虚构，也不要去管那些纷乱的争吵，这里面并没有什么吉庆；而要时时对神灵崇敬，这才是可贵的事情。"① 他还提到波斯人的来临，以及他对"荷马史诗"的态度，对于认识希腊人如何应对波斯人入侵以及如何观察世界，也有重要价值。因此，抒情诗中仍有大量资料可以挖掘和利用。由于学者们的努力，这些诗歌大多有比较确定的版本可用，其中的大部分还被译成了中文。

古典时代雅典的悲剧和喜剧同样是十分重要的史料。悲剧大多取材于希腊神话，其背景通常是希腊的远古，尤以关于特洛伊战争与忒拜的传说居多。但悲剧之中，也确实有部分直接取材于现实生活。公元前493年，弗里尼科斯（Phrynichus）就上演了《米利都的陷落》，因让雅典人想起米利都被波斯攻陷的灾难，雅典人罚了他的款，禁止此后再上演该剧。公元前472年，埃斯库罗斯上演了《波斯人》，对撒拉米斯和普拉特亚战役都做了描绘，其中的某些段落可能还超出了希罗多德的记述。不可否认，大多数悲剧取材于古代神话，但即使是那些悲剧，也不是完全没有意义，因为作者对神话的虚构和解释，无法脱离当时雅典的实际，间接地反映了雅典的政治气候与社会现实。由于悲剧表演是城邦官方组织的活动，观众是全体公民，因此悲剧表演本身就是一种政治活动，悲剧所涉及的主题也经常与城邦有关。② 埃斯库罗斯的《奥瑞

---

① 译文据北京大学哲学系外国哲学史教研室编：《古希腊罗马哲学》，商务印书馆，1961年版，第44—45页。

② D. M. Carter, *The Politics of Greek Tragedy*, Bristol: Bristol Phoenix Press, 2007, pp. 35-49; 西蒙·戈德希尔：《阅读希腊悲剧》，章丹晨、黄政培译，生活·读书·新知三联书店，2020年版，第94—127页。

斯提亚》三部曲和索福克勒斯的《安提戈涅》等,都包含浓厚的政治意味。前者呼唤城邦和解,后者提出了非常严肃的城邦与公民个人之间的关系问题,强调了法治对于城邦的重要意义。① 欧里庇得斯的《请愿的妇女》(Suppliant Women)的主题,是雅典给予攻打忒拜的将领的女眷以庇护,但在此过程中,欧里庇得斯却借提修斯(Theseus)之口,对民主政治和僭主政治进行了比较,把民主政治大大赞美了一番。②

流传到今天的喜剧大多是阿里斯托芬创作的。近年来随着莎草纸文献的进一步整理和出版,米南德(Menander)的部分喜剧陆续被发现。喜剧一般取材于现实生活,虽不免有夸张的成分,但仍具有很高的史料价值,在研究某些问题,如雅典经济、社会史时,甚至是我们必须参考的基本文献。在阿里斯托芬的喜剧中,上至政治领袖伯里克利、克里昂(Cleon),下至普通的奴隶,

---

① 晏绍祥:《冲突与调适——埃斯库罗斯悲剧中的城邦政治》,《政治思想史》2015年第1期,第1—22页;Edward M. Harris, *Democracy and the Rule of Law in Classical Athens: Essays on Law, Society, and Politics*, Cambridge: Cambridge University Press, 2006, pp. 41ff.。

② 在《请愿的妇女》中,欧里庇得斯借提修斯之口宣布:"对于城邦,没有什么比君主更有害的了,第一是在那里没有公共的法律,只由一个人统治着,自己手里拿着法律,这样也就没有了平等。但是法律写定下来的时候,那弱者和富人都有着同一的权利。那些比较无力的人对于更富裕的也可以说同样的话,如果他听到了什么恶话。有了道理,弱小可以胜过强大的。自由会对他说,'谁有什么好的计较,愿意拿到人民前面来的么?'谁要说的,得到名誉;不想说的,便沉默着。在城邦里哪里还有更平等的事情呢?而且人民治理着国土,它喜欢得有多余的青年公民,可是独裁的国王却把这看作仇敌。他觉得那些有思想的,就要杀了,担心着他的僭主的地位。这样城邦怎可能强盛呢,如果人们消灭勇敢的,除掉有如春天原野上花朵般的年轻人,又有谁去获得财富、给子女们谋生呢?因为结果只落得给僭主辛苦,增加他的财富。谁又愿意在家中好好地教养闺女,使得育养的人流泪呢?我是宁可死了,如果我的孩子要被用强去婚配了。"见欧里庇得斯:《欧里庇得斯悲剧集》,周作人译,中国对外翻译出版公司,2003年版,第1215—1216页。对该段落的讨论见晏绍祥:《古典民主与共和传统》,上册,北京大学出版社,2013年版,第78—80页。

都被一一搬上了舞台。在他笔下出现的各种人物，大体代表了雅典当时社会的各个阶层。一些西方学者利用喜剧提供的材料，写出了有很高价值的学术著作，显示了喜剧作为史料的重要意义。苏联学者如科谢连科，也在运用喜剧史料方面取得了引人注目的成就。米南德的喜剧虽然不直接涉及现实政治，将笔触更多地伸入社会和家庭，却也足以成为有心人的有用资料。在研究希腊化世界社会经济史时，罗斯托夫采夫（M. I. Rostovtzeff）就大量利用了米南德提供的材料。

希腊化时代的牧歌诗人大多和宫廷联系密切。卡里马库斯（Callimachus）、提奥克里图斯（Theocritus）等人所留下的诗篇，有些远离了现实生活。不过作为文化史资料，它们仍具有重要价值。

最后一类文献是地理游记①，主要是罗马时代地理学家与旅行家的著作。首先应当提及的是宝桑尼阿斯（Pausanias）的著作。他鉴于罗马统治时期希腊的衰败，不少历史名胜成为废墟，决定把古代的那些辉煌建筑记载下来，写成《希腊纪行》（Description of Greece）②。该书共8卷，用游记的形式记载了希腊中南部各地的风物，包括古代建筑、遗迹、道路、山川、物产、民间传说与历史传统，保存了不少已经失传的有价值的史料，其中关于第二次美塞尼亚战争的叙述是所有古典作家中最为系统的。斯特拉波的《地理学》的重点是对各地自然环境加以描绘，但同时也记载了不

---

① 波德纳尔斯基编的《古代的地理学》收录了一些古代地理文献，但该书是从地理学角度进行编辑的，反而没有收入宝桑尼阿斯的著作。

② 关于波桑尼阿斯的写作特点和意图，见吕厚量：《古希腊史学中帝国形象的演变研究》，第230—259页。

少历史、制度以及风土人情方面的资料，对历史研究具有一定的参考价值。

把所有上述文献综合起来，似乎洋洋大观，颇为丰富。但细细思索，我们则会发现它们存在严重不足。一是时间上分配不均。古代希腊文明长达2000年（从克里特文明之始到罗马征服止），但有正规史书记载史事的时期不过500年（下限到罗马征服止），古希腊文字迟至公元前8世纪才产生，史学的出现要等到3个世纪以后，可信的同时代文献并不多。关于公元前7世纪以前的希腊史，除了极不系统的线形文字文书和"荷马史诗"外，我们几乎没有任何文字史料可资依凭；公元前4世纪至公元前2世纪的同时代文献也极少。二是地域上分配不均。以希腊世界而论，有限的文献主要出自希腊大陆，对小亚细亚、黑海、西西里、意大利南部和北非的希腊人，记载非常稀少。唯一的例外似乎是狄奥多罗斯，但他的历史写作，无论是史识还是史才，都有严重的缺陷。且就是这样非常不足的文献，也没有能够完整地流传至今。就希腊大陆而论，文献主要出自雅典，或者与雅典有密切关系的作家，由斯巴达及其他希腊城邦保存下来的文献极少，不免使有限的文献含有严重的雅典中心色彩，其他城邦如果偶尔出现在历史文献中，大多是因为它们与雅典或斯巴达发生了某种联系。文献分布的偏向，严重影响人们对希腊历史的总体把握。即使就雅典而论，文献多集中在城市，对乡村生活反映不多。从希腊历史发展的实际来说，当时的绝大多数人乃是居住在农村的。[①]

[①] 据芬利等学者估计，真正居住在城市中的人口，即使在罗马帝国盛期，可能也只有5%。见M. I. 芬利：《古代经济》，黄洋译，商务印书馆，2020年版，第13页。

即使那些居住在城市中的，也没有与农村完全脱离关系。三是这些文献大多集中在政治与军事领域，对社会经济涉及较少。这虽不意味着古代人并非不注意衣食住行，但给我们全面认识古代希腊社会带来不少困难。四是几乎所有文献都出自有产阶级之手，主要反映贵族等统治阶级的看法，占社会人口大多数的普通劳动者的观点很少传诸后世，不可避免地使这些著作带有浓厚的阶级偏见。作为希腊社会中的既得利益者，文献的创作者们大都对社会变革，尤其是由社会下层发动的革命惊恐异常，古代民主在他们的笔下大多以平民暴政的面貌出现，这是他们保守的政治观的反映。就希腊化时代来说，可资利用的文献主要是希腊语的，被征服与被统治的埃及、波斯等当地土著居民的看法，在史料中难得一见。五是从性别上看，除极少数例外，所有作家都是男性（似乎只有萨福一个女诗人），占人类一半的女性的看法，几乎没有在文献中得到反映。即使对女性的活动有所记录，那也是从男性的立场出发。因此，对古代希腊史而言，女性像社会下层一样，成为失语的一群人。进入 20 世纪 80 年代以后，学者们努力发掘西亚北非居民编写的编年史之类的史料，要求人们更多地考虑西亚北非固有传统的作用，以及女性在希腊社会中的作用及其变迁，但积久成习，短期内尚无法从根本上改变史料的构成。因此，在古希腊史研究中，我们必须充分利用考古和人类学资料。

三、考古学与人类学资料

由于历史文献所固有的这些缺陷，单纯依靠文字史料写出的希腊史，势必难以准确地反映希腊历史的面貌，因此我们必须参考其他类型的史料。就希腊史来说，它们主要包括考古与人类学资料。

考古史料中首先必须提到的是碑铭。希腊人大约在公元前8世纪借用腓尼基字母创造了希腊字母，伴随着文字的产生和使用，希腊文的碑铭也同时出现。铭文大都刻在石板、石柱、陶罐等较硬、耐久的物体上，故较易保存下来。学者们根据铭文发现的地点、字母的形状、铭文的内容和格式等，大体可以推测出某一铭文出现的确切年代及其所反映的事件。总的来看，希波战争前的铭文甚少。古典时代铭文数量大增，但大多集中在雅典。为了研究的方便，学者们一般将碑铭分为两大类：公共文献与私人文件。前者主要指公民大会或城邦颁布的法令、城邦之间订立的条约和协定等由官方发布的文告，在铭文中所占比例较低。后者数量众多，内容广泛，包括墓志铭、经济合同、抵押文书、感恩奉献、各类物品上的签名、印章等。铭文最重要的意义之一，是可以补充现存文献的不足，特别是在早期希腊史领域。就文字出现本身而论，虽然希罗多德曾有记载，声称是腓尼基人卡德谟斯将字母带到了希腊，但那事属传说，难以作为信史。可是，学者们如今根据铭文，大体理出了腓尼基字母传入希腊之路线和进程。而现存最早的铭文，大概来自公元前8世纪意大利的一个陶罐，上面刻着荷马《伊利亚特》的两句诗："此为奈斯托尔樽，……可用之畅饮。用樽饮者，美丽、头戴金冠的阿芙罗蒂忒会即刻撩起他的欲火。"它给我们透露的信息是多方面的。首先，它证明至少到公元前8世纪中期，某些希腊人已经具有了书写能力，希腊字母文字已经出现；其次，因为发现于意大利中部，它反映了希腊人在意大利的活动；最后，它反映了"荷马史诗"对希腊人的影响。另一大约同时或稍晚的陶罐上刻写着"我是科拉克斯（Kyraks）的酒樽"①，明确宣布酒樽属于主人科拉克斯。结合当时阿波罗像、塔塔伊埃（Tataies）陶瓶等的铭文上多有这样的宣示，暗示当时希腊人已经有了较强烈的私有财产观念。现今发现的最早的法律条文，则出自克里特小城德瑞罗斯。铭文规定，如有人曾担任过 Kosmos 一职，则 10 年内不得再任此职，否则他做出的所有决定都无效，并受到他做出的所有判决双倍的惩罚，还可能被剥夺公民权。这份约公元前 7 世纪的铭文向我们表明，早在城邦初期，公民群体已经试图规范官员的行为和任职期限，并为此设计了预防措施，显示了城邦权力的扩展以及公民群体地位的上升。②

即使是研究古典时代的文献最为丰富的雅典，铭文发挥的作用也举足轻重。在雅典民主研究中，人们发现在雅典政治生活中，除伯里克利、地米斯托克利等历史文献中经常出现的"大人物"外，大量国家法令出自名不见经传的"小人物"的建议，它生动地反映了民主政治下雅典公民政治参与的广泛程度及民主政治在雅典相对稳定的原因所在③。芬利利用碑铭史料对古典时代雅典的财产抵押和信用的研究表明：小农大量破产的流行说法并无可靠的根据，因为抵押财产者大多是富人，借贷的目的是非生产性

---

① 铭文译文见张强译注：《古希腊铭文辑要》，中华书局，2018 年版，第 4、7—8 页。

② 张强译注：《古希腊铭文辑要》，中华书局，2018 年版，第 17—18 页。那里把 Kosmos 直接译成"官"。

③ J. K. Davies, *Democracy and Classical Greece*, London: Fontana Press, 1993, second edition (first published in 1978), pp. 64-71. 现请见 J. K. 戴维斯：《民主政治与古典希腊》，黄洋、宋可即译，上海人民出版社，2010 年版，第 55—59 页。

的①。以此为出发点，芬利就雅典经济提出了一系列不同于现代化派史学的观点，给古代经济史研究以积极的推动。由于碑铭等提供的史料具体而生动，大大弥补了文献的不足，由此还产生了一种新的研究方法——人物志式研究，J. K. 戴维斯（J. K. Davies）、R. 德维林（R. Develin）等运用该方法，写出了卓有建树的著作，推动了雅典民主研究的进一步深入②。20 世纪初年，德国学者约翰内斯·基西纳（Johannes Kirchner）根据当时的铭文和资料，编辑了《阿提卡人物志》(*Prosopographia Attica*)，搜集了直至奥古斯都时代曾出现在文献和铭文等史料中的所有知道名字的雅典人。20 世纪 70 年代起，在多伦多大学特利尔教授主持下，古典学者根据新的资料和发现，陆续汇集了直到拜占庭时期的大约 10 万个雅典人的资料。所有人名都按字母顺序排列，后附每个人的相关资料，并提供了资料的出处。③他们中当然有知名人物，但也有奴隶、外侨、妇女等几乎不会出现在古典文献中的小人物，其中大多数出现在铭文中。该书的出版，使我们对雅典社会的认识更加全面和充分。

铭文最大的好处，是它基本未经修订，较少主观色彩。人民大会的法令、国家之间的条约、有关工程的承包和开支、拍卖财产的清单、阵亡将士纪念碑都不大可能伪造。因此，铭文可以校

---

① M. I. Finley, *Studies in Land and Credit in Ancient Athens 500-200 BC*, New Brunswick: Rutgers University Press, 1952.

② J. K. Davies, *Athenian Propertied Families, 600-300 B.C.*, Oxford: Oxford University Press, 1971; R. Develin, *Athenian Officials: 684-321 B.C.*, Cambridge: Cambridge University Press, 1989.

③ Johannes Kirchner, *Prosopographia Attica*, Berolini, vols. 1-2, 1901; John S. Traill, ed., *Persons of Ancient Athens*, vols.1-20, Toronto: Athenians, 1998。

正历史文献中的某些失误。举例来说，希罗多德曾声称，雅典的阿尔克美昂家族与僭主庇西斯特拉图及其继承人一直处在敌对状态，以证明该家族不可能沟通波斯和背叛希腊[①]，然而铭文表明，公元前525/4年克里斯提尼曾出任执政官，说明该家族至少一度与僭主合作。这样看来，公元前5世纪80年代雅典连续流放的所谓僭主支持者中，有阿尔克美昂家族的迈加克勒斯等人也就不奇怪了。流放他的理由中，就有人说他是"僭主的朋友"。前述同一铭文上还出现了米尔提阿德斯（Miltiades）的名字，说明他前往克尔松涅斯（Chersonese），很可能得到了僭主的支持[②]。在希腊人殖民的问题上，希罗多德和修昔底德当然都有不少记载，但正因为有了下述铭文，我们可以对希罗多德等古典作家的记载进行订正和核实，并因此获得了众多的其他信息。

  公民大会决定：既然阿波罗已经命令巴图斯（Battus）（殖民者的领袖）和特拉人殖民昔兰尼，特拉人决定以巴图斯为领袖与国王，率特拉同胞前往利比亚。（每家？）选出一名正值壮年的儿子，在公平、平等的条件下航往殖民地，其余的自由的特拉人也可同去。如果殖民者成功地建立了殖民地，任何后来前往殖民地的同胞公民都将分享公民权和荣誉，并应被给予未占用的土地。如果殖民不成功，特拉人又不能帮助他们，他们在5年后因必然原因可以无惧地返回特拉，收

---

  ① 希罗多德：《历史》，VI, 123.
  ② C. W. Fornara, *Archaic Times to the End of Peloponnesian War*, Cambridge: Cambridge University Press, 1983, pp. 23-24.

回其财产并重新成为公民。但那些被城市选出的人，无论是谁，如果不愿去，将被处死，其财产将被充公。任何人如接纳其他人，如父亲接纳儿子，兄弟接纳兄弟，将与那不愿前往的人同罪（即被处死）。

根据上述条件，那些留在国内的和前往建立殖民地的人订立了神圣的盟约，他们诅咒那敢于不遵守或破坏这一盟约的人，不管这些人是居住在利比亚还是留在国内。他们制作了一些蜡像，投入火中，诅咒着烧掉它们。所有人，男人、女人、男孩、女孩，都聚集在一起宣誓：

"让那不遵守、破坏这一誓言的人，无论是他本人、后代或其财产，像这些蜡像一样融化消失。而那些遵守这一誓言的人，不管是航往利比亚的，还是留在国内的，为他们自己和后代得到富裕、兴旺。"①

这份铭文并非当时刻写的，而是公元前4世纪才勒石公布的，不过一般认为它大体反映了当时殖民的情况。它至少告诉了我们下述信息：殖民是国家组织的强制行为（虽然可自愿参加），殖民地与母邦的关系，第一批定居者和后来者之间的关系，殖民者的权利和义务等。这些情况，恰恰是传世的书面文献中很少谈及的。

有些领域只有依靠铭文才能进行充分研究。典型的是雅典帝国史。对雅典帝国的发展，修昔底德仅有简短的叙述，许多问题语焉不详。仅仅依靠历史文献，势必难有大的突破。英国学者梅

---

① 据 Oswyn Murray, *Early Greece*, p. 119. 可参见奥斯温·默里：《早期希腊》（第二版），晏绍祥译，上海人民出版社，2008年版，第110—111页。

格斯在读大学时，曾认为雅典帝国史研究不可能有大的进展[1]。但随着麦瑞特等人对雅典帝国贡金铭文的公布[2]，一大批有关雅典帝国财政和经济政策的文献得以面世，让我们对雅典经济的认识，大大突破了19世纪初德国学者奥古斯特·博克（August Böckh）写作其《雅典国家经济》的水平。梅格斯（R. Meiggs）和马尔科姆·麦克格里高（Malcolm F. MacGregor）等人还利用有关贡金的铭文，结合历史文献，写出了《雅典帝国》《雅典人和他们的帝国》[3]那样的鸿篇巨制。20世纪60年代在阿富汗境内发现的一块铭文，刻有逍遥学派某一门人在此讲学的内容，结合其他史料，学者们推测当时该地是一个繁盛的希腊文化中心，间接证实了斯特拉波关于巴克特里亚高度城市化的记载[4]。此外，铭文还使我们接触到历史上的一些小人物，他们在政治、军事上可能并无大的建树，在历史著作或其他文献里几乎没有地位，但铭文可以让我们了解他们的生平、经历，间接地加深对他们所处时代的认识。换句话说，铭文让我们更贴近当时的社会，对社会史、经济史研究极有助益。甚至对于政治史研究，铭文也会提供极大的帮助。戴维斯通过对雅典铭文数量在公元前5世纪中期剧烈增长的考证，以及对国家命令建议者的分析，指出雅典铭文数量的增加，乃政治民主化的表现之一。

---

[1] R. Meiggs, *The Athenian Empire*, Oxford: Oxford University Press, 1972, preface.

[2] B. D. Meritt, H. T. Wade-Gery and M. F. MacGregor, *The Athenian Tribute Lists*, vols. i-iv, Cambridge, Mass.: Harvard University Press, 1939-1953.

[3] Malcolm F. MacGregor, *The Athenians and Their Empire*, Vancouver: University of British Columbia Press, 1987.

[4] F. W. Walbank, *The Hellenistic World*, London: Fontana Press, 1992, second edition (first published in 1981), p. 60.

正因如此，西方学者对铭文的研究非常积极，19世纪前期就在博克的主持下开始编辑出版《希腊铭文集成》(Corpus Inscriptioum Graecarum)，此后又不断修订，补充，把碑铭学变成了希腊历史最重要的辅助学科之一。1969年，梅格斯和刘易斯合作编辑了《至公元前5世纪末的希腊历史铭文选》，最近有罗兹（R. J. Rhodes）和刘易斯（David M. Lewis）合作编辑的《希腊人国家的法令》，罗兹和奥斯邦编辑的《公元前478至前404年的希腊历史铭文》和《公元前404—前323年的希腊历史铭文》。① 其他学者编辑的古希腊历史专题资料集中，也都包括数量不等的铭文。中国学者早已认识到铭文的重要性。张强或独立，或与门生合作，编译了两部重要的希腊历史铭文集，收录了极其重要的一些希腊历史铭文，并对铭文的一般情况做了介绍，另附简要的校勘记和中文译文。

作为史料，铭文也有不足之处。一是仅有部分文书被刻写下来，很多重要法令不曾留下任何痕迹。即使是那些已经刻写下来的法令，也只有部分保存下来，为学者们发现和使用。有些铭文在历史长河中消失了，让我们的材料很不完整。二是有些铭文为事后追记，或者存在不同版本。国家颁布的法令可能是个大概，负责草拟法令并勒石公布的官员和刻工需要根据自己的理解，将其组成文字。甚至有完整文本的命令，也有可能在刻写过程中出

---

① Russell Meiggs, *A Selection of Greek Historical Inscriptions to the End of the Fifth Century BC*, revised edition, Oxford: The Clarenodn Press, 1988; P. J. Rhodes with the Late David M. Lewis, *The Decrees of the Greek States*, Oxford: the Clarendon Press, 1997; Robin Osborne and P. J. Rhodes, *Greek Historical Inscriptions 478-404 BC*, Oxford: Oxford University Press, 2017; P. J. Rhodes and Robin Osborne, *Greek Historical Inscriptions 404-323 BC*, Oxford: Oxford University Press, 2003; 张强译注：《古希腊铭文辑要》；张强、张楠：《希腊拉丁历史铭文举要》，商务印书馆，2016年版。

现错误。在转抄过程中，更容易出错。于是同一份文件，会出现不同的版本。雅典有关盟邦度量衡的法令，是根据发现于不同城市的命令组合起来的，可它们之间的差距非常明显，让人怀疑它到底是不是同一个法令。雅典与阿哥斯结盟的条约，铭文和修昔底德的记载之间也存在明显差异，但我们很难确定到底哪一个更为准确。有些铭文可能是事后刻写的。例如雅典的执政官表，显然是公元前5世纪才刻写的，可是现在所知的执政官的设立，却一直追溯到公元前7世纪初年。关于早期的执行官，显然是后来补充的，其中不乏伪造。关于奥林匹克竞技会胜利者名单，也是公元前5世纪末的产物，但也一直追溯到公元前8世纪，其中有些很可能靠不住。后代刻写的铭文问题更大，不少铭文加入了刻写时才有的内容。前文提到的昔兰尼殖民的命令，以及著名的地米斯托克利关于撒拉米斯战役的法令等，都有可能存在这类问题。这类铭文中的内容真假混杂，需要小心使用。有些铭文甚至完全是伪造的，甚至有部分铭文是近代以后才伪造出来的。18世纪前期法国旅行家米歇尔·弗尔蒙（Michel Fourmont）就伪造了所谓发现于斯巴达阿米克莱的26篇铭文，直到19世纪初才终于被证伪。[①]所以，弄清发现铭文的人、地点以及铭文刻写的背景对我们来说非常重要。最后，铭文仅提供最后的结果。雅典公民大会的有关法令，我们只知道最后的版本，至于为什么要通过这个法令？议事会提供的最初法令版本是怎样的？法令产生过程中经历了什么样的辩论？中间做了哪些修改？哪些人基于什么原因提出修改意

[①] John Edwin Sandys, *A History of Classical Scholarship*, Vol., 3, Cambridge: Cambridge University Press, 1908, p. 99.

见？修改意见多大程度上被采纳？表决时的票数是多少？最后谁负责执行？执行的效果如何？对我们来说虽然非常重要，但无从得知。因此，在使用铭文时，必须同时考虑其他文献。

另一类考古史料是在考古中发现的其他文献。对希腊史来说，它主要指线形文字 A、B 文书和 19 世纪以来在埃及等地发现的大量莎草纸文献。线形文字 A 至今尚未成功释读，但学者们已经可以猜测出其中的某些内容。不过要系统利用它，尚需时日。线形文字 B 因文特里斯、查德维克（Chadwick）等人的努力，已释读成功，成为我们研究迈锡尼时期希腊史最主要的史料。虽然线形文字 B 文献有它的局限：属于宫廷的记录，而且可能主要是迈锡尼文明末年克里特和派罗斯等地的文献，覆盖的地区和年代都存在严重局限，但如今的迈锡尼研究，如果缺少了线形文字 B 文书，对迈锡尼社会的政治制度、社会结构和宗教等的认识，都将只能停留在猜想阶段。因为解读了线形文字 B 文献，文特里斯和查德维克合作出版了《迈锡尼希腊语文献》。文特里斯不幸去世后，查德维克继续努力，利用线形文字文书写出了他的名作《迈锡尼世界》[①]，系统论述了迈锡尼社会的经济、社会结构、政治制度、宗教和军事等问题，成为有关迈锡尼世界最好的概论性著作。

在埃及等地发现的莎草纸文献内容丰富，官方文件、家族档案、私人文书，应有尽有。威尔斯根据在埃及发现的文献，编译了一部希腊化时代国王之间的通信集；罗斯托夫采夫利用泽农（Zenon）档案以及其他文献，写出了有关埃及地产经营的著

[①] Michael Ventris and J. Chadwick, *Documents in Mycenaean Greek*, Cambridge: Cambridge University Press, 1956; J. Chadwick, *The Mycenaean World*, Cambridge: Cambridge University Press, 1976.

作①。今天任何研究希腊化史的人,都不能忽视莎草纸文献学的研究成果。但莎草纸文献的功能,绝对不限于希腊化和罗马时代的埃及。莎草纸文献的内容千差万别,抄录的作品也多种多样,大量希腊人的文学和文献,都有赖于莎草纸文献保存下来。前述亚里士多德的《雅典政制》是最显著的例子。新喜剧作家米南德的作品,也因新发现的莎草纸文献,近日颇有增补。在奥克苏云科斯(Oxyrhynchus)发现的希腊史文献,让我们对贝奥提亚的制度以及公元前4世纪初年的希腊历史有了新的认识。甚至"荷马史诗"的影响,也通过统计希腊莎草纸文献的数量,能够得出量化的认识②。可惜至今整理出版的莎草纸文献有限,其中一些被收入洛伊布古典丛书(Loeb Classical Library)的《莎草纸文献选编》。其他的史料集偶尔也收入了部分莎草纸文献。

近年发现的铅版文书正在历史研究中发挥重要作用。这类文书中,比较多的是商业文书。发现于黑海地区的一封商人文书提到两个商人之间的纠纷。信是该商人写给自己儿子的,称他的货物被没收,他本人正遭到奴役,要求其子通知雇主有关的情况,以尽快将自己救出。这封信给我们提供了许多有关古代希腊商人的地位与经营方式的信息。默里在《早期希腊》中对其做过精彩分析③。

考古实物对我们认识古代历史具有重要意义。它们让我们

---

① C. Bradford Welles, *Royal Correspondence in the Hellenistic Period*, New Haven: Yale University Press, 1934; M. I. Rostovtzeff, *A Large Estate in the Third Century B.C.: A Study in Economic History*, Madison: University of Wisconsin Press, 1922.

② 有关莎草纸文献与古代历史的关系,参见罗杰·巴格诺尔:《阅读纸草,书写历史》,宋立宏、郑阳译,上海三联书店,2007年版。

③ Oswyn Murray, *Early Greece*, pp. 226-227.

直接见到古代人的各种制品和遗留下来的痕迹，从中我们可以推知古代的生产技术、日常生活，使我们对古代社会的了解更加直观、全面。雕像、建筑、武器、装饰品、陶器、钱币等各种实物，甚至死者的骨骼和埋葬方式，都多少能告诉我们一些古代的情况。地表上的神庙、房屋、道路、城墙以及各种建筑遗迹等，无不向我们展示着古代的文明①。加恩西利用发现的古代骨骼，借助现代科学技术，对古代人的营养水平进行了卓有创意的研究②；奥斯邦、苏珊·阿尔科克（Susan Alcock）、斯诺德格拉斯、伊思·莫里斯（Ian Morris）、汉松（V. D. Hanson）③都不同程度地利用了古代的矿产和定居点资料，对古代的人口增长、农业发展、民主政治的运作机制和城邦形成等具有重大理论意义的问题，提出了自己独到的看法。考古上的每一次重大发现，考古方法上的变革，几乎都会带来历史认识的巨大变化。

考古资料中最常见也非常有用的是陶器。陶器在古代社会发挥着非常重要的作用，家居生活和储藏都需要使用陶器，甚至雅典一些重要节日的奖品，也是用陶器盛装的橄榄油。陶器之所以在考古中出土较多，另一个原因是它用途广泛且容易留存下来。哪怕是有些墓葬遭到盗掘，陶器也不会吸引这些人的注意。较早注意到陶器在考古学中的重要作用的是谢里曼。在发掘特洛伊过

---

① Konrad H. Kinzl, ed., *A Companion to the Classical Greek World*, Oxford and Malden, Mass.: Blackwell Publishing, 2006, pp. 45-63.

② Peter Garnsey：《骨骼与历史——古代地中海地区食谱与健康研究的新方法》，《历史研究》2006 年第 5 期，第 3—11 页。

③ 如 Robin Osborne, *Greece in the Making*; A. M. Snodgrass, *Archaic Greece: The Age of Experiment*, Berkeley: University of California Press, 1980; Ian Morris, *Archaeology as Cultural History: Words and Things in Iron Age Greece*, Oxford: Basil Blackwell, 2000 等。

程中，他利用陶器风格的变化来确定考古文化地层。后来，学者们广泛利用陶器来重建古代世界的年代学。通过对陶器风格的比较，对它们加以分类，排出文化遗址的相对年代顺序，再根据与其他文明有准确年代的文物的比较，建立相对精确的年代学体系。在希腊史上，我们经常提到的诸如次迈锡尼、原始几何陶、几何陶、科林斯风格、阿提卡风格，都是根据陶器的类型确定的。陶器的分布，让我们有可能确定希腊人的政治和经济活动范围。陶器上的画面，还是希腊社会经济史非常重要的资料。它所反映的，不仅有陶器生产技术的变革，还有希腊人的宗教观念、家庭生活和社会活动。19世纪德国学者布鲁默在研究希腊人的家庭生活[1]、20世纪英国学者多佛尔在研究希腊人的同性恋[2]、瑞典学者伊萨格尔（Issager）等人在研究希腊人的农业生产之时，都广泛利用过陶瓶画的资料。英国学者比兹利根据陶器的风格及其保留下来的签名，前后识别出千余名画家[3]。毫无疑问，陶瓶画本身也是非常重要的艺术史资料。

早期希腊史研究几乎完全依赖考古史料，这一点我们只要看看有关黑暗时代的著作，便会一目了然。当今有关该时期最权威的著作，可能是斯诺德格拉斯的《黑暗时代的希腊》以及德斯勃

---

[1] Hugo Blummer, *Teconoligie und Termingologie der Gewerbe und Kunst bei Griechen und Romern*, Leipzig, 1875-1887; Hugo Blummer, *Home Life of the Ancient Greeks*, New York, 1966.

[2] K. J. Dover, *Greek Homosexuality*, Cambridge: Harvard University Press, 1978. 1989年增订版。

[3] 比兹利先后在《美国考古杂志》《希腊研究杂志》等期刊上发表大量有关陶器风格及其铭文的论文，并先后出版过多种论著，如 Sir John Davidson Beazley, *The Development of Attic Black Figure*, Berkeley: University of California Press, 1986, revised edition (first published in 1951); *Potter and Painter in Ancient Athens*, London: Geoffrey Cumberledge, 1944; J. D. Beazley, *Attic Black-Figure Vase Painters*, Oxford, Oxford University Press, 1956 等。其中最后一本书达850页之巨。

鲁关于同一时期的著作①。如果在德斯勃鲁的著作中还能看到运用希腊人传说的影子，那在斯诺德格拉斯的著作中，这些传说几乎消失无踪，考古实物构成了该书资料的全部。迪金森、莫里斯和托马斯等对早期希腊城邦起源的探索，基本建立在对考古遗物与遗址的排列和分析之上。他们试图证明，迈锡尼文明末期的确出现了人口严重下降的情况，尼科利亚（Nikolia）、阿哥斯、雅典和勒夫坎地等地区，与人口下降同时出现的，是社会的重归原始状态、定居点缩小、权力分散等诸多影响后来历史发展进程的现象。莫里斯甚至从早期希腊墓葬的变化中，发现了后来民主政治下的"强有力的平等原则"的萌芽与发展。迪金森系统考察了公元前12世纪到前8世纪之间希腊大陆以及爱琴海岛屿上物质文化的变迁，就迈锡尼文明与古风时代的延续和变革问题做出了新的解说。②在古风时代历史研究中，由于格罗特（George Grote）早已指出的文献史料严重不足问题，新近的著作，如斯诺德格拉斯《古风时代的希腊：进行试验的时代》、奥斯邦《希腊的形成》、霍尔《古风时代希腊世界史》、科德斯瑞《几何陶时代的希腊：公元前900—前700年》等，都大量利用了最新的考古资料，并且发展

---

① A. M. Snodgrass, *The Dark Age of Greece*, Edinburgh: Edinburgh University Press, 2nd ed., 2000; V. R. d'A. Desborough, *The Greek Dark Ages*, London: Ernest Benn Limited, 1972.

② A. M. Snodgrass, *Archaeology and the Emergence of Greece*, Ithaca and New York: Cornell University Press, 2006; Carol G. Thomas and Craig Conant, *Citadel to City-State: The Transformation of Greece, 1200-700 B.C.E.*, Bloomington and Indianapolis: Indiana University Press, 1999; Oliver Dickinson, *The Aegean Bronze Age to Iron Age: Continuity and Change between the Twelfth and Eighth Centuries BC*, London and New York: Routledge, 2006; Ian Morris, "The Strong Principle of Equality and the Archaic Origins of Greek Democracy", in Josiah Ober and Charles Hedrick, eds., *Demokratia: A Conversation on Democracies Ancient and Modern*, Princeton: Princeton University Press, 1996, pp. 19-48.

出一套比较完善的解释考古证据的理论和方法。[1] 默里利用考古发现的陶器、金属器皿，结合诗人和历史学家的记载，再佐以铭文和铅版文书，对黑暗时代末期以及公元前7世纪希腊的社会生活做出了精彩的描绘，并指出公元前7—前6世纪为希腊历史上的东方化时代。在此基础上，伯克特进一步提出了"东方化革命"的概念[2]。20世纪50年代以来，学者们大多相信芬利的推断，认为从迈锡尼到荷马世界，存在着绝对的中断。但尤卑亚岛勒夫坎地的发掘，显然让这个结论有所动摇。

即使是文献相对丰富的古典时代，考古实物也发挥着举足轻重的作用。正是调查考古的发展，让学者们开始关注希腊的乡村，以及雅典和斯巴达之外更广大的希腊世界。一些学者已经在呼吁把眼光投向卫城之外更广大的乡村；美塞尼亚、尼米亚（Nemea）、贝奥提亚等地的调查考古，向古典学界提出了众多的新问题，特别是城市对乡村的依赖问题。古典时代的城市规划，也因为对奥林托斯等地的发掘重见天日，一些学者借此写出了希腊人有关城市规划、城市广场的著作，对城邦政治生活的认识，也因此更上一个台阶。就希腊化时代而论，罗斯托夫采夫的《希腊化世界社会经济史》所以能够成为经典名作，不仅因为作者充分运用了有限的文献，以及他那现代化派的史学观点，更因为他对

---

[1] A. M. Snodgrass, *Archaic Greece: The Age of Experiment*; Robin Osborne, *Greece in the Making 1200-479 BC*; J. N. Coldstream, *Geometiric Greece 900-700 BC*, 2nd ed., London and New York: Routledge, 2003; Jonathan M. Hall, *A History of the Archaic Greek World ca. 1200-479 BCE*, 2nd ed., Oxford: Wiley Blackwell, 2014.

[2] 默里：《早期希腊》，第74—93页；Walter Burkert, *The Orientalizing Revolution*, Cambridge, Mass.: Harvard University Press, 1992。

考古资料的娴熟运用。正是在充分占有考古资料的基础上,他揭示出公元前4世纪中前期希腊经济衰落,以及亚历山大东侵后希腊本土复兴的广阔画面。可以说,古希腊史研究的任何突破,几乎都与考古新发现有着紧密的联系。

但是考古史料同样存在着一些缺陷。一是地域分配不均,就古典时代来说,它主要集中在雅典等古代文明的中心,近代以来的考古发掘活动也主要是在古代城市的遗址上进行,更广大的农村地区往往被忽视,与历史的实际相去甚远。近代工业占据统治地位以前,农村人口始终占人口的大多数,忽视农村,等于忽视古代文明的基础,因此20世纪70年代以降,学者们逐步把注意力移向农村,广泛开展地表考古调查。但这样的调查费时费力,收罗的资料包罗万象,无论是进行综合研究,还是出版,都面临着不少问题。二是像铭文一样,考古资料的定年和背景的确立都存在一定困难。同一件文物,定年和背景不同,解释就会出现巨大差异。特别重要的是,由于考古发掘的阶段性和片面性(只能发掘部分地区,有时甚至整座古代城市因位于现代城市之下,完全无法发掘),对考古资料的解释具有暂时性质。19世纪的谢里曼在发掘特洛伊时,因为缺乏科学的定年手段,把他发现财宝的那一层认作荷马的特洛伊。道普菲尔德(Dörpfeld)经过进一步研究,认为特洛伊第六层更可能是荷马所说的特洛伊。布列根在20世纪前期进行了更充分的发掘,指出荷马的特洛伊应当是特洛伊第七层的A亚层。可是最近的发掘,好像又要推翻布列根的结论。但不管是后面两种解释中的哪一个,都比谢里曼的定年要晚上1000年左右。三是学者们因所持观点不同,对考古史料的解释见仁见智。在把考古资料和文献史料结合起来说明问题方面，也存在众多的难题。在方法论上，存在着循环论证的嫌疑。人们根据修昔底德有关西西里殖民的记载，大体确定了西西里各希腊殖民地建立的年代。这样确立的年代，反过来似乎又证明了修昔底德记载的正确。以本章开头的拉伦丁战争研究为例，因为在勒夫坎地发现了被放弃的定居点以及墓葬，人们认为古代文献的记载得到了考古的证实——埃里特里亚在战争中遭遇失败，被迫迁居新城。同时，考古发现被用古代文献记载的精神进行解释——那是战斗中阵亡者的墓葬。但2003年以来新的考古似乎表明，早期的埃里特里亚也许和古典时代的埃里特里亚在同一个遗址。所谓的放弃，不过是小部分的放弃，如果进一步发掘，有可能找出更大的居住遗迹。至于墓葬中的尸骨，也许属于那个时期的某个高贵死者，和所谓的拉伦丁战争并无关系。这样，所谓的拉伦丁战争就成了问题，而埃里特里亚战败迁移的说法，显然难以成立[1]。尽管广泛运用了现代科学技术的成果，但人们对考古史料的解释仍存在很大的分歧，而这限制了对考古史料的运用。

最后，我们必须提到现代地理学和人类学所提供的资料。在人类历史发展中，如费弗尔（Lucien Febvre）和布罗代尔（F. Braudel）等年鉴学派学者所说，地理环境乃是最为重要、变化也最为缓慢的因素之一。通过对古代人居住点的亲自考察，我们不仅可以取得有关古代人生产和生活环境、气候、土壤、交通条件等多方面的直观知识，而且通过查阅现代档案，结合古代文献

---

[1] Jonathan M. Hall, *A History of the Archaic Greek World: ca 1200-479 BCE*, pp. 4-8.

与其他史料，可以提出具有重大意义的问题。但在考虑地理因素的作用时，我们必须充分估计社会生产力的发展与人类活动的因素。就古代而论，由于技术条件的限制，地理因素或许扮演着更重要的角色，有时会严重影响历史进程。[1] 早在 19 世纪初，德国学者穆勒（G. Müller）在考察希腊的基础上，就写出了有关雅典和埃吉那历史地理的著作。20 世纪前期，法国学者雅德利用近代希腊有关可耕地面积与谷物产量、气候、经营模式等方面的资料，对古代希腊的粮食生产进行了深入研究[2]。20 世纪后期西方的古史学家如加恩西等，在讨论古代的粮食供应和饥荒问题时，也都利用过现代统计资料。奥斯邦和汉森有关雅典民主的研究，都利用了地理学方面的资料[3]。

由于人类历史发展所具有的某些共性，现代一些仍处在较低社会发展阶段的民族的社会组织与风俗，能够让我们间接了解到古代人的生活，并可利用这些资料与古代史料进行对比，加深我们对古代史料的理解。在这方面做得最为成功的是美国人类学家摩尔根，其名作《古代社会》是恩格斯写作《家庭、私有制和国

---

[1] 如希腊人的航海会受到季节的严重影响，冬天基本不会出海。同时，黑海到爱琴海的洋流，严重制约着希腊人与黑海地区的联系。腓力浦则会利用冬天的气候在色雷斯等地发动进攻，陆续吞并雅典在那里的盟友。特定的地理环境，还造成了某些特定的植被和气候条件，它们也会严重影响古代历史的发展。关于地理与人类历史发展的一般论述，见吕西安·费弗尔：《大地与人类演进：地理学视野下的史学引论》，高福进、任玉雪和侯洪颖译，上海三联书店，2012 年版。关于古代希腊的历史与生态环境之间的关系，见 Robert J. Sallares, *The Ecology of the Ancient Greek World*, London: Duckworth, 1991。

[2] A. Jarde, *Les Céréales dans L'Antiquité Grecque*, Paris: E. de Boccard, 1925.

[3] 如 Robin Osborne, *Demos: the Discovery of Classical Attika,* Cambridge: Cambridge University Press, 1985; M. H. Hansen, *The Athenian Democracy in the Age of Demosthenes*, Oxford: Basil Blackwell, 1991 等。

家的起源》的基础。他们的著作确立了原始社会与早期阶级社会史的基础，他有关氏族社会和国家兴起的理论，给中国和世界的古史研究以巨大影响。杰克·古迪（Jack Goody）有关文字社会来临及其影响的研究，也深受人类学影响；卡尔·波兰尼等人的古代经济理论，带有浓厚的人类学色彩；大名鼎鼎的芬利对人类学的研究成果也十分重视，写有《古典学与人类学》的专题论文。法国学者如让－皮埃尔·韦尔南（J.-P. Vernant）、维达尔－纳凯（P. Vidal-Naquet）等，在利用人类学理论和方法研究古代希腊宗教和思想方面，取得过显著的成就。[1]总体上说，人类学的研究，使我们有可能就近亲自观察人类的某些行为，由此反推古代人的作为和思想。不过，由于人类环境的千差万别，在使用这类史料时我们必须十分谨慎，尤其要注意不同文化间阶段上的可比性，否则生搬硬套，只会贻笑大方。

以上所述，自然以希腊人的文献和考古资料为主。但对研究希腊史来说，西亚、埃及等地的文献和考古具有非常重要的意义。自19世纪末以来，西方学者已经发现，东地中海区的文明乃是一个整体。如果没有埃及和西亚文明，希腊文明的产生是不可想象的。在埃及和西亚的文献中，有不少关于希腊历史的记载。有些文献虽不直接涉及希腊历史，却与希腊历史有着间接的关系。刘易斯在撰写《斯巴达与波斯》时，就大量利用了楔形文字文献讨论波斯帝国的政治制度和外交决策机制。古代埃及和西亚

---

[1] 参见韦尔南：《神话与政治之间》（余中光译，生活·读书·新知三联书店，2001年版）和《古代希腊的神话与思想》（中国人民大学出版社，2007年版）等。在英语世界中，汉弗里（Sally Humphreys）的《人类学与希腊人》（*Anthropology and the Greeks*, London: Routledge and Kegan Paul, 1978）运用人类学方法，对古代希腊人的经济、宗教和社会等提出了自己的看法。

的考古，对希腊史研究所产生的影响似乎更大。克里特－迈锡尼文明的年代学框架，很大程度上是通过与埃及、西亚文物的比对确立的；希腊古风时代的生产和文化、艺术等，也都受到埃及、西亚广泛的影响。默里根据考古文物，在《早期希腊》中专门撰写了一章"东方化时代"，后人甚至提出"东方化革命"的命题。希腊人与东方的联系，他们的商业发展和殖民，都因为在叙利亚和纳乌克拉提斯等地的发掘，获得了新的说明。古风时代和古典时代希腊人在东方的活动，也因为克特西亚斯（Ctesias）等人的记载，以及埃及铭文与波斯文书的记录，为我们逐步了解。如果缺少了埃及和西亚文化的参照，那希腊历史上的许多现象，将成为难以索解的永恒之谜了。

基本参考书目

学术界对古代希腊史资料的态度，一直有轻信和怀疑派的争论，但近年来怀疑派有占上风的趋势。有关情况请参看 Oswyn Murray, *Early Greece*, second ed., London: Fontana Press, 1993, pp. 16-34; Jonathan M. Hall, *A History of the Archaic Greek World: ca. 1200-479 BCE*, pp. 13-40; Robin Osborne, *Greece in the Making, 1200-479 BC*, 1997, pp. 1-18; Konrad H. Kinzl, (ed.), *A Companion to the Classical Greek World*, Malden, Mass. and Oxford: Blackwell Publishing, 2006, pp. 26-83; M. I. Finley, *The Use and Abuse of History*, London: Penguin Books, 1990（first published in 1973）, pp. 11-33。上述学者中，只有默里取比较信任的态度，其他多为怀疑论者。

古代希腊史学发展的一般情况，可参考汤普森的《历史著作史》上卷第一分册，商务印书馆，1996年版，第2—3章；郭小凌的《西方史学史》，北京师范大学出版社，1996年版，第1—3章；郭圣铭的《西方史学史概要》，上海人民出版社，1983年版，第1—2章；恩斯特·布赖萨赫：《西方史学史：古代、中世纪和近代》，黄艳红、徐翀、吴延民译，北京大学出版社，2019年版，第6—50页；安德鲁·菲尔德和格兰特·哈代主编：《牛津历史著作史》，第1卷上册，陈恒、李尚君、屈伯文等译，上海三联书店，2019年版，第124—290页；于沛主编：《西方史学思想史》，湖南教育出版社，2015年版，第37—65页；黄洋：《古代希腊政治与社会初探》，北京大学出版社，2014年版，第186—216页。《剑桥古代史》（第二版）第5、6、7卷的第1章都是关于各卷所涉时期史料特点及其可靠性的讨论，颇有参考价值。

古代希腊的古典著作有相当部分已经译成中文，其中部分直接译自古希腊语，也有部分译自现代西方语言的译本。这些译本各有千秋，读者可以择善而从。早期哲学家的残篇部分收入了北京大学哲学系外国哲学史教研室编译的《古希腊罗马哲学》（商务印书馆，1961年版）中，现在可以更方便地参考基尔克、拉文和斯科菲尔德的《前苏格拉底哲学家：原文精选的哲学史》，聂敏里译，华东师范大学出版社，2014年版。剑桥大学出版社出版的希腊罗马史料集中，前4种即《古风时代至公元前5世纪的希腊》《公元前4世纪的希腊》《希腊化时代》和《至奥古斯都统治时期的罗马与希腊》已由北京大学出版社出版（2014年）。这套史料的不同之处，在于它主要选取铭文、文献残篇、莎草纸文献等，而非有较完整著述传世的古典作家，因而包含着此前很难为一般学者得到或使用的珍稀史料。古典著作的希腊语版本流行的有德国的托伊布那希腊罗马文献丛刊（Bibliotheca Scriptorum Graecorum et Romanorum Teubneriana）、法国的布代丛书（Collection Budé）和英国的牛津古典文献丛刊（Oxford Classical Texts）等丛书。现代语文的外文译本较多，较为流行的英译本分别有洛伊布古典文库（Loeb Classical Library）、牛津世界经典（Oxford World's Classics）和企鹅古典丛书（Penguin Classics）等。

　　古代希腊的文学作品中，有相当一部分也已有中译本，阿里斯托芬和雅典三大悲剧家的剧作早在20世纪50—60年代已由人民文学出版社出版。译林出版社2007年推出了由张竹明、王焕生等先生翻译的8卷本《古希腊悲剧喜剧全集》，其中包括新发现的米南德的剧本。20世纪80年代以来，古代希腊的部分演说、散文、诗歌也陆续被译成中文（罗念生《希腊罗马散文选》《古希腊文学作品选》，水建馥译《古希腊抒情诗选》，彭小瑜、张绪山主编《西学研究》第一辑等）；张巍《希腊古风诗教考论》（北京大学出版社，2018年版）第314—440页分别翻译和注释了梭伦与提奥格尼斯的全部诗歌；吉林人民出版社推出了《古希腊演说辞全集》，目前已出版伊索克拉底、安多基德等部分演说辞的中文译本；王晨以德国古典学家狄尔（E. Diehl）的《希腊诗歌集》的希腊语版本为基础，翻译了《古希腊抒情诗集》1—4卷（上海人民出版社，2018年版）。

　　有关古代历史学家著作的整理和研究，希罗多德有 W. W. How and J. Wells, *A Commentary on Herodotus*, vols. 1-2, Oxford University Press, 1912；其中第1—4卷注疏已为 David Asheri, Alan Lloyd & Aldo Corcella, *A Commentary on Herodotus Books I-IV*, edited by Oswyn Murray & Alfonso Moreno, Oxford: Oxford University Press, 2007 所取代。第6卷的注疏被 Lionel Scott, *Historical Commentary on Herodotus Book 6*, Leiden: E. J. Brill, 2005 取代；修昔底德有 A. W. Gomme, *A Historical Commentary on Thucydides*, vols. 1-5, Oxford, 1945-1981 和 S. Hornblower 的3卷本注疏。后者虽吸收了20世纪80

年代以来修昔底德的新研究成果，但无意也无法取代戈麦等人的注疏本。*Hellenica Oxyrhynchia* 见 P. J. McKechnie and S. J. Kern, *Hellenica Oxyrhynchia, with an Introduction, Translation and Commentary*, Oxford: Aris and Philips, 1998。波里比阿有 F. W. Walbank, *A Historical Commentary on Polybius*, vols. 1-3, Oxford, at the Clarendon Press, 1957-1982。关于亚历山大史料的一般讨论，见 N. G. L. Hammond, *Sources for Alexander the Great*, Cambridge: Cambridge University Press, 1993。阿里安有 A. B. Bosworth, *A Historical Commentary on Arrian's History of Alexander*, vols. 1-2, Oxford, 1988-1995。查士丁的摘要有 J. C. Yardley and Waldemar Heckel, *Justin, Epitome of the Philippic History of Pompeius Trogus*, vols. 1-2, Oxford: The Clarendon Press, 1997（reprinted 2003）。对色诺芬《斯巴达政制》的注释见 Michael Lipka, *Xenophon's Spartan Constitution: Introduction, Text, Commentary*, Berlin: Walter de Gruyter, 2002。对亚里士多德《雅典政制》的注释见 P. J. Rhodes, *A Commentary on the Aristotelian Athenaion Politeia*, 2nd ed., Oxford: the Clarendon Press, 1985。阿提卡地方史的选译见 Philip Harding, *The Story of Athens: The Fragments of the Local Chronicles of Attika,* London and New York: Routledge, 2008。

有关莎草纸文献的整理，最方便的可能是 Loeb Classical Library 的 *Select Papyri*, vols. 1-2。有关古代史料的汇集，综合性的有 M. Dillon & L. Garland, *Ancient Greece*, London: Routledge, 1995; M. Crawford & D. Whitehead, *Archaic and Classical Greece*, Cambridge: Cambridge University Press, 1983; M. M. Austin, *The Hellenistic Age*, Cambridge: Cambridge University Press, 1981; Roger S. Bagnall, *Greek Historical Document: The Hellenistic Period*, Scholar's Press, 1986（该书后以 Roger S. Bagnall and Peter

Derow, *The Hellenistic Period*, Oxford: Blackwell Publishing, 2004 之名出版）等。由 E. Badian & R. Sherk 主编、剑桥大学出版社出版的 Translated Documents of Greece and Rome 丛书，主要收录非传统文献型的史料，如碑铭、莎草纸文献等，可以对综合性史料集起很好的补充作用。如前所述，该系列史料已经由北京大学出版社出版。

关于铭文史料，请见前已引用的梅格斯、罗兹、刘易斯和奥斯邦等编订的各种铭文集。当然最重要的，是 *Inscriptiones Graecae*（简写为 *IG*）和 *Supplementum Epigraphicum Graecum*（简写为 *SEG*），前者自博克以来已经过多次修订和扩版，包括了已经发现的绝大多数希腊铭文，按照地区排列，使用方便；后者既公布新发现的铭文，也刊登对原有铭文的新校勘版本。两者已经成为研究古代希腊史必备的基本参考书。中文的铭文集见张强译注：《古希腊铭文辑要》，中华书局，2018 年版；以及张强、张楠编译：《希腊拉丁历史铭文举要》，商务印书馆，2016 年版。关于铭文更详尽的情况，请见本书附录一的学术资源部分。

第三章　学术史 ①

公元前 1 世纪，最后一个希腊化王国即托勒密埃及被罗马人征服，希腊化时代宣告结束。不过，政治上的胜利者罗马人终于被希腊人的文化征服，罗马人对希腊历史发生了浓厚的兴趣，罗马统治下的希腊人也并未忘记他们那辉煌的过去，对希腊史的研究仍在继续。基督教在罗马取得思想上的统治地位后，古典文化中非理性的一面，柏拉图、亚里士多德哲学中神秘主义的成分被推到登峰造极的地步，被用来论证基督教神学的合法性，古典时代的希腊历史、哲学、戏剧虽未被完全遗忘，某些时候还能发挥一定的作用，但多被基督教神学笼罩，难有真正的研究。

一、从文艺复兴到启蒙运动

近代对古典世界的兴趣始自文艺复兴时期的意大利。作为新兴资产阶级的代表，人文主义者们搬出希腊、罗马的古典文化对抗中世纪的神学教条，竭尽所能搜寻古典著作和古典时代的遗

---

① 本章的主要论述见于拙著：《古典历史研究史》上下卷，北京大学出版社，2013 年版；有关 20 世纪 90 年代以后的论述，请参见笔者的《芬利与欧美学术界的雅典民主研究》，彭小瑜、张绪山主编：《西学研究》第二辑，商务印书馆，2006 年版，第 151—181 页。一般情况下不再罗列作者和有关出版物的原文，但对 20 世纪中期以后的著述和此前非常重要的著作尽量提供出版信息，以方便读者查找。有些书在英美同时出版，但出版社可能不同，此时以笔者能查到的为准。必须说明的是，由于篇幅和个人的偏好，有关的评述不免片面和零碎，不得不略去大量的著述，但这绝不代表这些著述并不重要。

物。彼德拉克、薄伽丘、比昂多（Flavio Biondo）等人都对古典世界有着浓厚的兴趣，部分古典文化的崇拜者亲自到拜占廷搜寻古典著作，一些人开始整理、校勘和出版古典著作。洛伦佐·瓦拉（Lorenzo Valla）对所谓君士坦丁的赠赐文件的考订，使他成为近代批判史学的开山祖师；莱昂纳多·布鲁尼（Leonardo Bruni）根据色诺芬的记载，第一次尝试叙述公元前4世纪的希腊史。15世纪以后文艺复兴的浪潮扩及法国、德国与英国等西欧其他国家。法国人翻译了希罗多德、修昔底德、色诺芬等人的著作，为向社会传播古典学知识发挥了积极作用。大学者J. J. 斯卡利杰（J. J. Scaliger）在古代年代学领域取得了突出成就，奠定了近代世界关于古典世界年代学体系的基础。在英国，希腊语成为上流社会必须学习的语言之一，莎士比亚剧作中大量古典世界人物如克娄巴特拉（Cleopatra）、恺撒（Julius Caesar）等的出现，说明有关古代世界的知识在社会上已得到很好的普及。普鲁塔克《名人传》的翻译出版是古代世界的历史在社会上颇受欢迎的又一例证。古典世界知识向社会的普及，大量古典著作的翻译与出版，与中世纪神学世界观的决裂，为古史研究的产生与繁荣创造了条件。

启蒙运动又被称为理性主义时代。启蒙思想家们高举理性主义的旗帜，批判一切，怀疑一切，并且承认历史是一个不断从低级向高级发展的过程。这些时代特点大大影响了人们对古典世界的认识。英国学者本特利（R. Bentley）成功地证明，所谓西西里僭主法那里斯（Phalaris）的书信纯属伪造；意大利哲学家维科（G. Vico）讨论了荷马史诗与荷马问题，反对把荷马时代的希腊理想化，强调其野蛮程度①；德国学者约翰·温克尔曼（Johann Winckelmann）和莱辛（Gotthold Ephraim Lessing）在希腊艺术史领域取得了重大成就。前者的《希腊人的艺术》打破传统的艺术史格式，把艺术当作希腊文明的镜子，从希腊文明发展的角度考察其艺术发展，第一次给希腊艺术史作了分期②；后者的名作《拉奥孔》取名于希腊化时代的雕塑《拉奥孔》，集中讨论诗与绘画的区别，但莱辛征引了大量古代希腊的文学、艺术史实，以证明他的论点，给古代文化史研究以积极影响③。在法国，孟德斯鸠、伏尔泰、卢梭、马布利（Gabriel Bonnot de Mabley）等人都不同程度地注意到希腊史上的事件。孟德斯鸠的大量论证虽然以罗马史为基础，但《论法的精神》④表明，他同样非常熟悉古代希腊历史，征引了大量希腊历史上的例证为其观点服务。为了论证立法必须符合民族精神的需要，他特意征引了梭伦的例证。卢梭《社会契约论》⑤所展示的理想国，更像斯巴达，而不是古代历史上的任何其他国家。伏尔泰的《风俗论》⑥，从希腊人的洪水传说，一直说到雅典的厄琉息斯（Eleusis）密仪，其中还特别提到了希腊人的立法家扎琉科斯、喀荣达斯等人。马布利的《希腊史论》更多地在表达他的政治理想，推崇斯巴达而贬低雅典，"因为民主是所有制度中最坏的，而它恰恰是雅典的制度"。德波（Cornelius de Pauw）

---

① 维科的主要著作《新科学》有朱光潜译、商务印书馆出版的中译本，其第3卷为"发现真正的荷马"。
② 有邵大箴译、广西师范大学出版社2001年出版的中译本。
③ 有朱光潜译、人民文学出版社1988年出版的中译本。
④ 有张雁深译、商务印书馆出版的中译本（汉译世界学术名著丛书）。
⑤ 有何兆武译、商务印书馆出版的中译本（汉译世界学术名著丛书）。
⑥ 有梁守锵译、商务印书馆出版的中译本（汉译世界学术名著丛书）。

与马布利态度相反,其《关于希腊人的哲学思考》把斯巴达人称为历史上最贪婪、肮脏和不公的国家,雅典的经济、文化、风俗等则受到大力颂扬,简要而准确地介绍了雅典民主政治的制度。查理·罗兰(Charles Rollin)虽然缺乏史料批判精神,但他的《古代史》和《亚历山大大帝传》基本把希腊史从远古叙述到希腊被罗马征服,何谓启蒙时代法国系统叙述古代希腊历史的第一人。巴特勒米(Jean Jacques Barthelemy)可能是近代第一个用生动通俗的笔调叙述希腊史的法国人。他的《小安纳查西斯希腊游记》篇幅宏大,借小安纳查西斯(Anacharsis the Younger)[①]游历希腊的机会,向读者系统介绍了古希腊的历史、风俗和文化,资料丰富,出版后在欧洲十分流行,甚至到19世纪初米特福德(William Mitford)写自己鸿篇巨制的《希腊史》时,还将该书作为资料来源。

18世纪的英国对希腊史情有独钟,出现了不少通史性著作,其中最早的是托马斯·亨德(Thomas Hind)1707年出版的《希腊史》,随后威廉·罗伯逊(William Robertson)、奥利弗·戈德史密斯(Oliver Goldsmith)、坦普尔·斯坦延(Temple Stanyan)和约翰·吉利斯(John Gillies)都陆续出版了自己的同名著作,集大成者是米特福德的8卷《希腊史》。这些著述大多从神话传说时

[①] 安纳查西斯是希罗多德笔下的一个人物。他本为西徐亚国王,但向往希腊文化,后被国人处死。巴托罗米假称小安纳查西斯是他的后代,于公元前363年开始游历希腊,并以游记形式向读者介绍希腊的情况。当时欧洲正流行所谓"高贵的野蛮人"的观念,安纳查西斯成为这一观念的代表,他既看到了希腊文明的长处,也发现了它的诸多阴暗面。见Anthony Grafton, Glenn W. Most and Salvatore Settis, eds., *The Classical Tradition*, Cambridge, MA: The Belknap Press of Harvard University Press, 2010, pp. 42-43.

代开始,下限各有不同,或写到公元前 4 世纪末,或写到罗马征服。它们的共同特点,一是缺乏对史料的批判,大多把传说当成历史;二是政治观点保守,严厉批评雅典民主政治,或者揭示希腊文明这样那样的弱点。斯坦延抨击希腊的政治体制,"在如此众多不同的政府和公民大会中,要避免混乱与不和几乎不可能"。吉利斯写道:"希腊史暴露了民主政治那危险的骚乱,谴责了僭主的专制;通过描绘各类共和政府政策中不可救药的恶行,它将彰显世袭国王的合法统治和制度良好的君主政治的稳定运作的无尽益处。"① "对米特福德来说,希腊史是荷马时代势均力敌的诸王国衰落为各种形态的不幸的共和国的故事。这些共和国,最终仅仅由于马其顿幸运的征服才得以幸存。"② 到 19 世纪中期格罗特的《希腊史》出版后,这些著作基本被取代。

二、19 世纪到 20 世纪初年西欧的古希腊史研究

19 世纪有时被称为历史学的世纪,就古代希腊史研究来说犹然。应该承认,19 世纪上半期古史研究取得突破性进展的地区是德国,首先必须提到的是沃尔夫。沃尔夫曾师从著名古典学家海涅(H.Heine),年仅 24 岁便担任哈勒(Halle)大学教授,在该校任教达 23 年之久。1795 年,他出版了其一生中最重要的著作《荷马史诗导论》,系统地阐述了他关于"荷马史诗"的作者、内部结构、统一性等问题的观点。在他看来,"荷马史诗"并非一人一时

---

① 引自晏绍祥:《古典历史研究史》上卷,第 50 页。

② Frank M. Turner, *The Greek Heritage in Victorian Britain*, New Haven and London: Yale University Press, 1981, p. 195.

之作,而是长期在民间口头流传,直至公元前6世纪才被编纂成书的。所谓荷马,历史上可能实无其人。严格地说,沃尔夫是位语文学家,但他使用的方法对后来的历史批判方法具有很大的意义,在近代批判史学的建立中占有一席之地。柏林大学教授尼布尔(G. Niebuhr)虽专精罗马史,但他在柏林大学讲授的古代史讲稿后来出版,虽然他号称要写出亚洲国家、埃及、迦太基以及希腊和马其顿的历史,但西亚和埃及的内容非常少,绝大部分篇幅叙述希腊史,实际相当于从最早时期的希腊到罗马征服希腊化世界的历史。他在希腊史领域不仅注入了政治激情,赞颂德谟斯梯尼而抨击腓力浦二世,而且将研究罗马史的方法引入了希腊史。围绕着沃尔夫、尼布尔的著作所产生的争论,有力地促进了历史研究的发展。从此以后,批评与鉴别史料成为史学家的基本任务之一。

19世纪上半期德国最伟大的古希腊史学者无疑是博克。他曾在柏林大学任教多年,培养了一大批门生,其中不少人如穆勒、德罗伊曾等人都成了著名的古史学家,为增强德国学术发展后劲,使德国古希腊史研究继续在19世纪后期保持领先地位作出了重大贡献。更重要的是,博克一系列的著作具有开创性意义。他最有影响的著作是《雅典国家经济》,致力于从日常生活中展示雅典的面貌,讨论了雅典国家的公私收入、生活必需品价格、内外贸易等许多重要问题,开古代经济史研究之先河。他关于雅典海军管理、古代世界度量衡的著作同样具有开创意义。

为推动古代希腊史研究的深入发展,更广泛地搜集有关古代世界的资料,博克提议编纂希腊铭文集。普鲁士科学院给予积极支持，拨出了专项经费。1825年，《希腊铭文集成》①第一卷第一册出版，后博克继续工作，完成了前两卷的编纂。后两卷由其门生基希霍夫（A. Kirchhoff）和恩斯特·科修斯（Ernst Curtius）完成。到19世纪中期全书4卷8册出齐时，它便成了当时希腊史学者的必备参考书。当然，书中包含一些并非真实的铭文，有些铭文他未能亲自核实，介绍不免误差。但它资料全面，附有较详尽的考证与介绍，因而是近代第一部系统的希腊碑铭集，出版后受到学者们的高度重视，博克也因此成为近代希腊碑铭学的奠基人。

博克的门生穆勒聪慧早熟，年仅20岁就出版了有关埃吉那历史与地理的专著，此后他又一连写了《奥科美那斯与明尼亚人》《多里安人》《希腊文学史》等重要著作，是希腊地方史研究的开创者。1840年他亲自考察希腊本土，因患病逝于古希腊的宗教圣地德尔斐。穆勒对希腊史研究的贡献主要体现在两个方面：对神话材料的运用和亲多里安人倾向。对神话的探讨使他接触到希腊宗教的发展；亲多里安人的倾向使他把多里安人理想化，把他们当作希腊文明和谐、均衡发展的代表，开后世美化斯巴达、批评雅典民主政治之风气。

博克的另一门生德罗伊曾也对古希腊史研究作出了重大贡献，他研究了希腊历史上最受忽视也是最模糊不清的时期——从马其顿亚历山大东侵到罗马征服东地中海为止的希腊史，认为这一时期是希腊古典文化不断与东方文化融合，以及蜕化、衰落的时代，因而他用"希腊化的"而不是"希腊的"这一词汇来称呼它。

---

① 书名为 Corpus Inscriptionum Graecarum。

在他的心目中，希腊化世界第一次使希腊文化与犹太文化接触，为后世基督教的来临铺平了道路。今天，他的这一基本看法虽被放弃，但他在希腊的古典时代与罗马帝国间架起了桥梁，其贡献正如吉本之《罗马帝国衰亡史》在古代和近代之间架起桥梁一样，是划时代的。①

19世纪上半期的英国正处在人民民主运动风起云涌之际，对希腊史的兴趣远远超过罗马史，但他们在政治上大多是保守的托利党的追随者，写史的目的之一是"揭露"雅典民主的各种缺陷。近代关于雅典人只会夸夸其谈、依赖国家养活、雅典民主是暴民政治的观点，大都发端于此时。这些看法当时还被《不列颠百科全书》采用，以致广为流传，误人不浅。

米特福德保守的政治观点，在英国激起了广泛的辩论，格罗特、密尔、马考莱（T. B. Macaulay）等先后卷入其中。于是，J. C. 桑沃尔（J. C. Thirwall）编写了一部《希腊史》。作者在政治上是自由主义者，对古代民主抱有同情，在史学方法上深受尼布尔等人的影响，对史料有所分析与考证。他的观点力求平稳客观，结论四平八稳，字里行间缺少激情，在格罗特的巨著出版后，它便被取代。

格罗特本是英国的银行家，但对学术有着浓厚的兴趣。在政治上他是个地道的激进派、民主政治的崇拜者，在1832年的国会选举改革中发挥过积极作用，与当时的功利主义哲学家密尔等

---

① 阿纳尔多·莫米利亚诺：《论古代与近代的历史学》，晏绍祥译，黄洋校，北京大学出版社，2015年版，第314—330页。除博克、穆勒和德罗伊曾外，19世纪的德国还产生过众多其他希腊史学者，他们或专精希腊法律，或关注制度，或研究希腊史学，推动了希腊史专门研究的产生和发展。限于篇幅，这里不再一一介绍。

交谊深厚,与尼布尔关系密切,熟知尼布尔的史料批判方法。从1846年开始,他在10年间先后推出12卷的《希腊史》①。与尼布尔不同的是,他并不试图从有关早期希腊的传说中过滤出史实,只是把神话当作希腊民族精神的反映加以叙述。他认为希腊的信史只能从公元前776年的第一届奥林匹克赛会算起。就信史时期而言,格罗特关注的是雅典民主政治的兴起、发展与衰亡,为古典时代的雅典民主辩护是全书的核心。针对米特福德等人对雅典民主的批评,格罗特广泛收集了从古代到近代的欧洲历史资料,将它们有机地组合起来,写成了一篇有力的雅典民主辩护词。在他的笔下,雅典民主政治始自克里斯提尼而非梭伦,雅典人所作出的决定大体是合理而且正确的,克里昂等被称为"煽动家"的人物不过是忠诚的反对派。他关于智者派与雅典民主关系的论述,至今仍为学者们称道。不可否认的是,格罗特把19世纪英国的某些政治观念搬进了希腊历史,他对君主制的仇视使他看不到僭主政治和希腊化时代在希腊史上的地位;他对公元前4世纪希腊衰落的判断,也存在一定的问题②。19世纪后期以来的考古新发现,尤其是谢里曼、伊文思等在克里特、迈锡尼等地的发现,揭开了希腊史上全新的一页,使格罗特关于早期希腊史的假设不免过时。他对社会经济史的忽视也使他看不到希腊文明较为阴暗的一面。但他关于雅典民主的观点,仍然具有重大的影响,19世纪后期德国和英国的古希腊史研究,几乎都是围绕着支持或批评格罗

---

① George Grote, *History of Greece*, 12 vols., 1846-1856. 该书有不同版本,笔者见到的是伦敦出版的人人丛书本(Everyman's Library)。

② 关于对公元前4世纪希腊历史一般特征的认识,见晏绍祥:《新形象的刻画:重构公元前四世纪的古典世界》,《历史研究》2015年第2期,第153—157页。

特展开的，在现代英美关于雅典民主的史学中，A. H. M. 琼斯（A. H. M. Jones）、德·圣克鲁瓦等都可谓格罗特的继承人。奥伯（Josiah Ober）关于公元前 508 年雅典革命的论断，也多少有点格罗特的影子。[1]

19 世纪后期是欧美古希腊史研究取得大发展的时期，德国学术仍保持某种程度的领先地位。在考古学方面，德国学者科修斯指导了对奥林匹亚地区的发掘。该地在古典时代晚期曾遭洪水袭击，使大量文物深埋地下。德国考古队在普鲁士王室的支持下，在这里从事了长时间的发掘，获得了大量雕像、钱币、铭文及其他实物。从 1870 年开始，商人出身的业余考古学者谢里曼先在小亚细亚原特洛伊旧址，后又在希腊大陆的迈锡尼、奥科美那斯（Orchemenos）以及希腊西北的伊大卡（Ithaca）等地进行范围广泛的考古发掘活动，取得了一系列惊人的发现。荷马所描写的多金的迈锡尼、普里阿摩斯（Priamos）的宝藏等看似荒诞不经的传闻，都因谢里曼的发掘而有了某种根据，从而在西欧引起轰动。虽然历史的真实远比谢里曼想象的复杂得多，希腊文明史因此被上推了千余年确实是不争的事实。与此同时，英、美、法等国对考古活动的支持大大加强，各国先后在雅典和罗马建立研究院，设立专门的考古队，甚至由国家出面争取希腊政府给予考古发掘权利。它们的考古队分别在雅典、科林斯、德尔斐、提洛岛等古典文明的中心开展了广泛的考古发掘活动，获得大量文物。20 世

---

[1] Kurt A. Raaflaub, Josiah Ober and Robert W. Wallace, *Origins of Democracy in Ancient Greece*, Berkeley and Los Angeles: University of California Press, 2007, pp. 83-104；黄洋:《"雅典革命"论与古典雅典政制的建构》,《历史研究》2012 年第 5 期，第 164—175 页。

纪初年伊文思在克里特的发掘找到了传说中的米诺斯王宫，把希腊文明史进一步上推，其意义不亚于谢里曼在特洛伊、迈锡尼等地的发掘。英国考古队在埃及的考古活动也取得重大成就，尤其是在埃及发现了大批莎草纸文献，其中包括据说是亚里士多德的《雅典政制》以及大量官方、私人文献，大大丰富了希腊史的资料，并促进了古史研究的一门新学科——莎草纸文献学的诞生。与前一时期相较，各国都十分重视考古成果的公布，出版了大批考古报告，促进了学者们对考古史料的运用。一些学者，主要是德国学者如布鲁麦、维尔肯（Ulrich Wilcken）等运用新的考古成果，出版了诸如《希腊人的家内生活》《托勒密埃及陶片铭文研究》等有很高学术价值的著作。为方便学术成果的面世，西欧和美国等众多的研究机构开始出版专业的古典学杂志。德国的《莱茵博物馆》和《赫耳墨斯》，英国的《希腊研究杂志》和《古典学评论》，美国的《美国考古杂志》和《美国文献学杂志》，法国的《希腊研究协会年刊》等今天主流的古典学期刊，多创办于此时。

19世纪德国最著名的古希腊史学家之一是科修斯，他曾任普鲁士皇子腓特烈·威廉的老师，指导过奥林匹亚的发掘，多次在希腊从事学术考察，擅长历史地理。他两卷的《伯罗奔尼撒》、一卷的《雅典》都是卓有建树的历史地理专著，但使他名扬全欧的是他的《希腊史》。如果说对格罗特来说，希腊意味着民主，对科修斯来说，希腊则意味着优美的风景与繁荣的文化。该书文笔优美，叙述带有婉约派色彩，对政治、经济涉及较少且十分肤浅，对文化与地理的叙述则引人入胜，出版后在社会上畅销一时，几乎取得与蒙森《罗马史》比肩的地位。

19世纪末20世纪初是德国希腊史研究最为繁荣的时期，曾在意大利任教的霍尔姆（A. Holm）出版了4卷的《希腊史》，在观点上他大体追随格罗特，对雅典民主持肯定态度。他否认公元前4世纪雅典衰落的看法，认为那时雅典政治正常，海军仍然强大，喀罗尼亚战役中，雅典人和希腊人的英勇表现使那场战役没有失败者。他的《古代西西里史》两卷近1000页。据作者自述，该书最初计划探讨该岛的地理和文化，后来痛感一般希腊史著作完全忽视该岛，因而期望能够对科修斯之类的希腊史有所补充。它介绍了西西里最初的居民和传说、腓尼基人的活动，对公元前5—前3世纪的叙述最为详尽，那是古代西西里发展的顶点。霍尔姆认为，西西里历史的独特性在于，尽管它历史命运多变，但其文化和历史始终表现出自己独特的统一性。与霍尔姆大体同时且同在意大利任教的贝洛赫（J. Beloch）影响更大。他是古史现代化派的代表人物之一，其4卷的《希腊史》[①]因富于见解而为西方学者所重，是20世纪初出版的、迄今仍未被取代的少数希腊史著作之一。他对古史资料持严格的批判态度，其独特的眼光使他对希腊史上一系列问题提出了自己独到的见解。但他并不喜欢古代的民主，把伯罗奔尼撒战争的爆发归因于伯里克利摆脱国内政治危机的手段是他的一大"发明"。贝洛赫最大的贡献在人口学领域，他利用古代士兵及分发粮食的数量来估计古代人口的方法，甚至在今天仍得到学者们的尊崇。

布佐尔特（G. Busolt）的兴趣在希腊人的制度，先后写有《拉

[①] K. J. Beloch, *Griechische Geschichte*, 2nd ed., Berlin: W. De Gruyter & Co., 1912-1926.

西第梦人及其同盟》《雅典第二海上同盟》和《希腊史研究》等著作。他穷搜有关史料，对有关的问题必深入到文献内部，旁征博引。不过他最著名的著作，仍是3卷的《希腊史》。它起自远古时代，仅写到伯里克利时代。该书仍以博学著称，有时注释竟超过正文。作者注意到经济在希腊史上的作用，但其史观则是现代化式的，不免夸大了希腊手工业与商业的发展水平及工商业者在希腊史上的作用，将公元前7世纪以来的政治变动都归于社会经济发展，尤其是航海和商业发展的结果。总体上看，他持论平允，见解独到，《希腊史》也成为今天未被取代的重要著作之一，仍为学者们所重。他两卷的《希腊人的国家》①搜罗了大量资料，既有对希腊人国家发展一般进程的概述，也有对斯巴达、雅典、贝奥提亚、阿凯亚和埃托利亚同盟等制度的专门讨论，还有对地理、人口、社会结构等具体问题的梳理，是关于希腊城邦政治制度最重要的著作。

希腊化史研究因考古资料日趋丰富而受到德国学者的重视，尼斯（Benedictus Niese）写有《喀罗尼亚战役以后的希腊与马其顿国家》，凯尔斯特（Julius Kaerst）写有《希腊化史》，两书在今天仍未失去其学术价值。波里曼（R. von Pölmann）关注的是古代的思想和社会问题。他的《从古代文明的发展看古代大城市的人口过剩》和《古代世界的社会问题与社会主义史》重点讨论古代城市，特别是罗马、亚历山大里亚等大城市发展起来后所引起的社会问题，例如乞丐、游民、卫生、传染病等，揭示出古代社会文明中

---

① G. Busolt, *Griechische Geschichte*, Gotha: F. A. Perthes, 1885-1888; *Griechische Staatskunde*, Munich: Beck, 1920-1926. 其中第2卷系与H. Swoboda合著。

的不文明现象。

瑞士学者对古希腊史研究作出了独特的贡献。布克哈特（J. Burckhardt）长期任教于巴塞尔大学，其讲稿在死后才经其门生整理出版，名为《希腊文化史》①。该书虽然在具体资料的使用上不免有过时之处，且因此受到批评，但作者力图向人们展示所谓"希腊精神"的尝试却得到不少学者的赞同。该书抛弃了传统的年代学体系，采用专题形式，分门别类地介绍了希腊人的文化成就及其与历史发展的关系，见解独到。

在19世纪末欧洲的古史研究中，爱德华·迈耶（Eduard Meyer）无疑是个权威人物，他虽未写过系统的希腊史著作，但其一系列论著给希腊史研究以巨大影响。他关于古代经济发展的长篇论文着眼于与经济学家布彻尔论战，把古代希腊史与近代西欧史等同看待，认为古代希腊同样经历了它的古代、中世纪和近代，同样有工业革命、无产阶级。这些看法经贝洛赫、罗斯托夫采夫等人发展，成为现代西方一个十分重要的学派——古史现代化派，其影响至今犹存。迈耶的名作《古代史》②首次尝试对古代地中海地区的文明作综合考察，力图阐明古代埃及、西亚文明与希腊文明的关系及其影响，认为近东与地中海地区的各个民族相互联系、相互依存，在长期的历史发展中，逐渐形成了一些大的文化群，如东方的、东方-希腊的、希腊-罗马的，古典文化是地中海地区各民族共同创造的结果。这些看法无疑具有相当的合

---

① J. Burckhardt, *Griechische Kulturgeschichte*, Leipzig: Alfred Kröner Verlag, 1929（是由 Rodolf Marx 编辑的3卷本）。

② Edward Meyer, *Geschichte des Altertums*, Stuttgart and Berlin: J. G. Cotta, 1931（第二次修订本）; E. Meyer, *Forschungen zur alten Geschichte*, Halle: Niemeyer, 1892。

理性，打击了那种把希腊文明孤立出来、把希腊文明无限理想化的倾向。[①] 为了使该书能跟上学术的发展，迈耶多次对其进行修订、增补，但仅写到公元前4世纪末，因而该书是未竟之作。尽管如此，《古代史》仍因其丰富的资料、深刻的见解而受到学者们的高度重视，迈耶也因此成为20世纪西方最有影响的古史学家之一，其关于奴隶制与古代经济的观点，关于伯罗奔尼撒战争中雅典和斯巴达的责任问题的见解，直至当代仍是学者们研究这类问题的出发点，其《古代史》也仍是学者们必读的著作之一。

19世纪法国政治局势的动荡不可避免地给古希腊史研究打上了烙印。邦雅曼贡斯当（Benjamin Constant）强调了古代的共和国与近代社会的差异，指出古代人的所谓自由，与近代完全不同，因为古代完全不知道个人的自由。古代的经济，也与近代经济存在本质的不同[②]。但拿破仑三世的教育大臣杜里伊（V. Duruy）似乎并未受此影响，仍热衷于把古代和现代结合起来。他不仅在近代法国的教育改革中起过重要作用，还是个有精深造诣的古史学家，其《希腊史》把古典时代的雅典描绘成社会进步、思想自由、工商业发达、政治民主的理想国家，他因此一度受到保守派的批判。另一著名古史学家古朗治（N. D. Fustel de Coulanges）倒更像贡斯当思想上的门徒，虽然是从保守的角度。他致力于把古代与近代历史分割开来，否认古代希腊、罗马世界的公民有任何个人自由，坚信私有制从远古以来一直存在，而保护私有财产乃所有

[①] 从这个角度看，马丁·贝纳尔的《黑色雅典娜》似乎没有必要引起那么大的轰动。不过他能够把古希腊史研究与西方所谓的雅利安主义思潮联系起来，进而挑战古代史研究中的西方中心观，仍具有积极意义。参看本书第四章"重点问题"之"东方的影响"的论述。

[②] 邦雅曼·贡斯当：《古代人的自由与现代人的自由》，商务印书馆，1999年版。

国家之根本使命。在其名作《古代城市》①中，古朗治为我们勾画出古代希腊社会从家族、国家再到个人主义统治的发展历程，个人主义的流行葬送了古代公社，并使私有财产处于危险之中。基督教的兴起再度确立了对私有财产保护的体制。该书的重要贡献之一，是注意到家族、宗教在古代社会扮演的角色，并据此构建书写古代历史的基础。②他的学说后经格罗兹（G. Glotz）等人改造和发展，成为法国最有影响的理论，古朗治学派也因此成为法国古史研究中最大的学派。

在雅典民主研究中，法国史学分成两大流派。先后担任斯特拉斯堡大学和巴黎天主教大学教授的卡韦尼亚克（E. Cavaignac）将雅典平民与近代无产阶级相提并论，把他们视为一帮恶棍领导的暴民，雅典民主因此也就成了违背民族利益的无政府状态，斯巴达和老狄奥尼修斯（Dionysius the Elder）统治下的叙拉古则成了他讴歌的对象。另一学派以克鲁瓦赛（M. Croiset）为代表，致力于为雅典民主辩护，在其《古代的民主》《阿里斯托芬与雅典》等著作中，他指出民主本身并不是什么过错，雅典内部斗争也十分温和。他十分崇敬伯里克利，认为既然雅典大多数人是自由独立的小生产者，奴隶在社会生产中不占主导地位，奴隶制对雅典民主的影响因而微乎其微。

法国学者对希腊化史的研究比较积极。布彻－勒克莱尔（A. Bouche-Leclercq）的《拉吉德王朝史》叙述了托勒密埃及的政制、

---

① 《古代城市》早有中文译本，李玄伯译为《希腊罗马古代社会研究》，上海文艺出版社，1990年重印。最近接连推出了两个中文译本，书名均改译为《古代城市》，可以参看。
② 参见阿纳尔多·莫米利亚诺：《论古代与近代的历史学》，第331—346页，尤其是第341—346页。

土地关系、手工业、商业、关税和战争等，给社会经济以特别的注意。其著作《塞琉古王国史》解决了一系列十分复杂的年代学问题，并根据铭文资料研究了希腊人城市在该国的特殊地位。

19世纪后期英国的古希腊史研究大体继承了格罗特的自由主义传统。弗里曼（E. Freeman）的《联邦政府史》注意到古代世界的城邦联盟。他对希腊史的主要贡献体现在他的《西西里史》中。该书上起远古，下到公元前4世纪末和3世纪初，对公元前4世纪的历史述之尤详。J. P. 马哈菲（J. P. Mahaffy）写有一系列希腊文化与希腊化史著作。他既推崇古代的温和民主制，也不反对希腊化的君主制，在莎草纸文献学领域也颇有造诣。先任剑桥大学钦定希腊语讲席教授、后任剑桥大学钦定近代史讲席教授的J. B. 伯里（J. B. Bury）年仅27岁便出版了《晚期罗马帝国》，后又有《希腊历史学家》《希腊史》等问世，前者是英国第一部系统的古代希腊史学史，分别讨论了史学在希腊的发生、希罗多德、修昔底德等史家的成就；后者是一部简明、通俗的希腊通史，上起远古，下至亚历山大之死。全书对政治、军事叙述较为详尽，只在十分必要的情况下才涉及经济、文化，因而并不全面。他精神上大体追随格罗特，但在雅典民主起源问题上，更倾向于梭伦而非克里斯提尼。该书叙事简明扼要，出版后广受欢迎，一直是英、美大学中希腊史的基本教科书，后又经梅格斯多次修订，且增补了推荐书目，更使全书锦上添花。即使在N. G. L. 哈蒙德（N. G. L. Hammond）的《希腊史》[①]

[①] J. B. Bury & Russell Meiggs, *A History of Greece to the Death of Alexander the Great*, 4th ed., London: Macmillan, 1975 (first published in 1902); N. G. L. Hammond, *A History of Greece to 322 B. C.*, 2nd ed., Oxford: Clarendon Press, 1967.

出版后，伯里之作仍受到很多学者的推崇。

19世纪末兴起的古史现代化思潮对英国的希腊史研究也不无影响，乌尔（P. N. Ure）的《希腊文艺复兴》和《僭主政治的起源》是其代表。作者无限夸大了工商业在希腊古风时代经济与历史发展中的作用，甚至庇西斯特拉图领导的山地派也被他描绘成一批靠开矿发财的工业家。与其相反的是阿尔弗雷德·齐默恩（Alfred Zimmern），在其名作《希腊共和国——公元前5世纪雅典的政治和经济》[①]中，他大力讴歌雅典民主，分专题论述了民主政治的方方面面，尤其强调民主政治给雅典人发挥能力提供的自由空间。但他并不因此而故意夸大古代经济发展的水平，警告人们不要忘记了古代与近代之间的巨大差别，不要把近代的概念滥用到古代历史中去。作者尽力描绘出自然环境、政治、经济与社会生活的总图景，揭示雅典民主的运行机制与经济基础。尽管此后雅典历史的资料大为丰富，但借用梅格斯的话说，齐默恩的基本结论并未被动摇。该书的影响，从其1911年到1931年连续印行5版，可见一斑。[②]

三、两次世界大战之间西方的古希腊史研究

绵延4年之久的第一次世界大战，不仅极大地改变了世界的政治与经济格局，也给古史研究以巨大影响。20世纪的古代希腊史研究大体可划分为三个阶段。第一阶段为第二次世界大战前，此时古史现代化大行其道，法西斯势力的强大也给希腊史研究以

---

① Alfred Zimmern, *The Greek Commonwealth, Politics and Economics in Fifth-Century Athens*, Oxford: Oxford University Press, 1924.

② Russell Meiggs, "Preface", in Alfred Zimmern, *The Greek Commonwealth*, p. 5.

不良影响。第二阶段为从战后到 20 世纪 70 年代末，古史学界开始清算战前的流毒，尤其是对古希腊史研究中的现代化理论和种族主义论调进行批判，逐步树立起新的史学方法和观点。20 世纪 80 年代以来为第三阶段，可以说是第二阶段的深入发展与收获期，有关研究成果大量增加，古希腊史研究进入空前繁荣的时期。

第一次世界大战后德国因财政困难、法西斯势力抬头，古史研究逐渐衰落，英、美等国则日益赶上德国并在学术领域中占据领先地位。第二次世界大战前，英、美学者除继续在雅典、克里特等地从事考古发掘外，还开辟了一些新的考古场所，其中较为重要的有布列根领导的对派罗斯和罗斯托夫采夫领导的对杜拉-欧罗波斯（Dura-Europos）的发掘。布列根曾与英国考古学家沃斯（Alan Wace）合作，对希腊大陆青铜时代年代学研究做出过重要贡献。1932—1938 年，他依靠塔夫托基金会雄厚财力的支持，指导辛辛那提大学考古队重新系统发掘了特洛伊，确定荷马的特洛伊应属第 7 层的 A 层即公元前 1250 年左右，并发表了 4 卷的考古报告。在《特洛伊与特洛伊人》①中，他向读者简要介绍了他的发现。第二次世界大战爆发前夕，他率领的美国考古队找到了传说中的涅斯托尔（Nestor）的王宫，揭示出青铜时代美塞尼亚地区的文明遗址。尤其重要的是，布列根在派罗斯发现了大量线形文字 B 泥版文书，它们经仔细清理、登记后被运往雅典，并陆续公布，极大推动了线形文字研究。在此之前，主持克里特发掘的伊文思因自费发掘克诺索斯，长期不愿公布其收藏的线形文字 B 文书，给人们的研究带来很大的不便。正是因为有了派罗斯的

---

① Carl William Blegen, *Troy and the Trojans*, New York: Praeger, 1963.

泥版文书，文特里斯才成功地解读了线形文字 B。罗斯托夫采夫在杜拉 - 欧罗波斯的发掘同样具有重大意义。该城位于幼发拉底河中游，原为马其顿老兵的殖民地，后成为塞琉古王国的重要城市，罗马人、帕提亚人先后占据过它，拥有丰富的文化遗存，对研究西亚地区的希腊化、罗马化程度具有重大意义，被称为东方的庞贝（Pompeii）。在罗斯托夫采夫指导下发表的有关该城考古的大量报告已成为研究希腊化史最重要的参考资料之一。武雷（Sir Leonard Woolley）在叙利亚地区发掘了阿尔明那，揭开了古代希腊与西亚关系史上的新一页。英国学者亨特（A. S. Hunt）和格林菲尔（B. Grenfell）等人整理、公布了他们在埃及发现的大批莎草纸文献，使世界上的莎草纸文献总量几乎增加了一倍。

大量新材料的出现极大地推进了古希腊史研究的发展。20 世纪上半期英国古史学界最大的成就之一是集体著作《剑桥古代史》[①]。该书从第二卷就开始涉及希腊史，第三到第七卷主要是古风、古典与希腊化时代的希腊史，其执笔者如伯里、阿德科克（F. E. Adcock）等人都是卓有建树的古史学家，从而保证了该书在当时学术界的权威地位，一经出版就受到学术界的高度重视。但时隔几十年之后，我们也应该看到，该书主要是政治、军事与文化史，对社会与经济论述甚少。此外，该书写作之时，正是现代化派古史学大行其道之日，其中一些作者如乌尔、罗斯托夫采夫等就是现代化派古史学的代表人物，某些看法与观点已经过时。

在爱琴文明研究中，伊文思、潘德尔伯里（J. B. S. Pendlebury）、

---

① J. B. Bury et al, eds. *The Cambridge Ancient History*, 12 vols., Cambridge: Cambridge University Press, 1923-1939.

帕里等发挥了重要作用。伊文思4大卷的《克里特的米诺斯王宫》[1]充分运用了他在克里特发掘的成果，再结合埃及、西亚地区的考古文物，对克里特文明进行了分期。近一个世纪的研究虽大大加深了我们对克里特文明的理解，但伊文思根据陶器发展所作的分期仍然被很多学者尊崇，其论著仍是研究克里特文明的起点。1939年出版的潘德尔伯里的《克里特考古》[2]系统总结了20世纪以来克里特考古的研究成果，系统叙述了克里特文明发展史，是克里特研究中一部十分重要的参考书。美国学者帕里及其门生洛德（Albert Lord）的荷马研究具有开创性意义[3]。通过仔细分析，帕里发现"荷马史诗"是由大量经济节约的程式化语句组成的，吟游诗人们在一定的场合固定使用某些语句，如"捷足的阿克琉斯""足智多谋的奥德修斯"或"历尽苦难的奥德修斯"等，在固定的语句之上，有固定的场景和情节。整部史诗中，类似的固定语句和场景非常之多，在整部史诗中包括约25000多个程式化的语句。在他看来，这样大量的程式化语句显然非一人一时能够创造，而是民间长期口传的结果。帕里的贡献还在于，他们通过田野调查，印证了自己的理论假设。他和助手洛德深入研究过长期在塞尔维亚流传的史诗，发现那里的民间吟游诗人能够背诵长篇史诗，篇幅最长的甚至超过《伊利亚特》。[4]帕里的结论得到很多学者的赞

---

[1] Sir Arthur Evans, *The Palace of Minos*, 4 vols., London: Macmillan & Co., 1921-1936.

[2] J. B. S. Pendlebury, *The Archaeology of Crete, an Introduction*, London: Methuen, 1939.

[3] 参看洛德：《故事的歌手》，尹虎彬译，中华书局，2004年。

[4] 帕里本人的著述后被汇集成书，即 Adam Parry, *The Making of the Homeric Verse: The Collected Papers of Milman Parry*, Oxford: the Clarenodn Press, 1971. 关于帕里口头诗学理论的影响，见约翰·迈尔斯·弗里：《口头诗学：帕里-洛德理论》，朝戈金译，社会科学文献出版社，2000年版；Ian Morris and Parry Powell, eds., *A New Companion to Homer*, Leiden: E. J. Brill, 1977.

同，他也因此被誉为荷马研究中的达尔文。

在古典时代希腊史研究中，麦瑞特、瓦德-吉里（H. T. Wade-Gery）、麦克格里戈等合作，在雅典帝国史领域中取得了重大突破。他们利用在雅典卫城发现的雅典贡金铭文，系统地探讨了雅典帝国的起源、财政、军事、与盟国的关系、对外政策等问题。他们合作完成的巨著《雅典贡金表》[1]共4大卷，几乎包含了所有关于雅典帝国史的资料：除公元前454/3年到前405/5之间雅典人献纳给雅典娜女神的贡金记录外，还包括与贡金相关的古代命令以及其他文献证据；每篇铭文和文献公布时，还附有相关的评述；第3卷是相关问题的研究，包括提洛同盟的建立与政策、贡金的评定与征收、希腊财务官的设置等。由于修昔底德只是在追溯提洛同盟建立时简单谈及贡金的厘定和数额，而对贡金的具体研究有助于说明雅典帝国历史上的诸多重要问题，因此该书属于对雅典帝国的综合研究，是今天任何一个研究古典时代希腊历史的学者都必须认真阅读的著作。麦瑞特本人还出版了雅典财政文献和管理文件的著作。邦纳（R. J. Bonner）研究过雅典民主的一些重要问题，其《雅典民主面面观》把雅典民主严重地理想化了，但邦纳关于希腊司法制度的研究具有相当的学术价值。在该书出版之前，他与合作者已经就希腊司法史的一系列重要问题发表过大量论文，该书就是在这些论文的基础上写成。古典时代希腊奴隶制问题也受到关注。美国学者萨尔根特（R. L. Sargent）专

---

[1] Benjamin Dean Meritt, H. T. Wade-Gery and Malcolm Francis McGregor, *The Athenian Tribute Lists*, 4 vols., Cambridge, Mass.: Harvard University Press, 1939-1953; B. D. Meritt, *The Athenian Financial Documents of Fifth Century B.C.*, Ann Arbor: University of Michigan Press, 1932; *The Athenian Assessment of 425 B.C.*, Ann Arbor: University of Michigan Press, 1934.

门讨论了雅典奴隶劳动的作用问题，认为雅典奴隶数量在不同时期有所变化，但奴隶劳动仅在极少几个领域中占统治地位，对雅典社会的一般特征影响很小。戈麦（A. W. Gomme）也在其关于雅典人口的著作中讨论了奴隶制问题。另一学者威斯特尔曼（W. L. Westermann）搜集了大量有关奴隶制的资料，但他在观点上过多地追随迈耶，总是尽量弱化奴隶制在希腊社会中的作用。

希腊化史研究在两次世界大战之间的英、美史学中受到高度重视，占统治地位的是有益的帝国主义理论，其代表人物是塔恩（W. W. Tarn）。作为当时最杰出的古史学家之一，塔恩写有一系列希腊化史著作，其名作《希腊化文明》几乎把希腊化国家的统治者描绘成了负有神秘的传播希腊文化使命的传教士，亚历山大大帝是第一个实践人类一统概念的帝王和哲学家，并且把斯多葛派"天下皆兄弟"的观念归于这位大帝。塔恩的专著《希腊人在巴克特里亚和印度》[1]具有开创性意义，勾勒出希腊人在中亚和印度北部活动的概况，但因资料过少，有时他不免依靠想象。罗斯托夫采夫的巨著《希腊化世界社会经济史》[2]资料丰富，对考古资料的使用尤为学者们推崇。该书近2000页，分3卷出版，其中第3

---

[1] W. W. Tarn, *Hellenistic Civilizations*, London: Edward Arnold and Co., 1927; *The Greeks in Bactria and India*, Cambridge: Cambridge University Press, 1938. 其中《希腊化文明》中译本由上海三联书店于2014年出版。

[2] M. I. Rostovtzeff, *Social and Economic History of the Hellenistic World*, 3 vols., Oxford: Oxford University Press, 1941. 相关评论见 Arnaldo Momigliano, *Studies in Modern Scholarship*, Berkeley and Los Angeles: University of California Press, 1994, pp. 32-43; Karl Christ, *Hellas: Griechische Geschichte und deutsche Geschichtswissenschaft*, Munich: Verlag C. H. Beck, 1999, pp. 282-296.

卷全部是注释。像《罗马帝国社会经济史》一样，该书大量运用插图来说明问题。所选用的插图，对说明问题都具有重要意义。他意识到在农本经济时代战争和政治的重要影响，每个部分的开头总是先叙述政治史，然后才是社会经济的内容。他对考古资料的把握，对文献的解释，对两者的结合，至今仍难有超越。他对希腊化世界社会经济发展进程的描述，也仍被视为经典，需要人们不断回头阅读和理解。但作者的现代化派史观不免使他严重地歪曲了历史真实，他把希腊化文明的所有成就归之于从希腊大陆出去的移民，把国王的压迫与罗马的扩张当作希腊化文明毁灭的主要原因，但罗马扩张与国王的政策孰轻孰重，在他那里并不是特别清楚，而且他也无法解释如果罗马的扩张摧毁了希腊化世界的资产阶级，那罗马帝国时代缘何成了古代资本主义的又一个黄金时代。从该书出版起，它就既受到推崇，又遭到严厉批评。威廉·弗格逊（William Ferguson）的《希腊帝国主义》[①]重点讨论希腊城邦走向统一的尝试及其失败原因。他认为希腊城邦类似一个单细胞的生物，虽然能够无限复制自身，却无法组合成一个统一的集体。他对希腊化诸国内部存在的固有矛盾多有揭示。他关于希腊化时代雅典的著作，是一部重要的专著，在年代学上尤其值得重视。

希腊军事史研究也受到学者们一定程度的重视。H. W. 帕克（H. W. Parke）的《希腊雇佣兵——从远古到伊普苏斯战役》系统研究了与雇佣兵有关的一系列社会经济问题，强调小农破产和城市萧

---

① 有上海三联书店 2006 年出版的中译本。

条与雇佣兵勃兴之间的联系，对雇佣兵的战斗方式、组成等亦有探讨。1935 年出版的 G. T. 格里菲斯（G. T. Griffith）的《希腊化世界的雇佣兵》指出：希腊本土公民的大量破产、希腊化诸国所拥有的大量财富以及他们对雇佣兵的需要，是希腊化时代雇佣兵制广为流行的主要原因。① 该书是迄今为止未被取代的 20 世纪前半期的专门著作之一。

两次世界大战之间的法国古史学也取得了重大成就。在考古领域，法国继续在提洛岛、德尔斐等地从事发掘活动，并出版了多卷的考古报告。在碑铭学领域，法国雅典考古研究院开始编纂出版《碑铭通报》。该刊每年一期，系统介绍和评价当年碑铭的新发现、研究状况、碑铭学展望等。《碑铭通报》的主编罗贝尔（L. Robert）撰有《安纳托利亚研究》《东方希腊的角斗士》等重要著作。奥洛（M. Holleaux）的《希腊碑铭与历史研究》至今仍是人们研究希腊史的必读参考书之一。

两次世界大战期间法国史学界的重大成就之一是由格罗兹主编的《通史》②。该书共分 3 大部分，每一部分又分成若干卷，总共达 13 卷，在篇幅与出版时间上都与《剑桥古代史》大体相当，其中有关希腊史部分达 4 卷 5 册，分别由著名学者罗素（D. Roussel）、格罗兹等人执笔，代表了当时法国古史研究的最高水平。与《剑桥古代史》专注于军事、政治史的风格不同，《通史》给予社会经济史以相当多的篇幅，反映了法国古史学者的治学特

---

① H. W. Parke, *Greek Mercenary: From the Earliest Times to the Battle of Ipsus*, Oxford: the Clarendon Press, 1933; G. T. Griffith, *The Mercenaries in the Hellenistic World*, Cambridge: Cambridge University Press, 1935.

② Gustav Glotz, ed. *Histoire Générale*, Paris: Les Presses Universitaires France, 1923-1939.

色。同样由法国学者完成的另一集体性著作《民族与文明通史》虽面向大众，学术性稍逊，但因作者较少，体例、观点上更加统一，出版后也风行一时，成为颇具影响的一部集知识性、趣味性于一体的图书。皮卡尔主编的《希腊考古手册》①按时期概述了希腊考古活动与资料，其中包含大量图片，对于雕刻的介绍尤其详尽。

在古代希腊经济史领域，法国学者取得了重大成就。贾德系统研究了古代希腊的谷物生产。由于资料不足，作者广泛运用了19世纪希腊农业史的资料。他认为古代农业具有较大的稳定性，从荷马时代到波里比阿时代几乎没有大的变化。这部著作不管是在当时，还是在当代，都有巨大影响，是学者们讨论希腊谷物生产的起点。格罗兹的《古代希腊的劳作》②搜集了大量实证材料，系统叙述了从荷马时代到罗马征服止希腊农业、手工业和商业的发展情况。在古代经济的总体看法上，作者的观点介于迈耶的现代化派和韦伯的原始派之间，但更多地倾向于前者。格罗兹十分强调奴隶制在希腊经济中的作用，认为奴隶制的广泛发展既是古代缺少机器生产的结果，又是古代未能发生工业革命的原因。杜丹（J. Toutain）的《古代世界的经济生活》③认为古典时代希腊是东地中海区的经济中心，在现代化派与原始派的争论中，作者同样采取了骑墙但更偏向现代化派的观点。书中包含较为丰富的农业、手工业与商业经济的资料，至今仍未失去其价值。比利时学

---

① Charles Picard, *Manuel d'archéologie grecque*, Paris: A. Picard, 1935-1963. 该书5卷7册，写至公元前4世纪末。

② G. Glotz, *Ancient Greece at Work*, London: Kegan Paul, 1929.

③ 杜丹：《古代世界的经济生活》，志扬译，商务印书馆，1963年版。

者亨利·弗兰科特（H. Francott）对希腊经济特别是工商业经济的研究做出了重要贡献。《希腊城邦的财政》在充分运用文献、碑铭资料以及现代研究成果的基础上，对公元前5—前3世纪希腊城邦的财政状况、私人捐献、盟邦贡金在财政中的作用进行了深入分析，并专列一章论述伯罗奔尼撒战争期间雅典的财政政策。他的另一专著《古代希腊的工业》讨论了古代希腊的进出口贸易、工商业者的社会地位及其在总人口中的比例和地位，描述了从荷马时代以来希腊手工业的发展状况。作者认为古代希腊的主要工业中心是科林斯、雅典和提洛岛。他把雅典政治视为商人的政治，把斯巴达政治当作农民政治。他还从古代世界发现了大批银行家和金融家，不免有把古代历史现代化的趋向。但作者确实搜集了丰富的资料，提出了一些独到的见解。①

格罗兹还著有《爱琴文明》《希腊城市及其制度》等专著，他发展了其师古朗治的观点，认为希腊城邦的形成并不仅仅是地理因素的作用，将城邦的发展划分为三大阶段：第一阶段，个人的权利屈从于家庭的权威；第二阶段，国家借助个人击败家庭，把个人从家庭的权威下解放出来；第三阶段，个人主义的无限发展摧毁了小国寡民的城邦，其结果是范围更大、实力更强的国家的兴起。

在雅典民主研究中，克罗齐（P. Cloche）是当时法国古史学界把雅典民主理想化的代表，他关于雅典民主的一系列著作，如《雅

---

① Henri Francotte, *Les Finances des Cités Grecques*, Liege: Imprimerie H. Vaillant-Carmanne and Paris: Honore Champion, 1909; *L'Industrie dans la Grece Ancienne*, Bruzels: Societe Belge de Librairie, 1900-1901.

典文明》《公元前 404 年至公元前 338 年雅典的对外政策》《德谟斯梯尼与雅典民主的终结》等，都把雅典描绘成社会进步与繁荣的象征。在他笔下，德谟斯梯尼是个伟大而又富于悲剧性的人物，对雅典民主的灭亡应当负责的是雅典人民，他们太习惯于安逸的生活了。亨利·弗兰科特的《希腊城邦》[1]以雅典的材料为依据，讨论了希腊城邦的内部结构，如部落、氏族组织的地位和作用，对克里斯提尼改革的论证尤其详尽。此外，该书还描述了希腊怎样从一个个的村庄经过统一运动变成城邦、最后组成国家联盟的历史。此外，法国学者对希腊化时代的历史也有较大兴趣，写有一系列著作，但大都带有帝国主义理论色彩，不免有为侵略亚洲的马其顿人、希腊人涂脂抹粉之嫌。

德国在第一次世界大战中的失败对其古典学术产生严重影响。战后德国经济一蹶不振，各大学普遍感到经费困难，出版补贴大部分被取消，不少古代史学者深感自己地位不稳，加上社会动荡，不免使古典学者们思念起 19 世纪末的稳定与辉煌，反映在古希腊史领域中，便是对古代民主的批评和对君主制的理想化。但德国毕竟拥有悠久的学术传统，因而战后初期古史研究仍能维持一定程度的繁荣。

战后初期在德国学术舞台上叱咤风云的仍是在 19 世纪末即已崭露头角的大学者，如韦伯、迈耶、维尔肯、维拉莫维兹-莫伦道夫（Ulrich von Willamowitz-Möllendorf）等人。韦伯虽然写有《古

---

[1] Henri Francotte, *La Polis Grecque*, Paderborn: Druck und Verlag von Ferdinand Schoningh, 1907.

代文明的农业社会学》①等专著，反对把古代历史现代化，强调古代与近代的区别，但他主要的贡献在理论上。他强调古代的城邦是战士俱乐部，是政治和血缘决定着公民的身份，而在中世纪，成为市民的条件是经济地位，因此，在古代和中世纪的城市之间存在本质的区别。他把古代与中世纪区别开来的努力，应当是非常值得称道的反对古史现代化的努力。可惜当时在德国和英美古典学界，韦伯的论述并未得到多少人的注意，统治着德国古典学的，主要是上一代的大学者们。

维尔肯修订了他关于托勒密埃及莎草纸文献的著作，出版了关于马其顿亚历山大的新作，把亚历山大不是当作天才，而是当作超人对待，结果自然是对亚历山大严重地理想化。②维拉莫维兹－莫伦道夫长期执教于柏林大学，门生如云，一生中校订过大量古典文献，写有《古代希腊的国家与社会》《亚里士多德与雅典》《古典学简史》③等，其中《亚里士多德与雅典》最值得注意。该书两卷800余页，主要是研究当时刚被发现不久的《雅典政制》，内容大致分为三个方面：亚里士多德的写作意图和该书发现的意义；《雅典政制》与希罗多德、修昔底德、品达、阿提卡地方史家等之间的关系；以及《雅典政制》自身提出的问题，如年代学问题、王政、梭伦、战神山议事会、公元前4世纪雅典的政制状况等。

---

① 英译本为 M. Weber, *The Agrarian Sociology of Ancient Civilizations*, London: New Left Books, 1976。其另一重要著作《经济与社会》的中译本已由商务印书馆出版（2004 年）。

② Ulrich Wilcken, *Alexander der Grosse*, Leipzig: Quelle und Meeyer, 1931.

③ Ulrich von Wilamowitz-Möllendorf, *Aristoteles und Athen*, 2 vols. Berlin: Weidemann, 1893; *History of Classical Scholarship*, Baltimore: The Johns Hopkins University Press, 1982 (first published in German in 1921).

该书涉及雅典历史上几乎所有重要问题，迄今仍是人们研究雅典政治制度的必读之作。维拉摩维兹的《古典学简史》简明扼要地介绍了自文艺复兴以来西方古典学的发展概况，评论尖锐而深刻，1982 年被译成英文出版，足见其影响至今不衰。

在新一代学者中，值得注意的是贝尔夫（H. Berve）。在其 1926 年出版的《人物志视野下的亚历山大帝国》①中，作者运用了当时刚刚开始流行的人物志的研究方法，着力分析亚历山大及其周围的人物，把亚历山大描写为一个具有旷世奇才的超人，反映了当时德国知识分子希图发现一位大人物以领导德国摆脱凡尔赛体系束缚的心态。另一个值得注意的人物是哈斯布鲁克（J. Hasebroek）。他在 20 世纪 20 年代先后出版的两部名作《古希腊贸易与政治》和《希波战争前的希腊经济与社会史》②中，继承卡尔·布歇尔（Karl Bücher）的观点，借用韦伯的理想类型等研究方法，仔细研究了希腊城邦的经济特点，指出不能把现代概念滥用到对古代经济的分析中去，而只能在城邦的范围内研究古代经济与工商业的作用。他注意到古代希腊并不存在统一的工商业者阶级，国家对贸易的关注仅限于谷物、木材等事关国计民生的产品。更重要的是，对希腊城邦来说，公民仅仅作为消费者而不是生产者显得重要，所以国家并不关心出口。这一做法深刻地反映

---

① H. Berve, *Das Alexanderreich auf prosopographischer Grundlage*, 2 vols., Munich: C. H. Beck, 1926.

② Johannes Hasebroek, *Staat und Handel in altern Griechenland*, Tübingen: Mohr, 1928; *Griechsche Wirtschafts und Gesellschaftsgeschichte bis zu Perserzeit*, Türbingen: C. B. Mohr, 1931. 前书后以 *Trade and Politics in Ancient Greece* (Londo: G. Bell and Sons Ltd., 1933) 出版了英译本，并于 1965 年重印，现可见约翰内斯·哈斯布鲁克：《古希腊贸易与政治》，陈思伟译，商务印书馆，2019 年版。

了古代与近代经济的差别。哈斯布鲁克这两部论著在古代希腊经济史研究中占有重要地位，是古代经济研究中的一个重大转折，对当代西方古史学有重大影响，芬利、威尔（É. Will）等人都不同程度地利用了他的成果。但在当时，他却遭到现代化派代表人物如罗斯托夫采夫等人的猛烈批评，他自己也因身体欠佳而离开大学讲坛，未能做进一步的研究，以致其著作长期被人忽视。

雅科比的研究重点是古代希腊的史学。他系统搜集了古代希腊历史家已亡逸的著作的残篇，将其按不同类型编排，再加以考订与疏证，因而在整理古史资料方面取得了重大成就。纳粹上台后，雅科比被迫流亡英国，在牛津大学依靠微薄的津贴继续从事其研究工作，第二次世界大战结束后才返回德国，不久去世，因而其工作最终未能完成。但已经出版的 10 余册《希腊历史残篇》[①]足以使他成为德国最伟大的古史学家之一，他的著作已成为学者们案头必备的工具书，被视为 20 世纪最为重要的古希腊史著作。

维尔纳·耶格尔（Werner Jaeger）曾任柏林大学教授，20 世纪 30 年代中期流亡美国，被聘为哈佛大学教授，其《派地亚：希腊文化的理想》[②]共 3 卷近千页，是一部详尽的希腊文化史。作者选择希腊史上的一些代表人物如荷马、梭伦、柏拉图等，对他们的思想、成就与影响详加评论。该书的缺点是未能把希腊文化与其社会经济结合起来考察，奴隶制一词甚至未进入该书的索引。维克托·埃伦伯格（Victor Ehrenberg）写有两卷的《希腊人的国家》，

[①] Felix Jacoby, *Fragmente der griechischen Historiker*, Berlin: Weidemann, 1923-58. 雅科比已经完成相当部分的整理和注疏工作，并出版十余册。

[②] Werner Jaeger, *Paideia: The Ideal of Greek Culture*, vol. 1, Berlin: de Gruyter, 1934, vols. 2-3. 该书后以英文出版，Oxford: Basil Blackwell, 1939-1945。

从各个方面论述了希腊国家的特点。该书后以英文出版，颇为学术界推重，多次再版和重印。他的另一著作《阿里斯托芬的人民》系流亡英国期间写成，广泛运用了喜剧提供的资料，分析了公元前5世纪后期雅典的社会、经济与政治状况。作者特别强调中产阶级在雅典国家与社会中所起的重要作用，赞扬纯朴而爱好和平的农民。①

1929—1933年遍及欧美的经济危机沉重地打击了德国。希特勒上台后，一面积极扩军备战，一面打击进步学者和消灭犹太人，古典学者也不能幸免，被迫逃亡国外，主要是逃向英、美等国，大大削弱了德国古典学术的力量。一部分所谓的学者卖身投靠纳粹，成为纳粹种族主义理论的吹鼓手，斯巴达格外受到他们的青睐，因为它代表了所谓的北方精神，象征着日耳曼种族。雅典在文化上的成就也被用北方精神来解释，柏拉图成了雅典北方精神的代表。其结果，是德国古典学术的声誉严重受损。第二次世界大战爆发后，德国经济完全被绑上了希特勒的战车，几乎未给古典学术以任何地位，再加上盟国的轰炸和打击，德国经济更加不景气，不少古典杂志被迫停刊，一些勉强维持的也缩减了篇幅和开本。直到第二次世界大战结束、纳粹政权崩溃后，德国的希腊史研究才又恢复了生机。

意大利是第一次世界大战后最早建立法西斯统治的国家，其古代史研究受到的打击也最重。它最著名的古史学家古阿塔诺·德·桑克提斯（G. de Sanctis）备受迫害，甚至失去了大学教

---

① Victor Ehrenberg, *The Greek State*, Oxford: Basil Blackwell, 1960; *The People of Aristophanes*, 2nd ed., Cambridge, Mass.: Harvard University Press, 1951.

授职位，但他仍顽强地从事学术研究。其《雅典共和国——从起源到克里斯提尼改革》是他年轻时的作品，系统地研究了雅典民主的发生。当英国学者希格内特（Charles Hignett）撰写其雅典政制史时，《雅典共和国》是他征引最多的著作之一。德·桑克提斯晚年双目失明且失去大学教席，但他在助手的帮助下，仍写出了《希腊史》。该书叙事简明扼要，出版后广受欢迎。他的学生莫米利亚诺在马其顿史和希腊史学史领域颇有造诣，写出了一些篇幅不大但很有影响的著作。最终因为法西斯的迫害，莫米利亚诺被迫流亡英国。

瑞典学者马丁·尼尔森（Martin Nillson）是这一时期希腊宗教史最权威的人物之一，其《希腊宗教史》《希腊神话的迈锡尼起源》和他为德国"古典古代世界科学手册"丛书撰写的大部头的《希腊宗教史》，使他成为第二次世界大战前希腊宗教史的权威。他更多地从米诺-迈锡尼宗教那里追寻古典希腊宗教的起源，重视两者之间的连续性。在今天看来，由于对米诺-迈锡尼宗教本身的了解尚未明晰，再从那本就模糊之处来追溯古典时代的宗教，就更难让人信服了。

四、战后 30 年的古希腊史研究

第二次世界大战沉重地打击了法西斯主义势力，战后新格局的形成也给古希腊史研究以重大影响，最突出的是马克思主义古史学的成长和壮大。

从 20 世纪 50 年代到 70 年代末，英、美考古队继续在希腊各地从事范围很大的考古发掘活动。自 1953 年起，美国在原雅典广场的发掘报告分门别类陆续以《雅典广场》①之名出版，到 2017 年已达到 38 卷，其中既有肯普那样的概论性著作，但更多地涉及具体问题，如雕刻、钱币、陶片放逐法的投票、铭文、灯具、议事会议员名单等，既是重要的考古资料集，也是有深度的学术专著，对厘清雅典历史上的诸多重要问题，提供了生动的资料和新的思考路径；在奥林托斯的发掘使人们首次直接见到了古典时代希腊城市的规划及居住情况；英国考古队在阿尔·米那、旧士麦拿（old Smyrna）进行的发掘给希腊城邦形成的研究注入了新的活力；英国雅典考古研究院在尤卑亚的发掘开始取得突破，给"黑暗时代"希腊史研究提供了全新的资料。在碑铭学领域，英美学者开始出版专题性铭文集，托德（M. N. Tod）、梅格斯、刘易斯先后编译的《希腊历史铭文选》②等都因选材细致、考订精到而为学者们所重。莎草纸文献学取得重要进展，大批莎草纸文献被整理、校订后出版，甚至洛伊布古典文库也出版了莎草纸文献专辑。钱币学研究与经济史息息相关，以克拉伊（C. M. Kraay）③等为代表的一批学者利用新的技术与资料，对希腊钱币形成的时间、发行钱币的原因进行了探讨，指出钱币的发行并不如人们想象的那么早，发行钱币的目的往往是军事或政治的，与经济发展

---

① *Athenian Agora*, vols., 1-38, Princeton: The American School of Classical Studies at Athens, 1953-2017.

② M. N. Tod, *Greek Historical Inscriptions*, 2 vols., Oxford: Oxford University Press, 1946-1948; R. Meiggs & D. Lewis, *A Selection of Greek Historical Inscriptions to the End of the Fifth Century BC*, Oxford: Oxford University Press, 1969.

③ C. M. Kraay, *Archaic and Classical Greek Coins*, Berkeley and Los Angles: University of California Press, 1976; Colin M. Kraay and M. Hirmer, *Greek Coins*, London: Thames and Hudson, 1966; Colin M. Kraay, *Greek Coins and History: Some Current Problems*, London: Muthuen, 1969.

的关系不大。这些论点的提出直接影响到人们对古代希腊经济史的总体看法。

战后英美学者对古典史学名著的研究大大加强，最突出的是英国学者戈麦的《修昔底德历史注疏》①。全书共五卷，前三卷由戈麦本人完成，后两卷在戈麦去世后由著名学者安德鲁斯（A. Andrewes）和多佛尔利用戈麦留下的笔记完成。它不仅系统地研究了修昔底德著作的结构、风格、写作时间等专门问题，而且在对修昔底德著作逐句、逐段的注释中，讨论了与修昔底德所记录的事件有关的资料和问题，被人们誉为里程碑式的巨著。另一学者沃尔班克（F. W. Walbank）给波里比阿的名作《通史》②写了注疏，有三大卷两千余页，其中除讨论波里比阿的生平、史学思想和方法等外，绝大部分篇幅用来讨论与波里比阿的记载有关的问题，多数内容涉及希腊化史和罗马共和国史，同样被视为划时代的巨著。

在早期希腊史研究中，文特里斯、查德维克和芬利发挥了较大作用。文特里斯与查德维克合作，成功地解读了线形文字 B，使大批泥版文书成为可资利用的史料。查德维克撰写的《线形文字 B 的释读》生动地介绍了文特里斯破译线形文字的过程；两人合作的《迈锡尼希腊语文献》首次尝试将线形文字 B 文书译成现代语言，且对文书涉及的相关问题做了初步探讨。1976 年，查德维克独著的《迈锡尼世界》出版。它充分运用了在派罗斯发现的泥

---

① A. W. Gomme, *A Historical Commentary on Thucydides*, 5 vols. Oxford: Oxford University Press, 1945-1981.

② F. W. Walbank, *A Historical Commentary on Polybius*, I-III, Oxford: Oxford University Press, 1957-1979.

版文书，对迈锡尼世界的社会结构、政治制度、军事体制等作了较全面的分析，并否认"荷马史诗"是迈锡尼时代的反映（参看第一章有关注释）。芬利在其《荷马与迈锡尼》[①]的专题论文中，指出荷马与迈锡尼属于两个完全不同的时代，认为后者代表的是近东类型的社会。在《奥德修斯的世界》[②]中，芬利运用荷马史诗的材料，较深入地阐述了荷马时代的时间界限、社会政治体制与经济生活，开运用史诗材料研究经济社会史之先河。他的意图是为读者勾勒出一幅统一的荷马所描绘的社会图景，所以从制度史和文化人类学家的角度去观察《伊利亚特》和《奥德赛》，描述英雄们在其中活动的人类社会或社会实际。他明确宣称，"如果说欧洲历史以希腊人为开端，希腊的历史则确以奥德修斯的世界为源头"，直接切断了荷马与迈锡尼世界的联系；他注意到米尔曼·帕里的口传诗歌理论，而且用它来分析"荷马史诗"写作的时代，但他认为英雄诗歌的典型特征是拟古风格，即故意与自己创作的时代保持某种距离。这样，虽然"荷马史诗"可能写作于公元前8世纪，其反映的社会却既非迈锡尼时代，也非公元前8世纪，"如果一定要将奥德修斯的世界置于某个时间点的话（因为我们从英雄诗的比较研究中了解到的一切都要求如此），最有可能的答案是公元前10世纪和前9世纪"。该书最有价值的部分是第3—5章，给我们描绘了一幅前城邦时代的、原始且野蛮的希腊人社会图

[①] M. I. Finley, "Homer and Mycenae", in M. I. Finley, *Economy and Society in Ancient Greece*, London: Chatto and Windus, 1981.

[②] M. I. Finley, *The World of Odysseus*, Harmondsworth, Middlesex: Penguin Books, 1979, 2nd revised edition (first published in 1954). 现在可以参考中文译本，M. I. 芬利：《奥德修斯的世界》，刘淳、曾毅译，北京大学出版社，2018年版。

景。在芬利看来，荷马时代与城邦时代的根本区别，在于城邦时代克制了英雄们一味追求个人荣誉的冲动，并且借助神灵，创建了一整套的城邦式道德体系。他对史诗所做的社会学与历史学的解读，为理解荷马史诗开辟了新的道路。虽然他的努力遭到某些传统古典学家的批评，但他的做法，明显赢得了众多历史学家和文献学家的首肯，哪怕他们并不完全认同芬利对荷马社会的具体判断，但都承认他对荷马史诗的解读，迫使人们重新思考许多过去的问题。从那时起，任何触及早期希腊历史的人都无法忽视芬利的看法。克尔克（G. S. Kirk）的《荷马之歌》、斯塔尔（Chester G. Starr）的《希腊文明的起源》、斯诺德格拉斯的《希腊的黑暗时代》①等大体上都接受了芬利的看法，虽然在论证上稍有不同，在某些问题上也不乏分歧。

第二次世界大战后的 30 年是英、美爱琴文明研究的大丰收时期，出版了大批专著。胡德（S. Hood）长期在英国雅典研究院从事考古发掘，所著《米诺斯人》包含大量考古史料，且插图精美。胡德的一个重要贡献，是较多运用了潘德尔伯里以来新的考古发现，在定年中不仅考虑到埃及的文物，而且注意与塞浦路斯、小亚细亚等地文物的对比，对克里特文明的发展与外来移民的关系

---

① 斯诺德格拉斯强调迈锡尼世界末期的人口下降、公元前 8 世纪的人口爆炸以及因此引起的社会变革的影响，对黑暗时代与古风时代的考古材料做出了创造性的解释；斯塔尔更多地依赖传统文献，关注希腊王权的衰落、贵族政治的兴起以及社会、经济、军事和政治的变革。G. S. Kirk, *The Songs of Homer*, Cambridge: Cambridge University Press, 1976; A. M. Snodgrass, *The Dark Age of Greece*, Edinburgh: Edinburgh University Press, 1971; Chester G. Starr, *The Origins of Greek Civilization 1100-650 B.C.*, New York: Alfren A. Knopf, 1961; Chester G. Starr, *The Economic and Social Growth of Early Greece 800-500 B.C.*, New York: Oxford University Press, 1977; Chester Starr, *The Aristocratic Temper of Greek Civilization*, New York and Oxford: Oxford University Press, 1992.

也有新的认识。威廉·泰勒（W. Taylor）的《迈锡尼人》简明扼要，颇受读者欢迎。J. T. 霍克（J. T. Hooker）的《迈锡尼希腊》出版较晚，综合运用了最近的成果。韦尔默勒（E. Vermeule）的《青铜时代的希腊》实是迈锡尼文明的历史，对克里特文明涉及甚少，尽管作者自称那是一部在错误的时刻、由错误的人写出的著作，但该书论证周详，颇为学界所重。霍克和韦尔默勒都对所谓的多利安人入侵持怀疑态度，对迈锡尼和荷马的关系大体也是否定的。佩奇（D. L. Page）的《历史与荷马的〈伊利亚特〉》一方面承认迈锡尼社会与荷马社会在社会和政治结构上存在本质差别，同时又努力证明特洛伊战争实有其事，"荷马史诗"中保存着某些迈锡尼文明的因素，赫梯文献中的阿赫亚瓦人即荷马描绘的阿凯亚人①。

　　古风时期的希腊史受到英美学者的高度重视。杰弗里（L. H. Jeffery）的《古风时期希腊的地方文字》是一部巨著，系统研究了希腊字母与文字的起源、字母类型及流传过程，资料基础扎实。她细心梳理了腓尼基字母可能传入希腊大陆的路径，并根据铭文等史料，对希腊字母在希腊世界内部的传播做出了具体说明。在她看来，希腊字母源自北闪米特字母，希腊人最初可能在腓尼基地区的某个城市从事贸易时习得，并将之传回希腊。在希腊字母中，克里特的字母最为古老，也与腓尼基字母最为接近，但罗德斯岛也是一个可能的中转站，因此字母在希腊的第一站可能是罗德斯或克里特，最早的年代可能在公元前 8 世纪中期，逐渐被希腊

---

① S. Hood, *The Minoans: Crete in the Bronze Age*, London: Thames and Hudson, 1971; William Taylor, *The Mycenaeans*, New York: F. A. Praeger, 1964; E. Vermeule, *Greece in the Bronze Age*, Chicago: University of Chicago Press, 1964; D. L. Page, *History and the Homeric Iliad*, Berkeley and Los Angles: University of California Press, 1959.

人接受并流传开来。她承认现有铭文最早不超过公元前8世纪后期，但那可能是因为此前的铭文没有被发现，或者写在了易灭失的材料上。她还系统地介绍了不同地区文字的起源，每处都必以发现的铭文为基础。该书后经约翰斯顿修订，补充了最新的考古材料，成为该领域绝对的权威著作。她的另一部著作《古风时期的希腊》①分地区概述了希腊城邦兴起的历史，重点在于说明城邦的形成。斯诺德格拉斯从考古学的角度，提出古风时期初期希腊经历过一个人口猛增和城邦形成的时期，认为古风时代可能是希腊历史上最重要的时代，因为希腊的制度、经济与文化大体都形成于此时，希波战争并不具有人们经常赋予的那么大的意义，古风与古典时代之间不存在本质的区别。他以小亚细亚的希腊人为例，声称哪怕是波斯人统治了希腊，也不会对希腊文化的发展造成太大的影响。安德鲁斯的《希腊僭主》②系统地研究了古风时期希腊僭主的起源与不同类型，将之区分为族群原因、军事原因、政治原因等多种不同类型，还涉及波斯支持下的小亚细亚的僭主以及西西里的军事僭主。他认为希腊大陆上的僭主政治是平民贵族斗争的一种特殊形式。鲍德曼(John Boardman)的《海外希腊人》③重点在于希腊人的海外殖民活动。不过他的兴趣不在殖民的具体过程，而在殖民之后希腊城邦的发展。他提出了希腊人向近东学

---

① L. H. Jeffery, *The Local Scripts of Archaic Greece*, Oxford: Oxford University Press, 1961. 该书经 A. Johnston 增补，已于1990年推出第二版。L. H. Jeffery, *Archaic Greece: The City-States 700-500 B. C*, London: Ernst Benn, 1976.

② 有商务印书馆1997年出版的中译本。

③ John Boardman, *The Greeks Overseas: Their Early Colonies and Trade*, London and New York: Thames and Hudson, 1999, 4th edition (first published in 1964).

习、向西地中海传播文明的观点,给近东文明对希腊文明产生的影响以十分突出的地位。格拉姆(A. J. Graham)为研究希腊殖民史的专家,其《古代希腊的殖民地与母邦》①关注的是殖民地与母邦的关系。通过分析科林斯与其殖民地的关系,他指出希腊殖民地与母邦的关系存在从完全依附到充分独立的多种类型,决定二者之间关系的因素主要与地理条件、母邦和殖民地之间的势力对比等有关,从而对殖民地都是充分独立的城邦的看法提出了挑战。

在战后最初30年英美的古史研究中,一个突出现象是现代化派日渐式微,原始派的观点不断取得优势并逐渐成为新正统派。早在20世纪50年代初,德圣克鲁瓦就在其有关古代会计学的研究中,论证古代人根本不能区分流动和固定资本,缺少复式记账方法,甚至不能准确地估计获利与否,反映了古代经济发展的低水平。布隆特(P. A. Brunt)在其名为《迈加拉法令》的论文中,也否认该法令具有重大的经济意义。芬利在第二届国际经济史大会上,对现代化派的经济史观发起全面挑战②。在其《古典时代雅典土地与信用研究》中,芬利否认古代存在生产性的借贷,认为土地与流通一直处在分割状态。他借用韦伯的分析方法与概念,在一系列文章中批判古史现代化思潮。1973年,他的《古代经济》③

---

① A. J. Graham, *Colony and Mother City in Ancient Greece*, Manchester: Manchester University Press, 1964.

② 讨论会的标题就让人想起哈斯布鲁克的看法,见 M. I. Finley, ed. *Trade and Politics in the Ancient World*, Paris: Mouton & Cie, 1965。评论者 G. E. M. de Ste. Croix 也明确指出了这一点,见 *Journal of Hellenic Studies*, 87(1967), pp. 179-180。

③ M. I. Finley, *The Ancient Economy*, Berkeley and Los Angles: University of California Press, 1973. 该书1985年出了修订第2版,1999年出了增补版,现可以参考中文版本:芬利:《古代经济》,黄洋译,商务印书馆,2021年版。该书前有黄洋撰写的译者序言和莫里斯给增补版写的序言,简明扼要地介绍了芬利古史模式的理论来源、方法以及影响。

出版。该书全面阐述了他关于古代经济的看法。在他看来，古代根本没有近现代的经济概念，其生产目的与近代单纯追求利润不同，主要是为了满足公民的消费；古代经济深受社会多层面的制约，内嵌于社会之中，不是一个可以独立分析的领域；古代社会结构存在多层分化，不同等级之间和等级内部的差别都很大；奴隶制在古代虽一直存在，但真正够格称得上奴隶社会的仅有雅典等少数工商业较为发达的地区，且仅在短时间内存在；古代城市人口最多时也不超过总人口的5%，绝大部分人住在乡村，而且与近代不同，古代城市是消费而非生产中心，其存在和发展的基础是自然资源、政治权力，而不是工商业。较《古代经济》出版稍早的德圣克鲁瓦的《伯罗奔尼撒战争的起源》[1]否认迈加拉法令的经济意义，并进一步否认古代存在任何类型的商业战争。

经过上述学者的批判，古史现代化思潮终于逐步退出了古希腊史研究，M. M. 奥斯丁（M. M. Austin）和维达尔-纳凯的《古代希腊社会经济史导论》[2]可以说是芬利观点的具体体现。该书强调了希腊城邦社会的农本性质，将工商业置于边缘地位。汉弗里在《人类学与希腊人》中，搬出了波兰尼等人的理论，承认希腊经济中有商业成分存在，但强调古代商业和近代商业的差别。法国学者克劳德·莫塞（Claude Mossé）则指出，雅典的商业多掌握在外邦人手中，但外邦人并无雅典公民权，因此与雅典的商人根本不可能组成一个统一的阶级。但芬利的结论并未能让所有

---

[1] G. E. M. de Ste. Croix, *The Origins of the Peloponnesian War*, London: Duckworth, 1972.

[2] M. M. Austin and P. Vidal-Naquet, *Economic and Social History of Ancient Greece: An Introduction*, London: Batsford, 1977.

学者信服。斯塔尔的《早期希腊的经济和社会发展》、弗兰奇（A. French）的《雅典的经济增长》[1]等，都与芬利的看法存在一定区别。斯塔尔承认，古风时代希腊的物质文明基础相当脆弱，但他同时指出，人口的增长、大规模建筑的兴起、贵族的奢侈生活，都证明早期希腊的经济的确有一定程度的增长。新版的《剑桥古代史》第三卷第3分册《希腊的扩张》中，无论是主编哈蒙德和鲍德曼，还是作者如格拉姆等，都承认商业对希腊经济的重要意义。科尔德斯瑞姆（J. N. Coldstream）的《几何陶时代的希腊》[2]则把希腊人与外界联系的恢复，作为希腊文明走向繁荣的基本条件，默里的《早期希腊》更是赋予商业发展以突出地位。

  雅典民主政治是英美学者研究的又一重点，琼斯的观点最具代表性。他的《雅典民主政治》[3]由一系列论文组成，逐一反驳了从古代到近代学者们对雅典民主的各种批评。在他看来，雅典公民的大多数是自食其力的劳动者，奴隶制在经济中的作用并不重要；雅典大多数官职虽由抽签选出，但任官者并非庸才，因为他必须经过多次审查；雅典公民大会的成员并非全是贫穷公民，而是中产阶级以上的成员占多数；雅典民主在公元前4世纪的繁荣与稳定，证明它并非雅典帝国肌体上的寄生虫，国内收入是雅典财政的主要来源。早在芬利之前，琼斯已经否认工商业者对雅典民主政治的影响，认为古代国家根本没有所谓的商业政策，因此将雅典民主的基础置于农业之上。琼斯的看法以大量的实证材料

---

[1] Chester Starr, *Economic and Social Growth of Early Greece, 800-500 B. C.*, New York: Oxford University Press, 1977; A. French, *The Growth of Athenian Economy*, London: Routledge, 1964.

[2] J. N. Coldstream, *Geometric Greece*, London: Methuen., 1977（2nd edition, Routtedge, 2003）.

[3] A. H. M. Jones, *Athenian Democracy*, Oxford: Basil Blackwell, 1957.

为基础，具有较大的说服力，得到很多西方学者的支持。他的学生德圣克鲁瓦在 20 世纪 50 年代初就证明，雅典帝国并未受到大多数普通公民的仇视，在盟邦挑起暴动的主要是有产阶级。在其《伯罗奔尼撒战争的起源》中，德圣克鲁瓦进一步论证挑起伯罗奔尼撒战争的是斯巴达人，伯里克利指导下的雅典一直采取防御政策，只是在不得已时才起而应战，在战争中所采取的同样是防守战略。

芬利关于古代城邦政治的观点主要体现在他的《古代和现代的民主政治》与《古代世界的政治》①两部著作中。两书延续了芬利一贯的路径，主要运用社会科学方法研究古代历史。我们只要看看两书的目录，便一目了然。《古代和现代的民主政治》共分 5 章，分别是领袖和追随者，雅典人民领袖②，民主、共识和国家利益，苏格拉底及其后，以及古典世界的审查制度。《古代世界的政治》分 6 章，分别是国家、阶级与权力，权威与庇护，政治，民众参与，政治问题与冲突，意识形态。他追求的不是系统的历史叙述，而是对古代民主与政治不同方面的考察，期待通过对政治问题的分析，构建起城邦政治不同于宫廷管理的基本特征，因而方法和理论本质上是社会科学的。他重视雅典民主与罗马共和国

---

① M. I. Finley, *Democracy Ancient and Modern*, London: Chatto and Windus, 1973. 该书后增补了《雅典人民领袖》和《古典古代的监察制度》，在美国出了修订版，即 M. I. Finley, *Democracy Ancient and Modern*, New Brunswick: Rutguers University Press, 1985. 中文版请见 M. I. 芬利:《古代民主与现代民主》，郭小凌、郭子林译，商务印书馆，2016 年版。另见芬利:《古代世界的政治》，晏绍祥、黄洋译，商务印书馆，2016 年版。

② 中译本将 demagogue 按照英文的意思译成"蛊惑民心的政客"，含有强烈的贬义。但芬利强调他是在中性的意义上使用那个术语，并且将梭伦到克莱翁的所有雅典政治家都视为 demagogue，因此这个译名或许不是特别合适。

政治上的区别，但更注意两者之间的共性：它们都是有政治生活的，有民众参与，并因民众的参与，使得古代政治本质上不同于近代的代表制民主。

在芬利看来，古代民主本质上是一个面对面社会的民主。他明确指出，雅典人居住在一个大约 1000 平方英里的地区，雅典的成年男性公民，在公元前 5 世纪的绝大部分时间里，从来没有超过 4 万到 4.5 万。在经过公元前 430 年到前 426 年的大瘟疫后，其公民数量肯定要低于这个数字。所有公民居住在一个狭小的地区，而且相互熟悉，主要使用口头而非书面语言，领袖和群众之间保持着密切的联系，是一个典型的面对面的社会，"关于公共事务的信息主要由使者、通知栏、闲谈和谣言、不同的委员会和集会——它们组成了政府机构——上的口头报告和讨论发布。这样一个世界不仅仅是缺乏大众媒体，而是根本就没有今天意义上的媒体。政治领袖们因为缺乏能够保密的文件（偶尔的例外除外），也缺少他们能够控制的媒体，因此必然是和他们的选民保持着直接而紧密的关系，所以也就处在选民直接而严密的控制下"[1]。面对面社会所产生的第二个后果，是公民对政治的直接参与。首先，除了几个职员外，那里根本没有官僚机构，所有公民都可参与公民大会，"公民大会对有关战争与和平、媾和、财政、立法、公共工程，总之，有关政府活动的各个方面，享有最后的决定权，它是一个数千人的户外集会，是那些年满 18 岁，且在规定日子里选择出席的公民的集会"[2]。这样，雅典政府就是一种严格意

---

[1] M. I. Finley, *Democracy Ancient and Modern*, London: Chatto and Windus, 1973, pp. 17-18.

[2] M. I. Finley, *Democracy Ancient and Modern*, pp. 18-19.

义上的民有的政府。相当数量的雅典男性公民都会取得某种直接参与政府管理的经验,"绝对真实的是,每个雅典男孩出生之后,担任公民大会主席的机会,要超过赌徒掷出某个点的机会。因为这是一个轮流担任一天的职位,且一贯是由抽签产生的。他还可能担任市场委员一年;在一到两年里担任议事会议员(尽管不是连续的);连续出任公民审判员;只要他愿意,就可以成为公民大会的投票人"①。所以,我们不能用今天的标准来衡量雅典人的文化水平和参政能力。如果按照今天的标准,绝大多数雅典人可能连半文盲都算不上。但是在公民大会召开之前,公民们已经就相关问题在各种场合进行过讨论和争论;在公民大会中,也不缺少了解相关情况的专家,他们会向雅典公民提出恰当的建议。所以,声称公民大会受到群体无理性的影响,是不了解雅典民主机构运作的实际:正是那些在公民大会中进行辩论和投票的人,将承担相关决议的执行及其产生的后果。"在许多希腊国家(包括雅典和斯巴达)和早期罗马,那些做出战争决议的人,很大程度上是那些本人直接参战者。"② 在涉及直接利益时,很难设想他们会头脑发热。正因为有了民主政治,"在将近 200 年的时间里,雅典是希腊世界最繁荣、最强大、最稳定、内部最为和平、文化上最有成就的国家。就关于政体的有效判断来说,这种制度是成功的。"③ 芬利的论著,无疑成为格罗特之后雅典民主又一篇有力的辩护词。

---

① M. I. Finley, *Democracy Ancient and Modern*, pp.19-20.

② M. I. Finley, *Politics in the Ancient World*, Cambridge: Cambridge University Press, 1983, pp. 60-61.

③ M. I. Finley, *Democracy Ancient and Modern*, p. 23.

梅格斯的《雅典帝国》充分运用了 20 世纪 30 年代以来麦瑞特等人的研究成果，全面阐述了雅典帝国的起源和演变。他认为提洛同盟建立过程中雅典人耍了手腕，但也的确是为了应对波斯的威胁而成立的。雅典帝国的统治，在公元前 5 世纪中期，尤其是公元前 454 年到前 446 年之间经历过一次严重危机。雅典也收取了贡金，但相当一部分实际上通过水手薪金的形式又返还给盟邦公民。他的论断在很多方面是琼斯论点的延续，但与德圣克鲁瓦笔下雅典帝国受到盟邦下层欢迎的看法迥然不同。希格内特的《至公元前 5 世纪末的雅典政制史》①为研究雅典政治制度演变的专著，系统叙述了雅典从传说中的王政时代到公元前 5 世纪末民主政治最后稳定时期的历史，对公元前 6 到前 5 世纪雅典政制的变迁论证详尽。希格内特更多地注意贵族派别之间的斗争，而不是不同等级，特别是平民和贵族的冲突。他觉得公元前 5 世纪末以后的雅典政制再无重大变化，故只写到公元前 5 世纪末。对于民主政治的意识形态，他几乎不曾涉及。哈里逊（A. R. W. Harrison）两卷的《雅典的法律》②被誉为该领域半个世纪以来最优秀的著作，其第一卷为家庭和财产法，第二卷为程序法（因作者突然去世未完成，由麦克道威尔续成），主要利用铭文和演说资料写成。麦克道威尔（A. M. MacDowell）的《古典时代雅典的法律》③篇幅较小，但从古代各种文献中搜罗雅典的法律，分门别类地加以叙述，从制度史的角度阐述了雅典民主的一些特点。戴维斯的《雅典有产

---

① Charles Hignett, *A History of the Athenian Constitution to the End of the Fifth-Century B. C*, Oxford: Oxford University Press, 1952.

② A. R. W. Harrison, *The Law of Athens*, 2 vols. Oxford: Oxford University Press, 1968.

③ Douglas MacDowell, *The Law in Classical Athens*, London: Thames and Hudson, 1978.

家庭》利用文献和碑铭等多种资料，运用在罗马史中已经得到充分应用的人物志方法，对雅典有产家庭的世系、影响和关系等做了梳理，成为研究雅典社会和政治的基本参考书。广泛利用铭文史料，是该书最重要的一个特点。

战后英美学者把斯巴达理想化的情况已不多见，琼斯、W. G. 福热斯特（W. G. Forrest）等人都以批判斯巴达知名。琼斯更多地从制度着眼，其《斯巴达》[1]采用年代顺序概述斯巴达的历史发展。福热斯特的著作[2]虽无注释，篇幅较小，但简明扼要，每章后面都附有参考书目，向来被学者们视为优秀的斯巴达史。作者批评斯巴达的执政者犹豫不决，政策摇摆不定，以致在希波战争和伯罗奔尼撒战争胜利后，斯巴达人不但未能充分利用已有的成果，反而把自己的朋友、推到敌方阵营中，让自己处在孤立无援的境地。斯巴达一切政策的核心，都围绕着镇压黑劳士这个中心，而且越到后来，对黑劳士的防范越严厉。R. E. 米切尔（R. E. Mitchell）的《斯巴达》、K. M. T. 克里美斯（K. M. T. Chrimes）的《古代斯巴达》[3]都采用专题形式探讨斯巴达的制度和社会结构，大都相信斯巴达制度在很长时期内没有发生大的变化。伊丽莎白·罗森（Elizabeth Rawson）的《欧洲思想中的斯巴达传统》[4]在概述了斯巴达的制度后，系统分析了斯巴达形象的变化及其与

---

[1] A. H. M. Jones, *Sparta*, Oxford: Basil Blackwell, 1967. 该书系作者在开罗任教期间写成，资料不免受到诸多限制，但作者的学识和提出的观点，仍使该书具有重要影响。

[2] W. G. Forrest, *A History of Sparta 950-195 B.C.*, London: Hutchinson, 1968.

[3] H. Michell, *Sparta*, Cambridge: Cambridge University Press, 1952; K. M. T. Chrimes, *Ancient Sparta*, Manchester: Manchester University Press, 1949.

[4] Elizabeth Rawson, *The Spartan Tradition in European Thought*, Oxford: Oxford University Press, 1969.

西欧历史发展的关系，实为一部高质量的关于斯巴达传统的学术思想史。芬利的《斯巴达》运用韦伯的理想类型理论，指出在斯巴达的制度与其理想之间，存在着巨大的差距，正是战争摧毁了特意为战争而建立的制度。不过在这种批判斯巴达的潮流中，也有部分学者提醒我们注意斯巴达制度中的民主因素，其代表是先后出任牛津大学古代史教授的安德鲁斯和刘易斯。安德鲁斯利用修昔底德和色诺芬的资料，对古典时代斯巴达制度的运作进行了深入分析，认为斯巴达制度之中实际包含着某些民主因素。刘易斯的《斯巴达与波斯》[①] 批评了德圣克鲁瓦有关斯巴达乃纯粹寡头政治，而且一贯反对民主政治的观点，强调在斯巴达制度中，人民大会和监察官有时确实能发挥决定性作用。该书的一大特点，是较多利用了古代波斯尤其是巴比伦和波斯波利斯文书，并从双方总体的制度构架探讨双边关系。

J. A. O. 拉尔森（J. A. O. Larsen）的《希腊罗马史上的代表制政府》追溯了希腊、罗马政治制度的特点及其与代表制政治的关系，探讨了它实行的程度。他认为代表制政府在希腊的历史源远流长，早在公元前 500 年以前就已存在于伊奥尼亚，后因直接民主制度的兴起受阻，但其中的某些因素在诸如雅典的议事会制度中仍然存在并发挥作用，在提洛同盟、伯罗奔尼撒同盟以及希腊一些地区性的永久同盟如阿凯亚和埃托利亚同盟中，代表制政府都不同程度地存在。"大王和约"是对代表制政府的致命打击。《希腊联邦

[①] David M. Lewis, *Sparta and Persia*, Leiden: E. J. Brill, 1977; A. Andrewes, "Government of Classical Sparta", in E. Badian, ed. *Ancient Society and Institutions: Studies in Honour of Victor Ehrenberg's 75th Birthday*, Oxford: Basil Blackwell, 1966, pp. 1-18.

国家》①对希腊历史上存在的大小同盟的政府进行了深入分析，强调它们组成联邦国家的努力。不过他把希腊人的大小同盟都纳入联邦国家体系，让人难以苟同。

战后英美古史学界对马其顿与希腊化史的研究有所加强，哈蒙德与格里菲斯、沃尔班克合作完成的3大卷《马其顿史》②是第一部大部头的马其顿通史，至今仍是该领域的权威之作。该书包括大量事实材料，对马其顿山川地理及物产的描绘，因哈蒙德在二战期间曾在马其顿做地下工作，战后又曾多次考察过马其顿，给人以身临其境之感。但在观点和方法上，哈蒙德相对老派，他笃信古典文献，因第二次世界大战期间在马其顿的经历，情感上的倾向比较明显。对于腓力浦二世和亚历山大大帝，哈蒙德均推崇有加，忽视了他们在国家管理、军事制度上所继承的希腊世界的遗产。自20世纪60年代以降，英美古史学界对马其顿历史的态度有一个显著的变化。如果说在早期，塔恩、哈达斯（M. Hadas）等人还有把亚历山大理想化的倾向的话，福克斯可能还带点浪漫，试图说明亚历山大与荷马的关系，并且不屑于卷入当今的学术争论，但新的研究潮流在60年代甚至更早已经显露端倪。贝狄安的一系列文章在厘清亚历山大身边群雄作用的同时，也剥去了塔恩等人安在这位大帝头上的希腊文化使者的光环。他把亚历山大大帝视为一个精明的君王，认为他的一切措施都是为巩固自己统治服务，与所谓的

---

① J. A. O. Larsen, *Representative Government in Greek and Roman History,* Berkeley and Los Angles: University of California Press, 1955; *Greek Federal States: Their Institutions and History*, Oxford: Oxford University Press, 1968.

② N. G. L. Hammond, *A History of Macedonia*, Oxford: Oxford University Press, 1972-1988. 其中第2卷系与G. T. Griffith合作，第3卷与F. W. Walbank合作。

人类统一无关，"亚洲希腊人的自由"也只是他随手捡过来的一个口号。埃利斯的《腓力浦二世与马其顿的帝国主义》则从马其顿自身的历史发展出发，把腓力浦二世的成就更多归于马其顿族群在公元前 4 世纪中期的崛起。① 希腊化史研究更多地注重地方史，道内（G. Downey）的《安条克史》、弗雷泽（P. M. Fraser）的《托勒密时代的亚历山大里亚》、克劳福德（D. J. Crawford）的《凯尔克西里斯：托勒密时代的一个埃及村庄》等，都篇幅宏大，资料丰富②。

　　战后英美史学界的一项重大集体成果是对《剑桥古代史》的修订。新版从 20 世纪 70 年代开始出版，直到临近 21 世纪才最终完成。如同第一版一样，新版网罗了几乎所有当时西方古典学界的知名学者参与，完全改写了第一版的内容，关于早期希腊和希腊化时代的内容有很大的扩充，原第三卷现在变为三大册，第四、五、六各卷的篇幅也有很大增加，第七卷扩充为两册，内容和观点较第一版都有很大的变化，社会经济史的篇幅增加尤多，反映了西方古史学界的基本趋向。由默里主编的"丰塔纳古代世界史"丛书的希腊部分包括 3 卷，分别是默里本人的《早期希腊》、戴维斯的《民主政治与古典希腊》和沃尔班克的《希腊化

---

① 系列文章后均收入 Ernst Badian, *Collected Papers on Alexander the Great*, London and New York: Routledge, 2014。另见 J. R. Ellis, *Philip II and Macedonian Imperialism*, Princeton: Princeton University Press, 1976; Robin Lane Fox, *Alexander the Great*, London: Allen Lane, 1973。

② G. Downey, *A History of Antioch in Syria from Seleucus to the Arab Conquest*, Princeton: Princeton University Press, 1961, P. M. Fraser, *Ptolemaic Alexanderia*, 3 vols., Oxford: Oxford University Press, 1972; D. J. Crawford, *Kerkeosiris, an Egyptian Village in Ptolemaic Period*, Cambridge: Cambridge University Press, 1971.

世界》①，虽然篇幅都不大，每本在15—20万字之间，但均吸收了战后相关领域的最新研究成果，是不可多得的希腊史入门书籍。

战后法国学者对希腊史的研究也较为积极，除克罗齐、霍莫（Leon Homo）等老一辈史学家继续推出新成果外，新一代学者如威尔、莫塞、韦尔南、维达尔-纳凯等人都成就卓著。威尔是法国最早批判古史现代化的学者之一，在其1954年发表在《年鉴》杂志上的《古代希腊经济史研究75年》中，威尔批判了罗斯托夫采夫等现代化派史学家的看法，肯定了哈斯布鲁克的贡献。1962年，他与芬利一道在第二届国际经济史大会上批判现代化派的古代经济观。在其《希腊世界与东方》的著作中，威尔持原始派看法。他的《伊奥尼亚人与多利安人》猛烈抨击了纳粹德国的种族主义古典学，完全否认族群观念对希腊政治和文化的影响。他最有影响的著作是3卷的《希腊化世界政治史》②，该书不像《剑桥古代史》那样以叙事为主，而带有浓厚的分析和论战性质，对诸多问题，如罗马东扩的动机、托勒密埃及的对外政策、塞琉古帝国的内部政治等，都有相当详尽的讨论。它还有一个长篇的史料介绍，附有详尽的现代书目，至今仍被视为最优秀的希腊化史著作之一。

莫塞写有一系列论述雅典民主的专著，全面分析了雅典民主衰落时期社会经济、政治制度与价值观的变化，认为城邦的衰落

---

① Oswyn Murray, *Early Greece*, 1993, second edition (first published in 1980); J. K. Davies, *Democracy and Classical Greece*, 1992, second edition (first published in 1978); F. W. Walbank, *The Hellenistic World*, 1992, second edition (first published in 1981). 三书都已经被译成中文，并在2008—2010年间先后由上海人民出版社出版。

② É. Will, *Histoire Politique du Monde Héllenistique*, 1-3, Nancy: Facultes des Lettres et des Sciences Humaines de L'Université de Nancy, 1966.

具有必然性,其原因是城邦的理想与实际的冲突,因为城邦的理想是自给自足,而现实是城邦根本达不到这样的要求,社会财产的分化、政治冷淡主义的增长、经济理性化的趋势都使城邦的体制难以维持,终于在公元前4世纪走向崩溃①。

在法国古史研究队伍中,马克思主义或受马克思主义影响的学者占有突出地位。加兰(Yvon Garlan)对古代世界战争的研究,致力于从社会生产力、城邦制度等社会因素出发,而不纠缠于具体细节,写出了战争社会史②。他认为古代战争之所以频繁,既是生产力发展使社会出现剩余产品的结果,又是生产力欠发达、城邦力图向外扩张和掠夺他人劳动成果的需要。战争的结果是摧毁了古代城邦。当然,对于战后法国古典历史研究影响最大的理论还要算斯特劳斯的结构主义人类学。法国著名古典学家韦尔南运用结构人类学的理论与方法,剖析希腊神话背后所表现的思想与思想方式,其一系列的著作产生了巨大影响③。韦尔南将希腊思想置于城邦制度的框架之下,从城邦的结构和政治运作来探讨希腊思想的起源及其论

---

① Claude Mossé, *Athens in Decline 404-86 B.C.*, London: Routledge, 1973; *Les Institutions Politiques Grecques a l'Époque Classique*, Paris: A. Colin, 1967.

② Yvon Garlan, *War in the Ancient World, a Social History*, London: Chatto and Windus, 1975.

③ 其代表作包括 Jean-Pierre Vernant, *Les Origines de la pensée grecque*, Paris: Presses Universitaires de France, 1962 (in English as *The Origins of Greek Thought*, Ithaca: Cornell University Press, 1982); *Myth et Pensée chez les Grecs: Études de Psychologie Historique*, Paris: F. Maspero, 1965 (in English as *Myth and Thought among the Greeks*, London: Routledge and Kegan Paul, 1983); *Mythe et Tragédie en Grèce Ancienne*, 2 vols., Paris: F. Maspero, 1972 (avec Pierre Vidal-Naquet) (in English as *Tragedy and Myth in Ancient Greece*, Brighton: Harvester Press, 1981); *Mythe et Société en Grèce Ancienne*, Paris: F. Maspero, 1974 (in English as *Myth and Society in Ancient Greece*, Brighton: Harvester Press, 1980). 韦尔南的部分著作已经被译成中文出版,笔者经见到的有《古代希腊思想的起源》《神话与政治之间》《古代希腊的神话与思想》《古代希腊的神话与宗教》《古希腊神话与悲剧》等。

辩特点，认为城市广场成为政治中心，自由论辩和对立论证成为有效的政治武器和权力工具，社会活动和精神创造都具有了完全的公开性，法律和命令都以文字的形式展示在公民面前，个人著述也必须接受批评和建议。于是迈锡尼时期统治和被统治的等级关系被一种新型的关系所取代，新关系以公民之间的对称性、可逆性和相互性为基础，以所有人在法律面前平等为基本特征，因此，伊奥尼亚自然哲学家们建立的新的世界模式，成为城邦所特有的制度形式、思想结构在宇宙秩序上的投射。①

在韦尔南的启发与鼓励之下，一大批法国学者或接受结构主义分析方法，或独辟新径，就希腊神话、思想、话语、形象（image）等主题展开独树一帜的研究，形成了所谓的"巴黎学派"（Paris School），成为二战以后英语世界以外古典学研究，特别是希腊史研究的最大亮点②。结构主义学派同时认为在古代，城邦制度

---

① 让-皮埃尔·韦尔南：《希腊思想的起源》，秦海鹰译，生活·读书·新知三联书店，1996年版，第4—5页。

② 其中的一些代表人物及其代表作包括：Marcel Detienne, *Les Jardins D'Adonis*, Paris: Gallimard, 1972 (English version: *The Gardens of Adonis: Spices in Greek mythology*, Atlantic Highlands, N.J.: Humanities Press, 1977); *Dionysos mis à mort*, Paris: Gallimard, 1977 (English version: *Dionysos Slain*, Baltimore: Johns Hopkins University Press, 1979); Pierre Vidal-Naquet, *Le Chasseur Noir: Formes de Pensée et Formes de Société dans le Monde Grec*, Paris: F. Maspero, 1981(English version: *The Black Hunter: Forms of Thought and Forms of Society in the Greek World*, Baltimore: Johns Hopkins University Press, 1986); François Hartog, *Le Miroir d'Hérodote: Essai sur la Représentation d'Autre*, Paris: Gallimard, 1980 (English version: *The Mirror of Herodotus: The Representation of the Other in the Writing of History*, Berkeley: University of California Press, 1988); Nicole Loraux, *L'Invention d'Athènes: Histoire de l'Oraison Funèbre dans la "Cité Classique"*, Paris: Mouton, 1981 (English version: *The Invention of Athens: The Funeral Oration in the Classical City*, Cambridge, Mass.: Harvard University Press, 1986); *Les Enfants d'Athèna: Idées Athéniennes sur la Citoyenneté et la Division des Sexes*, Paris: F. Maspero, 1981 (English version: *The Children of Athena: Athenian Ideas about Citizenship and the Division between the Sexes*, Princeton: Princeton University Press, 1993)。

是占主导地位的因素,阶级斗争、社会关系都受它的制约,因此其阶级斗争主要发生在公民集体之内。作为社会生产者的奴隶虽然在社会生活中占有重要地位,其与奴隶主的矛盾构成了古代社会的基本矛盾之一,但因奴隶被排除在城邦体系之外,无缘参与城邦内的阶级斗争,因而古代希腊社会的主要矛盾是富有的有产者与贫穷的公民之间的斗争与冲突,奴隶往往只是看客。这种看法我们虽未必赞同,但确实揭示了古代世界阶级斗争不同于近代世界的特点。

罗侯的重点在城邦内部。《雅典的发明》从古典时代雅典的葬礼演说入手,探讨葬礼演说在城邦意识形态构建中的地位,从中寻找共同的主题。她证明这些演说实际透露了雅典存在的社会紧张,以及雅典人通过演说消除这些紧张的方式:棺材、战车和祭祀等,都带有浓重的贵族特色。但是,不加区别的统一埋葬阵亡者,表达了新生民主政治的平等原则,以及城邦希望取代贵族家庭赢得公民热爱的核心地位的愿望。《雅典娜的孩子们》则以城邦中公民和女性的关系为核心,从雅典的土生人神话论及一个以男性为中心的公民,如何选择了一位处女神作为城邦的保护神。她试图证明,当土生人神话试图把妇女从雅典第一个人的诞生中剔除时,实际表现了男性公民对女性的恐惧。该书以神话、戏剧等作为主要史料来源,在空间上也不断在卫城、广场和陶工区之间切换,是一部将希腊政治思想与性别研究结合起来的重要著作。纳凯曾与奥斯丁合作完成《古希腊社会经济史导论》,并曾多次与韦尔南合作。他是较早将结构主义理论应用于希腊历史研究的,其《黑衣猎手:希腊世界的思想形式与社会诸形式》实则是作者在1957—1980年之间发表的文章的合集,书名取自1968年作者发表的研究雅典青年军的论文,据作者自称是第一个将列维-斯特劳斯的理论应用于希腊研究中的文章。他触及的问题,也的确不是普通古典学者会涉足的领域,如空间与时间,女性、奴隶和匠人所思、所居的城邦等,实则讨论的问题包括希腊奴隶是否是一个阶级、奴隶制与女性的关系、雅典重装步兵的传统等具体问题。一般来说,法国学者虽然关注的是神话等似乎不那么理性的方面,但他们试图从城邦框架出发,为神话寻求理性的解释[①]。

战后联邦德国清除了纳粹主义以后,古史研究得以恢复。但德国史学受冷战影响较大。福格特(J. Vogt)及其组织的关于奴隶制的研究,其直接动因便是应付来自马克思主义的挑战。他从伦理判断而不是从历史发展的角度评价奴隶制,认为为了古代文明的繁荣与昌盛,奴隶付出的代价是值得的。这种观点虽是西方学者的一贯传统,但明显缺少历史意识,因而遭到苏联学者与芬利等人的严厉批评。

在战后联邦德国的古希腊史研究中,本格森(H. Bengtson)占有突出地位。早在第二次世界大战前,本格森就已出版了《希腊史》《希腊化时代的将军》等重要著作,其中前者广受欢迎,已再版6次,在1988年的英文版中,他又增补了新的书目,其结果是注释和书目的篇幅超过了正文。第二次世界大战后,他主持德国最具影响的"古代世界科学手册"丛书,并出版了《古代史导论》

[①] Nicole Loraux, *The Invention of Athens*; *The Children of Athena*; *The Divided City: On Memory and Forgetting in Ancient Athens*, translated by Corrine Pache with Jeff Fort, New York: Zone Books, 2006;皮埃尔·维达尔-纳凯:《黑色猎手:古希腊世界的思想形式和社会形式》,华东师范大学出版社,2016年版。

《希腊国家条约集》①等著作,前者像《希腊史》一样广受欢迎,后者包括大量铭文资料,受到学者们的高度重视。埃伦伯格战后继续活跃,他的《希腊人的国家》分为两个部分,第一部分为城邦,第二部分为希腊化时代的国家。每个部分又都分为基本事实和一般特点两个部分。基本事实主要指人口和领土,以具体的史实区分了城邦与领土国家。在一般特点中,他的重点在国家制度与结构,所以城邦部分包括政体、政治结构、国家的功能、国家的联合与联邦制国家等,希腊化部分则包括王国、行政管理、武装力量、国家财政与政治经济学、法律、宗教和崇拜等。该书要而不繁,被誉为古典学术中的经典之作。他的论文集《城邦与帝国》收录了他此前发表的一些重要论文,如《城邦何时兴起》《城邦政体的早期史料》《希腊的土地与希腊人的国家》《优诺米亚》和《民主的起源》等。埃伦伯格长于史料搜集和分析,根据史料提出了许多十分重要的论断,如他从铭文和文献出发,发现城邦首次出现于《奥德赛》中;通过追溯民主(demokratia)一词在史料中的踪迹,他在平等(isonomia)和民主之间建立起联系。对于古风时代斯巴达的历史、修昔底德关于雅典殖民的记载等,他也多有卓见②。

作为古典史学发源地的意大利在第二次世界大战后对希腊

---

① H. Bengtson, *A History of Greece*, Ottawa: University of Ottawa Press, 1988; H. Bengtson, *Einführung in die Alte Geschichte*, Munich: Biederstein, 1949; Hermann Bengtson, *Die Strategie in der hellenistischen Zeit*, Munich, C. H. Beck, 1937-1944; Hermann Bengtson and Robert Werner, *Die Verträge der griechisch-römischen Welt von 700 bis 338*, Munich: C. H. Beck, 1962.

② Victor Ehrenberg, *The Greek State*, New York: W. W. Norton and Company, 1960; *Polis und Imperium: Beiträge zur alten Geschichte*, Zurich und Stuttgart: Artemis Verlage, 1965.

史的研究并不十分积极，他们对罗马史的兴趣更大，但也出版了一些重要著作。值得注意的是意大利学者利用他们的有利条件，广泛开展了对大希腊、西西里历史的研究，出版了一些专门论文集，颇有拾遗补阙之功。莫米利亚诺不仅深入研究过马其顿和希腊化史，撰有《腓力浦二世》《外族的智慧》[①]等，而且长于史学史研究，对古代史学在近代的影响，尤其是近代以来的古典学术史卓有造诣，撰有论述格罗特、迈耶、贝洛赫等学术成就的论文多篇，主张向前辈大师学习以开创古史研究的新局面。其《外族的智慧》探讨的是希腊人对非希腊文明的认识，并将之与罗马进行比较，以揭示罗马在同化外族上取得成功的原因，视角独特，深受好评[②]。

战后东欧的古史学处在苏联史学的强大影响之下。苏联史学诞生于20世纪20年代的政治大辩论中，带有浓厚的斯大林主义色彩，大体采用五种生产方式理论，50年代以来陆续出版的10卷的《世界通史》的前两卷[③]便是代表。他们把通过历史证明人类历史由低级向高级的发展作为历史学的基本任务，强调社会形态的变

[①] Arnaldo Momigliano, *Filippo il Macedone*, Florence: Le Monnier, 1934; Arnaldo Momigliano, *Alien Wisdom, the Limitation of Hellenization*, Cambridge: Cambridge University Press, 1975. 值得注意的是，Momigliano 后把他的论文汇集成册，由 Roma, Edizioni di Storia e Letteratura 出版，目前至少已经出到第6卷。

[②] 莫米利亚诺的著述已经有数种被译成中文。除前已提及的《论古代与近代的历史学》外，另有莫米利亚诺：《现代史学的古典基础》，冯洁音译，华东师范大学出版社，2009年版；《外族的智慧：希腊化的局限》，晏绍祥译，生活·读书·新知三联书店，2013年版；《历史学研究》，王晨译，北京大学出版社，2020年版；《古希腊传记的嬗变》，孙文栋译，华夏出版社，2021年版。他最重要的著作是 Arnaldo Momigliano, *Contributo alla storia degli studi classici*, 11 vols., Rome: Edizione di Storia e letteratura, 1955-1992, 其中汇集了他有关古典学和古典学术史的论文。

[③] 生活·读书·新知三联书店 1960—1961 年出版中译本。

迁与奴隶制的发展。但苏联古史学仍与西欧学术界保持着良好的交流，并且继承了俄罗斯的史学传统，注重资料建设和学术史研究。60年代以降，随着政治的宽松，苏联学者广泛开展了对古代世界社会经济史的研究，科谢连科（Г. А. Кошеленко）、林茨曼（Я. А. Ленцман）、格鲁巴错娃（Е. С. Голубоцова）、科洛鲍娃（К. М. Колобова）、安德列耶夫（Ю. В. Андреев）等在古代希腊史研究中发挥了突出的作用。同时，苏联学者广泛开展了对古代城邦形成、危机问题的研究，并取得了显著成果。他们大多把奴隶制当作古代社会的一个有机组成部分，将城邦既作为社会政治体系，又作为社会经济体系来对待，视角独特，见解独到。不少著作，如林茨曼关于荷马与迈锡尼时代希腊奴隶制，安德列耶夫、格鲁巴错娃等关于城邦危机，马林诺维奇（Л. П. Маринович）关于希腊化史的著作，在西方学术界颇有影响。① 苏联学者的一些著作还被译成德、法、意等文字出版。在1975年《阿瑞图萨》（Arethusa）杂志关于马克思主义与古典学关系的讨论中，有关苏联与东欧史学的回顾占有突出地位。

苏联学者继承了19世纪俄罗斯的史学传统，对黑海周边地区希腊人的城邦、草原游牧部落如西徐亚人与古典世界的关系、黑海与南俄地区的考古等十分重视，出版了一大批有很高学术价值的著作。

东欧的古典学术研究深受苏联史学研究的影响，大多坚持五

---

① 关于苏联古史学的发展，见晏绍祥：《古典历史研究发展史》，华中师范大学出版社，1999年版，第298—307页；В. И. Кузищин, ред., Историография Античной Истории, Москва: Вышая Школа, 1980, pp. 325-372。

种生产方式理论，把古代希腊社会作为奴隶占有制的社会形态。在东欧众多的古希腊史研究者中，捷克斯洛伐克的奥利瓦（Pavel Oliva）和德意志民主共和国的威斯科普夫（E. C. Welskopf）影响较大。奥利瓦写有一系列古希腊史著作，其《斯巴达及其社会问题》[①]尤其得到东西欧学者的一致好评。作者并未完全按年代顺序叙述斯巴达的历史，而是分专题讨论了斯巴达历史上的一些重要问题，严格限于使用同时代的材料。他认为斯巴达制度大体形成于公元前6世纪，其制度的基础是黑劳士制度。威斯科普夫曾研究过亚细亚生产方式，她主编的《希腊城邦》有4卷，系统讨论了希腊城邦的特点、兴衰、社会经济与政治体制等各方面的问题，几乎相当于城邦研究的百科全书，在东、西欧都有巨大影响。

五、最近 40 年的进展

进入20世纪80年代以后，西方史学界在继续从事某些传统项目研究的同时，注意拓宽研究领域，开掘新的资料，使古希腊史研究向深度和广度进军，呈现某些新的特征。

20世纪80年代以来古史学界对历史文献及资料的整理高度重视，表现为对史学史研究的加强和专题性资料集的出版。希罗多德、修昔底德等的著作当然受到较多的关注。在希罗多德研究中，首先需要提及的是意大利学者阿谢利（David Asheri）等人对希罗多德著作的注释和英国学者斯科特（Lionel Scott）对希罗多德

[①] Pavel Oliva, *Sparta and Her Social Problems*, Prague: Academia, 1967.

著作第 6 卷的注疏①。虽然一般不会有读者把一种注疏从头到尾全部读完，尤其是当注释中出现大量参见，而且对某些问题的讨论似乎相当繁杂之时，但正如霍恩布洛尔在为自己给修昔底德所做的注疏中所说，因为在注疏中既需要对某个古典作家整个的作品做通盘了解，还要说明后来的研究者们在相关问题，包括文本校勘和翻译上的各种观点，因而注疏是一项异常繁难的艰苦工作。但对于读者理解某个篇章、段落或字词而言，知道人们对某句话有些什么观点，为什么会有这种观点，仍然是绝对必要的。② 就注疏希罗多德的著作来说，还有一个特殊的需求：对历史之父著作的系统注疏，仍然只有 20 世纪初豪（W. W. How）与威尔斯（J. Wells）两卷的《希罗多德注疏》③，限于当时的条件，注疏不仅简单，而且很多观点已经过时。阿谢利的注疏最初以意大利语出版，属于瓦拉（Valla）希罗多德注释丛书，是豪与威尔斯以来第一次有人试图全面整理有关希罗多德文本阐释与历史探究等的综合性著作，使相关注疏跟上了 20 世纪以来希罗多德研究的发展。在默里的组织下，该书第 1—4 卷的英译本由牛津大学出版社出版。斯科特的注释只涉及第 6 卷，而且更关注对历史问题的讨论。此外，两书都在导言中对希罗多德写作的一般问题，在正文或附录中对诸多希罗多德涉及的具体问题做了深入细致的讨论。

---

① David Asheri, Alan Lloyd and Aldo Corcella, *A Commentary on Herodotus Books I-IV*, Oxford: Oxford University Press, 2007 (reprinted 2011); Lionel Scott, *Historical Commentary on Herodotus Book 6*, Leiden: E. J. Brill, 2005.

② Simon Hornblower, *A Commentary on Thucydides*, Vol. ii, Oxford: Clarendon Press, 1996, pp. 2-3.

③ W. W. How and J. Wells, *A Commentary on Herodotus*, 2 vols., Oxford and New York: Oxford University Press, 1912 (reprinted 1990).

对希罗多德的研究，自 20 世纪 80 年代以来也明显有所加强。1982 年，哈特（John Hart）的《希罗多德和希腊史》[1] 出版。它并未谈论希罗多德著作的创作、结构等问题，而是选取希罗多德涉及的一些人物、事件，讨论希罗多德对他们的态度，以揭示希罗多德个人观点对其叙述的影响。伊文斯（J. A. S. Evans）的《希罗多德，过去的探索者》[2] 由 3 篇论文组成，分别探讨了希罗多德与其时代的关系和史学方法，对希罗多德搜集史料的方法给以很高的评价，甚至认为希罗多德关于居鲁士的描写开历史人物传记的先河。巴克（E. J. Bakker）等主编的《博睿希罗多德指南》[3] 近 700 页，从各个方面探讨了有关希罗多德的问题。唐纳德·拉特内（Donald Lateiner）的《希罗多德的史学方法》[4] 厚达 300 余页，是有关希罗多德著作中少见的大部头作品，罗列了他搜集铺陈史料、提出见解的各种方法，其中当然不可避免地涉及《历史》的结构、对事件的处理手法等传统问题。在这些综合性研究之外，希罗多德与宗教、神谕、书写方式等诸多方面的问题，也都受到不同程度的关注。《博睿希罗多德指南》[5] 多少体现了希罗多德研究百花齐放的局面。该书分为 5 大部分，分别是"希罗多德及其作品""希罗多德和他的世界""作为叙事作品的希罗多德""历史方法"和"希罗多德与民族学"。如果说前两个部分比较传统，那么将希罗多德作为一个叙事作品讨论其叙

---

[1] John Hart, *Herodotus and Greek History*, London: Croom Helm, 1982.

[2] J. A. Evans, *Herodotus, the Explorer of the Past*, Boston: Twayne Publishers, 1982.

[3] E. J. Bakker, I. J. F. de Jong and Hans van Wees, eds. *Brill's Companion to Herodotus*, Leiden: E. J. Brill, 2002.

[4] Donald Lateiner, *The Historical Method of Herodotus*, Toronto and London: University of Toronto Press, 1989.

[5] Egbert J. Bakker, Irene J. F. de Jong and Hans van Wees, eds., *Brill's Companion to Herodotus*.

事建构,以及最后一部分的民族性,应当是相当晚近的题目。即使是历史方法部分,所讨论的问题也都是新的,涉及希罗多德的真理观念、希罗多德作品中的时间等。对这个部分,或许与20世纪90年代以来西方学者对族群兴趣的恢复和族群研究的兴起不无关系,其代表当然是法国学者阿赫托戈(Frangois Hartog)。他的《希罗多德的镜子》①不是如传统看法,把希罗多德的作品作为两个独立的部分——波斯战争前的部分和波斯战争本身——对待,也不是去考察希罗多德的哪些记载可靠,哪些记载不可靠,或者属于时代误置,而是严肃地把《历史》作为一部完整的作品对待。他特别注意到希罗多德有关波斯远征斯基泰和希波战争中希腊人行动之间的类似,因而把斯基泰人作为某种程度的希腊人,或者只有雅典人变成某种程度的斯基泰人,才有可能击败波斯入侵。这样的处理可谓大胆,或许过度解读了希罗多德。不仅因为希罗多德居然把他心目中最聪明的雅典人比喻为蛮族,或者某种程度上的蛮族,而且在这样的框架下,希罗多德不再是一个有闻必录、不表达自己观点的记事者,而是一个有着宏大构想、精心创作自己作品的思想者。阿赫托戈还指出,希罗多德通过希腊人的眼光(镜子)构建了他见到的那个世界的秩序,将其置于希腊人的知识框架之下,同时构建了希腊人自己过去的秩序,借此他也成了后世希腊人的镜子。新世纪以来对希罗多德的各种解读,特别是从希罗多德著作中读出微言大义的学者们,不知面前是否都摆着阿赫托戈的镜子?

---

① Francois Hartog, *The Mirror of Herodotus: The Representation of the Other in the Writing of History*, translated by Janet Lloyd, Berkeley and Los Angeles: University of California Press, 1988. 中译本为《希罗多德的镜子》,闫素伟译,中信出版集团,2020年版。

对修昔底德的研究近 40 年似乎进入了它最繁荣的时期。关于修昔底德的著作实在可以用汗牛充栋来形容，因此这里只能选择性地列举数种。继戈麦的巨著出版后，牛津大学的霍恩布洛尔又出版了他 3 卷的《修昔底德注疏》①。在此之前，霍恩布洛尔已经出版了他的《修昔底德》。他采用英国学者的常规路径，对修昔底德的生平、著作每卷的情况，都做了基本说明。正是在那部著作中，他指出了修昔底德写作中的主观性或者选择性。在完成注疏过程中，他抽出时间写出了《修昔底德与品达》，证明修昔底德不但了解品达及其诗歌，而且在写作中，尤其是在公元前 420 年奥林匹克赛会的描写中，有意与品达的诗歌互文②。在他看来，整部伯罗奔尼撒战争史都有点体育竞赛的意味。这些前期的准备，使霍恩布洛尔的注疏足以代表世纪之交修昔底德研究的水平。虽然他的注疏不及戈麦之作详尽，但运用了最近的研究成果，尤其考虑到戈麦第 1 卷出版于 1945 年，距今已 70 余年，最后一卷出版至今也已逾 50 年，学术界的确需要一部新的注疏，以使修昔底德的综合研究可以跟上相关领域的进展。如同一般的注释一样，对于与修昔底德相关的一些具体问题，如希罗多德与修昔底德的关系、修昔底德的演说词、第 5 卷第 25 章之后的写作年代、西西里远征的具体问题，以及最后一卷与前 7 卷的关系等，霍恩布洛尔都做出了新的探讨。

与修昔底德有关的其他方面也都得到不同程度的注意。康纳

---

① Simon Hornblower, *A Commentary on Thucydides*, 3 vols., Oxford: Oxford University Press, 1991-2008.

② Simon Hornblower, *Thucydides*, Baltimore: Johns Hopkins University Press, 1987; *Thucydides and Pindar: Historical Narrative and the World of Epinikian Poetry*, Oxford: Oxford University Press, 2004.

（W. R. Connor）的《修昔底德》①带有强烈的现实关怀。他首先谈到了研究修昔底德的现实意义，之后按专题讨论修昔底德与希罗多德、智者派的关系，演说词的真实性，对资料的选择、使用等理论色彩较浓的问题。《博睿修昔底德指南》共分三部分：第一部分为有关修昔底德的背景和观念，例如他对民主和寡头制度的看法，对领袖、大众的评价等；第二部分专论修昔底德的创作艺术，涉及修昔底德的演说、叙事、战争描写等一般问题；第三部分多少反映了后现代的影响，重点探讨修昔底德著作与其他资料的关系，特别是对修昔底德写作的客观性提出了质疑。②

修昔底德的其他方面也陆续有著作出版，文献学家、政治学家、国际关系学家、历史学家、哲学家等，无不希望从修昔底德那里获得某些启示，而许多启示到底是属于作者，还是属于修昔底德，都不太容易分辨。无论如何，这些著作都从不同侧面推进了我们对修昔底德的理解，也让修昔底德变得更加多样化。全部列举相关著述，既无必要，也严重超出了本书的目的，这里只能简要提及若干笔者碰巧发现的著述。从文献学研究修昔底德的传统在21世纪得以延续。除前已提及的霍恩布洛尔的注疏外，还有诸如拉罗（Jean Lallot）等编辑的论文集《修昔底德著作中历史性的当下：语义学与叙事的功能》、罗林斯三世（Hunter R. Rawlings III）的《修昔底德著作的结构》、特萨马基斯（Antonis Tsakmakis）和塔米奥拉基（Melina Tamiolaki）编辑的《文学与历史之间的修昔

---

① W. R. Connor, *Thucydides*, Princeton: Princeton University Press, 1984.
② Antonios Rengakos and Antonios Tsakmakis, eds., *Brill's Companion to Thucydides*, Leiden and Boston: E. J. Brill, 2006.

底德》^①等；把修昔底德作为哲学家和政治学家对待的，如斯塔尔（H. -P. Stahl）的《修昔底德：人在历史中的地位》、尼科尔斯（Mary P. Nichols）的《修昔底德与追求自由》、克拉尼（Gregory Crane）的《修昔底德与古人的单纯：政治现实主义的极限》[②]等；国际关系学界一直注意修昔底德，现实主义学派如摩根索（Hans J. Morganthau）等尤其关注修昔底德，美国国务卿马歇尔（George C. Marshall）曾经认为，不阅读修昔底德的著作，就无法理解他那个时代的国际关系。哈佛大学教授艾利森（Graham Allison）抛出所谓"修昔底德陷阱"后，国际关系学界对《伯罗奔尼撒战争史》更加关注，除艾利森本人的《注定一战》外，托尔（Christian R. Thauer）和温特（Christian Wendt）的《修昔底德与政治秩序：秩序概念与伯罗奔尼撒战争史》、哈洛（Katherine Harloe）和莫勒（Neville Morley）编辑的文集《修昔底德与现代世界》[③]等，也都试图从修昔底德那里抽取现代国际关系准则，或者寻求修昔底德在现代世界的影响。但

---

① Jean Lallot et al., eds., *The Historical Present in Thucydides; Semantics and Narrative Function*, Leiden and Boston: Brill, 2011; Hunter R. Rawlings III, *The Structure of Thucydides' History*, Princeton: Princeton University Press, 1981; Antonis Tsakmakis and Melina Tamiolaki, eds., *Thucydides between History and Literature*, Berlin and Boston: De Gruyter, 2013.

② H. -P. Stahl, *Thucydides: Man's Place in History*, Swansea: The Classical Press of Wales, 2003 (originally published in German in 1966); Mary P. Nichols, *Thucydides and the Pursuit of Freedom*, Ithaca and London: Cornell University Press, 2015; Gregory Crane, *Thucydides and Ancient Simplicity: The Limits of Political Realism*, Berkeley and Los Angeles: University of California Press, 1998.

③ 汉斯·摩根索：《国家间政治：权力斗争与和平》，徐昕、郝望、李保平译，北京大学出版社，2006年版；Graham Allison, *Destined for War? Can America and China Escape Thucydides's Trap?* Boston and New York: Houghton Mifflin Harcourt, 2017; Christian Thauer and Christian Wendt, eds., *Thucydides and Political Order: Concept of Order and the History of the Peloponnesian War*, New York: Palgrave MacMillan, 2016; Katherine Harloe and Neville Morley, *Thucydides and the Modern World*, Cambridge: Cambridge University Press, 2012。

是，正如兰登曾指出的，所谓现实主义国际关系理论，是霍布斯以及随后的国际关系理论影响的结果。而我们之所以如此认识伯罗奔尼撒战争，恰恰是因为修昔底德希望我们那样认识。① 在如此一片喧嚣之中，连对修昔底德的历史解释的解释，也不免带上了浓厚的多学科特征，如亚菲的《修昔底德论战争的爆发》，以及卡根的《伯罗奔尼撒战争史》② 等，多少都受到了现代国际关系和政治学、哲学理论的影响。如今我们要做的，或许是应该回到历史学家修昔底德那里，努力去理解作为历史学家的修昔底德。

色诺芬也受到某种程度的关注。格雷（Vivienne Gray）的《色诺芬〈希腊史〉的特点》③ 从讨论色诺芬的叙述风格入手，指出色诺芬更多地模仿希罗多德，因而并非修昔底德的继承者。迪勒里（John Dillery）着重探索色诺芬与其时代的关系，强调色诺芬关心的是如何执掌霸权的问题，认为色诺芬相信虔敬是霸权的来源，雅典、斯巴达之丧失霸权，其根源就在于不够虔诚。纳东对《居鲁士的教育》所反映的色诺芬的国王、帝国观念进行了梳理④。在此基础上，格雷编辑了牛津古典研究读本中的综合性文集《色诺芬》⑤，分别从作品、与苏格拉底的关系、史学写作、《居鲁士的

---

① J. E. Lendon, "Athens and Sparta and the Coming of the Peloponnesian War", in Loren J. Samons II, ed., *The Cambridge Companion to the Age of Pericles*, Cambridge: Cambridge University Press, 2007, p. 260. 关于修昔底德陷阱问题，参见晏绍祥：《雅典的崛起和斯巴达的"恐惧"：论"修昔底德陷阱"》，《历史研究》2017 年第 6 期。

② S. N. Jaffe, *Thucydides on the Outbreak of War: Character and Contest*, Oxford: Oxford University Press, 2017; 卡根：《伯罗奔尼撒战争》，陆大鹏译，社会科学文献出版社，2016 年版。

③ Vivienne Gray, *The Character of Xenophon's Hellenica*, London: Duckworth, 1989.

④ John Dillery, *Xenophon and the History of His Times*, London: Routledge, 1995; C. Nadon, *Xenophon's Prince, Republic and Empire in the Cyropaedia*, Berkeley: University of California Press, 2001.

⑤ Vivienne J. Gray, ed., *Xenophon*, Oxford: Oxford University Press, 2010.

教育》等不同角度，对色诺芬研究做了全方位的梳理。

　　一些仅留下少数断编残简的史家也受到学者们的注意。康纳根据雅科比搜集的提奥庞波斯的残篇，认为虽然仅有 15 条记载流传下来，但涉及公元前 5 世纪希腊历史非常重要的问题，且常有与其他作家颇为不同的看法。如他提到在雅典修建城墙问题上地米斯托克利对斯巴达监察官的贿赂，还提到普拉特亚战役后希腊人宣誓时雅典人耍弄的花招，因此康纳在讨论提奥庞波斯生平与作品的基础上，将所有残篇译成英文，并结合其他作家的相关记载，探讨了与这些残篇相关的问题，并就提奥庞波斯的写作风格——好斗的控告人而非客观的记录者——做出了评述。西里普顿（Gordon S. Shrimpton）的《史家提奥庞波斯》首先讨论了提奥庞波斯的生平与著作，然后把其残篇搜集起来且加以考订；弗罗尔更愿意从公元前 4 世纪的背景来理解提奥庞波斯，为我们勾勒出一个野心勃勃、富有文学才能、有着丰富旅行经历的演说家、政治家和史学家形象①。菲利普·哈丁（Phillip Harding）近年致力于阿提卡地方史家的研究。在完成剑桥《希腊罗马史料集（二）：公元前 4 世纪》这一卷后，他先后出版了两部重要著作——《雅典的历史》和《安德罗提翁与阿提卡地方史》②。前者选译部分阿

---

① W. Robert Connor, *Theopompos and Fifth-Century Athens*, Washington D. C.: The Centre for Hellenic Studies, 1968; Gordon S. Shrimpton, *Theopompus the Historian*, Montreal: McGill-Queen's University Press, 1991; Michael Attyah Flower, *Theopompus of Chios: History and Rhetoric in the Fourth Century BC*, Oxford: the Clarendon Press, 1994.

② 菲利普·哈丁：《希腊罗马史料集（二）：公元前 4 世纪的希腊》，北京大学出版社，2014 年版；Philip Harding, *The Story of Athens: The Fragments of the Local Chronicles of Attika*, London and New York: Routledge, 2008; Philip Harding, *Androtion and the Atthis*, Oxford: the Clarendon Press, 1994.

提卡地方史有关雅典历史的记录，按照年代排列，试图拼接出雅典从王政时代到公元前4世纪的历史图景；后者属克拉伦敦古代史丛书，以阿提卡史家中非常重要的安德罗提翁为中心，在讨论他的生平、著作、风格、与阿提卡地方史家的关系等的基础上，汇集有关他的记录，以及他留下的残篇，将相关证据译成英文后再加以注释和讨论。该书不仅提供了一个重要的阿提卡地方史家的残篇与译文，而且探讨了与安德罗提翁记载有关的问题，对理解这位作家以及雅典历史，都具有重要意义。麦肯奇和莱维林-琼斯等分别整理和翻译了奥克苏云科斯的《希腊志》和克泰西亚斯的《波斯史》，并且都有大量注释说明文本的历史、校勘原则以及史料可能的价值。霍恩布洛尔的《卡地亚的希罗尼摩斯》风格与此相类似，但因希罗尼摩斯的残篇已被收入雅科比的《希腊历史残篇》中，霍恩布洛尔主要对其进行考证和梳理[①]。

阿里安的《亚历山大远征记》是古代流传下来的有关马其顿亚历山大著作中最有价值的一部，博斯华兹（A. B. Bosworth）对其做了深入研究，写出了两大卷的注疏，并撰写了《从阿里安到亚历山大》[②]的专著，指出我们同样不能忽视所谓的通俗传统。哈蒙德的《有关亚历山大的资料》[③]以文献考证为主，但像他的《希

---

① P. J. McKenchnie and S. J. Kern, *Hellenica Oxyrhynchia*, Oxford: Aris and Philips, 1988; Lloyd Llewellyn-Jones and James Robson, *Ctesias' History of Persia: Tales of the Orient*, London and New York: Routledge, 2013; Jane Hornblower, *Hieronymus of Cardia*, Oxford: Oxford University Press, 1981.

② A. B. Bosworth, *A Historical Commentary on Arrian's History of Alexander*, Oxford: Oxford University Press, 1980-1995; A. B. Bosworth, *From Arrian to Alexander*, Oxford: Oxford University Press, 1988.

③ N. G. L. Hammond, *Sources for Alexander the Great*, Cambridge: Cambridge University Press, 1993.

腊史》一样，有时并不十分可靠。普鲁塔克的《名人传》中的部分传记，如伯里克利、地米斯托克利、伯罗庇达斯（Pelopidas）、阿格西劳斯等人的传记，也有学者为其作注释，但关于《名人传》全书的详尽注疏，似尚需时日。

除传统的历史文献外，其他类型史料的研究工作也受到人们的重视，突出的例子是克尔克组织的对《伊利亚特》①的注疏。全书共6卷，出自克尔克手笔的有两卷。意大利组织了对《奥德赛》的注疏，但具有讽刺意味的是，除译者是意大利人外，担任注疏工作的竟全是英美学者。此书后被译成英文，由牛津大学出版社出版，也算是物归原主②。罗兹的《亚里士多德派的〈雅典政制〉注疏》③厚达800多页，注疏的字数超过原作几十倍之多，实际上系统地讨论了雅典从传说中的王政时代到古典时代末期的历史，被称为划时代的巨著。罗兹对《雅典政制》开头部分的失传并不感到特别可惜，认为亚里士多德在那里不过是重复了阿提卡史家一般的论调。他还否认《雅典政制》是亚里士多德本人的作品，倾向于归于亚里士多德的某个学生。《亚里士多德派的〈雅典政制〉注疏》最有价值的部分，是对雅典历史上一系列重要制度、事件等的具体讨论，并且汇集了到当时为止几乎所有重要的文献，成为研究雅典政治发展史的古代资料库与现代书目清单。波梅罗伊对色诺芬《家政论》的史料价值大加肯定，认为其"是古典时代

---

① G. S. Kirk, ed., *The Iliad: A Commentary*, Cambridge: Cambridge University Press, 1985-1993.

② A. Heubeck, M. L. West and A. Hainsworth, *A Commentary on Homer's Odyssey*, Oxford: Oxford University Press, 1988-1989.

③ P. J. Rhodes, *A Commentary on Aristotelian Athenaion Politeia*, 2nd ed., Oxford: The Clarendon Press, 1985.

雅典社会、经济和思想史最丰富的原始资料之一，包含着珍贵的信息，提出了一直存在的问题，涉及男女婚姻，内在的道德的、生理的和精神特性的家庭和公共经济的功能，乡村与城市生活，希腊奴隶制，大众信仰，教育的角色以及许多其他主题"，[1] 但该书历来遭到忽视，因此她致力于从社会和经济史角度研究这部作品，除提供英译文之外，她做了长篇注释。她的主要观点表现在长篇导言中，尤其是涉及色诺芬与苏格拉底的关系、希腊人的家庭、家庭经济状况，以及色诺芬之后《家政论》文本的流传，该书因此成为学术界研究色诺芬最重要的参考文献。

为适应大学本科与研究生学习希腊史的需要，学者们编辑了不少专题性资料集，它们中有些偏重于文献，兼及碑铭与莎草纸文献，如克劳福德和怀特海德（D. Whitehead）的《古风和古典希腊》、迪隆（M. Dillon）和加兰（L. Garland）的《古代希腊》、奥斯丁的《希腊化世界》以及巴格诺尔（R. Bagnall）的《希腊化世界》[2]等。有些则较少收入古典文献，而以碑铭、莎草纸文献为主，如剑桥大学出版社出版的《希腊罗马史料集》[3]，基本选择那些只有残篇传世的作家的作品，以及铭文和莎草纸文献。这套书附有详尽的注释和研究状况介绍，出版后广受欢迎，对中国学者也特别

---

[1] Sarah B. Pomeroy, *Xenophon Oeconomicus: A Social and Historical Commentary*, Oxford: the Clarendon Press, 1994, p. viii.

[2] M. Crawford and David Whitehead, *Archaic and Classical Greece*, Cambridge: Cambridge University Press, 1983; M. Austin, *The Hellenistic Age*, Cambridge: Cambridge University Press, 1981; R. Bagnall, *Greek Historical Documents: The Hellenistic Period*, New York: Scholar's Press, 1986; M. Dillon and L. Garland, *Ancient Greece: Social and Historical Documents from the Archaic Times to the Death of Socrates*, London and New York: Routledge, 1994.

[3] E. Badian and R. Sherk, *Translated Documents of Greece and Rome*, 该丛书先由 Johns Hopkins University Press 出版，后由英国 Cambridge University Press 出版。

实用。2014年，北京大学出版社获得版权并将已经出版的5册全部影印出版。罗兹和奥斯邦选编了公元前478—前323年间的希腊历史铭文[1]。与之前的铭文选集不同，公元前478—前404年因为雅典帝国时期铭文的大量增加，独立获得了1卷的地位；公元前404—前323年的铭文为另一卷。为方便普通读者使用，每篇铭文前有简短的说明，铭文本身借鉴了洛伊布古典文库的做法，以原文与英译文对照，译文后有对铭文内容、历史价值的详尽注释，也有对校勘的说明。它们的出版，基本取代了20世纪托德编辑的两卷的希腊铭文。罗兹和刘易斯等编辑的《希腊国家的法令》搜罗了希腊国家公布的官方法令，并有精心的考订和注疏，已成为学者们案头又一重要的工具书[2]。

在研究方法上，传统的训诂考证仍占优势。但随着古史研究的深入，社会科学的方法，如人口统计学、文化人类学、经济学、政治学的方法与概念，被广泛使用。韦伯的理想类型，年鉴学派的长时段理论，生态环境与区域性文化网络，精英与大众，政治文化，公共空间与多元主义，行为经济学与经济行为，经济平等与民主政治，庇护制政治学、经济学和社会学的概念，都在古希腊史研究中找到了用武之地，使我们对古希腊史的认识不断丰富，研究方法和手段日益多样化。[3]

---

[1] P. J. Rhodes and Robin Osborne, eds., *Greek Historical Inscriptions 404-323 BC*, Oxford: Oxford University Press, 2003; Robin Osborne and P. J. Rhodes, eds., .*Greek Historical Inscriptions 478-404 BC*, Oxford: Oxford University Press, 2017.

[2] P. J. Rhodes with the late David M. Lewis, *The Decrees of the Greek States*, Oxford: Oxford University Press, 1997.

[3] 关于现代社会科学概念与当代希腊史研究进展的关系，见 Mirko Canevaro et al., eds., *Ancient Greek History and Contemporary Social Science*, Edinburgh: Edinburgh University Press, 2018。

在众多的潮流中，马克思主义的史学方法正以其独有的魅力而越来越受到学者们的注意，其代表人物是德圣克鲁瓦、卡特里奇（P. A. Cartledge）等人。1973年，美国文献学学会举行了题为"马克思主义与古典学"的学术讨论会。1975年，颇有影响的古典学杂志《阿瑞图萨》出版了一期"马克思主义与古典学"的专号，发表了德圣克鲁瓦、卡特里奇、康斯坦（David Constant）等的系列文章，德圣克鲁瓦、卡特里奇等公开主张用马克思主义解释古代希腊历史。1981年，德圣克鲁瓦出版其力作《古代希腊世界的阶级斗争》；1979年，卡特里奇的《斯巴达与拉哥尼亚》问世。前者以理论阐述为主，后者偏重于具体的史实分析。[①] 德圣克鲁瓦全面阐述了他关于阶级、阶级斗争、马克思主义与古代历史关系的看法。他认为，既然马克思主义可以被广泛地应用于经济学、人类学、考古学、近代与中世纪史研究，马克思本人又是个合格的古典学家，就没有理由否认马克思主义对古史研究的指导作用。作为社会理论家，马克思创造的阶级、阶级斗争理论可以有效地用于古希腊史研究。他认为阶级地位是由人们的经济地位决定的，阶级斗争就是剥削及其对剥削的反抗，因此在古代希腊，奴隶与奴隶主、有产者与小所有者之间的斗争都是阶级斗争的表现，从而批判了韦尔南等人否认奴隶主与奴隶的矛盾是古代主要矛盾的观点。他搜集大量史料，论证古风时期希腊城邦中平民反对贵族的斗争、古典时代的社会冲突等，都是阶级斗争的表现，

---

① G. E. M. de Ste. Croix, *The Class Struggle in the Ancient Greek World*, London: Duckworth, 1981; Paul Cartledge, *Sparta and Lakonia, a Regional History 1300-362 B.C.*, London: Routledge and Kegan Paul, 1979（2nd edition, Routledge, 2002）.

而古典文明的崩溃，同样是因为有产阶级压迫社会大众的结果。德圣克鲁瓦论证古代的民主是小所有者借以抵抗有产者压迫的政治手段，因此民主政治遭到有产阶级的敌视，被他们借助于马其顿、罗马人的力量消灭。正是古代民主的灭亡导致了有产阶级的优势和小所有者地位的下降，最终造成了古典文明的崩溃。至于古代希腊社会的性质，德圣克鲁瓦认为，不能单纯以奴隶数量来论定，因为古代留给我们的资料根本不足以让我们计量，而应看古代希腊的有产者主要从哪个阶级手中取得剩余产品，以使自己免于为生计操心。既然希腊的有产者主要依靠剥削奴隶与非自由劳动为生，那么希腊社会可以被称为奴隶社会。

卡特里奇为德圣克鲁瓦的学生，其治学方法与学术观点都与德圣克鲁瓦有着显著的继承关系。在关于斯巴达史的一系列著作如《阿格西劳斯与斯巴达的危机》《希腊化与罗马时代的斯巴达》《反思斯巴达》[①]中，他深刻分析了斯巴达制度中存在的一系列矛盾，指出斯巴达制度、政策的核心是黑劳士制度，黑劳士与斯巴达人的矛盾构成了斯巴达历史发展的主要线索。他努力从古典文献中发掘黑劳士暴动的资料，认为斯巴达国王克莱奥麦奈斯、摄政王宝萨尼亚斯等的垮台，都与黑劳士存在一定联系。他猛烈抨击斯巴达的老人政治和寡头统治，认为斯巴达政策的相互矛盾和公元前4世纪前期霸权的垮台，都与寡头统治有关。在批判斯巴达、讴歌雅典民主制度方面，卡特里奇发挥了重要作用。

---

① Paul Cartledge, *Agesilaos and the Crisis of Sparta*, Baltimore: The Johns Hopkins University Press, 1987; *Hellenistic and Roman Sparta: a Tale of Two Cities*, London and New York: Routledge, 1989; *Spartan Reflections*, Berkeley: University of California Press, 2001.

法国古史学家加兰的《古代希腊的奴隶制》强调奴隶制构成了希腊文明的基础，没有奴隶制，就不会有希腊文明。从这一基本立场出发，他考察了奴隶在古代希腊政治、社会经济与文化中的作用。在奴隶是否构成一个独立的阶级这一点上，他的观点接近韦尔南，认为奴隶只是一个广义上的阶级，实则近似于等级，但他承认古代希腊有产者对奴隶十分恐惧，二者之间的关系十分紧张。加兰尝试从生产力的发展、社会与政治组织的构造中寻求对古代战争原因的解释，认为古代生产力的低水平让所有共同体都处于危难之中，因此需要通过战争或者进口奴隶来实现经济增长和扩大实力，"导致古代国家引入物化奴隶制并寻求统治他国的，正源自同样的冲动"。这也解释了古代战争和军事行动的频繁，以及战争对古代政治、经济甚至宗教影响的广度和深度[1]。法国其他马克思主义古史学家如维达尔-纳凯等，也都在不断推出新成果，为扩大马克思主义古史学的影响发挥了积极作用。

考古学正在经历深刻的变革。近代以来，考古学者们一直把注意力放在古代文明的中心城市或宗教圣地上，主要方法是对古代文明遗址进行发掘，寻找古代文物与遗迹。这种以发掘为主的考古学曾在历史上发挥过并且仍将发挥十分积极的作用，为古史研究提供新鲜的资料，20世纪60年代以来英国雅典考古研究院在尤卑亚岛的发掘便揭开了黑暗时代希腊史全新的一章。但不可否认的是，从

---

[1] Yvon Garlan, *Slavery in Ancient Greece*, Ithaca and London: Cornell University Press, 1988; Yvon Garlan, *War in the Ancient World: A Social History*, translated by Janet Lloyd, London: Chatto and Windus, 1976.

古代希腊历史的实际来说，这种考古学又极不公正，因为它忽视了范围更加广大的农村，而在古代，居民的绝大多数是住在农村的。正是基于上述考虑，学者们现在把眼光投向更广大的农村地区，广泛开展田野考古调查活动，一个新的领域——调查考古学随之兴起。它的主要方法是：以某一地区为中心（通常是一古代城市或圣地），组织有关专家，广泛搜集该地区内从古到今的有关资料，包括植被、土地利用、居住点、居住类型、地质、水文等地表资料，结合古代文献对其进行综合研究，参加者不但有历史、考古学者，还有地质、地理、植物学家。调查的目的，是力求得出关于某一地区历史的总体印象。在这里，我们当然不难发现年鉴学派总体史学的影响。20世纪70年代以来，英美等国的学者在这一领域作出了重大努力，并取得了一批重要成果，较著名者如宾特里夫（J. L. Bintliff）、斯诺德格拉斯指导的对贝奥提亚的调查，詹姆逊（M. H. Jameson）等领导的对南阿哥利德、凯勒（J. Kelly）在南尤卑亚的调查，英国雅典学院对拉科尼亚地区的调查等，它们都搜集了大量实物资料。

考古资料的丰富大大推动了早期希腊史和古代希腊经济史的研究。在默里的《早期希腊》中，东方化已经从一个考古学和艺术史概念变成了古希腊历史上的一个时期，后来的学者在这个领域继续开拓。瓦尔特·伯克特（Walter Burkert）先后写出了《东方化革命》和《希腊文化的东方语境》两部重要著作，强调公元前7世纪希腊文化接受的东方的影响。虽然如前所述，20世纪初期的西方学者已经意识到希腊文明接受的东方文明的遗产，但对之开展系统研究，则是最近的现象。韦斯特（M. L. West）从赫西俄德的史诗中发现了赫梯和西亚神话的痕迹;约翰·鲍德曼(John Boardman)强调希腊人是向东方学习,向西方传播;基尔克(又译柯克)也留意到希腊神话中的西亚元素;伯克特则详尽地说明了西亚神话与希腊神话的对应,还有大量东方文物在希腊世界的生根。迪芒(Nancy H. Demand)从早期地中海交往和联系出发,对希腊城邦起源于铁器时代初期孤立的共同体的理念发起挑战,认为自石器时代以来,地中海上就存在着生产资料、工具和产品的交换,航海和贸易是东地中海区居民的一个基本职业。希腊城邦的形成,与地中海地区因贸易而形成的城市化大体同步,是东地中海地区贸易发展的产物。贝纳尔把希腊文明视为东方文明的派生物固然过分夸张,所提供的证据也难以完全让人信服,所谓东地中海网络,在古代的条件下,也只能是相对联系紧密,交流程度与频率都有限,是否足以形成决定性的影响,令人怀疑,因此希腊政治思想与文化本质上还是城邦制度的产物,是希腊人在文化交流中有选择地加以吸收的结果。[1] 但主动承认东方文明的影响,并具体体现在历史叙述中,显示了西方古希腊史学术在文化

---

[1] 默里:《早期希腊》,第74—93页;瓦尔特·伯克特:《希腊文化的东方语境》,唐卉译,社会科学文献出版社,2015年版;瓦尔特·伯克特:《东方化革命:古风时代前期近东对古希腊文化的影响》,刘智译,上海三联书店,2010年版;柯克:《希腊神话的性质》,刘宗迪译,华东师范大学出版社,2017年版,第261—282页;佩里格林·霍登和尼古拉斯·珀塞尔:《堕落之海:地中海史研究》,上下册,吕厚量译,中信出版社,2018年版;M. L. West, *The East Face of Helicon: West Asiatic Elements in Greek Poetry and Myth*, Oxford: Clarendon Press, 1997; John Boardman, *Greek Overseas: Their Early Colonies and Trade*, Nancy H. Demand, *The Mediterranean Context of Early Greek History*, Malden, MA: Wiley-Blackwell, 2011; Martin Bernal, *Black Athena: The Afroasiatic Roots of Classical Civilization*, 3 vols., New Brunswick: Rutgers University Press, reprinted, 2020 (first published in 1987-2006); id., *Black Athena Writes Back*, Duke University Press, 2001。关于东方化革命概念的起源及其在希腊史解释中的意义,见李永斌:《古典学与东方学的碰撞:古希腊"东方化革命"的现代想象》,《中国社会科学》2014年第10期。

帝国主义问题上最重要的进步。

希腊城邦起源研究直接受到考古资料解释的影响。早在1980年，斯诺德格拉斯已经根据他对考古资料的理解，提出公元前8世纪是古希腊历史上一个剧变时代的看法，认为那个世纪人口的剧烈增长引起了急剧的社会变革以及城邦的形成。此后，莫里斯根据考古资料，虽然否认了人口急剧增长的理论，但从墓葬的习俗中发现了希腊人的所谓"强有力的平等原则"，其《墓葬与古代社会：希腊城邦的兴起》基本循此思路推进，将希腊城邦的起源上溯到迈锡尼文明灭亡后到荷马时代的转变时期。迪金森、科德斯瑞和斯诺德格拉斯等完全依赖考古材料，重建了希腊从青铜时代到铁器时代的转变；托马斯和科南特则根据墓葬和定居点资料，一步步追溯了希腊城邦从公元前1200年左右尼科利亚等小定居点到公元前700年左右的雅典逐步兴起的过程；奥斯邦和霍尔的古风时代希腊史，也基本循着年鉴学派长时段的路径，尝试建构早期希腊城邦平等者共同体逐步形成的过程。[1] 相较于伯里和哈蒙德等对早期希腊史的叙述，在当今的早期希腊史的史料基础中，

---

[1] Anthony Snodgrass, *Archaric Greece: The Age of Experiment, Archaeology and the Rise of the Greek State*, Cambridge: Cambridge University Press, 1977; *Archaeology and the Emergence of Greece: Collected Papers on Early Greece and Related Topics*, Edinburgh: Edinburgh University Press, 2006; Ian Morris, *Burial and Ancient Society: The Rise of Greek City-State*, Cambridge: Cambridge University Press, 1987; *Archaeology as Cultural History: Words and Things in Iron Age Greece*, Oxford: Blackwell Publishing, 1991; Oliver Dickinson, *The Aegean from Bronze Age to Iron Age*; Carol G. Thomas and Craig Conant, *Citadel to City State*; Francois de Polignac, *Cults, Territory, and the Origins of the Greek City-State*, translated by Janet Lloyd, Chicago and London: The University of Chicago Press, 1995 (original French edition published in 1984); Lynette G. Mitchell and P. J. Rhodes, eds., *The Development of the Polis in Archaic Greece*, London and New York: Routledge, 1997; Robin Osborne, *Greece in the Making 1200-479 BC*; Jonathan M. Hall, *A History of the Archaic Greek World ca. 1200-479 BCE*.

考古材料至少占了半壁江山，在黑暗时代希腊史研究中，考古材料发挥了决定性作用。

经济史研究中，最明显受益于考古学的是农业史研究。先有加恩西关于古代粮食生产的研究，继之奥斯邦、伊萨格尔、加兰特（Thomas Gallant）等纷纷加入，到20世纪90年代初形成一个农业史研究的高潮。正如美国学者范安德尔（T. H. van Andel）《在卫城之外》①指出的那样，过去人们关注的只是希腊人的文化成就——巍峨的建筑、精美的艺术、优美的文学作品，这些方面固然让人叹服，可人们不应忘记的是：高级文化并不能单独存在，无论是商人、手工业者，还是艺术家、哲学家、诗人，首先都必须有吃的，城市依赖于农村而存在，所以20世纪80年代以来农业史研究的兴盛，正好反映了人们对希腊史认识的加深。随着农业史研究的开展，以前不太为史学家注意的一些史料，如亚里士多德的《动物学》、提奥弗拉斯图的《植物研究》等，得到较多的关注。但在农业史研究中，大体存在两个截然不同的学派：加恩西、加兰特等人借用近现代人类学的概念，认为希腊的农民，尤其是处在民主制城邦中的农民，大体免除了捐税负担，生活相对安定，经济地位相对稳定，部分人甚至有一定的储存，但就农民的生产目的来说，仍以消费而不是市场为导向，与市场的联系很少，缺少扩大再生产的动机，因而仍属传统的糊口经济（subsistence economy）；以汉松、莫里斯为代表的一批学者则认为，迈锡尼时代宫廷经济的崩溃使农民获得了解放，使他们成为自由独立的小

---

① T. H. van Andel, *Beyond the Acropolis: A Rural Greek Past*, Stanford: Stanford University Press, 1987.

生产者，古风时期农业发展的一个基本特点是家庭农场和精耕细作型农业的兴起与为市场生产的农业的产生①，正是强大的自由农阶层的兴起促使希腊政治向民主化方向转变。两种观点看似针锋相对，实则都承认了希腊文明的农本基础。

伴随着农业史研究的深入，现代化派的观点在20世纪八九十年代趋于消失，原始派的观点一度取得统治地位。但部分学者如剑桥大学的斯诺德格拉斯、卡特里奇等人，有把原始派的观点推向极端的趋势，完全否认商业、贸易在古代经济中的作用。然而正如奥斯丁指出的那样，从古风时代到公元前4世纪，希腊经济还是有所变化的。对希腊人来说，贸易是他们的文明的一部分，希腊文中关于贸易、商船一类的词汇出现得也很早。奥斯邦通过分析希腊的陶器生产和城乡关系，指出手工业者和农民的生产并不全是盲目的，而有其特定的市场和目的；戴维斯批评了芬利的某些理论，在其为新版《剑桥古代史》第五卷所写的有关雅典经济的章节中，详细叙述了古典时代雅典经济，尤其是工商业领域的重要变化。科德斯瑞指出，希腊文明的繁荣程度，与其对外贸易的发展有密切关系。

进入新世纪，贸易和货币的作用再度被人们提起。阿兰·布赫松（Alain Bresson）的《古代希腊经济的形成》是近年关于古希腊经济最有影响的综合性著作。在此前发表于中国的《历史研究》的文章中，他已经从经济角度对小额辅币在最早的希腊货币中的缺席做出了解释，认为那是出于经济节约的考虑。从经济而

---

① 参看Ian Morris, "The Athenian Economy Twenty Years after *The Ancient Economy*", *Classical Philoloogy* 89 (1994), pp. 351-366; V. D. Hanson, *The Other Greeks*, New York: Free Press, 1995.

非政治的角度说明货币问题,显示了他的基本立场。他利用新制度经济学理论,以荷马时代到公元前1世纪的爱琴海和希腊大陆为分析的中心,试图重新定位古希腊经济。该书副标题上出现了制度、市场、增长等现代经济常见的术语。第一部分的核心,是阐述克里特－迈锡尼宫廷经济崩溃导致的政治碎片化及其所带来的分配性土地所有制、低税率和市场为基础的农产品交换。第二部分的核心是市场与贸易,包括城市对市场的规范、货币与信用的地位、国际交换和贸易税收等。虽然该书忽视了非城邦地区的经济,也没有考虑到非希腊人,同时对生产的重视超过了需求,使得该书的视野受到严重限制,部分结论的说服力因此不免打了折扣,但它表明,在芬利的《古代经济》出版40多年后,古希腊经济研究似乎再度转向了贸易和市场。日裔美国学者雨宫健也表现出类似的倾向,赋予贸易和货币远较原始派更大的作用。另外一些学者走得更远。大卫·W.坦迪(David W. Tandy)认为,早期希腊历史上最重要的一个变化,是武士变成了贸易商;大卫·M.沙普斯(David M. Schaps)则强调,早期希腊经济经历了一个货币化进程,并且使得希腊社会和政治也货币化了。货币化的政治促使了平等观念的产生,成为民主的土壤;甚至农业,在阿方索·莫莱诺(Alfonso Moreno)的笔下,也仰赖于只有通过贸易才能实现:思想和物资不间断地交流,无数人员和物品在巨大空间中流动,与贸易创造的结构相比,政府、外交和军事行动等惊人地短暂。里德对海商的研究虽然重复了海商大多是外国人和穷人的原始派观点,但他也承认,雅典人充分意识到了海商的不可或缺,从而有效冲抵了对海商社会地位一般常有的鄙视①。最值得注意的是 2016 年剑桥大学出版社出版的《古代希腊经济：市场、家宅与城邦》，共分四个部分——创造市场交换的基础：国家的角色，家庭为市场生产，酒罐运输的证据，市场、商品和贸易网络。虽然该书仍不免以雅典为中心，但雅典在希腊世界的代表性地位正受到越来越多的挑战，映入眼帘的满篇的市场、贸易、贸易网络、商品，以及导言的标题"古典与希腊化时代希腊的市场"，都足以表明当今的古希腊经济研究已经在很大程度上偏离了芬利。②

有关奴隶制在希腊社会中的作用的论战也十分激烈，其争论的焦点是希腊农业在多大程度上受到奴隶制的制约。詹姆逊、芬利、德圣克鲁瓦等人都认为，在希腊农业中，至少是在有产阶级的大地产上，奴隶构成了生产者的主体。汉松认为集约化的商品性农业必须使用大批奴隶方有可能。与他们意见相反的是加拿大学者 E. M. 伍德（E. M. Wood）和英国学者奥斯邦③。伍德认为希

---

① Alain Bresson：《吕底亚与希腊铸币的起源：成本与数量》，沈扬、黄洋译校，《历史研究》2006 年第 5 期；雨宫健：《古希腊的经济与经济学》，王大庆译，商务印书馆，2019 年版；Alain Bresson, *The Making of the Ancient Greek Economy: Institutions, Markets, and Growth in the City-States*, translated by Steven Rendall, Princeton: Princeton University Press, 2016; David W. Tandy, *Warriors into Traders: The Power of the Market in Early Greece*, Berkeley and Los Angeles: University of California Press, 2001; David M. Schaps, *The Invention of Coinage and the Monetization of Ancient Greece*, Ann Arbor: University of Michigan Press, 2015; Alfonso Moreno, *Feeding the Democracy: The Athenian Grain Supply in the Fifth and fourth Centuries BC*, Oxford: Oxford University Press, 2007; C. M. Reed, *Maritime Traders in the Ancient Greek World*, Cambridge: Cambridge University Press, 2003。

② Edward M. Harris, David M. Lewis and Mark Woolmer, eds., *The Ancient Greek Economy: Markets, Households and City-States*, Cambridge: Cambridge University Press, 2016.

③ E. M. Wood, *Peasant Citizen and Slavery: The Foundation of Athenian Democracy*, London: New Left Books, 1986; Robin Osborne, *Demos: the Discovery of Claissical Attika*, Cambridge: Cambridge University Press, 1985.

腊农业以小土地所有制为主，利用奴隶的机会不多，即使是在较大的地产上，雇佣劳动的作用也十分突出。新近的研究更倾向于从地中海背景来观察奴隶制问题。刘易斯从芬利的《古代奴隶制与近现代意识形态》有关希腊和罗马才是真正的奴隶社会的基本结论出发，通过比较古代两河流域、以色列、埃及和希腊的奴隶制，认为古代经济结构的相似决定了奴隶制的普遍性，并判断斯巴达的黑劳士是奴隶而非农奴。他的结论倒是在某种程度上印证了20世纪五六十年代苏联和中国的马克思主义学者的观点。亨特也认为，奴隶制是一种残酷的制度，但在大约1000年中，它是希腊和罗马文明的核心。奴隶制的重要性，在于它与古典社会的政治、经济、文化、价值观等诸多方面存在密切的联系，并且以这样那样的方式影响了近现代的奴隶制。与芬利不同，他试图写的是奴隶制在希腊罗马世界的历史，涉及奴隶制的方方面面，包括奴隶的定义、与主人的关系、日常冲突、解放、对政治的影响、哲学家等对奴隶制的看法。在证据的使用上，他偏好同时代的史料。对于现代的学术，他则采取了类似琼斯的立场，尽量不涉及相关争论，只铺陈史料。尽管如此，在奴隶制问题上，他基本赞同了芬利关于希腊罗马社会是奴隶社会的论断。[1]

在有关希腊城邦的研究中，由丹麦学者汉森主持的哥本哈根大学城邦研究中心发挥了重要作用。该中心连续组织了一系列有关城邦的学术研讨会，出版了一大批论文集。值得注意的是，

---

[1] David M. Lewis, *Greek Slave Systems in Their Eastern Mediterranean Context, c. 800-146 BC*, Oxford: Oxford University Press, 2018; Peter Hunt, *Ancient Greek and Roman Slavery*, Chichster: Wiley Blackwell, 2018.

汉森努力把希腊城邦放在世界历史的范围内进行透视，揭示希腊城邦的特点，研究范围较过去大有扩展。中世纪意大利的城市国家、非洲某些地区的城市国家，都被作为比较或参照对象。城邦研究中心完成了一批规模宏大的项目。最为人推崇的，无疑是《希腊城邦志》①。该书不仅包括有关城邦特征的一般论述，而且对每个出现于历史文献和铭文中的城邦进行研究。根据该书的统计，希腊大小城邦有 1500 余个。对于这 1500 余个城邦，汉森组织力量，为每个城邦写了简史，使该书成为难得的工具书。

对城邦内部的制度及其运作机制，学者们的认识也在深入。拉夫劳勃（Kurt A. Raaflaub）主编的论文集《民主政治 2500 周年？问题与挑战》《希腊城邦与民主的发明》和《古代希腊民主的起源》触及民主政治形成的一些关键问题。② 有意思的是，在雅典民主到底起源于何时的问题上，华莱士（Robert W. Wallace）、奥伯、拉夫劳勃和埃德（Charles Eder）四位作者竟然提出了四个完全不同的年代。华莱士认为，希腊城邦的民主性质从城邦起源时就已经具备，梭伦改革本就是民主的产物；奥伯一如既往地强调克里斯提尼行动的革命性质，尽管他认为，革命的动力来自普通的雅典公民；拉夫劳勃更重视水师对民主精神的培养，认为埃菲阿尔

---

① Mogens Herman Hansen and Thomas Heine Nielsen, eds. *An Inventory of Archaic and Classical Poleis*, Oxford: Oxford University Press, 2004.

② Ian Morris and Kurt A. Raaflaub, eds., *Demcoracy 2500? Questions and Challenges*, Duque: Kendall/Hunt Publishing Company, 1998, pp. 11-138; Johann P. Arnason, Kurt A. Raaflaub, eds., *The Greek Polis and the Invention of Democracy: A Politico-Cultural Transformation and Its Interpretation*, Malden, MA: Wiley Blackwell, 2013; Kurt A. Raaflaub, Josiah Ober and Robert W. Wallace, *Origins of Democracy in Ancient Greece*. 请见晏绍祥：《雅典民主政治发端之论争》，《武汉大学学报》2019 年第 1 期。

特改革才是雅典民主诞生的标志；埃德的观点最为特殊，认为直到公元前 403 年雅典人彻底确立法治，贫富公民在城邦中实现和平共处后，民主政治才最终形成。有关民主起源的观点所以如此多样，主要原因或许在两个方面：第一，雅典民主政治的形成并无理论铺垫，它是一个自然历史过程，过程中的任何一个关键节点都可能被视为民主的起点；第二，无论学者们表现得多么客观，也无论他们如何尽力争取客观，但每个学者都是生活在现实中的人，心目中都有自己特殊的民主政治模型，当他们把自己的理念投射到雅典具体的历史中时，出现分歧成为必然。在《透过古代希腊重新思考革命》一书中，奥斯邦指出，在格罗特、沃克（Henry Walker）、希特内特（Charles Hignett）和罗兹等不同时代的学者那里，因为每个人的经历和看法不同，雅典民主形成的年代也随之出现了变动。他对革命的回顾，正说明了学者们个人的立场与学术观点之间的联系。在该书中，其他作者分别探讨了古希腊在艺术、宗教、哲学、医学等领域的"革命性"变革。贝克（Hans Beck）主编的《古代希腊政府指南》[①] 分为 7 个部分，主要是希腊城邦化中出现的不同政体及其运作，但也触及城邦之外的政体运作，如近邻同盟、联邦政府、城邦间关系等。对城邦政府内部的构造，诸如法律和立法，不同部门之间的制衡，公共论辩的作用，政府与教育、战争、宗教之间的关系，以及希腊人关于政府的思考等，也都有专题论及。希腊人的联邦主义尤其引起了学者们的兴趣。[②]

[①] Hans Beck, ed., *A Companion to Ancient Greek Government*, Malden, MA: Blackwell Publishing, 2013.

[②] Hans Beck and Peter Funke, eds., *Federalism in Greek Antiquity*, Cambridge: Cambridge University Press, 2015.

这个自拉尔森以来不断引起争议的概念，也已经大为扩展。希腊人的同盟，如埃托利亚同盟和阿凯亚同盟等固然仍占据显著位置，但一些边远地区的联合，例如克里特人、卡尔奇狄斯人、摩罗西亚人和伊庇鲁斯人的联盟，因为地区史研究的深入，情况日渐明朗。联邦的经济、法律基础和内部冲突的解决，也获得了专门研究。希腊城邦形态的多样性以及城邦政体多样化的尝试，的确使希腊世界成为所有政治制度的试验场，为希腊人和当代人的政治思考，不断提供着养分十足的物料。

随着历史研究的深入，学者们的眼光随着考古的发展，逐渐转向雅典、斯巴达之外的其他地区。卡特琳·摩根（Cathrine Morgan）以阿卡地亚为中心，分析了早期希腊国家中的非城邦类型，主要是 ethnos 的类型，并对其内部结构和运作机制进行了探讨①。布罗克（Roger Brock）和霍德金森（Stephen Hodkinson）则在他们主编的论文集中，分析了非雅典类型的政治制度，其中包括民主和非民主的类型；罗宾逊（Eric W. Robinson）对雅典之外的早期民主政治，如昔兰尼、迈加拉、萨摩斯、克俄斯等做了深入研究；拉夫劳勃等人编的论文集，虽然注意力仍在雅典，但强调了古风时代希腊城邦发展中的平等趋势，其重点已经转向平等和人民的权力等更具体的层面。② 罗宾逊承认，在众多所谓的这

---

① Catherine Morgan, *Early Greek States beyond the Polis*, London and New York: Routledge, 2003.

② Roger Brock and Stephen Hodkinson, eds., *Alternatives to Athens: Varieties of Political Organization and Community in Ancient Greece*, Oxford: Oxford University Press, 2000; Eric W.Robinson, *The First Democracies: Early Popular Government outside Athens*, Historia Einzelshriften, Heft 107, Stuttgart: Franz Steiner Verlag, 1997; Kurt A. Raaflaub, Josiah Ober, and Robert W. Wallace, eds., *Origins of Democracy in Ancient Greece*, Berkeley and Los Angles: University of California Press, 2007.

些早期民主政治中,大量的只是具有这样那样的民主因素,与雅典式民主相去甚远。有些地区因为缺乏资料,无法得出确定的结论,但所有这些研究在凸现雅典民主典型性的同时,也让我们注意到希腊城邦与非城邦、民主和非民主等多种国家与政治体制类型的存在。一些重要的城邦,例如科林斯、迈加拉、阿尔戈斯、西居昂、萨摩斯、忒拜、埃里特里亚、西西里和南意大利的某些城邦,都有学者写出了专门的历史著作。① 特别值得提及的是意大利学者近年对于南意大利希腊人城邦的研究,揭示出希腊人与当地居民、以及早期罗马历史中希腊因素与罗马因素相互作用的复杂图景,对认识希腊世界历史的统一性与多样性,突破雅典和斯巴达中心,无疑具有积极意义。在通史类著述中,雅典和斯巴达固然仍占据突出地位,但其他地区的希腊人正受到越来越多的关注。

地区史研究的深入,促进了通史类著作的变革。霍恩布洛尔的《希腊世界》②一书,就不再以雅典为中心,而分地区对希腊世界的历史发展进行概述,充分体现了希腊历史多中心的特征;《剑桥古代史》第二版第六卷也不再像第一版那样,把马其顿的崛起作为中心,而特意辟出三分之一左右的篇幅,用于叙述小亚细亚、埃及、南意大利、西北希腊、色雷斯、黑海周边地区国家形

---

① 这类著作不少,这里只能有选择地列举数种。Keith G. Walker, *Archaic Eretria: A Political and Social History from the Earleist Times to 490 BC*, London and New York: Routledge, 2004; J. B. Salmon, *Wealthy Corinth: A History of the City to 338 BC*, Oxford: Clarendon Press, 1984; Graham Shipley, *A History of Samos 800-180 BC*, Oxford: Clrendon Press, 1987; Alan M. Greaves, *Miletos: A History*, London and New York: Routledge, 2002.

② Simon Hornblower, *The Greek World, 479-323 B.C.*, London and New York: Routledge, 2002, third edition (first published in 1983).

态的发展，埃托利亚同盟、阿卡地亚同盟等希腊本土的所谓边远地带，也获得了更多的关注。这些地区的希腊人出现在历史中，不仅揭示出希腊世界更复杂、多彩的画面，直接挑战了公元前 4 世纪城邦衰落的论点，也使我们对希腊人城邦的活力、他们在政制上进行的新试验，以及这些新试验对马其顿崛起的影响，有更加全面和客观的认识。①

虽然雅典民主政治已经历经多代学者深耕，但最近 40 年它仍是最受关注的领域之一。1989 年以来苏联、东欧发生的巨变无疑使西方学者更加坚信他们的制度的优越性，古代的民主被无限地理想化。为纪念雅典民主诞生 2500 周年，西方学术界举行了一系列纪念活动和学术研讨会，出版了一批专著和论文集。在这些论文集中，当然有不少学者从事严肃的学术探讨，详论雅典民主与近代民主的差别、特点，但亦有些人借题发挥，通过把古代民主理想化达到其把西方民主理想化的目的，还有一些人则是想从雅典的直接民主中寻求挽救、改进西方民主的妙方。② 前述的芬利、丹麦学者汉森、美国学者奥伯等都是雅典民主研究中的活跃人物。芬利在其 1973 年出版的《古代和现代的民主政治》、1983 年出版的《古代世界的政治》中，猛烈批评了部分理论家提出的精英政治、寡头统治铁律等理论，强调了古代民主的直接参与体制对今天的积极意义。汉森的一系列著作涉及雅典民主政治的方方面面，而且非常具体，诸如雅典公民大会多少天举行一次？出

---

① 参见晏绍祥：《新形象的刻画——重构公元前四世纪的古典世界》，《历史研究》2015 年第 1 期。

② 有关情况请参看黄洋：《民主政治诞生 2500 周年？——当代西方雅典民主政治研究》，《历史研究》2002 年第 6 期。

席人数多少？如何表决？法令如何公布？演说家的数量到底有多少？民主政治治理国家的效果如何？民主与法治之间是否存在紧张关系？对于上述看似简单但很多人仍然模糊不清的问题，汉森一一以长篇论文予以回应。他特别指出，古代与现代民主之间的差别被有意无意地夸大了，因为现代科技的发展使雅典式的直接民主再度成为可能，而现代西方国家日趋严格的移民法规正创造着大批近似于雅典外邦人的居民。但在古代希腊民主对现代民主的影响问题上，汉森的立场基本是否定的。他简要追溯了中世纪和近代兴起的西方民主制度，认为从制度上看，希腊民主并无任何贡献，而且在很长时间里，西方学界和政界对于古代民主的评价都是负面的。①

圣克鲁瓦的论文集《雅典民主的起源及其他论文》在他去世多年后终于由牛津大学出版社出版。必须承认，该书体现了他治学的严谨与细致，有非常高的学术价值。尽管其中一些论文仍属笔记性质，并未发表，但对雅典历史上一些具体问题的讨论，如梭伦划分公民等级的标准、梭伦对雅典政制的变革、克里斯提尼时代雅典的政制变化，以及《雅典政制》与早期雅典历史的讨论，都富有启发性。奥斯邦的《雅典与雅典民主》并非雅典民主的历

---

① M. H. Hansen, *Was Athens a Democracy: Popular Rule, Liberty and Equality in Ancient and Modern Political Thought*, Copenhagen: The Royal Danish Academy of Sciences and Letters, 1989; *The Athenian Democracy in the Age of Demosthenes*, Oxford: Basil Blackwell, 1991; *The Athenian Ecclesia: A Collection of Articles 1976-1983*, Copenhagen: Museum Tusculanum Press, 1983; *The Athenian Ecclesia: A Collection of Articles 1983-1989*, Copenhagen: Museum Tusculanum Press, 1989; *The Tradition of Ancient Greek Democracy and Its Importance for Modern Demcoracy*, Copenhagen: The Royal Danish Academy of Sciences and Letters, 2005; *Demography and Democracy: The Number of Athenian Citizens in the Fourth Century B.C.*, Herning: Systime, 1985.

史，而是对雅典民主政治一系列具体问题的研究。奥斯邦虽然同样注意雅典民主制度和法律的方面，但从研究阿提卡乡村起家的他，对民主政治的经济和宗教方面给予了相当程度的关注。该书第二部分就以雅典民主与雅典经济为题，试图挑战芬利的农本经济模式，认为雅典富人为了支付捐献等各种开支，需要出售大量粮食和其他农产品，雅典的陶器生产，也具有一定的规模和出口导向；第四部分从帕特农神庙的雕刻中解读出雅典公民的分层，以及雅典与帝国的关系。他对一直受到诟病的雅典自愿控告人现象的解读，也是从城邦出发，强调其对维护民主政治的意义。他的基本目标，是在雅典民主政治、法律、宗教、社会、经济、文化（包括艺术）之间，建立起整体性的联系，从而揭示民主政治无所不在的影响[1]。奥伯把雅典民主政治的建立及其发展称为"雅典的革命"，其近著《雅典的遗产》更像一部政治哲学论著，涉及古典民主与当代民主的关系、雅典政策的连续性问题、民主与法制的关系问题，其中有关刺杀僭主故事的考察，综合运用了文献、碑铭和图像（包括陶瓶画）资料。[2] 罗伯兹（Jennifer Tolbert. Roberts）探讨了西方思想中的反雅典民主传统，指出在19世纪以前，雅典民主基本处在被批判的状态，黑格尔和格罗特可能是最早充分肯定雅典民主成就

---

[1] G. E. M. de Ste Croix, *Athenian Democratic Origins and Other Essays*, edited by David Harvey and Robert Parker, New York: Oxford University Press, 2004; Robin Osborne, *Athens and Athenian Democracy*, Cambridge: Cambridge University Press, 2010.

[2] Josiah Ober, *Mass and Elite in Democratic Athens*, Princeton: Princeton University Press, 1989; *Athenian Revolution: Essays on Ancient Greek Democracy and Political Theory*, Princeton: Princeton University Press, 1999; *Athenian Legacies: Essays on the Politics of Going on Together*, Princeton: Princeton University Press, 2005.

的人。① 但对民主政治态度真正的转变,需要等到第二次世界大战之后。这个事实提醒我们:当我们谈到古典传统对近代资产阶级革命及民主制度确立过程中的影响时,切不可夸大雅典民主的作用。简单地把古典传统理解为雅典民主,就更是大错特错。

20 世纪 80 年代以来,西方对雅典民主研究的一个重要趋向是揭示其具体的运行机制,涉及雅典民主政治下的政治参与、精英与大众的关系、民主与法治的关系、民主与战争的关系,以及雅典历史上的一些知名人物的生平与作为。辛克莱尔(R. K. Sinclair)的《雅典的民主和参与》从制度史的角度研究了雅典公民参与政治的各种渠道,认为公民大会、人民法庭、议事会等机构的存在,给雅典公民提供了充分行使其政治权利的机会。② 除伯里克利、地米斯托克利等大政治家之外,一大批不见诸史书的二流、三流政治活跃人物的存在,是雅典民主得以长期稳定的重要原因。奥斯邦的《德摩斯:古典阿提卡的发现》在某种意义上针对芬利的面对面社会理论而发。他指出,在雅典的制度下,"德摩斯"(dēmos)成为政治家的基地,一个人只有在自己的"德摩斯"(dēmos)中保持影响,才能争取当选官职。但雅典政治活动的中心在雅典城,他

---

① Jennifer Tolbert Roberts, *Athens on Trial: The Antidemocratic Tradition in Western Thought*, Princeton: Princeton University Press, 1994. 中译本见珍妮弗·托尔伯特·罗伯兹:《审判雅典:西方思想中的反民主传统》,晏绍祥、石庆波、王宁译,吉林出版集团有限责任公司,2011 年版。但萨克逊豪斯显然不会完全赞同罗伯兹的看法,她强调了古典时代思想家们有关民主看法的复杂性,指出希罗多德并不完全赞成民主政治,修昔底德、柏拉图等也不绝对反对民主政治,并把那些为民主辩护的学者如格罗特、琼斯、芬利等统称为"神话制造者"。见 Arlene W. Saxonhouse, *Athenian Democracy: Modern Mythmakers and Ancient Theorists*, Notre Dame and London: University of Notre Dame Press, 1996。

② R. K. Sinclair, *Democracy and Participation in Athens*, Cambridge: Cambridge University Press, 1988.

只有常居雅典，才能履行自己的义务。普通公民由于必须为生计操劳，显然难以二者兼顾，因而雅典的政治家中绝大多数是富人，富有者在雅典政治生活中始终发挥着主导作用。奥伯的主旨是探讨公元前4世纪雅典为何能在公民占有财富极不平等的情况下仍保持政治稳定的问题，认为"德摩斯"即平民政治上的优势使他们安于民主政治。① 奥斯瓦尔德（M. Ostwald）从制度史入手，分析了公元前5世纪雅典从人民主权转向法律统治的历程，认为公元前5世纪是雅典民主政治不断强化的上升过程，但公元前5世纪末，民主政治的发展引起了寡头因素的反弹以及民主政治的调整，调整的结果是公元前4世纪的雅典民主基本是法律的统治②。

然而新世纪的研究，对公元前5世纪末雅典的所谓转向法治提出了挑战，代表人物有哈里斯（Edward M. Harris）、兰尼（Adriaan Lanni）等。哈里斯以研究希腊法律史见长。他否认民主政治和法律的统治处于对立两极的看法，认为雅典人通过划分政府职能、创造相互制衡的制度，使得"两种理想携手并进，相互支持对方的目标"。在他看来，汉森等人所谓的公元前400年左右从人民主权到法律统治的转变并不存在，"相反，雅典人认为两种理想完美地相互协调。事实上，雅典人相信，民主是法治能够存在的唯一政府形式。"③ 为说明希腊法律的特点，他征引了古代西亚早期

---

① Robin Dsborne, *Demos: The Discovery of Classsical Attika*, Cambridge: Cambridge university Press, 1985.

② M. Ostwald, *From Popular Sovereignty to the Rule of Law*, Berkeley and Los Angles: University of California Press, 1986.

③ Edward M. Harris, *Democracy and the Rule of Law in Classical Athens: Essays on Law, Society and Politics*, Cambridge University Press, 2006, pp. xviii, xxi.

的法律，认为西亚法律的最大特点是，法律的制定者、执行者都是国王本人或者由他指定的官员，制定法律的目的是为了国王这个牧人能够更方便地管理他的牧放对象——臣民。梭伦则正好相反，他认为君主只能带来暴力和奴役，他也从来不把自己比喻为牧人，而是人民与贵族争端的公正仲裁者。立法的目的，是调整人民与领袖之间的关系。在他看来，早期希腊法律的共同之处，是竭力防止权力集中在某一个人或者某一集团手中，并为此制定了各种具体的规定。它们体现的是"对法律统治的信仰和对僭主的不信任。优良法制既是斯巴达人也是雅典人追求的理想，在希腊人眼中，也是这个理想把他们与非希腊人的邻邦区别开来，并帮助他们在走向波斯战争的年代里建构起他们的文化认同……但法律的统治并不是一句对社会现实毫无影响的空洞口号，相反，希腊城邦发明了许多策略将其付诸实践"。① 克利斯特（Matthew R. Christ）给自己的书取了一个夺人眼球的标题——《好讼的雅典人》②，但实际的论证却是：民众法庭的扩展和常规化，是雅典迈向民主政治的关键步骤。雅典人意识到，他们的法律可能被滥用，并为此展开辩论，但他们仍旧为自己的法律感到自豪。雅典人尽管可以随时修改法律，却一直保持着法律的稳定性，拒绝做出根本性的修订。所谓的好讼之徒（sykophant）是雅典社会运行中固有的组成部分，不应将他们单独作为一个类型并抹黑他们的工作。

---

① Edward M. Harris, *Democracy and the Rule of Law in Classical Athens: Essays on Law, Society and Politics*, p. 25.

② Matthew R. Christ, *The Litigious Athenian*, Baltimore: The Johns Hopkins University Press, 1998.

雅典法律的理念和具体执行受到罗兹等众多学者的注意[①]。过去的学者们曾认为，"雅典法庭主要是诉讼双方在审判员面前公开较量其荣誉和声望高低的论坛。根据这种看法，对诉讼者和审判员来说，最为重要的恰恰是那些看似无关的论证，案件所适用的法律反而无关紧要"。[②] 罗兹对公元前4世纪雅典诉讼演讲的分析表明："有几篇演说很大程度上专注于诉讼人作为好公民的性格，或者是作为不值得获得法庭支持的坏公民的性格，但仅有数篇……大量的其他讼词根本无此类材料。""更重要的是，如果当时提交法庭的案件是长期且复杂的争论，那演说不限于当前的案件，而是将案件置于整体的争论背景之中，被视为属于相关内容而予以接受。""总体上说，如果我们假设其论证包含更广大的背景，那雅典的诉讼人远比我们设想的更好地紧扣了主题。"[③] 兰尼从雅典法律的特性入手，认为在雅典的法律诉讼中，诉讼词"不仅包括对有关事件的完整叙述，而且包括有关争议发生的社会背景的资料，包含有关方面长久的关系以及双方之间的相互影响。"这些内容对那些不太了解法律的公民审判员来说，是做出判决的必要

[①] 雅典法律的诸多方面都受到注意，法律与暴力、法律与共同体秩序、法律审判，都有相关著作问世，这里略列举数种：David Cohen, *Law, Violence and Community in Classical Athens*, Cambridge: Cambridge University Press, 1995; Christopher Carey, *Trials from Classical Athens*, 2nd ed., London and New York: Routledge, 2012; Paul Cartledge, Paul Millet and Stephen Todd, eds., *Nomos: Essays in Athenian Law, Politics and Society*, Cambridge: Cambridge University Press, 1990; Paul Cartledge, Paul Millet and Sitta von Reden, eds., *Kosmos: Essays in Order, Conflict and Community in Classical Athens*, Cambridge: Cambridge University Press, 1998; Edward M. Harris, *The Rule of Law in Action in Democratic Athens*, Oxford: Oxford University Press, 2013.

[②] Adriaan Lanni, *Law and Justice in the Courts of Classical Athens*, Cambridge: Cambridge University Press, 2006, p. 41.

[③] P. J. Rhodes, "Keeping to the Point", in Edward M. Harris and Lene Rubinstein, eds. *The Law and the Courts in Ancient Greece*, London: Duckworth, 2006, pp. 155-156.

信息。"从现代人的眼光看,就相关性而言,雅典人在民众法庭中适用的是相当宽泛的方法。……雅典民众法庭实践最突出的特征,不是雅典人就某些具体类型证据的可接受性和相关性做出了不同于现代人的判断。更特殊的是确定证据相关性及其分量的过程。……民众法庭事实上的自由裁量权占据支配地位,但不是雅典体系中做出法律判决的唯一方式。"① 华莱士根据法庭演讲词和雅典法律的运作,对比了雅典法律和近代尤其是美国法律在设置目的上的异同,指出"雅典的法律,她的司法体系,在更广大的范围内,是她的民主,不是对国家或者人民的多数滥用权力的反应,而是对强有力的个人,包括僭主、'吞噬礼物的国王们',以及精英阶层其他成员滥用权力的反应。当变革来临时,关键问题是共同体,即组成全体的人民,得到了授权。在此背景下出现的法律,是保护共同体免受强大或危险的个人侵害的手段。"② "法律的意图是保护共同体。基于这个意图,任何对共同体有害或者有益的行为,甚至包括诉讼人祖上在军事上的英勇表现,都会被认为与案件有关。"对于那种审判员缺乏法律知识的看法,华莱士也进行了反驳:"与我们的审判员不同,绝大多数审判员因他们审理的众多案件,应当已经获得了大量的法律经验。""演说中出现的大量法律陈述,表明法庭试图根据法律进行判决。"③ 如此看来,雅典民主政治不仅不是与法治不相容,而正是因为有了法治,才得以稳定和巩固。

---

① Adriaan Lanni, *Law and Justice in the Courts of Classical Athens*, p. 74.

② Robert W. Wallace, "Law and Rhetoric: Community Justice in Athenian Courts", in Konrad H. Kinzl, ed., *A Companion to the Classical Greek World*, Oxford: Blackwell Publishing Ltd., 2006, pp. 419-420.

③ Robert W. Wallace, "Law and Rhetoric: Community Justice in Athenian Courts", in Konrad H. Kinzl, ed., *A Companion to the Classical Greek World*, Oxford: Blackwell Publishing Ltd., 2006, pp. 421-422.

雅典政治的其他方面，包括雅典民主政治与建筑艺术、战争、体育和文化等的关系，成为民主政治研究中的新宠。普利查德（David M. Pritchard）试图解释雅典一个明显的悖论：为什么民主的雅典如此青睐只有精英阶级才能从事的体育活动？他的解释是：雅典人认为，战争和体育都是一种以规则为基础的、危险的竞争活动，但体育和战争一样，都受到了神灵的保佑，因此战争中的胜利者如同体育竞技中的冠军一样，是道德上得到神灵认可的表现。雅典的战争因为下层的参与而充分民主化了，因此对体育的崇尚和对战争的参与一样，有助于精英阶级与普通公民相互和谐。这种解释是否真的是雅典人的思想，不无疑问，事实上，体育中也包含诸多与军事有关的项目。但雅典民主的发展与战争、艺术和文化的关系，值得我们进一步关注。①

雅典历史上的一些重要人物，尤其是伯里克利，在新世纪获得异乎寻常的注意。虽然《剑桥伯里克利时代指南》一书注重的真的是伯里克利时代，但是除书名外，目录中甚至未出现伯里克利的名字，只有那个时期的政治、经济、宗教、艺术和建筑，以及伯罗奔尼撒战争的爆发等，另外至少6部著述是直接以伯里克利为主题的。史蒂芬·V. 特雷西（Stephen V. Tracy）的著作最为基础，他的主要工作是搜集古代文献对伯里克利的记载，并对这些记载做出评述。伊迪丝·福斯特（Edith Forster）试图证明，修昔底

---

① David M. Pritchard, *Sport, Democracy and War in Classical Athens*, Cambridge: Cambridge University Press, 2013; David M. Pritchard, *War, Democracy and Culture in Classical Athens*, Cambridge: Cambridge University Press, 2010; D. Boedeker and K. A. Raaflaub, eds., *Democracy, Empire and Arts in Fifth Century Athens*, Washington D. C: Center for Hellenic Studies Trustees for Harvard University, 1998.

德并非伯里克利的崇拜者,更不是伯里克利战略的推崇者。通过分析伯里克利的演说以及修昔底德对战争的叙述,福斯特指出,修昔底德并不认可伯里克利的战略和对战争的判断。玛莎·泰勒(Martha Taylor)的立场与福斯特相近,认为正是伯里克利的政策导致了米洛斯对话与西西里远征,并且通过对修昔底德第8卷的分析,指出修昔底德欣赏的仍是传统的作为阿提卡城市的雅典,而非作为帝国霸主的雅典。萨蒙斯二世(Lorenzo J. Samons II)曾把伯里克利描述为一个能够操纵雅典人民意见的高手,其新书继续把伯里克利描述为一个一心使雅典强大、采取攻势政策的政治家,而修昔底德并不完全认同伯里克利的政策。泰勒更愿意相信,修昔底德的战争叙述中出现的伯里克利,即伯里克利实际执行的政策与工作,较之伯里克利的演说更加真实地反映了伯里克利的理念。迈克尔·J.维克斯(Michael J. Vickers)提醒我们注意阿里斯托芬的早期喜剧作为雅典舆论镜子的意义,认为喜剧家通过对雅典大小人物尤其是伯里克利等人的评论,确实反映了雅典人日常的政治生活与观念[1]。

斯巴达史研究受到学者们的充分重视。布拉德福德完成了重要的资料整理工作,编辑了晚期斯巴达的人物志,与1913年出版

---

[1] Loren J. Samons II, ed., *The Cambridge Companion to the Age of Pericles*, Cambridge: Cambridge University Press, 2007; Loren J. Samons II, *Peicles the the Conquest of History*, Cambridge: Cambridge University Press, 2016; Stephen V. Tracy, *Pericles: A Sourcebook and Reader*, Berkeley and Los Angeles: University of California Press, 2009; Edith Foster, *Thucydides, Pericles and Periclean Imperialism*, Cambridge: Cambridge University Press, 2010; Thomas R. Martin, *Pericles: A Biography in Context*, Cambridge: Cambridge University Press, 2016; Martha Taylor, *Thucydides, Peicles, and the Ideas of Athens in the Pelopoonesian War*, Cambridge: Cambridge University Press, 2010; Michael J. Vickers, *Pericles on Stage*, Austin: University of Texas Press, 1997.

的德国学者波拉拉（Paul Poralla）的古典斯巴达的人物志结合，形成完整的斯巴达历史人物志；英国古典学会编辑了斯巴达的资料集。① 综合性研究方面，首先需要提及《布莱克维尔斯巴达指南》。该书共分两卷：第一卷除开头有关斯巴达史料的性质和国家性质的两篇外，基本按照时代先后对斯巴达历史进行概述；第二卷是专题，主要论及斯巴达社会和文化，包括斯巴达人、庇里阿西人和黑劳士的地位，以及后世对斯巴达的研究和观照，可谓20世纪以来斯巴达研究的总结。维特比（Michael Whitby）编辑的论文集旨在展示作为一个城邦整体的斯巴达，共分六个部分，除导言外，其他包括斯巴达政府的权力、斯巴达人的世界、庇里阿西人和黑劳士、斯巴达与外部世界以及斯巴达的衰落。收入的论文，大多出自斯塔尔、德圣克鲁瓦、杜卡（Jean Ducat）和卡克威尔等名家之手，讨论的也都是斯巴达历史上的重大问题，如早期斯巴达历史的可信度、斯巴达的衰落、伯罗奔尼撒同盟的组织、斯巴达人如何控制黑劳士等，是一部较好的研究斯巴达的入门书。肯内尔的近著《斯巴达人》没有斤斤于有限史料的考证，致力于通过有关文献勾勒斯巴达的历史，他显然受到琼斯、弗热斯特和卡特里奇等批评斯巴达潮流的影响，重视黑劳士制度的作用，但也承认斯巴达制度设计的创造性。该书采用了编年与专题相结合的方式，在叙述早期斯巴达史时，成功把考古史料与传统文献结合起来。霍德金森主编的《斯巴达：比较的路径》更多地希望通过

---

① Alfred S. Bradford, *A Prosopography of Lacedaemonians from the Death of Alexander the Great to the Sack of Sparta by Alaric, A. D. 396*, Munich: C. H. Beck'sche Verlagsbuchhandlung, 1977; M. G. L. Cooley, ed., *Sparta*, London: London Association of Classical Teachers, 2017.

斯巴达与其他希腊城邦或者非希腊人国家的比较,确定斯巴达制度的特征。① 韦尔维(Karl-Wilhelm Welwei)把斯巴达作为一个大国,详细叙述了斯巴达的兴衰史。迈尔(Mischa Meier)从平民与贵族冲突的角度,探讨了公元前 7 世纪斯巴达内部政治的发展。他的观点并无特别新奇之处:斯巴达制度形成于公元前 7 世纪,到阿克曼使用"全体人民"时,暗示斯巴达的公民团体已经形成。但平民的胜利并不充分,贵族及其小团体,以及庇护制度,成为斯巴达社会的一个有机组成部分,也造成了后来贵族的强大。但他详尽梳理相关史料,尤其对提尔泰俄斯的诗歌做了非常深入的分析和讨论,从而使斯巴达制度的变革建立在更新的资料和理论基础之上。②

专门研究著作中,卡特里奇继《斯巴达与拉科尼亚》之后,完成了他在斯巴达史领域最重要的著作——《阿格西劳斯与斯巴达的危机》③。他的基本观点并无本质变化,但在该书第一部分的专题部分,他借助阿格西劳斯的经历,系统讨论了斯巴达制度的诸多方面,包括斯巴达国王的权力、教育制度、与黑劳士的关系、对外政策等几乎所有重要的方面,对斯巴达的社会和政治做

---

① Anton Powell, ed., *A Companion to Sparta*, 2 vols., Hoboken, NJ: John Wiley and Sons, 2018; Michael Whitby, ed., *Sparta*, Edinburgh: Edinburgh University Press, 2007; Nigel M. Kennell, *Spartans: A New History,* Malden, MA: Wiley-Blackwell, 2010; Stephen Hodkinson, *Sparta: Comparative Approaches*, Swansea: The Classical Press of Wales, 2009.

② Karl-Wilhelm Welwei, *Sparta: Aufstieg und Niedergang einer antiken Grossmacht*, Stuttgart: J. G. Cotta'sche Buchhandlung Nachfolger GmbH, 2004; Mischa Meier, *Aristokraten und Damoden: Untersuchungen zur inneren Entwicklung Spartas im 7. Jahrhundert v. Chr. Und zur politischen Funktion der Dictung des Tyrtaios*, Stuttgart: Franz Steiner Verlag, 2004.

③ Paul Cartledge, *Agesilaos and the Crisis of Sparta*, London: Duckworth, 1987.

了全面和彻底的批判。刘易斯在《斯巴达与波斯》① 中利用了一部分波斯文献，研究了公元前 5 世纪末到前 4 世纪初斯巴达与波斯的关系。霍德金森重在探讨斯巴达的兴衰，他承认斯巴达的衰落是其内在制度发展的必然结果，认为希波战争，尤其是伯罗奔尼撒战争中公民的大量伤亡、继承制度的变化、财富的大量流入与斯巴达制度中某些不合理部分的结合，共同促成了斯巴达在公元前 4 世纪中期的衰落。他的专著《古典斯巴达的财产与财富》② 指出，斯巴达的所谓财产公有制不过是神话，私有财产在斯巴达无疑发挥着非常重要的社会作用。鲍威尔编辑过一系列论文集，涉及斯巴达的制度及其社会的各个方面[3]，包括斯巴达人的笑、妇女与战士的身体、作为一个集体的公民、以及斯巴达在后世的影响等。拉壬比（J. F. Lazenby）是当今少有的继续为斯巴达辩护的人物之一，认为斯巴达的作为与其他希腊城邦相较，并不更为恶劣。公元前 4 世纪斯巴达之所以能保持霸权，是因为它的公民兵至少比人们通常认为的多 1 至 2 倍，贫富分化不像人们想象的那么剧烈；斯巴达的制度固然有许多缺陷，但这并不影响人们对斯巴达士兵纪律、勇敢的赞赏。④ 拉壬比的这些看法，就像 20 世纪 50 年代琼

---

① David M. Lewis, *Sparta and Persia*, Leiden: E. J. Brill, 1977.

② Stephen Hodkinson, *Property and Wealth in Classical Sparta*, London: Duckworth, 2000.

③ 如 Anton Powell, ed. *Classical Sparta: Techniques behind her Success*, London: Routledge, 1989; Anton Powell and Stephen Hodkinson, eds., *The Shadow of Sparta*, London and New York: Routledge, 1994; Stephen Hodkinson and Anton Powell, eds., *Sparta: New Perspectives*, London: Gerald Duckworth, 1999; Anton Powell and Stephen Hodkinson, eds., *Sparta beyond the Mirage*, London: Gerald Duckworth, 2002; Anton Powell and Stephen Hodkinson, eds., *Sparta: The Body Politic*, Swansea: The Classical Press of Wales, 2010 等。

④ J. F. Lazenby, *The Spartan Army*, Warminster: Aris and Phllips, 1985.

斯为雅典民主辩护一样，对批判斯巴达、把雅典民主理想化的潮流当然是一种遏制和平衡。但他似乎忽视了妇女、教育、斯巴达奇迹等经常出现的问题。

斯巴达的其他方面，例如斯巴达妇女和斯巴达法律，近来也得到关注，出版了专题著作。波梅罗伊倾向于接受古典文献传统。她通过分析海伦（Helen）、戈尔戈（Gorgo）和库尼斯卡（Cyniska）等的形象，强调斯巴达妇女的与众不同，认为她们真的掌控着斯巴达男人的命运。不过她可能忽视了最基本的事实：戈尔戈和库尼斯卡是王室妇女，不足以代表斯巴达妇女普遍的形象。斯巴达妇女相对较高的地位，在男人的权威面前仍然不值一提。妻子可以被丈夫作为交换礼物送给他人，也可以为了生育需要，与被丈夫看中的异性同居，至于妻子是否同意，并不在丈夫的考虑范围之内。麦克道威尔承认我们关于斯巴达法律的文献过于稀少，很难做出详细的解说，但有限的资料似乎表明，斯巴达在刑罚等方面与雅典或许并无本质差异，两者之间主要的区别或许在斯巴达的军事法律规范。斯巴达人的教育过去一直缺少专题性的著作，肯内尔的《美德的培育：教育与古代斯巴达文化》的核心是希腊化与罗马时代斯巴达的教育体制。他在奇利麦斯的延续派和卡特里奇的变革派之间采取中间路线，认为从希腊化到罗马时代斯巴达的教育制度经历了三个阶段的变化：色诺芬描写的那套制度到公元前3世纪已经消失，之后是克莱奥麦奈斯三世建立的新教育制度，普鲁塔克看到的教育制度是罗马时代的。他还认为，古风时期斯巴达城邦的发展本质上与其他城邦并无差异，基本赞同了公元前7到前6世纪斯巴达制度出现本质变革的观点。①

马其顿和希腊化时代的君主国在第二次世界大战前一直是人们顶礼膜拜的对象，战后这种潮流虽受到批判，但在一部分学者中仍然可以看到它的影响，哈蒙德的《马其顿的腓力浦》和《亚历山大大帝》②是这一学派的代表作。他虽然声称要尽可能地既从希腊人又从马其顿人的角度看问题，但他留给人们的印象却是：腓力浦二世继承的是个濒于崩溃的国家，正是通过他一系列天才的改革与扩张，马其顿成为欧洲最强大的国家。在欧洲历史上，没有任何一个君主曾经取得他那样大的成就。甚至腓力浦以武力完成的对希腊的征服，也被他描绘成统一希腊的努力。与其观点近似的还有埃林顿（E. M. Errington）等人。但另一方面，以博斯华兹、霍恩布洛尔为代表的新一代学者，力求把历史人物置于历史环境中考察。博斯华兹笔下的亚历山大同样会犯许多战略与政治错误，有着常人都有的缺点。根据他的看法，马其顿后来的衰落，与亚历山大过分抽调马其顿人力以支持扩张有着直接关系。霍恩布洛尔在其为《剑桥古代史》第六卷所写的结语中指出：亚历山大的向东扩张乃是历史环境作用的结果，并不完全是他本人的无限扩张欲所决定的。至于东方的希腊化浪潮，小亚细亚和塞浦路斯以及腓尼基地区在公元前4世纪之前已经开始，后续的工作则

---

① Douglas M. MacDowell, *Spartan Law*, Edinburgh: Scottish Academic Press, 1986; Nigel M. Kennell, *The Gymnasium of Virtue: Education and Culture in Ancient Sparta*, Chapel Hill and London: The University of North Carolina Press, 1995; Sarah B. Pomeroy, *Spartan Women*, Oxford: Oxford University Press, 2002.

② N. G. L. Hammond, *Philip of Macedon*, Baltimore: Johns Hopkins University Press, 1994; *The Genius of Alexander the Great*, London: Duckworth, 1997; *Alexander the Great: King, Commander and Statesman*, Parke Ridge: Noyes Press, 1981.

是亚历山大的继业者们尤其是塞琉古等的功劳。赫克尔（Waldemar Heckel）把亚历山大描写为一个实用主义者，既不认为他是盖世英雄，也不认为他是一个恶棍，而是一个有着精密计划的政客，他的某些在后人看来有些不可理喻的行动，诸如朝拜西瓦绿洲等，都有着自己的战略考量。赫克尔与特利特（Lawrence A. Trittle）合作编辑的《亚历山大大帝新历史》首先考虑的是马其顿背景，对波斯方面的行动给予了更多的注意。① 该书以"如果不是因为腓力浦，不会有亚历山大"开篇，点明了马其顿背景的重要性。另一方面，亚历山大与波斯帝国之间的继承性，也获得了更多的注意。

在希腊化史研究中，威尔、普里欧（C. Préaux）等人早在20世纪六七十年代就已指出，希腊化国家的统治者与其臣民的关系是征服与被征服、剥削与被剥削的对立关系，威尔甚至把塞琉古王国未能正确处理与东方原住民的关系当作其统一逐渐崩溃的主要原因。20世纪80年代以后，随着亚述学家加入古史研究队伍，人们对希腊化世界的认识更加全面。谢雯-怀特（S. Sherwin-White）和库尔特（A. Kuhrt）利用西亚和埃及编年史的资料，系统研究了东方的希腊化问题。② 他们指出：真正希腊化的只是少数上层分子，

---

① D. M. 刘易斯等编：《剑桥古代史·第六卷，公元前4世纪》晏绍祥等译，中国社会科学出版社，2020年版，第964—970页；A. B. Bosworth, *Conquest and Empire: The Reign of Alexander the Great*, Cambridge: Cambridge Unviersity Press, 1988; *The Legacy of Alexander: Politics, Warfare, and Propaganda under the Successors*, Oxford: Oxford University Press, 2002; Andrew Erskine and Lloyd Llewellyn-Jones, eds., *Creating a Hellenistic World*, Swansea: The Classical Press of Wales, 2011; Waldemar Heckel, *The Conquests of Alexander the Great*, Cambridge: Cambridge University Press, 2009; Waldemar Heckel and Lawrence A. Trittle, eds., *Alexander the Great: A New History*, Oxford: Blackwell Publishing Ltd., 2009。

② Amélie Kuhrt & Susan Sherwin-White, *Hellenism in the East*, London: Duckworth, 1987; Susan Sherwin-White & Amélie Kuhrt, *From Samarkand to Sardis: A New Approach to the Seleucid Empire*, Berkeley: University of California Press, 1993.

在广大的农村，仍然是东方古老的文化传统占统治地位。为了维护自己的统治，希腊化诸国更多地依赖土著贵族，希腊文化的影响仅局限于少数城市。沃尔班克的《希腊化世界》① 同样否认有统一的希腊化文化存在。刘易斯（N. Lewis）关于托勒密埃及的研究表明，希腊人与埃及人、希腊文化与埃及文化始终处在并立而不融合的状态，越是向南，越向农村深入，土著文化的影响就越大。②

希腊化史研究新趋势集中体现在新世纪以来出版的几种集体性著作中，包括奥登主编的《希腊化世界：新的透视》、布格主编的《剑桥希腊化世界指南》、法国学者查莫和罗素的《希腊化世界》、德国学者埃林顿的《希腊化史》和埃尔斯金主编的《希腊化世界指南》。这些著述各有侧重，但大多抛弃了单纯强调希腊文化传播和影响东方的单向角度，普遍注意到希腊文化与东方文化的相互作用，以及希腊人和东方原住民的相互调适③。作为例证，

---

① F. W. Walbank, *The Hellenistic World*, 2nd ed., London: Fontana Press, 1992; *Selected Papers: Studies in Greek and Roman History and Historiography*, Cambridge: Cambridge University Press, 1985; *Polybius, Rome and the Hellenistic World: Essays and Reflections*, Cambridge: Cambridge University Press, 2002.

② N. Lewis, *Greeks in the Ptolemaic Egypt: Case Studies in the Social History of the Hellenistic World*, Oxford: Oxford University Press, 1986.

③ Daniel Ogden, ed., *The Hellenistic World: New Perspectives*, London: Duckworth, 2002; Glenn R. Bugh, ed., *Cambridge Companion to the Hellenistic World*, Cambridge: Cambridge University Press, 2006; R. M. Errington, *A History of the Hellenistic World*, Oxford: Blackwell Publishing Ltd., 2008; Andrew Erskine, ed., *A Companion to the Hellenistic World*, Oxford: Blackwell Publishing Ltd., 2003; Andrew Erskine, Lloyd Llewellyn-Jones and Shane Wallace, eds., *The Hellenistic Court: Monarchic Power and the Elite Society from Alexander to Cleopatra*, Swansea: The Classical Press of Wales, 2017; Jonathan R. W. Prag and Josephine Crawley Quinn, eds., *The Hellenistic West: Rethinking the Ancient Mediterranean*, Cambridge: Cambridge University Press, 2013; Boris Chrubasik, *Kings and Usurpers in the Seleukid Empire: The Men Who Would Be King*, Oxford: Oxford University Press, 2016; G. G. Aperghis, *The Seleukid Royal Economy: The Finances and Financial Administration of the Seleukid Empire*, Cambridge: Cambridge University Press, 2004.

这里以埃尔斯金主编的《希腊化世界指南》略作说明。作者们承认，缺少系统的古代史家叙述和地域的广大及多样，是研究希腊化世界最大的障碍。该书第一和第二部分相当于政治史，概要交代希腊化世界政治的变迁和主要国家的兴衰，其中罗马的影响以及希腊化世界对罗马的抵抗得到了充分体现。此后各个部分采用专题形式，分别涉及延续与变迁、希腊人与他者、社会与经济、神与人、艺术与科学，基本覆盖了希腊化世界的各个方面，并且占了全书绝大部分篇幅，反映了这个时代多样化的面貌、成就与问题。非希腊人如犹太人、加拉泰人，希腊人的西西里和意大利地区，获得了较过去更多的重视。从史料和方法论上看，学者们更加看重考古尤其是调查考古的材料。对传统的文献，学者们也试图做出新的解释。埃尔斯金试图证明，波里比阿对罗马形象的描写，或许不像莫米利亚诺等认为的那么正面，对于罗马帝国的残暴，波里比阿通过具体的案例，多有揭露。查莫和罗素认为，希腊化时代既非衰败时代，也非希腊与罗马世界的过渡时期，而是创新与延续、追随传统与新兴趣产生、沉溺于过去却又面向未来等多种现象并存的时代。西普勒的《亚历山大以后的希腊世界》为罗特莱吉古代史丛书之一种，属教材性质，更注重叙事的全面和概括。在充分吸收前人成果基础上，他证明希腊化时代并非衰败时期，新神的引入，统治者崇拜，并不代表宗教信仰衰落；哲学玄想并非逃避，而是为公民生活提供了一个新的层面；内部冲突并未削减马其顿的稳定性；底比斯反对托勒密的起义，也不是社会不满的结果；甚至罗马的统治似乎也不那么具有灾难性。希腊化世界研究的变化，不仅与如何估价希腊人与原住民在东方诸国的地位有关，而且与如何认识罗马共和国扩张的性质紧密相关。① 同样值得一提的是卡尼奥提斯（Angelos Chaniotis）面向专业学生出版的两部综合性著作：一为《希腊化世界的战争：一部社会文化史》，一为《征服的时代：从亚历山大到哈德良的希腊世界》；前者聚焦于战争如何塑造希腊化世界的社会和文化，后者把传统的希腊化时代和罗马帝国早期打通，从一个新的视野看待这一时期的希腊化世界，具有启发性。②

希腊宗教研究一直受到西方学者的关注，近 40 年来成绩也颇不少。最重要的概论性著作应首推瑞士学者伯克特的《希腊宗教》③。它综合运用了文献和考古资料，共分七章，分别是史前史与米诺–迈锡尼时代、仪式与圣地、诸神、死者、城邦与多神论、秘仪、哲学化的宗教，可以说将希腊宗教的方方面面囊括无遗；对于希腊宗教中的东方因素，伯克特多有论述。普莱斯（Simon Price）的《古代希腊人的宗教》④ 更注意宗教与社会的联系。他比较重视希腊宗教的多样性，其书名中的宗教特意使用了复数形

---

① Francois Chamoux and Michel Roussel, *Hellenistic Civilization*, Oxford: Blackwell Publishing Ltd., 2003; Graham Shipley, *The Greek World after Alexander*, London: Routledge, 2000; Boris Chrubasik and Daniel King, eds., *Hellenism and the Local Communities of the Eastern Mediterranean 400 BCE -250 CE*, Oxford: Oxford University Press, 2017; Christopher Smith and Liv Mariah Yarrow, eds., *Imperialism, Cultural Politics and Polybius*, Oxford: Oxford University Press, 2012; Andrew Erskine, *Roman Imperialism*; Edinburgh: Edinburgh University Press, 2010; William V. Harris, *War and Imperialism in Republican Rome 327-70 BC*, Oxford: The Clarendon Press, 2006 (originally published in 1979).

② Angelos Chaniotis *War in the Hellenistic World: A Social and Cultural History*, Malden, MA: Black well, 2005; *Age of Conquests: The Greck World from Alexander to Hadrian*, Cambridge, MA: Harvard university Press, 2018.

③ Walter Burkert, *Greek Religion*, Malden, MA and Oxford: Blackwell, 1985.

④ Simon Price, *Religions of the Ancient Greekes*, Cambridge: Cambridge University Press, 1999. 中译本见西蒙·普莱斯：《古希腊人的宗教生活》，邢颖译，北京大学出版社，2015 年版。

式。除涉及伯克特讨论过的部分主题外,该书还专列诸如"权威、控制与危机""男孩与女孩、女人与男人"等专题,挖掘希腊宗教与社会的联系以及它对社会的影响。扎德曼和潘特尔的《希腊城市中的宗教》①,用该书的英译者卡特里奇的话说,具有两个重要特点:一是它的通俗易懂,一是它将希腊宗教置于城邦框架之内进行研究。布莱克维尔出版的《希腊宗教手册》②体现了希腊宗教研究上的某些新发展,其中既包含了传统的专题,如"奥林匹亚诸神、奥林匹亚万神殿"等介绍希腊神灵的内容,也出现了一些以前比较不为人注意的东西,第一部分专题讨论了希腊宗教和古代西亚、埃及宗教的关系,第五部分则讨论了雅典、斯巴达、亚历山大里亚和阿卡地亚的宗教,还有诸如"妇女、宗教与家"之类具有社会学性质的专题。关于雅典宗教,帕克的《雅典宗教史》最为系统全面。作为一部近400页的雅典宗教史,该书首先照顾到了纵向层面,按照年代顺序展示雅典宗教在公元前750年到前250年约500年间的发展和变化,但更值得注意的,是帕克对宗教与社会关系的开掘。他将宗教发展的阶段与雅典政治的变迁结合了起来,其对雅典宗教史的分期,几乎与政治史的发展同步。一般宗教著述关注的节日、献祭、崇拜场所等,在这部历史中基本被放弃。在他的另一重要著作《多神崇拜与雅典的社会》③中,传统主题获得了更多的注意。那里首先介绍了雅典从城邦到德莫

---

① Louise Bruit Zaidman and Pauline Schmitt Pantel, *Religion in the Ancient Greek City*, Cambridge: Cambridge University Press, 1989.

② Daniel Ogden, ed. *A Companion to Greek Religion*, Oxford: Blackwell Publishing, 2007.

③ Robert Parker, *Athenian Religion: a History*, Oxford: Clarendon Press, 1996; *Polytheism and Society at Athens*, Oxford: Oxford University Press, 2005.

的崇拜场所，即雅典人的活动空间；之后是全书的核心——雅典的节日庆祝活动，即对雅典最重要的节日如酒神节、厄琉息斯秘仪等的详尽介绍；最后一部分是雅典人如何尊敬神灵，以及雅典宗教的一般特点。对帕克而言，希腊宗教最大的特点，是宗教嵌入雅典社会之中，是社会秩序自身的体现和本质特点。所以他不仅叙述了城邦层面的崇拜，也留意家庭和地方性崇拜。对宗教社会性的强调，成为当前希腊宗教研究的基本趋势。此外，希腊宗教与殖民以及社会其他方面的联系，也正吸引着越来越多学者的注意。

古代种族与族群认同问题首先受到欧洲大陆学者的注意。早在1972年，德国学者穆勒（Klaus E. Müller）就出版了《古代种族与人种学理论史》的第1卷，8年后成功推出第2卷。该书对古代人种学的一般特征进行了归纳：古代人类大多将异族作为敌人对待，对异族特性的描写则多从自己的特征出发进行比较。世界被划分为"我们的"和"他们的"两个单元，对居于中心的我们来说，"他们的"世界是危险的。① 但这部著作影响不大，真正引起学者们对古代世界自我与他者认知问题注意的，可能是法国学者阿赫托戈的两部重要著作《希罗多德的镜子》和《奥德修斯的记忆》。在前一书中，阿赫托戈解读了希罗多德第4卷关于斯基泰世界的叙述，认为希罗多德通过对斯基泰世界的描述，创造了一个与希腊世界截然对立的平行世界，构成了希腊世界的

---

① Klaus E. Müller, *Geschichte der antiken Ethnographie und ethnologischen Theoriebildung*, 2 vols., Wiesbaden: Franz Steiner, 1972-1980; Inge Hofmann 的评论见 *Anthropos*, Band 68, Heft 5/6 (1973), pp. 955-958; *Anthropos*, Band 78, Heft 5/6 (1983), pp. 944-948; Fritz Geschnitzer, *Kleine Schriften*, Band 1, Stuttgart: Franz Steiner, 2001, pp. 2-23。

他者。希罗多德的著作并不像某些学者所说分为前后性质不同的两个部分,而是相互对应的两个部分。阿赫托戈的分析将希罗多德描绘的世界变成了一个自我与他者对立的二元世界。《奥德修斯的记忆》大体承续了前一书的传统,强调自我与他者的二元对立。①

阿赫托戈关于自我与他者的研究引起了广泛的注意,尤其是1989年华约突然崩塌,传统与西方相对的东方突然消失,让西方人一下失去了界定自身的对象。与此同时,伊斯兰原教旨主义的兴起,似乎又让西方找到了一个新的政治上、种族上和文化上的他者,而且需要据此重新界定自身,于是阿赫托戈的著作成为西方研究古代世界民族和文化认同的触媒。在英美学术界,较早从该角度论述希腊人与蛮族关系的,是伊迪丝·霍尔(Edith Hall)与乔纳森·霍尔等。伊迪丝·霍尔的《建构蛮族人——希腊人通过悲剧的自我界定》指出,虽然希腊人的自我意识在古风时代已经出现,但只是在经历了波斯人的入侵之后,希腊性和蛮族性才成为希腊人思想认识中的二元对立观念。在此过程中,悲剧通过

---

① Francois Hartog, *Le Mioir d'Hérodote: Essai sur la Représentation de l'Autre*, Paris: Galliamrd, 1980; 英译本:*The Mirror of Herodotus: the Representation of the Other in the Writing of History*, translated by Janet Lloyd, Berkeley: University of California Press, 1988; *Mémoire d'Ulysse: Recits sur la Frontier en Grèce Ancienne*, Paris: Gallimard, 1996; 英译本:*Memories of Odysseus:- Frontier Tales from Ancient Greece*, translated by Janet Lloyd, Edinburgh: Edinburgh University Press, 2001; 关于西方学术界对阿赫托戈研究的反应,见 *The Classical World*, Vol. 84, No. 4 (Mar. -Apr. 1991), pp. 313-314; *Classical Philology*, Vol. 85, No. 3 (Jun. 1990), pp. 217-224; *The American Historical Review*, Vol. 95, No. 2 (Apr. 1990), pp. 460-461; *JHS*, Vol. 123 (2003), pp. 217-218 等。Cristiano Grotannelli and Lucio Milano, eds., *Food and Identity in the Ancient World*, Padova: Sargon editrice e liberia, 2004; Altay Costun, Heinz Heinen, Stefan Pfeifer, *Identitat und Zugehörigkeit im Osten der griechische-romischen Welt*, Frankfurt am Main: Peter Lang, 2009.

描述蛮族特性和蛮族人，扮演了荷马和古风时代的希腊诗歌无法扮演的角色。由于悲剧既是希腊的，更是雅典的，因此悲剧中的蛮族人形象多表现出雅典人的意识形态，蛮族既与雅典敌对，也反对民主政治，进而创造出古代的所谓东方主义。乔纳森·霍尔先后出版了《古代希腊的族性认同》和《希腊性——族性与文化之间》，系统阐述了希腊人自身认同的形成和转变。总体上看，霍尔关注的既有希腊人相对于外族的认同，也有希腊人内部不同集团之间的认同。他回顾了近代以来的研究，接着根据希腊人有关内部不同集团划分的传统，以及希腊人作为希伦子孙传说的形成，指出在希腊人的族性构成中，种族的和物质的因素似乎并不占特别重要地位，所谓的种族，大多根据后来的论说虚构。他有意忽略雅典，而以阿尔戈斯地区为例，分析了当地的族性传说。就希腊人自身的认同来说，他认为经历过从早期的聚合性认同到公元前5世纪对立性认同的发展。他同时指出，从公元前5世纪以降，在构成希腊人认同的因素中，文化因素逐渐占据核心，所谓的血缘渐渐次要。[①]

两位霍尔的开创性研究，把希腊人的民族性及其与蛮族相对的特征推到了学术的前沿，并引起了英美学术界研究希腊认同问题的热潮，但也显示了有关研究多样的可能性。在马尔金（Irad Malkin）主编的论文集中，阿赫托戈倡导的自我与他者的

---

① Barry W. Cunliff, *Greeks, Romans and Barbarians: Spheres of Interaction*, New York: Methuen, 1988; Edith Hall, *Inventing the Barbarian: Greek Self-Definition through Tragedy*, Oxford: Clarendon Press, 1989; 评论见 *JHS*, vol. 111(1991), pp. 217-218; *CR*, new series, Vol. 41, No. 1 (1991), pp. 90-92; Jonathan M. Hall, *Ethnic Identity in Ancient Greece*, Cambridge: Cambridge University Press, 1997; *Hellenicity: Between Ethnicity and Culture*, Chicago: University of Chicago Press, 2002。

二元对立模式已经遭到挑战。该文集的13篇文章，虽然都承认自我与他者的对立在确定希腊人认同中的作用，但罗塞林·托马斯（Rosalind Thomas）有关希罗多德对族性认同方式的分析，得出了与阿赫托戈近乎相反的结论：对希罗多德来说，族性更多的是一个相对概念，是一个多变而且情景性的累加，而非血缘。马尔金有关伊庇鲁斯人对族性的看法，安托纳西奥（C. Antonaccio）关于西西里人认同的研究，也都表明所谓的族性认同既会随着历史的发展而演变，也会受到诸如与母邦的关系以及与原住民关系的影响。①

因族性研究的发展，新的研究领域被开拓出来，一些旧领域具有了新意义。蛮族与希腊人的关系，在新的背景下受到更多关注。同时，希腊人与罗马人的关系、泛希腊主义与对蛮族的认知、希腊族性认同与欧洲中心主义的起源、希腊神话面对不断变化的世界进行的改造，以及希腊人与波斯人的关系、希腊人对波斯人的想象与认知等，根据新的精神被重新解释。在此过程中，图像资料、悲剧等过去较少得到利用或者不太为人注意的资料，也相应获得了新的价值。科恩（Beth Cohen）主编的文集就利用雅典的陶瓶画表现的非雅典类型因素，从中分离出诸如非希腊的、非男性的、非理想的甚至非人类的因素，来解析雅典人通过这些异类形象界定自身的过程，让艺术史资料再度变成了研究族群认

---

① Irad Malkin, ed., *Ancient Perceptions of Greek Ethnicity*, Washington D. C.: Center for Hellenic Studies, 2001; Johannes Siapkas, *Heterological Ethnicity: Conceptualizing Identities in Ancient Greece*, Uppsala: Uppsala University, 2003.

同的一手资料。①

　　文艺复兴以来西方的古希腊史研究，应当说取得了很大成绩。学者们对古代的文献及其他资料进行了系统整理，积累了十分丰富的资料，在理论和方法上不断推陈出新，写出了大量卓有创见的著作。尤其是 20 世纪以来，他们几乎踏遍了希腊史的各个领域。② 这份宝贵的学术遗产，当然是我们应当尽量汲取和借鉴的。但不可否认的是，他们大多不承认马克思主义的指导，在理论和方法上并非完美无缺。一些较多地接受了马克思主义的人，也不一定就是彻底的历史唯物主义者。此外，囿于他们固有的文

---

① Beth Cohen, ed., *Not the Classical Ideal: Athens and the Construction of the Other in Greek Art*, Leiden: E. J. Brill, 2000; ; John E. Coleman and Clark A. Walz, *Greeks and Barbarians: Essays on the Interaction between Greeks and non-Greeks in Antiquity and the Consequences for Euro-centrism*, Bethesda: CDL Press, 1997; Thomas Harrison, ed., *Greeks and Barbarians*, Edinburgh: Edinburgh University Press, 2001; Lynette G. Mitchell, *Panhellenism and the Barbarian in Archaic and Classical Greece*, Swansea: Classical Press of Wales, 2007; Pericles Georges, *Barbarian Asia and the Greek Experience: from the Archaic Period to the Age of Xenophon*, The Johns Hopkins University Press, 1994; Erik Nils Ostenfeld, ed., *Greek Romans and Roman Greeks: Studies in Cultural Interaction*, Aarhus: Aarhus University Press, 2002; N. Bremmer and Andrew Erskine, eds., *The Gods of Ancient Greece: Identities and Transformation*, Edinburgh: Ediburgh University Press, 2010; Lee Patterson, *Kinship Myth in Ancient Greece*, Austin: University of Texas Press, 2010; H. A. Khan, ed., *The Birth of European Identity: The Europe-Asia Contrast in Greek Thought 490-323 B.C.*, Nottingham: University of Nottingham, 1994; Hyun Jin Kim, *Ethnicity and Foreigners in Ancient Greece and China*, London: Duckworth, 2009.

② 新世纪以来，西方学者似乎开始对过去的学术进行总结，牛津、剑桥和博睿不约而同地推出各分支领域的手册，其中牛津的布莱克维尔手册规模最大，有关古典世界历史、文学、文化的手册计划出 30 种左右，目前已经出版的近 20 种，其中与希腊史密切相关的如下：Knorad H. Kinzl, ed. *A Companion to the Classical Greek World*; Andrew Erskine, ed. *A Companion to the Hellenistic World*; Kurt A. Raaflaub and Hans van Wees, eds., *A Companion to the Archaic Greek World*; Justina Gregory, ed., *A Companion to Greek Tragedy*; Ryan K. Balot, *A Companion to Ancient Political Thought*; John Marincola, ed. *A Companion to Greek and Roman Historiography*; Daniel Ogden, ed., *A Companion to Greek Religion*; Egbert Bukker, ed., *A Companion to the Ancient Greek Language*; Ian Worthington, ed., *A Companion to Greek Rhetoric* 等。剑桥的手册也已出版若干种，例如希腊化世界和荷马等。博睿的手册只见到了希罗多德和修昔底德的，篇幅都颇大。

化传统，西方学者往往对希腊史的一些重要特点视而不见，而与中国历史相较，它们则是十分突出的。

六、中国学者的视角

从地理上看，中国正处于与古典世界相对的欧亚大陆的东端，两个文明之间虽曾一度非常接近，但并未建立直接的官方联系，至少与希腊文明缺乏直接的联系。1840年之前，因为实行闭关锁国政策，中国对古典世界几乎一无所知。19世纪末，因为救亡图存的需要，中国人民被迫睁眼看世界，翻译了部分西方人文和社会科学著作，其中的某些著作，例如孟德斯鸠的《论法的精神》和密尔的《论自由》等，包含某些有关古典世界的论述。1886年，传教士艾约瑟（Joseph Edkins）编译了英国学者法伊夫（C. A. Fyffe）的《希腊志略》，是中国第一部相对系统的古希腊史著作。在传播有关古典世界的知识方面，这些著作发挥过一定的作用。① 与此同时，一些留学生前往欧洲、美国和日本学习历史，但似乎少有以古典学，具体地说是以古代希腊史为专业的，更不用说回国后以研究世界古代史为业②。不过当时正是欧洲古典学术大发展的时代，这些学生也不可避免地受到某些影响。有些学者回国后，写出了有关欧洲历史的著作和教科书，梁启超、李大钊、陈

---

① 法伊夫、克赖顿：《〈希腊志略〉〈罗马志略〉校注》，艾约瑟编译，陈德正、韩薛兵校注，商务印书馆，2014年版；Mi Chenfeng, "The Spread of Aristotle's Political Theory in China", *Rivista di cultura classica e medioevale*, XXXVII (1995), numero 2, pp.243-256。

② 因当时中国大学一般不承认世界史的研究成果，教师如果升职，必须撰写中国史方面的论文，导致世界史被轻视。即使是阎宗临也不例外。他在瑞士弗利堡大学取得博士学位，回国后教授世界古代史，写过世界古代中世纪史的讲义，如《罗马史》和《希腊罗马史稿》等，但因为各种原因，难以从事原创性的研究。见阎宗临：《阎宗临文集》，商务印书馆，2019年版。

衡哲等，都在自己的著作中或多或少地涉及希腊和罗马的历史。陈衡哲的《西洋史》中，有3章讨论希腊和罗马。① 20世纪前半期，中国的近代高等教育体系陆续建立，一些大学开设了西洋史课程，其中就包括希腊史部分。② 其他课程中，例如政治制度史、美术史等，也多少涉及古代希腊的史实。自瑞士归来的阎宗临编写了希腊史讲稿，还在大学开设了希腊史和罗马史的课程③。一些古典作品，例如《伊索寓言》《伊利亚特》《奥德赛》等，先后被译成中文；部分现代西方学者的专著，如古朗治的《古代城市》、柴尔德（Gordon Childe）的《人类创造了自己》等，也有了中文译本。但总体上说，1949年以前，中国缺乏对古典世界非常严肃的学术研究④。

　　1949—1966年为中国希腊史研究的奠基时期。对于中国的希腊史研究来说，中华人民共和国的建立确实是开启了一个新时代。政府改组了大学，一般综合性大学和师范大学中都建立了历史学系，世界通史成为与中国通史并列的历史专业的必修课程之一。一般来说，世界通史都被划分为世界古代史、世界中世纪史、世界近代史以及世界现代史等部分。其中的世界古代史很大程度上是希腊罗马史。新中国第二代历史学家，大多就是在这种

---

　　① 陈衡哲：《西洋史》，东方出版社，2007年版。该书第一版出版于1924年。
　　② 王敦书：《〈西洋文化史纲要〉导读》，收于雷海宗：《西洋文化史纲要》，上海古籍出版社，2001年版，第15页。
　　③ 陈德正语。参见任茂堂、行龙、李书吉编：《阎宗临先生诞辰百周年纪年文集》，山西人民出版社，2004年版，第46页。
　　④ 参见刘家和、廖学盛主编：《世界古代文明史研究导论》，高等教育出版社，2001年版，第198—200页；陈德正：《19世纪后期传教士对西方古典学的引介和传播》，《西学研究》第2辑，商务印书馆，2006年版，第56—92页。

体制下成长起来的。20世纪50年代，政府邀请苏联专家讲学，在东北师范大学举办了世界古代史研讨班。研讨班的学员后返回各自学校，成为60—80年代中国古希腊史研究的中坚。

最明显的变化发生在历史观领域。学者们都努力学习马克思主义，并尝试运用马克思主义来理解希腊历史。为适应教学和研究需要，当时翻译了不少苏联的教科书。就希腊史而言，缪灵珠翻译的塞尔格耶夫的《古希腊史》具有重要意义。苏联10卷本《世界通史》的前两卷，也由生活·读书·新知三联书店出版了中文版。在传播古代希腊史知识方面，它们发挥了积极作用。

中国学者继承了古代史学的优秀传统，十分注意资料建设。从20世纪50年代到60年代不到20年的时间里，学者们先后翻译出版了"荷马史诗"、希罗多德、修昔底德、埃斯库罗斯、索福克勒斯、欧里庇得斯、阿里斯托芬等的全部或部分作品；亚里士多德的《政治学》和《雅典政制》、色诺芬的《雅典的收入、经济论》等，都先后被翻译成中文出版。在日知（林志纯）先生主编的《世界通史资料选辑》（上古部分）中，也收入了不少有关希腊史的资料，其中包括当时刚解读出来的线形文字B文献。吴于廑教授主持的《外国史学名著选》中，也收录了希罗多德、普鲁塔克、格罗特等人作品的一部分。

在搜罗资料的基础上，学者们尝试对古代希腊史上的一些重要问题提出自己的看法。吴于廑出版的《古代的希腊与罗马》中，比较系统地叙述了古代希腊的历史。吴于廑和周一良合作主编的《世界通史》中，也包含古代希腊史的内容。此外，吴于廑撰有关于希腊历史的论文数篇，分别论及希腊城邦的特征以及希腊化文化的特点，强调希腊城邦的基础是一个小土地所有者组成的公民团体，希腊化文化是东方文化与希腊文化融合之结果，缺少了希腊文化或东方文化中的任何一个，都不会有希腊化的文化产生。①

中国学者所关注的另一问题是奴隶制以及黑劳士的性质。这场争论一般被称为"奴隶与农奴的纠葛"。童书业将黑劳士视为农奴，理由如下：黑劳士只向主人交纳地租，而且主人不得增加地租比例；尽管黑劳士被固定在土地上，但主人不得买卖；黑劳士拥有某种程度的经济独立，即他们可以保有自己的收入。②郭沫若的看法则相反，他并不是在史实上进行讨论，而从理论上指出，如果童书业的观点正确，即黑劳士是农奴，那斯巴达就是封建社会。可是与斯巴达同时的雅典是奴隶社会，斯巴达之后的罗马还是奴隶社会，封建社会先于奴隶社会出现，意味着马克思主义历史唯物论的"破产"。林志纯（日知）先生发表了一系列文章，包括介绍当时刚刚被释读的线形文字 B 文书和所谓的地米斯托克利命令，并参与了黑劳士问题的争论。他根据古典作家的记载，强调黑劳士的奴隶身份。③胡钟达关注的是奴隶社会中奴隶的数量问题。他首次在中国学术界指出，古典作家所记载且为恩格斯所转引的有关古代希腊奴隶的几个数字，实际上出自阿特纳奥

---

① 两文后来俱收于吴于廑：《吴于廑学术论著自选集》，首都师范大学出版社，1995 年版，第 455—483 页。

② 童书业：《"古代史研究中的几个问题"的补充》，《文史哲》1956 年第 6 期。与童书业观点接近的有王毓铨等。见胡钟达：《胡钟达史学论文集》，内蒙古大学出版社，1997 年版，第 279 页。

③ 郭沫若：《关于奴隶和农奴的纠葛》，《新建设》1957 年第 5 期；日知：《我们在研究古代史中所存在的一些问题》，《历史研究》1956 年第 12 期；《古典作家所记的黑劳士制度》，《东北师大科学集刊》1957 年第 3 期。

斯（Athenaeus）的记载，但那几个数字存在严重的夸大，根本靠不住。在所谓的奴隶社会中，奴隶人数大概从来没有超过自由民的数量。他有关雅典民主的论文，则强调了民主政治与工商业的联系。①

必须承认，中国的希腊史研究本有一个良好的开端，但政治与史学之间过于密切的关系，种下了衰落的种子。1957年，雷海宗因为发表有关古史分期的论文，主张根据生产力而非奴隶制或封建制之类的标准对历史进行分期，遭到猛烈的、连篇累牍的批判，被批评者没有辩驳的机会，甚至一度被迫离开大学讲台。1966年，"文化大革命"开始，所有的学术陷入停顿。古代希腊史研究也遭遇灭顶之灾，被打入冷宫。

1977—1990年为希腊史研究的恢复和发展时期。1976年"四人帮"垮台，1977年高考制度恢复，"文革"中被流放乡村的学者大多回到自己的岗位，大学重新开展了世界历史的教学和研究，有些大学开始招收世界古代中世纪史的研究生，部分学生被派到国外学习。1979年，中国世界古代史研究会成立；1985年，在林志纯等先生的努力下，世界古典文明史研究所在东北师范大学成立，同时开始发行英文版的《世界古典文明史杂志》年刊；最重要的，是随着改革开放政策的实行，学者们的视野发生了重大变化，苏联史学不再代表唯一的真理，学者们开始睁开眼睛，向西方学术界学习。

由于近30年与西方隔绝，改革开放初期的中国学者面临的第

---

① 两文后均收于胡钟达：《胡钟达史学论文集》，第1—28页。

一个问题是资料和二手著作的搜集、整理。自20世纪70年代末到80年代末的10多年间，部分古典著作如希罗多德、修昔底德的著作不断重印，部分古典文献如色诺芬的《回忆苏格拉底》《长征记》、阿利安的《亚历山大远征记》等著作有了中文译本。在北京师范大学历史系世界古代史教研室编译的《世界古代及中古史资料选集》以及非正式出版的《史学选译》中，也包含部分古希腊史文献。罗念生的《希腊罗马散文选》中，包含伊索克拉底、德谟斯梯尼等演说家的部分演说。中国世界古代史研究会编译的《古代世界城邦问题译文集》中，不少篇章，如安德列耶夫、弗罗诺夫、科谢连科等人，都论及希腊或以希腊城邦为中心。

由林志纯先生组织编写的《世界上古史纲》是该时期标志性的集体成果，其中有一章专论希腊史，提出了重要的早期国家形态问题。虽然日知（林志纯）先生有关城邦具有普遍性、城邦政体为民主政体的看法引起了颇多争议，但因此引起的争论和研究，大大加深了人们对希腊城邦问题的认识；日知先生主编的《古代城邦史研究》全面阐述了古代世界史上的城邦问题，认为古代最典型的城邦出现于中国和西亚地区，而且城邦因为自原始社会的废墟中产生，受生产力和交通等条件的限制，必定小国寡民，具有或多或少的民主特征。在该书中，廖学盛和郝际陶分别论及雅典民主政治和阿哥斯城邦的历史。[①] 顾准的《希腊城邦制度》是作者死后出版的读书笔记。作为有造诣的经济学家，顾准先生关

---

① 关于日知先生的学术成就，请参考王敦书：《贻书堂史集》，中华书局，2003年版，第327—337页；晏绍祥：《博通中西、影响深远——林志纯先生与中国的世界古代史研究》，《史学理论研究》2014年第4期。

注的是古代希腊城邦的独特性。他比较系统地阐述了希腊城邦的特征和发展,其资料主要来自《剑桥古代史》的第一版和塞尔格耶夫的《古希腊史》。但作者对城邦特点特别是其主权在民特征的强调,在当时引起了广泛的注意。顾准更倾向于认为,城邦是希腊社会的独特产物,核心特征是主权在民,并因主权在民而产生了诸如公民兵制度等特点。古代中国只有专制王权的统治,不存在城邦制度。李天祜的《古希腊史》也属遗著。他比较系统地叙述了古代希腊的历史,对于文化的叙述尤详,但因主要材料仍只能依靠当时已经过时的《剑桥古代史》第一版,对经济和政治的叙述相对传统。[①]

围绕着有关亚细亚生产方式的讨论,学者们重新开展了有关奴隶制问题的研究,芬利有关奴隶制的论述开始对中国学术界发生影响。胡钟达在其一系列论文中,论证即使在古代希腊,奴隶制也仅在一定时期数量有限的城邦中占据主导地位,因此希腊社会很难说是奴隶社会。刘家和的《论黑劳士制度》广泛搜罗古典文献,对黑劳士为奴隶的观点做出了最充分的论证。[②]日知先生讨论了早期雅典国家的制度和形态问题。他认为雅典国家在迈锡尼时代已经产生,经历了从君政、王政到贵族政治的发展。[③]王敦书讨论了希腊历史上的英雄时代,指出英雄时代的希腊实际上存在国家,而所谓

[①] 顾准:《希腊城邦制度》,中国社会科学出版社,1982年版;李天祜:《古代希腊史》,兰州大学出版社,1991年版。

[②] 胡钟达先生的论文后均收入《胡钟达史学论文集》中;刘家和先生的《论黑劳士制度》后收入其著作《古代中国与世界》(武汉出版社,1995年版)中。

[③] 日知先生的论文大体上都收入了日知的《中西古典学引论》(东北师范大学出版社,1999年版)中;他和际陶合写的《关于雅典国家产生的年代问题》发表于《社会科学战线》1980年第4期。王敦书先生的论文后收入《贻书堂史集》中。

的英雄时代,乃只有英雄传说流传、但并无英雄产生的时代。

雅典民主引起了很多学者的注意,发表了多篇论文。廖学盛强调雅典民主在希波战争后的发展与雅典海军实力的上升以及第三、四等级公民地位的增强存在密切关系①。王敦书讨论了斯巴达早期的土地制度,指出斯巴达的土地分配可能是分期进行的,其中美西尼亚的土地本质上属于公有地,公民只是占有者。公元前4世纪以后,斯巴达的土地国有制急剧瓦解,私有制迅速膨胀。这篇论文既充分讨论了古代有关史料,又大量运用了现代史学成果,是当时少有的关于斯巴达史的高质量论文。②朱建军在一系列论文中讨论了马其顿王权的崛起问题,认为扩张和征服在马其顿王权的强化中发挥了重要作用③。

中西比较在此时期相当活跃。日知先生是这方面的代表。他一系列的论文大多以中国古代史为参照,甚至就是以中国古代史为基础提出的。虽然他的观点并不被所有人接受,但给予中国古代史和城邦制度研究以积极且有力的推动。这些论文后大多收入其《中西古典学引论》中。胡钟达讨论了古代中国和希腊国家形态发展的差异,以及世界历史发展的不平衡性问题,对古代文明发展中的不平衡性多有论述。刘家和的众多论文也涉及中西比较,其《论古代的人类精神觉醒》尤为人称道。他借用雅斯贝斯

---

① 陈唯声:《古代雅典的民主政治》,《哈尔滨师范大学学报》1981年第3期;廖学盛:《希波战争和雅典城邦制度的发展》,收于中国世界古代史研究会编:《世界古代史研究》,北京大学出版社,1982年版,第54—69页。

② 王敦书:《斯巴达早期土地制度考》,《历史研究》1983年第6期。

③ 朱建军:《论古代王权的发展及其与财富的关系》,《世界历史》,1992年第3期;《论物质财富对古代马其顿王权消长的决定作用》,《世界历史》1987年第2期。

的轴心期理论，系统比较了古代中国、印度和希腊在天人关系、人与人关系和人的本质方面的看法，显示了作者广博的学识。[①] 郭圣铭的《西方史学史概要》中，对希腊史学的发展有相当生动和具体的叙述，成为后来西方史学史写作者必定参考的书籍[②]。

20世纪90年代以来，中国的古希腊史研究呈现出良好的发展势头。更多的古典文献出版，更多的著作和论文面世，中国和世界的古典学研究日益接轨。1993年，在王敦书的主持下，南开大学召开了中国第一届世界古代史的国际学术会议，开中国和西方学者直接对话之先河。此后的1997年、2005年和2012年，又分别召开了三次世界古代史国际学术研讨会。四次会议均有大批外国学者，包括来自欧洲、美国、日本和韩国的学者参加。其他如古代文明轴心突破与思想起源、奥维德、古代国家起源等各类专题性学术会议，也陆续召开。北京大学希腊研究中心利用海外资金资助中国的希腊史研究，陆续推出了部分著作。随着中国高等教育和研究生教育的发展，一批高考制度恢复后进入大学，并经过比较严格的从本科到博士阶段研究训练的学者开始走上大学教授岗位，成为新一代古希腊史研究的主力。部分在国外完成学业的学者陆续返回中国，在中国的古希腊史研究中发挥积极作用。2007年，《世界古典文明史研究》杂志社出版中文版《古代文明》，成为中国学界第一份以发表世界古代史论文为主的专业学术刊物；北京大学希腊研究中心的《西学研究》（已出版两辑）也发表了不

---

① 胡钟达：《论世界历史发展的不平衡性》，《史学理论》1988年第1期；《古典时代中国希腊政治制度演变的比较研究》，《内蒙古大学学报》1996年第6期；刘家和：《论古代的人类精神觉醒》，《北京师范大学学报》1989年第5期。

② 郭圣铭：《西方史学史概要》，上海人民出版社，1983年版。

少有关古代希腊史的论文和译文。

古典文献和国外著作的翻译出版,近15年来呈加速度发展。《亚里士多德全集》《柏拉图全集》《古希腊悲剧喜剧全集》《古希腊抒情诗集》、普鲁塔克的《平行列传》《道德论集》、斯特拉波的《地理学》等全集本陆续出版;在《罗念生全集》中,包括希腊悲剧、喜剧、诗歌和散文的大量译文;商务印书馆的"汉译世界学术名著丛书"中,收入了大量希腊作家的作品,柏拉图和亚里士多德等的著作实际已经形成系列;上海人民出版社开始出版"日知古典丛书",采用了原文和中文译文对照的形式,已经出版奈波斯、阿里斯托芬等人的著作数种;华夏出版社的"经典与解释"丛书中,包括不少此前不曾被翻译成中文的色诺芬的著作;陈中梅翻译了荷马的《伊利亚特》和《奥德赛》以及《埃斯库罗斯悲剧集》。在其他文献方面,北京大学出版社影印的"希腊罗马史料集"包含福尔纳拉等人编辑的四种,涵盖从古风时代到希腊化时代。在铭文史料的整理和翻译中,必须提到张强的《希腊拉丁历史铭文举要》和《古希腊铭文辑要》。两书都介绍了希腊铭文的一般格式和背景,并翻译了109篇铭文。

在近代研究性著作的翻译方面,近30年来的进展可谓神速,先后出版的著述是之前40年的数倍之多。这些作品中既有比较老的经典名著,如格罗特的《希腊史》、伯里的《希腊史》、弗格逊的《希腊帝国主义》、奥姆斯特德的《波斯帝国史》等,更多的则是近年出版的有影响的新书。在通史方面,先后有哈蒙德的《希腊史》、波麦罗伊等的《古代希腊政治、社会与文化史》、莫里斯的《希腊人》、库济辛的《古希腊史》等。专题著作难以在此一一列举，但几种系列性的图书必须提及。除商务印书馆继续出版"汉译世界学术名著丛书"并纳入相当数量的近代著述外，陆续出版的新丛书有北京大学出版社的"西方古典学研究"丛书、商务印书馆的"古典文明译丛"、华东师范大学出版社六点分社的译丛（虽无名称），以及华夏出版社的"经典与解释""古希腊礼法研究"等。这些丛书中都包括大量的近代译著，如"西方古典学研究"丛书中有芬利的《奥德修斯的世界》、普莱斯的《古希腊的宗教生活》、威尔逊的《抄工与学者》以及普法伊费尔的《古典学术史》等；"古典文明译丛"中有芬利的《古代经济》《古代世界的政治》《古代民主与现代民主》以及雨宫健的《古希腊的经济与经济学》等，六点分社的译丛出版了卡根关于伯罗奔尼撒史的系列著作；上海三联书店的"古典学译丛"出版了伯克特的《东方化革命》和汉森的《德摩斯提尼时代的雅典民主》等。其他出版社也陆续推出了诸多译作，上海人民出版社先后出版了"丰塔纳古代史丛书"中的《早期希腊》《民主政治与古典希腊》和《希腊化世界》，以及芬利主编的《希腊的遗产》；浙江人民出版社的"外国考古文化译丛"中有《会说话的希腊石头》；中信出版集团出版了近年非常有影响的霍尔登和珀赛尔的《堕落之海》和阿赫托戈的《出发去希腊》《希罗多德的镜子》等。近年一个值得注意的现象，是除英文著述外，德国、法国、日本等国学者的作品也陆续翻译出版，如韦尔南的《神话与政治之间》《希腊思想的起源》《古代希腊的神话与思想》，维达尔-纳凯的《黑衣猎手》和日本学者森谷公俊的《亚历山大大帝》。特别值得一提的，是在郭小凌等人的主持下，中国世界古代中世纪史研究会组织了对《剑桥古代史》新版的翻译工作。

目前翻译工作已经大体完成，且第四、六、七、八等卷已经出版，其他卷册已进入编校阶段。该书的出版，将对中国的世界古代史包括希腊史研究产生积极影响。

近30年来出版的中国学者的专著，如译著一样，蔚为大观。顾准、日知、胡钟达、刘家和、王敦书、廖学盛等前辈先后出版了他们个人的文集，收录了他们过去发表过的论文，其中大量内容与希腊史有关。施治生编辑的一系列有关古代世界的论文集中，也有不少内容涉及古代希腊史。[①]它们的出版，给古希腊史研究提供了新的资料和动力。

在古希腊史的综合性研究中，易宁等完成了一部简明扼要的古希腊通史。该书用力平均，给爱琴文明、"黑暗时代"、古风时代、古典时代和希腊化时代赋予同等重要的地位，希腊文化发展取得了与上述几个时期同样的地位，获得了一章的篇幅。它吸收了国际学术界关于希腊史的新认识，给"黑暗时代"单列一章，体现了早期希腊史研究的进展。在"文化"一章中，哲学和史学得到重点描述，"文学艺术"和"自然科学"却不幸被压缩成一节。黄洋的《古代希腊土地制度研究》系统研究了希腊从迈锡尼到马其顿时代土地制度的发展和变迁。作者广泛搜罗了有关文献，充

---

① 日知：《日知文集》，5卷，高等教育出版社，2012年版；吴于廑：《吴于廑学术论著自选集》，首都师范大学出版社，1995年版；胡钟达：《胡钟达史学论文集》，内蒙古大学出版社，1997年版；刘家和：《古代中国与世界》，武汉出版社，1995年版（北京师范大学出版社，2010年版）；王敦书：《贻书堂史集》，中华书局，2003年版；廖学盛：《廖学盛文集》，上海辞书出版社，2005年版；施治生和刘欣如主编：《古代王权与专制主义》，中国社会科学出版社，1993年版；施治生和郭方主编：《古代民主与共和制度》，中国社会科学出版社，1998年版；施治生和徐建新主编：《古代国家的等级制度》，中国社会科学出版社，2003年版。其中《古代民主与共和制度》的希腊部分第一次系统叙述了古代希腊民主政治的发展史。

分利用了现代学术成果，提出了一系列卓有新意的看法：迈锡尼与荷马社会土地附带义务，殖民运动促进了希腊土地私有制的确立，马其顿国王对土地的所有权等，有些问题系国内首次触及。在雅典和斯巴达土地制度问题上，该书在方法和观点上也有创见。他的论文集《古代希腊政治与社会初探》对城邦的起源、雅典民主政治和希腊史学的发展等问题，根据国际学术进展做出了新的论述。他指出荷马时代的希腊已经有了国家，希腊城邦以农业为基础，首次在中国的希腊史研究中引入了公共空间、东方主义等理论，批评了西方学者雅典民主研究中的意识形态色彩。王冬妮试图抛开所谓原始派和现代派的争论，力图从希腊人之间的互助构建一幅全新的希腊经济和社会关系图景。她名之为"奥林匹亚主义"，这种道德哲学塑造了希腊人的财产、劳动、金钱和知识运作，全面影响了希腊人在社会关系领域的习惯与政策，使希腊人形成了一种非集权化的、天然的和垂直的社会秩序，它反过来成为民主政治得以形成与运行的关键因素。该书试图跳出古代经济史研究中的二元论争，创建古代希腊的政治经济学，是为构建新世纪古代希腊政治和社会发展新模式最富雄心的尝试。晏绍祥的《古代希腊民主政治》系国内第一部系统研究古希腊民主政治起源和发展史的专门著作。该书从迈锡尼国家的发端开始，认为迈锡尼文明的灭亡及其随后希腊从青铜时代到铁器时代过渡时的孤立，是城邦兴起的关键。而作为主权在民的城邦，制度中都包含程度不等的民主因素，因此他在追溯了希腊城邦的起源及其特征后，首先探讨了斯巴达制度中的民主因素。虽然雅典民主不免占据了古典时代的中心，但阿尔戈斯、叙拉古、忒拜和阿凯亚同盟的民主政治，也获得了一定注意。张新刚的《友爱共同体：古希腊政治思想研究》将内乱、友爱与谐和一致作为理解希腊城邦政治思想的核心，内乱与希腊城邦政治如影随形，在重建过程中，友爱会成为关键。在此基础上，作者对柏拉图和亚里士多德的友爱论做出了新的解读。在资料使用上，该书除利用考古和历史外，对哲学家、戏剧家和神话等的利用，是值得肯定的亮点。①

王以欣的兴趣主要集中在早期希腊史领域，尤其是希腊的神话和历史，先后出版了《寻找迷宫——神话、考古与米诺文明》和《神话与历史——古希腊英雄故事的历史和文化内涵》。前者系统叙述了米诺文明的考古史和历史，后者充分运用现代西方学者成果，对希腊神话和历史现实的关系，以及神话所包含的思想，做了相当深入的探讨。《神话与竞技：古希腊体育运动与奥林匹克赛会起源》可能是国内有关这个专题最深入和最系统的著述。该书图文并茂，语言生动，但富有学术性，对相关史事的分析，都建立在严格的文献与史料基础之上。晏绍祥的《荷马社会研究》对荷马时代的社会结构、城邦、军事和宗教等问题做了全面讨论，提出希腊城邦萌芽于荷马社会。胡庆钧主编的《早期奴隶占有制社会比较研究》对荷马社会进行了系统的研究，并就奴隶来源、家庭结构、战争等问题提出了自己独到的看法。胡庆钧强调荷马

---

① 易宁、祝宏俊、王大庆：《古代希腊文明》，北京师范大学出版社，2014年版；黄洋：《古代希腊土地制度研究》，复旦大学出版社，1995年版；黄洋：《古代希腊政治与社会初探》，北京大学出版社，2014年版；D. N. Wang, *Before the Market: The Political Economy of Olympianism*, Champaign: Common Ground Research Networks, 2018；晏绍祥：《古代希腊民主政治》，商务印书馆，2019年版；晏绍祥：《希腊城邦民主与罗马共和政治》，人民出版社，2018年版；张新刚：《友爱与共同体：古希腊政治思想研究》，北京大学出版社，2020年版。

社会的奴隶制性质，并对奴隶的来源和地位有非常具体的讨论，平民大多来源于被解放的奴隶可能是他最令人吃惊的结论。张巍的《希腊古风诗教考论》从赫西俄德、梭伦和提奥格尼斯等的诗歌入手，力图证明古代希腊的哲学、智术和演说等都在早期诗歌的化育下出现，诗歌实际承载着古风时代希腊人的文化理想。该书为中国学者第一部系统讨论早期希腊教育的专著，推进了我们对古希腊诗歌与后世希腊文化发展之间关系的认识。附录的梭伦和提奥格尼斯的诗歌中译文，是该书另一重要贡献。①

　　古典时代希腊史一如既往地受到重视。裔昭印的《古希腊的妇女——文化视域中的研究》以她的博士论文为基础修订而成，主要讨论了雅典和斯巴达的妇女地位，对两者间地位的差别和原因提出了自己的看法。祝宏俊近年专注于斯巴达研究，对斯巴达制度中的诸多问题，如双王制、监察官制度、公民大会的作用等，都提出了比较新颖的看法。他致力于证明斯巴达是一个正常的城邦，制度具有鲜明的民主特色。解光云的《古典时期的雅典城市研究》涉及雅典城市、文化的发展。白春晓的研究中心是修昔底德的政治和道德思想，认为虽然在修昔底德的著述中充斥着冲突和毁灭，但人类的伟大正在于他们能够在意识到自己悲剧性命运的同时，仍能够在现实的城邦中投入自己的精力和爱欲以

---

① 王以欣：《寻找迷宫——神话、考古与米诺斯文明》，天津人民出版社，2000年版；王以欣：《神话与历史——古希腊英雄故事的历史和文化内涵》，商务印书馆，2006年版；胡庆钧主编：《早期奴隶占有制社会比较研究》，中国社会科学出版社，1996年版（2000年重印）；王以欣：《神话与竞技：古希腊体育运动与奥林匹克赛会起源》，天津人民出版社，2008年版；晏绍祥：《荷马社会研究》，上海三联书店，2006年版；张巍：《希腊古风诗教考论》，北京大学出版社，2018年版。

达到荣耀的顶点,因此修昔底德借伯里克利之口,要求人类能够承受苦难与伟大。李尚君根据德谟斯梯尼的演说,从演说家与民众互动的角度,探索公元前 4 世纪雅典民主政治中精英与大众的关系;杨巨平的《古希腊罗马犬儒现象研究》更多地是讨论犬儒派在希腊的起源和发展,对罗马着笔不多。吴晓群一直关注仪式在希腊城邦中的地位和作用,她对丧葬仪式的研究在中国具有开拓意义。在研究中,她引入先秦中国的哀悼仪式作为参照,从比较中寻求哀悼仪式在中西早期文化中具有的文化内涵。史学史方面,郭小凌的《西方史学史》凝聚了他多年的研究心得,他高度评价伊奥尼亚记事家的成就,将赫卡泰俄斯视为历史之父,但也承认希罗多德是里程碑式的人物。对古希腊各位史家的生平与作品,尤其是他们作品的特点与史料价值,他有相当深入的分析和讨论。吴晓群全面系统地论述了古代希腊史学的发展,观点新颖而大胆。吕厚量在博士论文基础上完成的《色诺芬的道德教育理论》挑战了马鲁《古代教育史》轻视色诺芬的传统,强调色诺芬有着一以贯之的道德理论,并试图通过《居鲁士的教育》等重建他的道德学说。在格雷(V. Gray)和塔普林(C. J. Tuplin)的基础上,吕厚量的著作进一步推动了色诺芬研究的深入。①

---

① 裔昭印:《古希腊的妇女——文化视域中的研究》,商务印书馆,2001 年版;祝宏俊:《古代斯巴达政制研究》,中央编译出版社,2013 年版;解光云:《古典时期的雅典城市研究》,中国社会科学出版社,2006 年版;白春晓:《苦难与伟大:修昔底德视野中的人类处境》,北京大学出版社,2015 年版;李尚君:《"演说舞台"上的雅典民主:德谟斯提尼的演说表演与民众的政治认知》,北京大学出版社,2015 年版;吴晓群:《古代希腊仪式文化研究》,上海社会科学院出版社,2000 年版;郭小凌:《西方史学史》,北京师范大学出版社,1995 年版;吴晓群:《西方史学通史》第 2 卷,复旦大学出版社,2011 年版;Xiaoqun Wu, *Mourning Rituals in Archaic and Classical Greece and Pre-Qin China*, Singapore: The Palgrave Pivot, 2018; Lv Houliang, *Xenophon's Theory of Moral Education*, New Castle upon Tyne: Cambridge Scholars Publishing, 2015。

杨巨平的《碰撞与交融》实际是他关于希腊化时代的论文集，但触及希腊化世界的历史、政治制度、文化发展、文明交汇和深远影响等所有方面，对希腊化时代东西方文化交流以及希腊化世界遗产的研究尤有贡献。陈恒的《希腊化研究》在概述希腊化时代的政治史之后，主要介绍了希腊化世界在文化领域的成就。徐晓旭的《腓利二世：霸权与泛希腊主义》广泛利用了诸如伊索克拉底、德谟斯梯尼、查士丁、狄奥多鲁斯等古典文献，并从现实政治和族群认同角度探索腓力浦二世霸权的确立。晏绍祥注意到古典传统，其《古典民主与共和传统》致力于从西方史学家、哲学家、政治家和思想家等诸多著述中，勾勒古典民主与共和传统从古代到20世纪末的变化，强调传统的回归很大程度上源自现实需要，后人经常会忽略古代固有的某些方面，同时会突出或发明某些内容。他的《古典历史研究史》系《古典历史研究发展史》的修订本，完全改写了近代早期的内容，完善了有关19—20世纪的学术史，并补充叙述了1996—2010年即该书出版前15年西方希腊罗马史的研究状况。[①]

论文数量和部分论文的质量有了大幅度的提高。张广智的《史学：文化中的文化》分别介绍了希罗多德、修昔底德和色诺芬、波里比阿等人的史学成就；他的一些论文除论及古代的史学外，还涉及古代希腊史学在中国的传播和影响等问题。郭小凌主要关注古代的史学和民主政治，多篇论文先后论及古代史料的性质、

---

① 杨巨平：《碰撞与交融：希腊化时代的历史与文化》，中国社会科学出版社，2018年版；陈恒：《希腊化研究》，商务印书馆，2006年版；徐晓旭：《腓利二世：霸权与泛希腊主义》，华中师范大学出版社，2009年版；晏绍祥：《古典民主与共和传统》上下册，北京大学出版社，2013年版；《古典历史研究史》上下册，北京大学出版社，2013年版。

普鲁塔克的史学等,指出古代史料具有口传特性以及演义性质,要求研究者在对待史料时更加谨慎。他有关普鲁塔克著作的评论,是对这一观点良好的补充,强调了普鲁塔克著述的道德训诫性质。陈恒撰有希腊化时代史学发展的论文两篇,分别概述了希腊化时代史学的发展和关于亚历山大史学的不同传统。①

王以欣和王敦书连续发表了有关希腊神话和希腊历史的系列论文。他们的笔触,上及克诺索斯的迷宫,下到古典时代的希腊神话。他们指出,古代希腊的神话起源于迈锡尼世界,但希腊人并不能区别神话和历史,经常用神话来论证历史,同时把历史神话化,并创造出新的神话。不过他们借鉴的神话人类学和神话学模式以及据此做出的分析,不一定能让所有人接受。②徐松岩涉及提修斯改革和特洛伊战争问题,他认为后者更多的是一次海盗抢劫活动,后来被想象为一次联合远征。晏绍祥追溯了迈锡尼国家的起源和发展,强调迈锡尼国家的起源,更多地应当到希腊大陆本身的发展中去寻找,虽然近东的因素在迈锡尼国家的起源中可

---

① 郭小凌:《西方史学史》,北京师范大学出版社,2009年版;郭小凌:《古代的史料和古代世界史》,《史学理论研究》2001年第2期;《古典西方史学中的客观主义原则与史家个人的实践》,《史学理论研究》1996年第1期;《后现代主义与古代史研究》,《世界历史》2007年第5期;《论普鲁塔克〈名人传〉的史学意义》,《史学集刊》1995年第3期;《关于波里比乌的史学贡献》,《史学史研究》1995年第1期;陈恒:《亚历山大大帝的五种传统》,《史学理论研究》2007年第2期;《略论希腊化的史学》,《史学理论研究》2005年第3期;徐晓旭、王敦书:《庞培·特罗古斯的〈腓利史〉和查士丁的《〈腓利史〉·摘要》》,《史学理论研究》2001年第2期。

② 王以欣、王敦书:《神话与历史:忒拜建城故事考》,《历史研究》2005年第6期;王以欣:《迈锡尼时代的王权:起源和发展》,《世界历史》2005年第1期;王以欣、王敦书:《克里特公牛舞:神王周期性登基祭礼的一部分》,《世界历史》2000年第2期;王以欣:《克诺索斯"迷宫"与克里特的"王权"》,《世界历史》1998年第2期;王以欣:《迈锡尼世界——希腊英雄神话和史诗的摇篮》,《世界历史》1999年第3期;王以欣:《古希腊神话与土地占有权》,《世界历史》2002年第4期;王以欣、王敦书:《古代希腊人的"神话—古史"观和神话与历史的相互融合》,《史学理论研究》2000年第2期。

能发挥过非常重要的作用。对黑暗时代的希腊，晏绍祥结合考古资料与"荷马史诗"，描述了早期共同体如何演变为萌芽中的城邦的进程。他还触及早期希腊经济发展和重装步兵作用问题，认为早期希腊经济的确有某种程度的增长，进而影响了小农经济的巩固和重装步兵阶层的兴起。在早期希腊政治的变革中，重装步兵并非主动发起变革的力量，但他们被动的接受，仍成为早期希腊政治变革能够实现的最重要的条件。[①]

古代希腊的民主制度，尤其是雅典民主政治，仍然吸引着大批学者的注意。黄洋发表了一系列有关雅典民主的论文，涉及雅典民主政治中财富与政治平等、公民大会出席人数、公共空间和政治文化，以及雅典民主研究中的意识形态问题等多个方面。黄洋一直希望打破中国学术界有关古代希腊史的一些传统认识，并努力借鉴现代西方社会科学方法研究古代历史。他一面强调希腊社会的农本性质，同时指出学术界流行的古代民主"幼稚""短命""排斥他人"的看法，实在并无根据，乃现代学者之偏见，因为古代的民主政治有一套行之有效的制度，而且曾长期存在。古代和近代民主的差别，更多的是在对民主以及大众和精英关系的理解上。柏拉图的政治哲学之所以可能，恰在于在此之前，诗人、智者派和悲剧作家已经广泛进行政治比较，思考不同政体的

---

① 徐松岩：《关于特洛伊战争的若干问题》，《世界历史》2002 年第 2 期；《提修斯改革》，《安徽史学》2003 年第 1 期。晏绍祥：《迈锡尼国家的起源及其特征》，《华中师范大学学报》2006 年第 6 期；《从迈锡尼世界到荷马时代：希腊城邦的兴起》，《外国问题研究》2016 年第 2 期；《荷马时代的"polis"》，《历史研究》2004 年第 2 期；《古风时代希腊社会经济发展的几个问题》，《华中师范大学学报》2009 年第 6 期；《古代希腊重装步兵的兴起及其政治意义》，《首都师范大学学报》2017 年第 6 期。

优劣。对于民主政治与文化发展的关系，他也提出了自己的看法。黄洋的看法虽未得到所有人的承认，但无疑对中国的古希腊史研究形成了强有力的冲击。① 晏绍祥从雅典所谓的"首席将军"制度出发，指出在雅典民主政治下，并无现代意义的政府，个人的影响在很大程度上取决于他是否能说服公民大会，因此演说在雅典民主政治下发挥着非常重要的作用。在希腊城邦政治中，因为都存在着或多或少的民主因素，因此不可避免地都会让演说家成为政治舞台上的重要角色。对雅典历史上臭名昭著的阿吉纽西审判，晏绍祥认为，那是在将军们犯下过失、议事会率先违法的情况下，精英阶级精心策划和组织并利用了民主制度宽容与自由政策的结果。在这个意义上，陶片放逐法成为民主政治制约政治精英的重要手段，尽管该法可能并非出自克里斯提尼之手，而是公元前 5 世纪 80 年代某个不知名政治家的发明。蒋保和杨巨平也涉及雅典民主政治中演说家的作用问题，并对演说家的作用给予相当高的评价，但他们显然认为，演说是雅典独特的现象。雅典之外的民主政治，主要是资料相对丰富的阿尔戈斯、忒拜和叙拉古的民主政治，最近终于受到必要的关注。郭小凌和晏绍祥都论及古典古代的民主传统，指出在古代世界，雅典民主的形象一直存在争议，有一个从理想政体演变为暴政的过程，到希腊化和罗马时代，雅典民主更多地是以负面形象

---

① 黄洋:《古代与现代的民主政治》,《史林》2007 年第 3 期;《希腊城邦的公共空间与政治文化》,《历史研究》2001 年第 5 期;《雅典民主政治新论》,《世界历史》1994 年第 1 期;《古代希腊罗马世界的"东方"想象》,《历史研究》2006 年第 1 期;《民主政治诞生 2500 周年?》,《历史研究》2002 年第 6 期;《试论荷马社会的性质与早期希腊国家的形成》,《世界历史》1997 年第 4 期;《"雅典革命论"与古典雅典政制的建构》,《历史研究》2012 年第 5 期;《西方政治学的前史:公元前 5 世纪希腊的政治思想》,《历史研究》2020 年第 1 期。

出现。① 与此同时，斯巴达似乎也受到越来越多的注意，学者们近年连续发表了多篇较有价值的论文。斯巴达的土地和税收制度、国王的地位、监察官的作用、公民大会的民主性质、美塞尼亚战争及其影响、斯巴达的海军等问题，都有新的论著问世，并提出了诸多与传统相当不同的看法。虽然斯巴达史上的问题难有定论，但新的研究鼓励了更新的探索。②

希腊经济仍然是个争论激烈的领域。尽管胡钟达在论及希腊城邦起源时更多地综合了政治和历史背景因素，但他仍然试图在商品经济发展与希腊民主制度的起源之间建立联系，并据此说明古代中国未能出现城邦的原因。晏绍祥根据古典作家的记载，论证商业乃希腊经济的重要组成部分，但他的论证在资料和方法上多少都有些问题，那就是网罗不同时代的资料来论证某一个时期的特征。黄洋的《希腊城邦社会的农业特征》显然更具震撼力，

---

① 晏绍祥：《雅典首席将军考辨》，《历史研究》2002年第4期；《演说家与希腊城邦政治》，《历史研究》2006年第6期；《雅典陶片放逐法考辨》，《世界历史》2017年第1期；《公元前5世纪阿尔戈斯的民主政治》，《世界历史》2019年第6期；《比奥提亚同盟及其民主政治》，收于徐晓旭、王大庆主编：《新世界史》（第二辑），社会科学文献出版社，2018年版，第12—35页；《公元前5世纪中后期叙拉古的民主政治》，《首都师范大学学报》2020年第4期；《从理想到暴政——古典时代希腊人的雅典民主观》，《华东师范大学学报》2003年第6期；《民主还是暴政——希腊化时代和罗马时代思想史中的雅典民主问题》，《世界历史》2004年第1期；《阿吉纽西审判与雅典民主政治》，《历史研究》2019年第5期；郭小凌：《古希腊作家的民主价值观》，《史学理论研究》1998年第1期。蒋保：《演说家与雅典民主政治》，《历史研究》2006年第6期；杨巨平：《试论演说家与雅典民主政治的互动》，《世界历史》2007年第4期。

② 祝宏俊：《斯巴达的"监察官"》，《历史研究》2005年第5期；《斯巴达"军国主义化"反思》，《历史研究》2012年第4期；《斯巴达元老院研究》，《史学集刊》2007年第4期；《关于斯巴达征服美塞尼亚的反思》，《西南大学学报》2013年第1期；《军事教育与斯巴达的阿高盖制度》，《世界历史》2013年第4期；《斯巴达"监察官"与政治分权》，《世界历史》2007年第4期；《古代斯巴达土地占有的稳定性研究》，《史学集刊》2009年第3期；晏绍祥：《古典斯巴达政治制度中的民主因素》，《世界历史》2008年第1期；徐松岩：《黑劳士制度、土地制度与"平等者公社"的兴衰》，《西南师范大学学报》2003年第3期。

引来了一大批批评者。他强调希腊人始终把农业视为最体面的产业，公民权一直和土地联系在一起。因此，希腊社会像任何其他古代社会一样，是一个农业社会。但因为在这篇文章中，作者对工商业的作用未置一词，有把工商业从希腊放逐的嫌疑，因此引起了不少学者的批评。有些批评确实具有一定说服力，但必须承认，有些批评似乎没有抓住要害。[1]徐松岩涉及古典时代希腊，特别是雅典的奴隶制问题。他对奴隶制发展的程度似乎估价较低，对公元前4世纪奴隶制连续发展，奴隶人数超过自由民的说法深表怀疑，并根据西方学者的研究成果，对奴隶人数做出了自己的估计。颜海英涉及托勒密埃及和罗马时代埃及的奴隶制问题。作者从原文入手，从奴隶的称呼到功能做了较为全面的讨论，但总体上看，作者似乎对奴隶制的作用持较低的评价[2]。

杨巨平在20世纪90年代连续发表过一系列有关希腊化世界政治制度、文化交流的论文。他相当重视希腊化世界原住民的希腊化问题，但同时强调了近东当地文化对希腊文化的影响，而且认为希腊文化最终为当地文化吸收和同化。对于古典世界和中国的关系，杨巨平也给予了必要的注意，其最近发表的有关阿伊·哈

---

[1] 胡钟达：《古典时代中国希腊政治制度演变的比较研究》，《内蒙古大学学报》1996年第6期；晏绍祥：《古典作家笔下的古代希腊商业》，《内蒙古大学学报》1992年第3期；黄洋：《希腊城邦社会的农业特征》，《历史研究》1996年第4期。在黄洋的批评者中，有王瑞聚和毕会成等，有关讨论的文献过多，这里无法一一列出，但值得注意的是，他的学生之一徐晓旭的看法就多少有点不同。他承认希腊社会的农本特征，但认为在希腊的农业中，包含着不少商业的因素。强调农业但不否定商业的作用，似乎更为可靠。参见徐晓旭：《论古代希腊的自耕农》，《世界历史》2002年第5期。

[2] 徐松岩：《关于雅典奴隶制状况的两个问题》，《世界历史》1993年第5期；《古典时代雅典奴隶人数考析》，《世界历史》1994年第3期；《公元前四世纪前期雅典采银业状况考》，《西南师范大学学报》1994年第3期。颜海英：《托勒密时期埃及奴隶制评析》，《历史研究》1996年第6期。

努姆和亚历山大大帝与丝绸之路贯通的论文，可以视为他系列研究的继续。陈恒注意到希腊文明中的东方因素，以及希腊化世界的城市化问题。他与李月合作，对托勒密王朝的油类专营以及其他产品的专营做了系统、全面的研究。① 郭子林的系列文章涉及托勒密埃及专制统治的不同侧面，如王权的地位、官僚体系的形成与改造、经济管理制度、司法活动、王权与神权的关系、法尤姆的开发等。郭子林的长处在于他本出身古埃及史研究，博士阶段转向托勒密埃及史，因而对托勒密统治中埃及的传统因素及其与希腊因素的结合，有比较深入的解读。其他学者也不同程度涉及托勒密埃及的移民政策、宗教政策等。② 最近数十年的学术，使中国学者对托勒密埃及历史的理解大大推进。

---

① 杨巨平:《希腊化文明的形成、影响与古代诸文明的交叉渗透》,《山西师范大学学报》1998 年第 3 期;《论希腊化文化的多元与统一》,《世界历史》1992 年第 3 期;《试析"希腊化"时期君主制的形成与特点》,《山西大学学报》1991 年第 1 期;《阿伊·哈努姆遗址与"希腊化"时期东西方诸文明的互动》,《西域研究》2007 年第 1 期;《亚历山大东征与丝绸之路开通》,《历史研究》2007 年第 4 期;陈恒:《略论希腊文明中的东方因素》,《上海师范大学学报》2004 年第 1 期;《美索不达米亚遗产及其对希腊文明的影响》,《上海师范大学学报》2006 年第 6 期;《论希腊化世界的城市及其功能》,《上海师范大学学报》2004 年第 1 期;陈恒、李月:《托勒密埃及专营制度的多因素透视》,《世界历史》2016 年第 3 期;陈恒、李月:《托勒密埃及油类专营制度考》,《历史研究》2014 年第 6 期;《托勒密埃及经济史研究的回顾与展望》,《史学理论研究》2012 年第 4 期。

② 郭子林:《托勒密埃及官僚制度探微》,《内蒙古民族大学学报》2006 年第 3 期;《诉讼与和谐——文献视域中的托勒密埃及诉讼制度》,《内蒙古民族大学学报》2008 年第 1 期;《论托勒密埃及的专制主义》,《世界历史》2008 年第 3 期;《王权与专制主义——以古埃及公共权力的演变为例》,《史学理论研究》2008 年第 4 期;《论埃及托勒密王朝王权与神权的关系》,《古代文明》2008 年第 4 期;《论托勒密埃及专制主义的形成与演变》,收于于沛主编:《中国社会科学院世界历史研究所学术文集》(第 6 辑),江西人民出版社,2008 年版,第 84—103 页;《从托勒密埃及国王的经济管理透视专制王权》,《史学月刊》2009 年第 7 期;《托勒密埃及的法律与司法实践》,《历史研究》2010 年第 4 期;《古埃及托勒密王朝对法尤姆地区的农业开发》,《世界历史》2011 年第 5 期。郭子林、李凤伟:《论托勒密埃及的王室婚姻》,《广西社会科学》2005 年第 7 期;戴鑫:《托勒密一世与埃及的移民潮》,《华中师范大学学报》2018 年第 3 期;南树华、郭丹彤:《论托勒密时期奥西里斯神崇拜》,《北方论丛》2016 年第 3 期。

希腊历史的其他方面也得到学者们或多或少的注意。郭小凌论及希腊军制的变革与城邦危机问题,指出雇佣兵的兴起、战争残酷程度的增加,预示着希腊城邦的瓦解。晏绍祥论及波斯帝国的统治方式及其与希腊人共同体的关系。他以米利都为例,试图证明波斯的王权固然是专制的,但所谓的中央集权未必属实,对地方的统治大体上是让地方自治的策略,因此米利都实际是在波斯统治时期达于繁荣的顶点。吕厚量比较了希罗多德和贝希斯敦铭文的记载,认为希罗多德对波斯的记录大体准确。他还讨论了西方研究波斯历史中的意识形态和西方中心色彩,批评他们未能给予波斯史充分的尊重和地位,而这种传统,本身或许就来自古代希腊传统:那里早期把波斯的宴会描写成贤哲集会,公元前4世纪中后期,却被改造成了饕餮盛宴,受到丑化和批判。李永斌对东方化革命概念的追溯表明,新概念的提出固然揭示出希腊历史发展的某些方面,但东方对希腊的影响是否具有决定意义,需要做更进一步的讨论。他还梳理了阿尔·米那在东西文化交流中的作用,揭示出古风时代早期希腊与东方文明交流的复杂图景。[①]

希腊宗教研究近年获得了长足进展。黄洋比较强调希腊城

[①] 郭小凌:《希腊军制的变革与城邦危机》,《世界历史》1994年第6期;晏绍祥:《波斯帝国的"专制"与"集权"》,《古代文明》2014年第3期;《米利都与波斯:专制帝国中地方共同体的地位》,《世界历史》2015年第3期;吕厚量:《古典学、古波斯史科学与波斯文明》,《历史研究》2014年第6期;《希罗多德波斯史及其对古希腊知识精英波斯观的塑造——〈历史〉卷三与〈贝希斯敦铭文〉比较研究》,《历史研究》2014年第1期;《从贤哲会饮到饕餮盛宴——古希腊历史叙事中波斯宫廷宴饮场景的变迁》,《古代文明》2016年第4期;李永斌:《古风时代早期希腊与东方的文明交流图景》,《历史研究》2018年第6期;《古典学与东方学的碰撞:古希腊"东方化革命"的现代想象》,《中国社会科学》2014年第10期。

邦与宗教之间的相互支持，宗教崇拜在城邦共同体意识的形塑中起了重要作用，社会组织与宗教崇拜共同构成了城邦的社会和政治结构。吴晓群更重视城邦对宗教的影响，城邦固然会尊重公民的宗教，但宗教管理本质上是城邦管理的一部分。徐晓旭从长时段考察形成希腊宗教的多重因素，指出其中包含着前希腊宗教、米诺斯－迈锡尼宗教和印欧宗教的因素，它们在黑暗和古风时代的融合，成为古典希腊宗教的基础。魏凤莲发现，狄奥尼索斯崇拜最初本发生于下层民众中，因在平民与贵族的冲突中成了"武器"，逐渐走向中心，成为希腊最重要的崇拜之一。李永斌从学术史角度，结合考古与文献史料，对阿波罗崇拜可能的起源进行了梳理。①

徐晓旭有多篇文章探讨希腊人的族群认同问题，他综合考古学与历史语言学材料，认为希腊人可能在公元前 2000 年前后才进入巴尔干，其语言既有印欧语言的特点，但也吸收了巴尔干新石器时代居民的诸多因素。在希腊人的民族认同中，他认为在诸多界定族群的标准中，既表现出变化，也表现出稳定。变化是指在不同时代，希腊人会根据不同的环境来界定其民族认同；稳定则是指某些确定希腊人民族认同的因素，保持着相对的稳定，即使在希腊化和罗马时代希腊人丧失其政治独立后，这些因素也仍存

---

① 黄洋：《古代希腊的城邦与宗教——以雅典为个案的探讨》，《北京大学学报》2010 年第 6 期；吴晓群：《公民宗教与城邦政权——雅典城邦的宗教管理》，《世界历史》2008 年第 3 期；徐晓旭：《古代希腊宗教：一项长时段的考察》，《古代文明》2007 年第 4 期；裔昭印：《论宗教在古希腊社会中的作用》，《上海师范大学学报》1997 年第 3 期；魏凤莲：《狄奥尼索斯崇拜探析》，《世界历史》2005 年第 3 期；李永斌：《阿波罗崇拜的起源与传播路线》，《历史研究》2011 年第 3 期。

在。他的长处在于，在深入研读文本基础上，结合考古资料，综合运用历史语言学、考古学和族群认同等多学科的方法，引入中国历史，从看似细小的问题入手，得出具有全局性的结论。如他对波斯人以希腊神话中的帕尔修斯为祖先的神话的分析，既考虑到希腊人对波斯人认识的发展，也把波斯缘何接受希腊人的神话梳理清楚，两相对照，使一个看似不是问题的问题，具有了普遍的族群建构意涵。他关于希腊化时代文化适应与族群关系的文章，揭示出希腊人与原住民之间多样且复杂的关系，进而对西方权威学者如乔纳森·霍尔等的观点和方法发起挑战。①

与西方长达数百年悠久而深厚的古代希腊史研究传统比较，中国的古希腊史研究仅有 70 年左右的历史，不仅根基尚浅，水平也不可同日而语。中华人民共和国成立以来，我们确实逐渐建立起一支人数虽然不多但还算齐整的研究队伍，翻译了相当一批古典文献，出版了一批学术著作并发表了为数可观的学术论文，在希腊史的诸多领域提出了自己的看法，并且成果的质量在稳步提升。即使在国际学术界，有些论著也应有自己的一席之地。2007 年中国加入原由日本学者发起的东亚西洋古代史论坛，如今已经连续四届出席，与欧美和日本、韩国学者同台竞技。但必须

---

① 徐晓旭：《罗马统治时代希腊人的民族认同》，《历史研究》2006 年第 4 期；《古代希腊人的"民族"概念》，《世界民族》2004 年第 2 期；《古希腊语与古希腊文化》，《华中师范大学学报》2004 第 4 期；《创造蛮族：古代希腊人建构他者新探》，《武汉大学学报》2019 年第 2 期；《希腊人和蛮族人：一对不断被修改的画像》，《历史研究》2014 年第 6 期；《历史语言学、考古学与希腊人种族起源研究》，《史学理论研究》2019 年第 1 期；《文化选择与希腊化时代的族群认同》，《中国社会科学》2015 年第 3 期；《希腊化时代马其顿人的身份认同》，《郑州大学学报》2018 年第 3 期；《古代中国与希腊族群祖先谱系研究方法述评》，《史学史研究》2014 年第 3 期；《古代希腊人的族群话语》，《古代文明》2017 年第 2 期。

承认，在资料积累方面，我们仍有不少缺陷。一些基本的文献和参考书，例如雅科比的《希腊历史残篇》，目前能够收藏的大学仍然不多。考古资料中，最基本的《希腊铭文集成》，也仅有复旦大学、首都师范大学和东北师范大学等少量学校收藏。19世纪以来西方出版的大量考古报告，绝大多数中国学者可能闻所未闻。此外，中国的古史研究者中，能够熟练使用古希腊语文献者，数量固然较20年前大有增加，尤其是年轻一辈学者中，能够熟练使用古希腊语的比例更高，但真正能够用得得心应手的，恐怕仍然只是一部分人。正因如此，不少古代史研究者难以从事精深的、原创性的研究，很多时候是个二传手——把西方的学术成果消化后传播到中国（必须承认，在学科发展的起步阶段，这样的研究仍有自己积极的意义和价值）。所写出的论文中，不少属于宏观的、一般性的介绍，个案和专题研究近年普遍有所增加，有些论著达到了相当高的水平，但更多的学者主要是应付日常教学，无力从事深入的研究。即使那些有一定水平的著述，因为语言的限制或这样那样的原因，在国际上的影响仍嫌不足，很多话题并非我们发起和引领，也就是说，我们很大程度上停留在接着别人说的水平。社会对古代希腊史的需求一直在上升，但与世界史其他领域比较起来，古希腊史研究的数量和质量都还有待提高，从而影响到包括古希腊史在内的世界古代史研究在整个历史学科中的地位。随着高等教育的普及和国民文化水平的提高，以及互联网更广泛的利用，当下学者们的科研条件正在逐步改善。国家图书馆以及各大学和科研机构图书馆所购买的古希腊史图书正日益增多，部分考古报告陆续引进，一些大学还购买了专业数据库，越来越多的学者获得赴国外大学进修和访问机会，让中国的古希腊史研究逐渐与国际古典学接轨。我们期待，随着中国改革开放的深入和国民整体文化水平的提高，社会能够在宽松的氛围中，对古代希腊史会表现出越来越浓厚的兴趣[①]，从而推动古希腊史研究进一步深入和普及。

基本参考书目

全面评述古代希腊史学术史的著作，不管是在中文还是在英文著作中，仍付之阙如，但有一些专门著作可供参考。

有关近现代古希腊史研究的情况，可参考下列著作：晏绍祥：《古典历史研究史》上下卷，北京大学出版社，2013年版；晏绍祥：《古典民主与共和传统》上下卷，北京大学出版社，2013年版；晏绍祥：《希腊与罗马：过去与现在》，商务印书馆，2018年版；芬利主编：《希腊的遗产》，上海人民出版社，2016年版。一般史学史著述中会包含部分古代希腊罗马史研究的内容，见汤普森：《历史著作史》上下卷，商务印书馆，1992—1996年版；古奇：《十九世纪历史学和历史学家》上下册，商务印书馆，1989年版；维拉莫维兹：《古典学的历史》，生活·读书·新知三联书店，2008年版；布赖萨赫：《西方史学史》，北京大学出版社，2019年版；布罗：《历史的历史：从远古到20世纪的历史书写》，广西师范大

[①] 这里也许可以提到最近首都博物馆的"卢浮宫希腊珍宝展"，其实乃卢浮宫的古希腊文物展，但参观者云集。其他展览如埃及文明展等，也都吸引了大批观众，说明社会对古代文明的兴趣正日益提升。

学出版社，2012年版。

关于古典传统及其影响，见普法伊费尔：《古典学术史》上下卷，北京大学出版社，2015年版；莫米利亚诺：《现代史学的古典基础》，华东师范大学出版社，2009年版；莫米利亚诺：《论古代与近代的历史学》，北京大学出版社，2015年版；海厄特：《古典传统：希腊—罗马对西方文学的影响》，北京联合出版公司，2015年版；贝纳尔：《黑色雅典娜：古典文明的亚非之根》，第1卷，吉林出版集团有限公司，2011年版；罗伯兹：《审判雅典：西方思想中的反民主传统》，吉林出版集团有限责任公司，2011年版；雷诺兹和威尔逊：《抄工与学者：希腊、拉丁文献传播史》，北京大学出版社，2015年版。

外文著作中，一般的史学史都会或多或少地涉及古代希腊史研究的发展，但很不系统。外文著述中，可参考 G. Sandys, *A History of Classical Scholarship*, vols. 1-3, Cambridge, 1905; K.Christ, *von Gibbon zur Rostovtzeff*, Darmstadt: Wissenschaftliche Buchgesellschaft., 1972; Karl Christ, *Hellas: Griechische Geschichte und deutsche Geschichtswissenschaft*, C. H. Beck, 1999; Lrina Hardwick and Christopher Stray, eds., *A Companion to Classical Receptions*, Oxford: Blackwell Publishing Ltd, 2011; Craig W. Kallendorf, ed., *A. Companion to Classical Tradition*, Blackwell Publishing Ltd, 2010; Frank M. Turner, *The Greek Heritage in Victorian Britain*, New Haven and London: Yale University Press, 1981; Richard Jenkyns, *The Victorians and Ancient Greece*, Oxford: Basil Blackwell, 1981; A. D. Momigliano, *Studies in Modern Scholarship*, Berkeley and Los Angeles: University of California Press, 1994等。俄文著作中可参考库济辛等主编的《古典历史研究史》（莫斯科：高等教育出版社，1980年版）等。上述外文著作中，除克里斯特和库济辛书属

专门的古典历史研究史外,其余均不是把古代历史学术史作为重点,但它们较详尽地介绍了古典学的发展,因而有一定的参考价值。

关于希腊考古的发展,可以参考保罗·麦克金德里克:《会说话的希腊石头》,浙江人民出版社,2000年版;C. W. 西拉姆:《神祇、坟墓、学者》,生活·读书·新知三联书店,1991年版,第一部;William A. MacDonald, *Progress into the Past: The Rediscovery of Mycenaean Civilization*, New York: The MacMillan Company, 1967。关于中国古希腊史研究的情况,可以参考晏绍祥的《古典历史研究发展史》(华中师范大学出版社,1999年版)的最后一章和《与距离斗争:中国和西方的古代世界史研究》(世纪文景／上海人民出版社,2021年版)第183—280页的内容。

第四章　重要研究专题

对于希腊史研究的重要专题，其实难以全面归纳，西方学者几乎无所不感兴趣，无所不研究，因此很难全面了解这些研究状况。我们在此也并不力求全面，而是选择一些产生分歧与争议、近些年来引起学者们热烈讨论，同时笔者又有所理解的重要专题进行较为深入的介绍与评述，既提出问题的由来，又梳理出不同的理解与争论，着重点则在于研究的理路和方法分析。我们希望，比起全面而泛泛的介绍，这样的方法对初入门者会更有启发和帮助。当然这样的做法存在很大局限性，尤其是我们的介绍在一定程度上仍限于传统的历史研究领域，不可避免地忽略了一些重要的专题和路径，例如碑铭研究、法国古典学中的结构主义学派等。①

和历史学的其他领域一样，古希腊史研究中也大量引入了各种社会与文化理论及其方法，传统者如马克思主义、韦伯的社会理论、结构主义，新潮者如福柯的方法、文化解释学乃至后现代

---

① 更为全面的综述可参见 Chester G. Starr, *Past and Future in Ancient History*, Publications of the Association of Ancient Historians 1, Lanham: University Press of America, 1987, chapter 1; Stanley M. Burstein, Ramsay MacMullen, Kurt A. Raaflaub and Allen M. Ward, *Ancient History: Recent Work and New Directions*, Publications of the Association of Ancient Historians 5, Claremont, California: Regina Books, 1997, chapter 1; Andrew Erskine, ed., *A Companion to Ancient History*, Malden, MA: Wiley-Blackwell, 2009。Neville Morley, *Ancient History: Key Themes and Approaches*, London: Routledge, 2000 也提供了一些主题的线索以及少数代表性学者的一些论断摘录。

主义方法。在热情拥抱这些理论与方法的同时，注重史料与考证的传统史学方法并未失去其魅力。因此，希腊史研究呈现出精彩纷呈、更加多样化的局面。这些理论与方法纷繁复杂，远非我们能够完全理解与把握，然而却具有启发性，因此我们将结合希腊史研究中的一些热点问题，尽量予以介绍。

一、希腊城邦的兴起

希腊城邦制度以及城邦文明的特征可以说一直是希腊史研究中最为重大的问题之一，许多的问题与研究都可以归结到这个大问题之下。1993年，丹麦著名古典学家、雅典民主政治研究的权威汉森在哥本哈根大学建立了哥本哈根城邦研究中心（Copenhagen Polis Centre），专门研究希腊城邦制度的各个方面，包括和世界历史上其它文明中的城邦体制的比较，出版了一系列的研究成果[①]，影响巨大。总体而言，西方学者根本的认识前提是，城邦制度是导致希腊文明不同于古代世界其他文明的根本之所在，用较早的说法，是"希腊奇迹"（Greek Miracle）的基础，也是导致现代西方文明不同于（甚至是高于）世界其他文明的根本之所在。从这

---

① 例如 Mogens Herman Hansen, ed., *The Polis as an Urban Centre and as a Political Community*, Acts of the Copenhagen Polis Centre Vol. 4, Historisk-filosofiske Meddelelser 75, Copenhagen: Det Kongelige Danske Videnskabernes Selskab, 1997; Hansen, *Polis and City-State: An Ancient Concept and Its Modern Equivalent*, Acts of the Copenhagen Polis Centre Vol. 5, Historisk-filosofiske Meddelelser 76, Copenhagen: Det Kongelige Danske Videnskabernes Selskab, 1998; Hansen, ed., *The Imaginary Polis*, Acts of the Copenhagen Polis Centre Vol. 7, Historisk-filosofiske Meddelelser 91, Copenhagen: Det Kongelige Danske Videnskabernes Selskab, 2005; Hansen, ed., *A Comparative Study of Six City-State Cultures. An Investigation Conducted by the Copenhagen Polis Centre*, Historisk-filosofiske Skrifter 27, Copenhagen: Det Kongelige Danske Videnskabernes Selskab, 2002; Hansen, *Polis: An Introduction to the Ancient Greek City-State*, Oxford: Oxford University Press, 2006。

个根本性前提出发,西方学者更多地关注希腊文明不同于其他文明的特征,而在一定程度上忽视了它和其他古代文明的一些共同之处,这也使得古希腊文明研究带有马丁·贝纳尔所批评的雅利安种族中心主义色彩。① 而从中国学者的角度而言,尽管我们惊叹于希腊文明的非凡创造,也因此而产生浓厚的研究兴趣,但我们拥有中国文化的深厚背景作为参照,应该能够清醒地认识到每个成功的文明都有着独特的创造性,都是奇迹。从这方面来说,希腊文明和中国文明、印度文明、犹太文明等更多地表现出共同性,而不是独特性。进而我们应该更能反思西方学者的研究取向,从而提出独立的见解,而不是盲目地接受"希腊奇迹"之类的说法,把希腊文明看成是高于其他古代文明的。

在西方学者的上述概念框架下,城邦的兴起就是个备受关注的重大问题。1937年,维克多·埃伦伯格在一篇题为《城邦何时兴起?》的文章中,首次系统阐述了这个问题,他利用"荷马史诗"的资料,提出城邦不见于《伊利亚特》,但在《奥德塞》中已出现。同时他认为,《奥德塞》作于公元前800年左右,因此把希腊城邦兴起的时间定在了公元前8世纪早期。现在学者们普遍相信"荷马史诗"作于公元前8世纪末期,并且认为城邦兴起于公元前8世纪中期,而不是更早,但他的这篇论文基本上奠定了后来研究的框架。埃伦伯格还提出,对于城邦制度的兴起、繁荣直至衰落的演化,"只有从城邦本身的生活证据、从其内部的问题、从城邦机构的历史以及城邦精神入手,我们才能获得判断的真正

---

① 见下文"'东方'的影响"部分。

视角。"① 这一论断也为后来的城邦制度研究指明了方向。

1961年，美国学者斯塔尔出版《希腊文明的起源》一书，首次提出了公元前8世纪的"革命"的说法。他说："公元前750—前650年这个革命的年代，是全部希腊历史中最为根本的发展"，他进一步解释道：

> 希腊人以简单而突然的方式，迅速建立起了一个政治上、经济上和文化上一致的、相互关联的体系，在此后他们独立的生活中，这个体系一直发挥着作用。在一个又一个领域，现代研究者都能把希腊方式发育好了的面貌追溯到公元前7世纪早期，但不能更早。在此之前仅仅是原始的、几乎才开始的基础。因此从公元前750到前650年的这个世纪见证了贸易的大发展、希腊殖民运动的广泛开展，以及在贵族阶级统治下城邦的巩固。②

为了解释这个"革命"赖以出现的基础，斯塔尔主要依据陶器和墓葬的考古资料，对所谓的"黑暗时期"作了详细的论述，提出希腊文明的面貌起源于这个时期。他说道：

> 从公元前1100到前750年，生活在爱琴地区的一代又一代居民继承了更早的诸多元素，把它们融合成一个连贯的外

---

① Victor Ehrenberg, "When Did the Polis Rise?", *Journal of Hellenic Studies*, Vol. 57, Part 2 (1937), pp. 147-159.

② Chester G. Starr, *The Origins of Greek Civilization, 1100-650 BC*, New York: Alfred A. Knopf, 1961, p. 190.

貌和社会结构,到《伊利亚特》的时候,这外貌和社会结构就应该被看成是希腊的了。我们在往后看的时候,认识到这个世界业已准备好在文化上和政治上扩张,而又不失去自己的身份认同。①

把希腊文明的源头追溯到这个"黑暗时期",意味着相信它和之前的迈锡尼文明存在着根本性差别,斯塔尔虽然没有明确阐述这个意思,但它却是隐含在其论述框架之中的。为了间接地说明这一点,斯塔尔不得不求助于多里安人入侵的说法,虽然他也意识到并不能过分强调:

> 尽管希腊天赋不是印欧民族所属欧洲的原始森林里的赠礼,但没有多里安人,我们就不能尝试解释希腊文明最初的明显标志所出现的那个世界。

斯塔尔的"革命"之说,基本上成为后来解释希腊城邦兴起的框架。到 20 世纪 70 年代,包括斯诺德格拉斯在内的一些英国考古学家进一步发展斯塔尔的理论的时候,他们再一次强调了迈锡尼文明和后来希腊文明之间的断裂,确认和强化了传统的"黑暗时代"之说。② 在这个基础上,斯诺德格拉斯进一步论述了物质遗存同城邦兴起之间的关系。1977 年,在就任剑桥大学古典考古

---

① Chester G. Starr, *The Origins of Greek Civilization, 1100-650 BC*, Part II. 引文分别见 p. 74 和 p. 186。

② 见上文第 19 页,注 ①。

学教授的就职报告中，他提出在公元前 8 世纪中期，希腊世界的考古遗迹发生了显著的变化，这表现在神庙和大型雕塑的出现、墓葬区位置的变化，以及与海外物质交流的显著增加等。他认为这样的变化和希腊世界社会政治结构的变化相关，并因此而提出了城邦兴起于公元前 8 世纪中期的说法。[1] 之后他又利用墓葬资料进一步论证，从公元前 8 世纪中期开始，希腊本土的人口大幅度增加，导致了社会的"结构性革命"，亦即城邦的兴起。[2] 斯诺德格拉斯的论断为学者们广泛接受，以至于成了一个范式，公元前 8 世纪中期也被看成是希腊文明的"复兴"（renaissance）或者新生。[3] 更重要的是，他对城邦兴起问题的研究，确立了一个出发点和问题意识。在他之后，城邦兴起成为希腊史研究中的一个热点问题，但学者们的研究都以城邦兴起于公元前 8 世纪中期这个前提出发。[4] 1984 年，法国学者弗朗索瓦·德·波里尼亚克（François de Polignac）从宗教的角度进一步论证了斯诺德格拉斯的结论。他

---

[1] Anthony M. Snodgrass, *Archaeology and the Rise of the Greek State*, Cambridge: Cambridge University Press, 1977.

[2] A. M. Snodgrass, *Archaic Greece: The Age of Experiment*, London: J. M. Dent & Sons Ltd, 1980, chapter 1。后来斯诺德格拉斯又进一步修正与阐述了自己的观点，见其 *An Archaeology of Greece. The Present State and Future Scope of a Discipline*, Berkeley: University of California Press, 1987, chapter 6; "Archaeology and the Study of the Greek City", in John Rich and Andrew Wallace-Hadrill, eds., *City and Country in the Ancient World*, London: Routledge, 1991, pp. 1-24; "The Rise of the Polis: The Archaeological Evidence", in M. H. Hansen, ed., *The Ancient Greek City-State*, Copenhagen: Historisk-Filosofiske Meddelelser det Kongelike Danske Videnskabernes 67, 1993, pp. 30-40。

[3] Snodgrass, *Archaic Greece: The Age of Experiment* 和 Oswyn Murray, *Early Greece*, London: Fontana, 1980（1993 年第 2 版）的出版可以说是这一新范式确立的标志。后者后来成为最权威性早期希腊史教科书，作者在书中完全接受了斯诺德格拉斯的论断。

[4] 实际上，笔者 1991 年在伦敦大学提交的博士论文《古代希腊土地私有制的兴起》（1995 年以《古代希腊土地制度研究》为名出版中文本）也是在斯诺德格拉斯的问题意识启发下进行的一项研究。该文试图说明，土地私有制的确立是希腊城邦制度的基础。

提出，公元前 8 世纪宗教崇拜圣地的大量出现产生了深远的政治后果，宗教崇拜的共同体培育了最初的政治共同体意识。尤其重要的是，城市中心以外的"边缘圣地"（extra-urban sanctuaries）的出现使得中心和边缘之间形成互动，从而使得城市中心以外的居民也融入了共同体。而且，边缘圣地也划定了城邦的领土范围。因而，宗教崇拜的"革命性"变化，导致了城邦的形成。①

后来的情况表明，斯诺德格拉斯的考古学方法对于早期希腊历史的研究产生了深远影响。和传统考古学注重特定考古遗存的分析与解释不同，他选择对一个时期的考古材料进行综合考察，并以此为基础解读这些考古材料所反映的社会结构及其变化。因而，考古研究和历史解释真正结合起来了，考古学家不再是为历史学家整理和提供素材的专门家，也不再依赖历史学家提供历史框架，考古学家本身就成了阐述历史框架的主角。后来他的学生们发表一系列论著，进一步发扬他的研究方法，探讨他所提出的问题，以至于形成了一个"斯诺德格拉斯学派"。② 1987 年，伊恩·莫里斯（Ian Morris）出版《墓葬与古代社会：希腊城邦的兴起》③，修正了斯诺德格拉斯的理论。他提出，公元前 8 世纪墓葬数量的大量增加，并非像斯诺德格拉斯所说，是人口大幅度增

---

① François de Polignac, *La Naissance de la Cité Grecque*, Paris: Éditions de la Découverte, 1984 (published in English as *Cults, Territory and the Origins of the Greek City-State*, Chicago: University of Chicago Press, 1995). 他在 "Repenser la 'Cité? Rituels et Société en Grèce Archaïque'", in Mogens Herman Hansen and Kurt Raaflaub, eds., *Studies in the Ancient Greek Polis*, Historia Einzelschriften 95, Stuttgart: Franz Steiner Verlag, 1995, pp. 7-19 一文中进一步阐发了其观点。

② Ian Morris, *Archaeology as Cultural History: Words and Things in Iron Age Greece*, pp. 98-99.

③ Ian Morris, *Burial and Ancient Society: The Rise of the Greek City-State*, Cambridge: Cambridge University Press, 1987.

长的反映，而是社会结构变化的标志。他认为，考古发现的这个时期以前的墓葬之所以较少，是因为只有社会精英阶层的成员才能够安葬在正式墓地里，而社会其他阶层的成员只能草草掩埋，因此在考古学上是不可见的。但到公元前8世纪，希腊社会结构发生了根本性的变化，精英阶层以外的成员获得了更多的社会权利，包括在墓地里安葬其死者的权利，这样，考古学上可见的墓葬就大幅增加了。就是说，墓葬的增加是一个权利得到更加广泛分享的社会共同体形成的标志，亦即城邦兴起的标志，而非其原因。在伊恩·莫里斯看来，分享精英阶层的墓葬特权是正在兴起的"中间阶级意识形态"（middling ideology）的象征，它在古风时代最终导致了城邦的民主化。[1] 斯诺德格拉斯的另一名学生摩根在1990年出版《运动员与神谕——公元前8世纪奥林匹亚和德尔斐的变迁》中[2]，通过对奥林匹亚和德尔斐圣地及其祭品进行分析，提出在公元前8世纪末期，个人和富有家庭开始竞相参与邦际圣地（inter-state sanctuaries）的崇拜活动，之后到公元前7世纪末，城邦的祭品在很大程度上取代了贵族精英在邦际圣地的财富展示，表明个人或者家庭的利益被纳入城邦活动的领域，进而从另一个侧面论证了城邦共同体的形成。至此可以说，古风时代早期的所有历史现象都被纳入城邦兴起这个中心问题的框架之内。

然而，整个城邦兴起说的基石是对"黑暗时代"说以及它和

---

[1] 后来 Ian Morris 进一步阐发了这一观点。见其 *Archaeology as Cultural History: Words and Things in Iron Age Greece*, chapter 4。

[2] Catherine Morgan, *Athletes and Oracles. The Transformation of Olympia and Delphi in the Eighth Century BC*, Cambridge: Cambridge University Press, 1990.

迈锡尼文明的中断深信不疑。但在一些学者看来,所谓的"黑暗时代"是"一个没有谱系的时期,一个无中生有的时期"①。在评论莫里斯和另一位斯诺德格拉斯门生惠特利(J. Whitley)的著作时②,帕帕多普罗斯(John K. Papadopulos)说道:

> 伊恩·莫里斯和惠特利极力赞同的是存在一个"黑暗时代",并且是在这个时期最早播下了希腊城邦的种子。在此,希腊"黑暗时代"说的权威、他们的导师安东尼·斯诺德格拉斯的指导思想在背后起着作用。伊恩·莫里斯和惠特利的观点的根本弱点在于其近乎宗教信仰的假设,即迈锡尼生活方式的衰亡意味着一个彻底的、几乎是外科手术似的决裂,之前和之后出现的是两种非常不同的实体。在此,我们所观察到的不止是导师的影响,因为"黑暗时代"一直是而且仍然是一个信条,在爱琴地区史前史领域和古典考古学领域的传统中都受到忠实地信奉,形成了一个巨大的分界。绝大多数对"希腊"物质文化的描述都从原始几何陶(Protogeometric)开始,把它看成是"希腊艺术的种子"。原始几何陶被认为见证了荒芜之后"复苏"的最初微光。在此我们看到了一条道路上的最早步伐,这条道路经过几何陶晚期的"复兴",最终通向"古典的高峰"。

---

① John Papadopoulos, "To Kill a Cemetery: The Athenian Kerameikos and the Early Iron Age in the Aegean", *Journal of Mediterranean Archaeology* 6 (1993), pp. 175-206, 引文见 195。

② J. Whitley, *Style and Society in Dark Age Greece: The Changing Face of Pre-Literate Society, 1100-700 BC*, Cambridge: Cambridge University Press, 1991.

帕帕多普罗斯进一步评论说：

> 伊恩·莫里斯和惠特利毫不理会约公元前 1125—前 1100 年之前发生的一切，无条件地假设青铜时代后期的任何发展都和后来发生的事情没有关系，或者是对它没有影响。难道就在"次迈锡尼时期"（Submycenaean）之前，像迈锡尼文明这样一个发达的社会体系的演变和崩溃不值得一些考虑吗？难道它不会在考古记录的结构中留下一些踪迹吗？也许它甚至和国家的形成——即城邦的兴起——或是它的不足都有些关系？的确，许多学者都提出，古风和古典希腊的大量机制，不仅在宗教和诗歌方面，而且在其他传统方面，包括城邦的起源，都可以在米诺斯和迈锡尼文明的物质文化中找到证据，在青铜时代和早期铁器时代存在着很大程度上的延续性。①

无论如何，以剑桥大学为中心的这个社会考古学学派的兴盛，改变了古风时代希腊史研究的面貌，考古学在古风时代希腊史的研究与书写中都起到了前所未有的重要作用。② 在最近出版的两套著名古代史丛书中，关于希腊古风时代的历史都出自偏重考

---

① John Papadopoulos, "To Kill a Cemetery: The Athenian Kerameikos and the Early Iron Age in the Aegean", p.194, pp. 195-196.

② Ian Morris 对于考古学在古风时代历史研究中的作用进行了总体论述，见其"Archaeology and Archaic Greek History", in Nick Fisher and Hans van Wees, eds., *Archaic Greece: New Approaches and New Evidence*, London: Duckworth, 1998, pp. 1-91。

古学研究的学者之手①，即可说明这一点。

二、荷马社会研究

从语文学研究的角度而言，"荷马史诗"研究历来是希腊史研究中的重要领域，正如一位学者所说，"'荷马史诗'是不可穷尽的"。自从1795年沃尔夫出版《荷马史诗研究导论》引发了所谓的"荷马问题"（the Homeric Question）以来，"荷马史诗"研究业已发展成为一个庞大的领域，所出版的论著也不计其数②，以至于在很大程度上，"荷马史诗"研究成为古典语文学研究的象征。正如特纳所说："'荷马问题'成为古典语文学家宣称其在欧洲，尤其是德国知识生活中的文化权威性的载体。'荷马史诗'评论形成了一个表演舞台，古典文献学的专家能够在其中展现他们把西方文学中的两大巨著转变成学术分析对象的技巧。"③沃尔夫当初提出的"荷马问题"主要是史诗的作者是一人还是多人，史诗是如何创作的。但后来的学者们提出了越来越多的问题，以至于哈

---

① Robin Osborne, *Greece in the Making, 1200-479 BC*, 2nd edition, London and New York: Routledge, 2009; Jonathan M. Hall, *A History of the Archaic Greek World ca. 1200-479 BCE*, 2nd edition, Malden, MA and Oxford: Blackwell Publishing, 2014. 前者属于路特里奇出版社出版的"路特里奇古代世界历史丛书"，后者属于布莱克维尔出版社出版的"布莱克维尔古代世界历史丛书"。

② F. A. Wolf, *Prolegomena ad Homerum*, Halis Saxonum: Libraria Orphanotrophei, 1859, second edition (first published in 1795). 有关"荷马史诗"研究的情况，可参见 Ian Morris and Barry Powell, eds., *A New Companion to Homer*, Mnemosyne Suppl. 163, Leiden: E. J. Brill, 1997; Irene J. F. de Jong, ed., *Homer: Critical Assessments*, 4 vols., London and New York: Routledge, 1999。相比起来，Robert Fowler, ed., *The Cambridge Companion to Homer*, Cambridge: Cambridge University Press, 2004 则更为偏重语文学研究，该书还有一部分专门讨论后世对"荷马史诗"的接受史。

③ Frank M. Turner, "The Homeric Questions", in Ian Morris and Barry Powell, eds., *A New Companion to Homer*, pp.123-45, 引文见 p. 123。

佛大学的"荷马史诗"研究专家纳吉（Gregory Nagy）说："对于'荷马问题'是什么，现在已经没有共识了。"[①] 不过多数研究还是语文学意义上的研究，在此我们的讨论仅限于和历史相关的一些方面。[②]

1954年，摩西·芬利出版《奥德修斯的世界》[③]，成为荷马社会研究的一个里程碑。芬利的学术经历不同于大多数同时代的古典学家。他出生于犹太家庭，15岁时以优异成绩（magna cum laude）毕业于叙拉古大学，1929年在哥伦比亚大学获得法学硕士学位。其时法兰克福学派的社会研究所被迫于1934年迁移到了纽约，芬利从1937至1939年在这个研究所担任研究助理，从而接触到该学派带有明显马克思主义倾向的社会思想。之后他的兴趣转向古代史研究，在哥伦比亚大学和纽约城市学院从教。20世纪30年代的芬利深受马克思和韦伯思想影响，并且熟读当时的史学大师们的著作。对此他自己回顾说：

> 在30年代早期作为哥伦比亚大学的研究生，我接受的教育是韦伯和马克思，是法律史中的吉尔克和梅特兰，是查尔

[①] Gregory Nagy, "Homeric Questions", *Transactions of the American Philological Association* 122 (1992), pp. 17-60.

[②] Joachim Latacz, ed., *Zweihundert Jahre Homer-Forschung: Rückblick und Ausblick*, Stuttgart: B. G. Teuber, 1991 和 B. Powell & I. Morris, eds., *A New Companion to Homer* 是对荷马研究的较好总结，也较为集中地反映了近来学者们的研究取向。Ian McAuslan and Peter Walcot, eds., *Homer*, Greek & Rome Studies Vol. IV, Oxford: Oxford University Press, 1998 也是一本涉及"荷马史诗"诸方面的较好的论文集。Barry B. Powell, *Homer*, Malden, MA and Oxford: Blackwell, 2004 是一本较为浅显但却从文献学和历史学方面总体介绍"荷马史诗"的著作。

[③] M. I. Finley, *The World of Odysseus*, Harmondsworth, Middlesex: Penguin Books, 1979, 2nd revised edition (first published in 1954).

斯·比尔德和皮朗以及马克·布洛赫。①

其中马克思的思想影响尤其深刻，用他自己的话说：

> 马克思主义是我思想经历的一部分，用希腊人的话说，是我的 paideia（教育）。像我提到的其他思想家一样，马克思终结了把历史研究看成是一种独立活动的所有思想，也终结了我们能够孤立地研究人类行为的各个方面——经济、政治、思想、宗教——的推断。②

1948 起，他在拉格斯（Rutgers）大学教授历史，其间参加了卡尔·波兰尼在哥伦比亚大学开办的经济史讨论班。政治上激进的芬利还在 20 世纪 30 年代末加入了由人类学家弗兰兹·博厄斯（Franz Boas）领导的美国共产党前沿组织"美国反战与反法西斯联盟"。1952 年，美国参议院国内安全分委员会（Internal Security Subcommittee）传唤他，审问他是否参加过美国共产党，他援引宪法第五条修正案，拒绝回答。年底拉格斯大学董事会一致投票开除了他。由于无法找到工作，他在莫米利亚诺帮助下，流亡英国，从 1955 年起在剑桥大学任教，直至退休。

---

① 引自 M. I. Finley, *Economy and Society in Ancient Greece*, edited by Brent D. Shaw and Richard P. Saller, New York: The Viking Press, 1982, p.x. 吉尔克（Otto Friederich von Gierke, 1841-1921）是德意志法律史专家，梅特兰（Friederich William Maitland, 1850—1906）是著名的英格兰法律史专家，比尔德（Charles A. Beard, 1874—1948）是美国史研究中"进步学派"的代表人物，以美国宪法的经济解释而闻名，皮朗（Henry Pirenne, 1862—1935）是比利时著名的欧洲中世纪经济史专家。

② M. I. Finley, *Economy and Society in Ancient Greece*, p. x.

在《奥德修斯的世界》里，芬利全方位地重构了荷马社会的政治、经济、社会生活面貌及其价值观念。他认为，"荷马史诗"所描述的价值体系是非常一致和连贯的，因此它肯定反映了一个真实历史时期的社会价值体系。他用以分析荷马社会的核心概念是"礼物交换"。芬利认为，荷马社会的精英集团通过礼物交换，建立了一个社会关系的网络，从而得以维持自身的特权地位。这个礼物交换的概念，其实是借鉴于法国社会学家马塞尔·莫斯（Marcel Mauss）的著名理论。在此后一系列经典的论著中，芬利进一步利用社会科学的方法，阐述了古代希腊罗马社会的政治、经济、社会生活情况，将古典学家的视野从他多有批评的狭隘的语文学领域拓展到了全方位理解古代社会。时至今日，在出版半个多世纪以后，《奥德修斯的世界》仍然是了解与研究荷马社会的必读著作。

芬利对荷马社会整体面貌的重构使他相信，这样一个贵族关系网络的社会从根本上不同于以王宫为中心的迈锡尼社会，也不同于以公民生活为中心的城邦社会。他因此相信，荷马社会反映的是迈锡尼文明崩溃之后、希腊城邦文明兴起之前的那个时期的社会面貌。这一论断也是具有革命性意义的。在谢里曼根据"荷马史诗"的记载发掘出特洛伊城后，荷马研究出现了一个高潮。谢里曼的发现也使学者们相信，史诗描写的是青铜时代的历史。一系列名作如尼尔森的《希腊神话的迈锡尼起源》（1932年）和《荷马和迈锡尼》（1933年）、洛里默的《荷马与历史遗迹》（1950年）、韦伯斯特的《从迈锡尼到荷马》（1958年）以及佩奇的《历史与荷马的〈伊利亚特〉》（1959年）等都从这个前提出发展开讨论。① 芬利吸收了米尔曼·帕里的研究成果，认为"荷马史诗"是一代代游吟诗人口传下来的作品，因而相信它所反映的是一个较早时期的社会状况。但他提出，史诗反映的并不是迈锡尼时期的社会状况，而是迈锡尼文明之后即公元前10—前9世纪的历史面貌。他写道："荷马世界完全是后迈锡尼时代的，所谓的往事和残存习俗很少见，是孤立而混杂的。因此荷马史诗不仅不是迈锡尼泥板文书的可靠向导，而且完全就不是（迈锡尼时代的）向导。"② 芬利的这一结论从根本上改变了我们对于荷马社会的认识，此后学者们一致认为，"荷马史诗"反映的是希腊铁器时代（前1000年以后）、而不是青铜时代（迈锡尼时代）的历史面貌。

当然，芬利并非第一个试图借用社会科学概念来分析荷马社会价值体系的学者。在他之前，时任牛津大学钦命古希腊语教授的多兹（E. R. Dodds）于1949年出版了经典的《希腊人与非理性》③一书，提出荷马社会的希腊人没有罪恶概念，因而不是一种"罪恶感文化"（guilt-culture），制约他们行为的是羞耻感，即荷马社会是一种"羞耻文化"（shame-culture）。然而，到1974年，斯诺德格拉斯对芬利的经典分析提出了一个根本性的挑战。在《希腊研

---

① M. P. Nilsson, *The Mycenaean Origin of Greek Mythology*, Berkeley: University of California Press, 1972(first published in1932), with a new introduction and bibliography by Emily Vermeule, "Homer and Mycenae", London: Methuen and Co. Ltd, 1933; H. L. Lorimer, *Homer and the Monuments*, London: Macmillan, 1950; T. B. L. Webster, *From Mycenae to Homer*, London: Methuen, 1964, 2nd edition (first published in 1958); Denys Page, *History and the Homeric Iliad*, Berkeley: University of California Press, 1959.

② M. I. Finley, *Economy and Society in Ancient Greece*, p. 232.

③ E. R. Dodds, *The Greeks and the Irrational*, Berkeley and Los Angeles: University of California Press, 1951, pp. 17-18 and chapter II.

究杂志》上发表的一篇著名论文中，斯诺德格拉斯提出，"荷马史诗"的描绘其实是非常不同的时期的历史因素、诗人的想象和虚构的一个大杂烩，因此不存在一个"真实的荷马社会"①。斯诺德格拉斯的论断，引发了关于是否存在真实的荷马社会的大讨论。他的学生伊恩·莫里斯在1986年发表了一篇同样著名的论文，同时反驳芬利和斯诺德格拉斯的观点，提出"荷马史诗"所反映的是其成书的时代，即公元前8世纪的历史情形。②时至今日，争论远未结束，斯诺德格拉斯的观点得到相当一部分学者，尤其是考古学者们的支持。③剑桥大学的希腊史教授卡特里奇甚至说道："认为存在一个历史真实的单一而整体的荷马'社会'或'时期'或者更为模糊的'世界'，这种观点似乎极其没有说服力。近来堆积如山的研究仅仅强化了我自己的观点，即荷马的虚构世界（fictive universe）非常重要，恰恰是因为它从未存在于诗人的丰富想象之外。"④怀疑论者提出，"荷马史诗"的作者是诗人，不是史家，要

---

① A. M. Snodgrass, "An Historical Homeric Society?" *Journal of Hellenic Studies* 94 (1974), pp. 114-25, reprinted in Anthony Snodgrass, *Archaeology and the Emergence of Greece. Collected Papers on Early Greece and Related Topics (1965-2002)*, Edinburgh: Edinburgh University Press, 2006, pp. 173-93.

② Ian Morris, "The Use and Abuse of Homer", *Classical Antiquity* 5 (1986), pp. 81-138.

③ E. S. Sherratt, "Reading the Texts: Archaeology and the Homeric Question", *Antiquity* 64 (1990), pp. 807-824; R. Seaford, *Reciprocity and Ritual: Homer and Tragedy in the Developing City-State*, Oxford: Oxford University Press, 1994, pp.5-6; Robin Osborne, *Greece in the Making, 1200-479 BC*, pp. 147-53.

④ Kurt A. Raaflaub, "A Historian's Headache: How to Read 'Homeric Society'", in Nick Fisher and Hans van Wees, eds., *Archaic Greece: New Approaches and New Evidence*, London: Duckworth, 1998, pp. 169-93 对相关的争论进行了综述，引文见 p.169。Kurt A. Raaflaub, "Historical Approaches to Homer", in Sigrid Deger-Jalkotzy and Irene S. Lemos, eds., *Ancient Greece: From the Mycenaean Palaces to the Age of Homer*, Edinburgh: Edinburgh University Press, 2006, pp. 249-62 再次强调了自己的观点。

建构铁器时代或者古风时代初期的希腊历史,只能通过社会考古学,而非"荷马史诗"的材料。他说道:"很清楚'荷马史诗'不属于任何一个特定时期,而且从不存在'荷马社会'这样一个东西。然而对'荷马史诗'的理解对我们理解从青铜时代到古代世界结束为止的所有时期的希腊社会、文化、文学和艺术仍然具有关键意义。"① 而相信存在真实的"荷马社会"的学者则倾向于认为,"荷马社会"反映的是诗歌创作时期即公元前8世纪的希腊历史。由于一些著名的古典语文学专家像韦斯特和希腊宗教史家伯克特都倾向于认为,史诗可能创作于公元前7世纪早期而非公元前8世纪,因此也有学者提出,"荷马史诗"更能反映公元前7世纪前期的历史。② 无论如何,相信存在真实的"荷马社会"的研究者倾向于认为,"荷马史诗"所描绘的是早期希腊城邦社会,而非前城邦时代的历史。③ 西方学术界的这些较新研究也引起了国内学者的回应。④

总体而言,荷马研究的结果倾向于强调"荷马社会"与迈

---

① James Whitley, "Homer and History", in Corrine Ondine Pache ed., *The Cambridge Guide to Homer*, Cambridge: Cambridge University Press, 2020, pp. 257-266, 引文见 p. 266。

② 对于 M. L. West 和 Walter Burkert 观点的概括,见 Kurt A. Raaflaub, "A Historian's Headache: How to Read 'Homeric Society'", p. 187-188. O. Taplin, *Homeric Soundings. The Shaping of the Iliad* (Oxford: Oxford University Press, 1992, pp. 33-35) 即认为,史诗反映的是公元前7世纪的历史。

③ Kurt A. Raaflaub, "Homeric Society", in Ian Morris and Barry Powell, eds., *A New Companion to Homer*, pp. 623-48; Robin Osborne, "Homeric Society", in Robert Fowler, ed., *The Cambridge Companion to Homer*, 206-219. 晚近的研究取向见 Corrine Ondine Pache, ed., *The Cambridge Guide to Homer*, Part II: Homeric World。John Paul Crielaard 对"荷马社会"(Homeric Communities)的主要特征进行了总结,认为荷马社会对应于公元前8至前7世纪。James Whitley 重申了自己的怀疑论观点,认为"荷马史诗"记载的事件不是真实的。从物质证据看,史诗描绘的青铜器和铁器的混合同任何时期的考古证据都不完全吻合,也从不存在一个真实的"荷马社会"。Hans van Wees 则简要讨论了荷马社会中的阶级关系,而未明确说明是否存在真实的荷马社会。

④ 晏绍祥:《荷马社会研究》,上海三联书店,2006年版。

锡尼社会的断裂[①]，强化斯诺德格拉斯所建立的希腊文明复兴范式，虽然在笔者看来，并没有无可辩驳的理由把"荷马社会"后移到公元前8世纪后期或者更晚。相反，"荷马史诗"是长时期流传的口传诗歌的汇集这一受到普遍接受的结论，更有可能说明，史诗反映的是更早时期的历史面貌。芬利的定年虽然不为多数学者认可，但也许更能解释"希腊社会"从迈锡尼时期到古风时期的演变。而坚持将"荷马社会"后移到公元前8世纪后期或者更晚的学者，仍然不得不求助于"黑暗时代"加"复兴"或者"革命"的说法，来解释早期希腊社会的变迁。有时候笔者不禁怀疑，斯诺德格拉斯的"结构性革命"范式成了诸多研究的出发点，因而也局限了其可能得出的结论。也许并非偶然的是，对于"黑暗时代"之后城邦文明兴起范式提出质疑和挑战的恰恰是那些并非专门研究古典希腊文明的学者如贝纳尔，或者是研究视野超出城邦文明的学者如萨拉·莫里斯（Sarah P. Morris）。他们更少受到希腊城邦文明的特殊性这个概念框架的局限，因而提出应该反思甚至抛弃城邦文明兴起的范式。萨拉·莫里斯的一席话反映了学者们把希腊城邦形成这个问题置于早期希腊史研究的中心地位的状况：

> 也许是时候改变我们当前对早期希腊"国家"（state）的迷信了，这个幽灵在当代学术中获得了一系列一统性的、近乎集权的力量。在我看来，由共识而形成的共同体，是从青

[①] 例如 Robin Osborne, "Homeric Society"。

铜时代后期开始缓慢、逐渐且连续不断地演变而产生的……不存在公元前8世纪的"爆炸"或者"复兴"。①

贝纳尔所强调的东方文明对希腊文明的影响，及其引起广泛反响的著作所激发的对于东西方联系的进一步研究，可能是打破城邦文明兴起范式的一个途径，正如萨拉·莫里斯所说："东方能够把希腊从产生于公元前8世纪、从一开始就带有其所有民主特征、作为共同体的城邦的束缚中解放出来。"②

三、早期希腊城邦的发展

如果我们将注意力从公元前8世纪城邦的"兴起"转向城邦内部结构的变化以及城邦的发展，也许更有意义。无论如何，即使希腊城邦兴起于公元前8世纪，它的那些特征也不是从一开始就都具备的，而是一系列的历史事件逐渐赋予它的。因此，这些事件在城邦的发展过程中就起到了重要作用。

（一）殖民运动

最为基础的研究和论述是鲍德曼的《海外希腊人》、格拉姆的《古代希腊的殖民地与母邦》及其为《剑桥古代史》第二版撰写的相关篇章，最近的系统论述则是泽茨克拉兹主编的《希腊殖民运

---

① Sarah P. Morris, "Introduction", in G. Kopcke and I. Tokumaru, eds., *Greece between East and West: 10th-8th Centuries BC*, Mainz: Franz Steiner, 1992, pp.xiii-xviii, 引文见 p.xvii。萨拉·莫里斯的观点实际上回应了 E. Vermeule 早在 1964 年就提出的观点，她在《青铜时代的希腊》中写道："在迈锡尼世界和荷马世界之间没有中断，只有变化，而变化的程度多大是值得争论的。"见 Emily Vermeule, *Greece in the Bronze Age*, Chicago: University of Chicago Press, 1964, p. 309。

② Sarah P. Morris, "Introduction", p. xviii.

动》。① 前者对希腊人在海外建立的各个殖民地进行了系统描述，后者对母邦在建立殖民地的过程中所起的作用以及殖民地建立后和母邦的关系做了系统的研究。同样不能忽视的是顿巴宾（T. J. Dunbabin）在 1948 年出版的《西部希腊人》。当然，随着大量新考古材料的涌现，其关于考古材料的部分早已不能作为依据了。② 关于希腊殖民运动的动机和目的的争论，可参见拙著《古代希腊土地制度研究》。③ 希腊人殖民海外的目的到底是寻求更多的土地以缓解人口压力还是寻求贸易机会，这一争论似乎走入了死胡同。格拉姆认为，建立殖民地是作为国家的希腊城邦的行为，经过精心组织、并且通常制定殖民地法令，对殖民地的土地和政治权利作出具体的安排。这样的理解对于希腊城邦的政治发展具有重要意义。文献记载和铭文保存的殖民地法令似乎都说明，最初殖民者的政治和经济权利都是平等的，就是说殖民运动建立了一系列以平等和政治参与为基础的城邦。这使得学者们推测，殖民地城邦的平等反过来会影响到希腊本土城邦的发展，如同美国革命对

---

① John Boardman, *The Greeks Overseas. Their Early Colonies and Trade*, London and New York: Thames and Hudson, 1999, 4th edition (first published in 1964); A. J. Graham, *Colony and Mother City in Ancient Greece*, Manchester: Manchester University Press, 1964; A. J. Graham, "The Colonial Expansion of Greece", in John Boardman and N. G. L. Hammond eds., *The Cambridge Ancient History*, Volume III, *The Expansion of the Greek World, Eighth to Sixth Centuries B.C.*, 1982, 2nd edition, pp. 83-162。格拉姆后来发表的相关论文收入 A. J. Graham, *Collected Papers on Greek Colonization* (*Mnemosyne* Suppl. 214, Leiden: Brill, 2001) 中；Gocha R. Tsetskhladze, ed., *Greek Colonisation: An Account of Greek Colonies and Other Settlements Overseas*, 2 Vols., Leiden: Brill, 2006 and 2008。Gocha R. Tsetskhladze and Franco De Angelis, eds., *The Archaeology of Greek Colonisation. Essays Dedicated to Sir John Boardman*, Oxford: Oxford University Committee for Archaeology, 1994 也是一部重要的论文集。

② T. J. Dunbabin, *The Western Greeks. The History of Sicily and South Italy from the Foundation of the Greek Colonies to 480 BC*, Oxford: Oxford University Press, 1948.

③ 黄洋：《古代希腊土地制度研究》，复旦大学出版社，1995 年版，第 4 章。

欧洲旧大陆的政治思想和实践产生强烈冲击一样。但是牛津大学古代史教授奥斯邦在 1998 年发表的《早期希腊殖民运动？希腊在西部定居的性质》一文①，对于上述一系列说法提出了根本性的挑战。奥斯邦首先提出，公元前 5—前 4 世纪的希腊殖民地的确具有罗马殖民地的性质，是由城邦（即国家）建立的，且具有军事性质，但古风时代早期的殖民地不同于此。后来的文献通常以古典时代的情形猜度古风时代的殖民运动，因此导致我们认为它们之间没有什么差别。接着他利用"荷马史诗"的记载，试图说明古风时代早期，个人或个人自发组织的群体去海外冒险甚至定居是经常性的事情。然后他论证，西西里和意大利南部希腊殖民地的考古材料与"荷马史诗"描绘的情景相符合。在意大利南部皮特库塞和西西里迈加拉·胡布莱亚（Megara Hyblaia）等殖民地出土的希腊陶器和金属器具表明，这些殖民地和希腊本土诸多城邦都有着密切联系，说明殖民地不是现代意义上的"殖民地"，而是希腊人的定居点。这些定居点是由来自希腊不同地区的个人不断聚集，而逐渐形成的。在这个意义上，把希腊人在海外的定居形式区分成定居点（settlement，像 Al Mina）和殖民地（colony）没有意义。最后，奥斯邦得出结论说，"殖民运动"（colonization）模式不适用于公元前 8—前 7 世纪希腊人在地中海西部的定居。相反，"'私人冒险'……应被看成是公元前 8—前 7 世纪绝大部分定居点的定居模式"。他进一步论述道：

---

① Robin Osborne, "Early Greek Colonization? The Nature of Greek Settlement in the West", in Nick Fisher and Hans van Wees, eds., *Archaic Greece: New Approaches and New Evidence*, London: Duckworth, 1998, pp. 251-269.

除非我们正确了解在意大利和西西里的定居点的特征，我们永远不会理解公元前8—前7世纪在那里发生的情况。如果不能了解其特征，我们就别无选择，只能相信文献传统是真实的历史记录。如果我们把文献传统当作历史，我们还会把那些定居点称为"殖民地"，援引一个殖民运动的模式，错误地理解希腊人在西部定居的原因和性质。这就意味着全然不顾海外定居点的考古材料，也意味着错误地理解据认为建立了这些殖民地的希腊本土城邦的性质。希腊人在西部的定居是那样一个世界的产物，在这个世界里，许多人不断地往来于海上，人们对于地中海沿海、它的不同民族及其好恶情况十分了解，那些不时外出牟利的个人和小群体逐渐相信，在海外沿海地方永久定居不仅最有利于他们的眼前利益，而且可持续发展。只有当我们接受这些，我们才会抛弃人口过剩、土地缺乏和城邦商业政策的幽灵。……只有将关于"殖民运动"的章节从关于早期希腊的历史书中彻底删除，我们才能正确地理解希腊古风时代的历史。①

这毫无疑问是个根本性的挑战，要求我们重新理解和书写希腊古风时代的历史，包括重新理解希腊城邦的发展。但也许我们不能轻易就接受奥斯邦的说法，因为他的理论是否能够解释公元前7世纪前后希腊人在北非、爱琴海北部和黑海沿岸的殖民活动，还

---

① Robin Osborne, "Early Greek Colonization? The Nature of Greek Settlement in the West", pp. 268-269。

是个未知数。公元前 8—前 7 世纪,人们在地中海的流动性是否如此之大,也值得商榷。还有,殖民运动研究专家、以色列学者马尔金对于奥斯邦的分析提出了质疑。奥斯邦认为,文献记载的殖民事件是现实关怀的一种反映,不能代表历史真实的记录。而马尔金通过对昔兰尼建城的深入分析,指出把文献记载看成仅仅关注现在、没有历史依据的"传统",也是极端化的做法。一个"传统"的核心成分是集体记忆的标志,不可能轻易改变。因此,文献记载的殖民运动传统保存了过去历史的核心成分,仍然不能轻易否认其真实性。[1] 还值得注意的是,奥斯邦的理论在实际上否认殖民运动造成了希腊殖民者和当地居民的不平等关系,甚至导致了希腊殖民者对后者的压迫与统治。[2]

此外,在殖民运动研究方面取得较大进展的是在考古学领域,尤其是对黑海沿岸殖民地的考古研究。许多成果都收入泽茨克拉兹主编的一系列论文集中。[3] 不过考古学研究有着自身的局限性,它有助于确定殖民地建立的时间,能够让我们在一定程度上了解殖民地建立后的社会结构和生活形态,却不能澄清殖民运动

---

[1] Irad Malkin, "'Tradition' in Herodotus: The Foundation of Cyrene", in Peter Derow and Robert Parker, eds., *Herodotus and His World. Essays from a Conference in Memory of George Forrest*, Oxford: Oxford University Press, 2003, pp. 153-170.

[2] 关于殖民者与原住民之间关系的讨论,见 Jean-Paul Descœudres 主编的重要会议论文集 *Greek Colonists and Native Populations. Proceedings of the First Australian Congress of Classical Archaeology Held in Honour of Emeritus Professor A. D. Trendall*, Sydney, 9-14 July 1985, Oxford: Oxford University Press, 1990.

[3] Gocha R. Tsetskhladze, ed., *The Greek Colonisation of the Black Sea Area. Historical Interpretation of Archaeology, Historia* Einzelschriften 121, Stuttgart: F. Steiner, 1998; *Ancient Greeks West and East, Mnemosyne* Suppl. 196, Leiden: Brill, 1999; *Greek Colonisation. An Account of Greek Colonies and Other Settlements Overseas*; Gocha R. Tsetskhladze & A. M. Snodgrass, eds., *Greek Settlements in Eastern Mediterranean and the Black Sea*, Oxford: Archaeopress, 2002.

的性质。甚至因为考古学材料更多地呈现不同文化背景的物质遗存的混杂，考古学家们倾向于认为文化是混杂和交融的①，而淡化了殖民运动的武力征服与对当地居民的剥夺和压迫的性质。

另一个问题在于，现有殖民运动研究一方面仍然较为忽视地中海东部世界更为广阔的历史面貌，比较孤立地看待希腊殖民运动，另一方面仍然受限于希腊史分期框架，研究的视野常常仅仅限于公元前8世纪中期以后，而将古风时代开端前后希腊人的殖民活动割裂开来。从更广阔的历史背景来看，公元前13世纪末地中海东北部青铜文明崩溃之后，出现了大规模的动荡和人口流动。先是在公元前11世纪希腊人殖民伊奥尼亚，随后不同分支的希腊人又殖民爱奥利亚（Aeolia）和爱琴海诸岛。到公元前9世纪，腓尼基人殖民北非近突尼斯地方，建立了迦太基，随后在地中海西部展开大规模殖民，尤卑亚人则在叙利亚西北部的阿尔·米那建立据点，并于公元前8世纪率先殖民意大利南部和西西里。如此看来，希腊殖民运动是地中海世界更大规模、更长时段一波又一波人口流动的一个组成部分，从公元前11世纪一直持续到了公元前6世纪。

（二）重装步兵改革②

重装步兵改革曾经被认为是影响城邦发展的一个重要事件。这个观点的提出涉及学者们对文献以及考古资料的解读。"荷马史诗"着重描绘的战争场面是双方英雄之间的决斗，但公元前7世

---

① 例如 Jason Lucas, Carrie Ann Murray and Sara Owen eds., *Greek Colonization in Local Contexts: Case Studies in Colonial Interactions*, Oxford: Oxbow Books, 2019。

② 本节部分参考 Peter Krentz, "Warfare and Hoplites", in H. A. Shapiro, ed., *The Cambridge Companion to Archaic Greece*, Cambridge: Cambridge University Press, 2007, pp.61-84。

纪的斯巴达诗人提尔泰俄斯在其诗歌中描绘的却是排成整齐队列的士兵战斗的情景：

> 让每个人两腿分立，站稳脚跟，
> 咬紧牙关，面对敌人，
> 大腿和胫部、胸部和肩膀，
> 全都掩护在宽大的盾牌之下。
> 让他右手挥动凶猛的长矛，
> 头盔上的羽冠令人生畏地摇曳。
> 让他在残酷的行动中学会杀敌，
> 不是举着盾牌远离战火，
> 而是加入战斗，短兵相接，
> 用长矛和短剑消灭敌人。
> 脚挨着脚，盾牌贴着盾牌，
> 头盔挨着头盔，羽冠缠着羽冠，
> 肩并着肩，这样去战斗，
> 手上紧握着长矛或短剑。
> 轻装的战士们，你们以盾牌
> 为掩护，用石头砸向敌人，
> 把你们锋利的标枪投向他们，
> 有力地支援重装的部队。 （残篇11，第21—38行）

诗歌描绘了重装步兵队伍作战的情况，轻装步兵在一旁配合他们。讲究队形和集体配合作战似乎取代了个人英雄主义的战争形式。瑞典学者尼尔森最早注意到了这种变化及其对于城邦的意味①，但英国学者更清楚地阐发了所谓"重装步兵革命"的观点。1947年，荷马研究学者洛里默提出，双柄盾牌的发明导致了一个重大的变化。② 在公元前8世纪，希腊战士使用的还是单柄圆形盾牌。在撤退之时，可以将盾牌背在肩上，起到保护背部的作用。在公元前7世纪，新的双柄盾牌取代了单柄圆形盾牌。这种盾牌也是圆形，但要更大。它的中间是一个青铜套环，在盾牌边沿有一通常用皮革作成的手柄。使用时将胳膊伸进套环，再用手握住边沿的手柄。相比起来，单柄圆形盾牌更为轻巧，便于移动，以从各个方位保护自己，而双柄盾牌则显得较笨拙，不适于机动性强的作战，却非常适合于讲究战斗队形的整体作战。战士左手举着盾牌，保护自己身体的左半部分，同时也保护左边战友身体的右半部分。因此，双柄盾牌的出现标志着一种新的作战方式的出现，即重装步兵方阵的作战方式。实际上，重装步兵（hoplites）即因这种双柄盾牌在希腊文中被称为hoplon而得名。除了盾牌以外，重装步兵的装备还有头盔、胸盔、肩甲和护腿，主要的攻击性武器则是长矛，再配以短剑。洛里默把这个军事上的变革定年在公元前7世纪前期。恰好在20世纪中期，一个名为"契基陶瓶"（Chigi Vase）的发现似乎证实了洛里默的理论，这是一个属于公元前650年左右的科林斯风格的酒瓶，酒瓶上描绘了两支排成整齐队伍的重装步兵短兵相接的情景。

---

① M. P. Nilsson, "Die Hoplitentaktik und das Staatswesen", *Klio* 22 (1928), pp. 240-249.

② H. L. Lorimer, "The Hoplite Phalanx", *Annual of the British School at Athens* 42 (1947), pp. 76-138.

1956年，安德鲁斯出版《希腊僭主》一书，进一步阐发了重装步兵革命的政治意义。他提出，新的作战方式扩大了城邦的军事力量基础，导致了一个重装步兵阶层的产生，在战争中的重要作用促使这个阶层产生了分享政治权力的要求。但贵族统治集团不愿意放弃对政治权力的垄断，致使重装步兵阶层转而支持那些具有专权野心的个人，这便是从公元前7世纪中期开始希腊僭主政治纷纷兴起的一个重要原因。① 但是斯诺德格拉斯对这个理论提出了质疑。他先是在1964年出版《早期希腊的盔甲和武器》一书，对重装步兵所使用的盔甲部件和各种武器的演变进行了翔实的考订，指出它们其实不是古风时代早期的希腊人创造的，而是分别借鉴于青铜时代的武器、意大利和古代西亚的盔甲部件。只不过到公元前8世纪后期，希腊人把这些不同的部件组合成了重装步兵的装备。② 次年他又发表《重装步兵改革与历史》一文，指出重装步兵的盔甲和武器最初是统治精英群体即贵族武士借鉴过来为自己所用的，并不是从一开始就反映了一个在贵族集团之外、具有政治意味的重装步兵的出现。重装步兵主要是拥有相当数量的土地的富有农民，他们最初是被迫参加军事行动的，并没有很快成为一支"革命性的"政治力量，也没有导致僭主政治的兴起。只是在业已形成城邦重要的军事力量之后，重装步兵才在后来逐渐成为一支政治力量。③

---

① A. Andrewes, *The Greek Tyrants*, London: Hutchinson & Co Ltd, 1956.

② A. M. Snodgrass, *Early Greek Armour and Weapons*, Edinburgh: Edinburgh University Press, 1964.

③ A. M. Snodgrass, "The Hoplite Reform and History", *Journal of Hellenic Studies* 85 (1965), pp. 110-122.

晚近的研究对重装步兵阶层兴起及其政治后果的说法提出了更为激进的挑战。斯诺德格拉斯在1965年的文章中已经提到，"荷马史诗"所描写的武士决斗的战争方式可能没有真实性。后来的学者进一步阐述了这一点。先是德国学者拉塔兹在1977年出版《〈伊利亚特〉、卡里诺斯和提尔泰俄斯作品中的战争训导、战争描写和战争实况》一书①，指出"荷马史诗"之所以聚焦于武士决斗的描绘，完全是文学创作的需要。这如同我国历史小说《三国演义》中的描写。实际上就是在"荷马史诗"里，诗人也在不经意间描写了群体作战的场面，这和后来的诗人像提尔泰俄斯的战争场面描写并没有根本的区别。之后希腊战争研究的专家普里切特（W. K. Pritchett）与研究早期希腊战争和社会的学者汉斯·梵·维斯（Hans van Wees）都接受了这种说法。② 美国学者克伦茨则更进一步，认为在整个古风时期，希腊人的作战方式和"荷马史诗"的描述并无不同。虽然是群体作战，但并非像重装步兵方阵那样组织严密，而是松散的群体作战，重装兵、轻装兵和骑兵都混杂在一起。战争也不遵循太多的规矩。只是到了马拉松之战，雅典人以重装步兵阵式击败波斯大军，重装步兵战阵才被理想化，进而古风时代的战争也被想象为重装步兵方阵作战。因此，没有所

---

① Joachim Latacz, *Kampfparänese, Kampfdarstellung und Kampfwirklichkeit in der Ilias, bei Kallinos und Tyrtaios*, München: Beck, 1977.

② W. K. Pritchett, *The Greek State at War*, Vol. 4, Berkeley: University of California Press, 1985; Hans van Wees, *Status Warriors: War, Violence, and Society in Homer and History*, Amsterdam: J. C. Gieben, 1992; 又见其"The Homeric Way of War: The *Iliad* and the Hoplite Phalanx", *Greece & Rome* 41 (1994), pp. 1-18 and pp. 131-55; *Greek Warfare: Myth and Realities*, London: Duckworth, 2004; "War and Society", in Phlip Sabin, Hans van Wees & Michael Whitby, eds., *The Cambridge History of Greek and Roman Warfare*, Vol. 1, *Greece, the Hellenistic World and the Rise of Rome*, Cambridge: Cambridge University Press, 2007, pp. 273-299。

谓的重装步兵改革，更没有它所带来的政治后果。①

不过对传统观念的如此质疑也许走过了头。就算不存在所谓的重装步兵改革或者革命，但没有人能够怀疑，至少在古风时代早期，群体性作战已经是战争的主要方式，即城邦军事力量的基础在于一个超出贵族集团的、比较广泛的群体。而如果在《伊利亚特》中，普通兵士已具有一定的参与讨论的权利，难道不能想象古风时代城邦主要的军事群体对政治参与有所诉求吗？希腊古风时代战争与政治、战争与社会变迁到底是什么样的关系，也许还有待进一步研究。

（三）僭主、立法者与变革

相比起来，古风时代的立法与改革并没有受到如此大的关注，一部分原因在于，这似乎是个传统的问题，而当代的学者更热衷于提出新的问题，开拓新的研究领域。然而，古风时代的立法与改革是希腊城邦制度发展过程中里程碑式的事件，应该引起我们的重视。传统的研究往往局限于对个案的分析，其中文献记载最多的是斯巴达和雅典的立法与变革，它们自然也受到最多的关注。②这样的研究对于了解个体城邦的发展当然是不可缺少的，但也存在一定的局限性。一是传统的研究更多地注重社会矛盾和改革的视角。梭伦改革是个经典的例子：雅典的社会矛盾，即贵

---

① Peter Krentz, "Fighting by the Rules: The Invention of the Hoplite Agôn", *Hesperia* 71 (2002), pp. 23-39 及其 "Warfare and Hoplites"。参见 Kurt A. Raaflaub, "Soldiers, Citizens, and the Evolution of the Early Greek Polis", in Lynette G. Mitchell and P. J. Rhodes, *The Development of the Polis in Archaic Greece*, London: Routledge, 1997, pp. 49-59; Hans van Wees, "Homeric Warfare", in Ian Morris and Barry Powell, eds., *A New Companion to Homer*, pp. 668-693。

② 对于斯巴达莱库古立法与雅典梭伦立法的传统研究文献，参见拙著《古代希腊土地制度研究》第五、六章。

族统治阶级对社会权利的垄断以及由此而引起的社会中下层阶级的不满，导致了梭伦的社会与政治改革。但这样的视角往往忽视了这些改革的另一个方面，即它同时也是城邦的立法。虽然立法也和处理社会矛盾有关，但它不像改革那样，仅仅是对社会矛盾的直接回应，而是更进了一层。它意味着对社会秩序的深层次思考，意味着建立一种理性的社会秩序的尝试与努力。因此立法还以思想认识为基础，用韦尔南的话说，是"理性"思想在社会政治领域的运用和体现。1990年，美国学者曼维尔出版《古代雅典公民权的起源》一书①，产生了广泛影响，很大程度上就在于，他从新的角度重新审视了雅典城邦的发展，特别是梭伦和克里斯提尼的变革，提出雅典公民权确立于公元前6世纪初期梭伦的改革，至此才能说雅典城邦初步形成。笔者也曾进一步指出，以立法的形式确立公民权，并不仅仅限于雅典，实际上是古风时代波及希腊世界的一场大变革，甚至是一场"立法运动"，②出现了一批享有盛誉的"立法者"（nomothetes），他们为许多城邦制定了法律。这些法律基本上从政治参与和土地所有权这两个方面确定公民的权利。如果从这个角度来看，针对每个个案寻找导致变革的具体社会与政治原因，似乎就不足以说明问题了。在更深的层次上，这场"立法运动"反映了希腊人社会与政治观念的深刻变化，因此同时也是一场思想的变革。其核心在于以理性的方式建立城邦的政治群体，以制度的方式组织城邦的政治生活。这其中最为根

---

① P. B. Manville, *The Origins of Citizenship in Ancient Athens*, Princeton: Princeton University Press, 1990.

② 参见拙著《古代希腊土地制度研究》及拙文《希腊城邦政治与西方法治传统的建立》，《经济社会史评论》2015年第2期。

本的是将政治权利扩大到一个公民群体的范围，因而同时也产生了公民权的概念，以及对公民群体和对公民权利的界定。① 城邦政治生活的基础因此而得到奠定，至此才可以说，古典城邦的形态基本得到完善。在 1997 年发表的一篇短文中，奥斯邦也提出，应该把文献记载中关于早期立法的传统（从亚里士多德到第欧根尼）和立法铭文结合起来，方能理解早期立法的整体面貌。②

近来的研究倾向于认为，早期的立法与变革，亦多与僭主有关。安德鲁斯在 1956 年出版的《希腊僭主》一书仍然是僭主研究的必读著作③，但他侧重于分析僭主政治何以成为早期希腊社会普遍出现的一种统治方式。在他看来，随着希腊社会状况的变化，尤其是经济生活领域的变化，导致了新兴阶级的出现，他们动摇了贵族集团的统治，这给强人政治提供了机会。正是在这样的背景下，僭主政治纷纷兴起。不过他也注意到，僭主政治是希腊城邦政治生活中的转折点。在僭主政治之后，希腊城邦纷纷建立起自己的政体（politeia）。近来的研究则更进一步，认为僭主统治不仅意味着削弱贵族集团的力量，而且对城邦制度的进一步发展起到了重要的作用。④ 这表现在：一方面，他们推行的社会经济政策体现了一定程度的公正性，比如雅典僭主庇西斯特拉图所采取

---

① 关于古风时代公民权问题的最新探讨，见 Alain Duplouy and Roger Brock, eds., *Defining Citizenship in Archaic Greece*, Oxford: Oxford University Press, 2018。

② Robin Osborne, "Law and Laws: How Do We Join up the Dots?" in Lynette G. Mitchell and P. J. Rhodes, eds., *The Development of the Polis in Archaic Greece*, London: Routledge, 1997, pp. 74-82.

③ A. Andrewes, *The Greek Tyrants*. 该书有中译本。

④ John Salmon, "Lopping off the Heads? Tyrants, Politics and the Polis", in Lynette G. Mitchell and P. J. Rhodes, eds., *The Development of the Polis in Archaic Greece*, pp.60-73; Victor Parker, "Tyrants and Lawgivers", in H. A. Shapiro, ed., *The Cambridge Companion to Archaic Greece*, Cambridge: Cambridge University Press, 2007, pp. 13-39.

的减轻农民负担的措施以及设立巡回法庭的做法。文献传统中也说,科林斯僭主居普色鲁斯"给科林斯带来公正"(希罗多德,5.92)。另一方面,僭主通常大修土木,修建公共建筑,创办或者发展公共节日,极大地推动了城邦的公共生活。城邦政治的基础是相对的社会公正与权利平等,而注重公共生活的方式则是城邦政治不可缺乏的社会环境。还有,部分僭主自身就是改革者与立法者(如科林斯的帕里安德罗斯和西居昂的克里斯提尼),从这个方面来说,他们又和早期的立法者没有根本性的区别。因此,僭主政治客观上推动了城邦制度(politeia)的进一步发展与完善。除此之外,还有学者从政治文化的角度探讨僭主政治,分析僭主政治的政治话语以及反僭主政治的意识形态,进而试图阐明僭主政治在希腊人政治观念演变中所起的作用。[1]

四、"东方"的影响

对城邦制度的特殊性的过度关注,引起了学者们的反思,也刺激了跳出城邦视角的研究。1987年,马丁·贝纳尔出版《黑色雅典娜》第1卷[2],引发了整个古典学领域的一场大地震。贝纳尔本是康奈尔大学的中国研究教授,但因其家学渊源而对古典世界有着浓厚的兴趣。也许是由于有着局外人的优势,他发现,现代西方古典学存在一个令人不安的趋势,那就是忽视古代希腊和"东

---

[1] James F. McGlew, *Tyranny and Political Culture in Ancient Greece*, Ithaca and London: Cornell University Press, 1993; Kathryn A. Morgan, ed., *Popular Tyranny: Sovereignty and Its Discontents in Ancient Greece*, Austin: University of Texas Press, 2003.

[2] Martin Bernal, *Black Athena: The Afroasiatic Roots of Classical Civilization*, Vol. 1, *The Fabrication of Ancient Greece 1785-1985*, London: Free Association Books, 1987.

方"文明之间的联系,并由此而展开了他的研究。在书中,他对整个现代西方古典学传统提出了尖锐的批评,认为古代希腊人对于自己文明起源的解释强调它和"东方",特别是和腓尼基以及埃及的联系。贝纳尔把这种解释称为"古代模式"。但是到18世纪,出于一系列自身的原因,包括基督教对埃及文化影响的担忧、种族主义的兴起等,欧洲知识界开始割断希腊文明和古代"东方"文明的联系,而强调其独立的发展。贝纳尔把这称为"雅利安模式",指出它主导了直到20世纪后期的古代希腊文明研究。贝纳尔呼吁,应该摒弃这个带有欧洲文化优越论和种族中心主义色彩的"雅利安模式",而回归到"古代模式"。按照计划,他的著作一共分3卷,第1卷着重揭示18世纪以来欧洲古希腊文明研究的文化优越论和种族中心主义倾向,第2卷和第3卷则分别利用考古、文献和语言学材料,详细论证希腊文明和古代"东方"文明的渊源和联系。[1]

《黑色雅典娜》第1卷出版后,在西方知识界产生了强烈而广泛的反响。古典学界最初的反应趋向于肯定,尽管对于贝纳尔庞大著作的内容存在诸多疑虑,但还是肯定他的反省是有益的,也促使古典学家反思他们对希腊文明的总体认识。1989年,美国古典学会(American Philological Association)在其年会上组织主题研讨会(Presidential Panel),专门讨论《黑色雅典娜》的内容,其后古典学杂志 *Arethusa* 出版特刊,发表了研讨会的论文。[2] 但贝纳

---

[1] Martin Bernal, *Black Athena: The Afroasiatic Roots of Classical Civilization*, Vol. 2, *The Archaeological and Documentary Evidence*, New Brunswick, New Jersey: Rutgers University Press, 1991; Vol. 3, *The Linguistic Evidence*, London: Free Association Books, 2006.

[2] *The Challenge of Black Athena*, *Arethusa*, Special Issue, Fall 1989.

尔著作的政治意味也很快显露出来，一方面受到左派、黑人和非白人知识分子的好评，另一方面主流的报刊如《泰晤士报》《新闻周刊》则不予评论，《纽约时报》在很长一段时间内也保持沉默。右派报刊如《新标准》（New Criterion）和《国家评论》（National Review）则进行了激烈的批评。① 与此同时，一些保守的古典学家也不遗余力地试图否定贝纳尔的结论，指责贝纳尔是"非洲中心主义"的，其中的代表人物是卫斯理女子学院的古典学教授勒夫科维茨（Mary Lefkowitz）。② 双方由此展开激烈争论，发表的大量论著足以满足最为苛刻的学术论著数量要求。③

撇开政治倾向的分歧不谈，贝纳尔的批评尽管激烈，却不是偶然的。从大处而言，对于古典学研究史的反省可能是对于现代性反省的一部分。正如笔者在别处所提出的④，现代古典学研究和作为现代性叙述方式的 Hellenism 密不可分，因此古典学研究在一定程度上打上了现代性的烙印，其表现在一面突出希腊文明的独特之处，一面将其和作为"普世价值"的现代性挂起钩来。而随着学术界对于现代性的深刻反省，对于古典学研究中有意无意强调欧洲种族或者文化优越论的取向进行反思也势在必然。从小处

---

① Martin Bernal, *Black Athena*, Vol. 2, pp. xvi-xxi.

② Mary R. Lefkowitz, *Not Out of Africa: How Afrocentrism Became an Excuse to Treat Myth as History*, New York: New Republic and Basic Books, 1997, second edition (first published in 1996).

③ 批评贝纳尔的论文收集在 Mary R. Lefkowitz and G. M. Rogers, eds., *Black Athena Revisited*, Chapel Hill: University of North Carolina Press, 1996 中。贝纳尔说，该论文集拒绝接受其回复的文章，因此又在 2001 年出版了 *Black Athena Writes Back: Martin Bernal Responds to His Critics*, Durham: Duke University Press, 2001 一书，予以回击。该书后附书目详细列举了双方的论著目录。

④ 黄洋：《古典希腊理想化：作为一种文化现象的 Hellenism》，《中国社会科学》2009 年第 2 期。

而言，早在 20 世纪 60 年代，后来成为杰出古典学家的韦斯特就注意到了东方文化对希腊文化的影响。在 1966 年出版的《神谱》评注中，他就说道："希腊是亚细亚的一部分，希腊文学是'近东'文学。"① 不过他的论断并没有受到学界的重视，尽管他接着又出版了《早期希腊哲学与东方》一书。② 时至 20 世纪八九十年代，学者们不约而同地更加注意希腊文化和东方文化的交流和联系，这也许和冷战体系走上穷途末路，世界各地区的联系和交流逐渐加强不无关系。第一个对希腊文化的纯洁化进行深刻反思的是著名瑞士古典学家伯克特。1984 年，他出版《希腊宗教与文学中的东方化时代》一书③，首次全面论述了"东方"文化对古风时代早期希腊文化的影响。1992 年，该书经修订后以英文出版，作者在导言中说明了东西方二分的思维体系深深影响到了希腊研究：

> "东方是真主的，西方也是真主的"，《古兰经》如是说。然而古典学者发现难以保持这样一种平衡的视角，而趋向于将"东方的"和"西方的"两极化，暗示着它们之间的对立和冲突。希腊人在成功地击退了波斯帝国的攻击之后，开始意识到他们区别于"东方"的身份认同。然而只是在很久之后，在十字军东征时期，"东方"这一概念和词汇才进入西方的语言。这个事实很难解释为什么即使在今天，对古典希腊

---

① M. L. West, *Hesiod, Theogony*, Oxford: Oxford University Press, 1966, pp. 30-31.

② M. L. West, *Early Greek Philosophy and the Orient*, Oxford: Oxford University Press, 1971.

③ Walter Burkert, *Die orientalisierende Epoche in der griechischen Religion und Literatur*, Heidelberg: Winter, 1984. 该书英译版为 *The Orientalizing Revolution: Near Eastern Influence on Greek Culture in the Early Archaic Age*, Cambridge, Mass.: Harvard University Press, 1992。

和东方的联系进行不带偏见的讨论仍然是困难的。任何尝试这样做的人都会遭遇到抵制，内心不安，他人要不是憎恨，就得予以辩解。一种小心防御的态度致使其研究和陌生的以及未知的保持距离。①

伯克特接着分析了导致这种倾向的原因，指出在过去两个多世纪里，学术研究的日益专门化和意识形态的保护主义相结合，"建构了一个纯洁的、全然独立的希腊形象"。其中的一些环节包括18世纪后期在温克尔曼的影响下，现代古典学得以建立，和基督教神学区分开来，希腊研究因此而脱离了希伯来研究的影响。从赫尔德开始的浪漫主义倾向于强调，文学和文化是一个民族或者种族精神发展的结果，而不是相互借鉴、相互影响而形成的，因此在希腊研究中出现了"希腊部落"（亦即希腊民族）文化的说法。再有，语言学家们所提出的"印欧语系"概念在强化希腊、罗马和日耳曼的密切关系的同时，把"印欧语系"的世界和闪米特文化的世界区分了开来。伯克特以其一贯的渊博学识证明，在古风时代早期，希腊人不只是接受了一些东方的手工艺技术，而且在宗教和文学方面都深受东方影响，因而完全可以把公元前750—前650年称为"东方化时期"。1997年，韦斯特又出版了巨著《赫里孔山的东方面孔：希腊诗歌和神话中的亚细亚西部元素》，系统阐述了西亚文化对于古风时代和古典时代早期希腊文化的影响。在说明写作本书的动机时，作者说他一直试图研究的问题是希腊史

---

① Walter Burkert, *The Orientalizing Revolution: Near Eastern Influence on Greek Culture in the Early Archaic Age*, p. 1.

诗传统的起源和发展，而这个问题的一部分是"近东"诗歌的影响。他以此入手进行研究，但不久就发现，"资料堆积得那么高，而且大大超出了"荷马史诗"的范围，以至于明显有必要撰写一部小书，专门探讨早期希腊诗歌中的'近东'元素这整个主题"，结果写成了这部600多页的"小书"。① 在该书的第1章中，作者总述了爱琴地区与东方的来往和交流，包括贸易往来，希腊人对于"近东"艺术与工艺、词语、文字、天文学、音乐、宗教等多方面的借鉴，最后得出结论：

> 至此在事实的冲击下，读者应该放弃，或至少大大减少对于早期希腊文化独立性（autonomy）所保有的任何幻想。我们不能把"近东"的影响贬低为边缘现象，只是在解释孤立的不正常现象时才偶尔援引。它在许多层面、在绝大多数时期都无处不在。瓦尔特·伯克特在其精彩的研究《东方化革命》中聚焦于一个特定的时期，即古风时代早期，约公元前750—前650年。这毫无疑问是希腊—东方联系史上一个特别重要的阶段，但如我们所见，双方的联系在此之前的许多个世纪都十分密切，而且在公元前7世纪后期和前6世纪，新的东方元素仍然连续不断地涌现。②

在接下来的研究中，作者详细阐述了直至埃斯库罗斯为止的西亚

---

① M. L. West, *The East Face of Helikon: West Asiatic Elements in Greek Poetry and Myth*, Oxford: Oxford University Press, 1997, 引文见 p. vii。

② M. L.West, *The East Face of Helikon: West Asiatic Elements in Greek Poetry and Myth*, p. 60.

文化对于希腊诗歌与神话的影响。这一重要研究成果实际上再一次修正了对于早期希腊史的书写。1993年默里出版其在80年代大获成功的希腊史教科书《早期希腊》第二版时，根据伯克特的研究成果，提出公元前750—前650年是希腊历史上的"东方化时期"的观点。但现在看来，"东方化"远非限于这个时期，它上可以追溯到迈锡尼文明早期，下可追踪到古典时代初期，甚至贯穿整个希腊文明。

比起伯克特和韦斯特，美国古典考古学家萨拉·莫里斯则更进了一步。她在1992年出版的《代达洛斯与希腊艺术的起源》中提出，从青铜时代直至古风时代，地中海东部世界都是一个文化"共同体"（koine），其内部的相互联系、相互影响是常态，而希腊也是这文化"共同体"的一部分，在公元前1100年之后并没有终止和东方的联系。直到希波战争之后，希腊人才有意识地宣称他们的民族认同和文化独立性，从而和东方区分开来。[1] 莫里斯的这一研究具有两个方面的意义：一方面充分认可了东方文化对于希腊文明的影响，另一方面也从一个侧面反驳了"黑暗时代"的说法。

总体而言，希腊和东方世界的联系仍然是非常值得期待的一个研究领域，更为充分的研究极有可能进一步修正我们对于希腊历史的认识，但这也是一个非常艰深的研究领域，不仅需要掌握古代希腊文献，而且还要有比较语文学（comparative philology）的训练，掌握古代西亚和埃及的文献以及多种语言，也要对考古材

---

[1] Sarah Morris, *Daidalos and the Origins of Greek Art*, Princeton: Princeton University Press, 1992. 她在《荷马与"近东"》一文中也概括了希腊和东方的密切联系，见"Homer and the Near East", in Ian Morris and Barry Powell, eds., *A New Companion to Homer*, pp.599-623。

料有着充分而全面的了解，目前只有少数学者有条件从事这个领域的研究。

五、族群认同、自我与他者①

希腊人的族群意识是如何兴起的？他们又是如何建构和想象自己的族群认同和文化认同的？这些问题成了近三十年来希腊史研究中的一个热点。两个方面的知识和学术刺激促使学者们关注这些问题。其一是后殖民主义思潮对于西方知识传统中"自我"与"他者"建构的剖析，特别是萨义德《东方主义》一书的影响。在这本1978年出版、对人文社会科学诸多学科都产生深刻影响的著作中，阿拉伯出身的萨义德指出，在欧洲的知识分类系统中，以东方学（Oriental Studies，特别指对于阿拉伯伊斯兰世界的研究）为核心形成了一套关于"东方"的话语体系，这套话语体系把"东方"表述和想象为欧洲价值的对立面，是专制、奢华、淫逸和失败的象征，西方通过这样的话语表述凸显了自己的价值，使其对于"东方"具有了优势，并且这一话语本身也成为西方主宰"东方"的方式。萨义德将这套话语及其形成的权力结构称为"东方主义"。②其二是20世纪后期人文社会科学不同领域对于不同群体身份认同（identity）问题的普遍关注，其中的一个核心问题是族群认同（ethnic identity）。进入所谓"全球化"时代之后，人们忽然发现，族群之间的矛盾与冲突日益突出，甚至达到水火不容的地步。这也促使

---

① 更为详细的综述可参见拙文《古代希腊蛮族观念与族群认同研究述评》，收入《西方古典学辑刊》第3辑，复旦大学出版社，2021年版。

② Edward W. Said, *Orientalism*, New York: Pantheon Books, 1978 (Second edition by New York: Vintage Books, 1994). 三联书店中译本误译为《东方学》，译文亦多有错误，不足为据。

学术界深入思考和研究民族认同的起源，它何以能形成如此强大的传统，对人们的观念和行为产生如此巨大的影响。在这双重因素的刺激之下，古典学者开始关注希腊人族群认同的问题。1980年，法国学者阿赫托戈出版《希罗多德的镜子》[①]，它成为研究希腊人族群认同问题的开拓性著作之一。该书的主旨在于，希罗多德通过对于波斯世界诸多民族文化、风俗、习惯的记叙，实际上描述了一个和希腊人以及希腊文化相对立的、蛮族的"他者"世界，这突出地体现在希罗多德对于斯基泰人、埃及人和亚马孙女人族的描绘之中。因此，希罗多德的《历史》实际上通过建构一个"他性的话语体系"，而成为希腊人认识自身文化特性的一面镜子。这一著述提供了解读希罗多德《历史》的另一种途径，赋予了其新的文化意义。1989年，英国学者依迪丝·霍尔出版《建构蛮族人：希腊人通过悲剧的自我界定》[②]，指出希腊悲剧通过刻画典型的蛮族人形象，把这一形象展现在观众面前，而从反面界定了希腊民族自身以及他们的文化和价值观。依迪丝·霍尔直接借用了萨义德的东方主义概念，实际上后者在《东方主义》一书中，也把东方主义的传统直接追溯到古代希腊，指出埃斯库罗斯的《波斯人》即代表了东方主义的表述："亚洲通过欧洲的想象说话，并且是由于欧洲的想象才能说话，这一想象被描绘成是对亚洲——大海那边敌对的'他者'世界——的胜利。亚洲被赋予了空虚、

[①] François Hartog, *Le Miroir d'Hérodote: Essai sur la Représentation de l'Autre*, Paris: Gallimard, 1980. 英文版为 *The Mirror of Herodotus: The Representation of the Other in the Writing of History*, Berkeley and Los Angeles: University of California Press, 1988。

[②] Edith Hall, *Inventing the Barbarian: Greek Self-Definition through Tragedy*, Oxford: Oxford University Press, 1989.

失落和灾难感，这种感觉在以后似乎一直是'东方'挑战'西方'的回报。"

依迪丝·霍尔的研究表明，是在公元前5世纪初期，尤其是在希波战争之后，希腊人才形成完整的蛮族人想象，其关于希腊人与蛮族人两分的观念体系也才得以确立起来。就是说，通过对蛮族人形象的建构和刻画，希腊人形成了自己的族群与文化认同。萨拉·莫里斯的《代达罗斯与希腊艺术的起源》则从另一个侧面，进一步阐述了这个结论。她结合文献和考古资料，论证说在希波战争之前，爱琴海地区是整个地中海东部世界的一部分，属于一个文化的"共同体"。希腊和黎凡特、叙利亚等地区都保持着密切的联系与互动，属于一个多元文化的整体。但是希波战争产生了根本性的影响。希腊人的神话被赋予了新的意义，成为表述希腊和东方对立的方式。相应地，希腊艺术的内容也发生了深刻变化。换言之，希腊和波斯的对立与冲突从根本上改变了希腊文化的特性，希腊人从此意识到他们区别于东方的民族性。[①] 在一个更为总体的层面上，剑桥大学古代史教授卡特里奇把希腊人与蛮族人之置于希腊人的观念体系里进行分析。在1993年出版的《希腊人：对于自我和他者的写照》中，他指出希腊人的观念世界是一个两分的世界，男性公民占主导地位的城邦世界是由一系列的自我与他者对立而界定的，这包括希腊人与蛮族人、自由人与奴隶、男人与女人、公民与非公民、神明与凡人的对立等等，因此，我们应该从希腊人的这种两极对立的观念中把握他们的群体

[①] Sarah P. Morris, *Daidalos and the Origins of Greek Art*, chapters 11-13.

认同。①

对于蛮族人形象的建构是希腊人形成族群认同的重要方式，正如乔纳森·霍尔所言：

> ……民族性的标准是通过参照可归属的边界，而不是通过参照族群内部的语言、体质或文化内涵来确定的。在缺少一个族群（ethnic group）能够据此通过群体间的比较来定义自己的"外在群体"的情况下，族群认同很少能够得到凸显。这恰恰是希波战争之后所发生的情况。通过建立起异域奇异的、奴性的和愚昧的蛮族人模式化和一般化的形象，希腊认同能够经由与这一他性形象的对立而"从外部"得到定义。发现蛮族人的语言、文化或礼仪是无可救药的异己，立即界定了自己是希腊人。②

但这还没有完全回答族群认同的问题。一个群体的认同一方面通过和其他群体的区别显示出来，另一方面也通过群体内部的一些共同特征而形成共识。希罗多德关于希腊性的著名论断通常成为学者们研究的出发点。在《历史》的第 8 卷中，雅典使节向斯巴达人保证，他们不会背叛希腊人的阵营，转而投靠波斯人，乃是因为他们有着"共同的血缘和语言、共同的祭坛和宗教崇拜，以及共同的生活方

---

① Paul Cartledge, *The Greeks: A Portrait of Self and Others*, Oxford: Oxford University Press, (1993, second edition in 2002).

② Jonathan M. Hall, *Ethnic Identity in Greek Antiquity*, Cambridge: Cambridge University Press, 1997, p. 47.

式"①。乔纳森·霍尔在其被认为具有"开拓性"的《古代希腊的族群认同》中提出，在希波战争之后，希腊人的自我定义是"对立性的"（oppositional），通过与蛮族的两分，"从外部"来定义自身；但在此之前，它是"聚集性的"（aggregative），通过认识内部不同群体的相似性和建构共同祖先的谱系，"从内部"来定义自身。② 在这本著作中，乔纳森·霍尔大量吸收人类学的理论，认为族群认同是一种社会建构和主观认知。以此为出发点，他分析了希腊世界内部一系列亚群体诸如多里安人、伊奥尼亚人（Ionians）、爱奥利亚人（Aeolians）的族群认同，同时对《名媛录》中所载的希腊祖先谱系进行了分析。《名媛录》这一文献在传统上被归于赫西俄德，但现代研究认为它是公元前6世纪后期的作品。③ 它记载的传说是，希伦（Hellen）王生三子，分别是爱奥洛斯（Aeolos）、多洛斯（Doros）和克苏托斯（Xouthos），克苏托斯又生伊昂（Ion）和阿凯俄斯（Achaeos）。乔纳森·霍尔分析说，这个共同祖先的谱系实际上把本来分成不同群体的希腊人联系到了一起。因此到公元前6世纪，通过建构祖先谱系，希腊人初步建立起了自己的族群认同。

然而，乔纳森·霍尔的"聚合型自我定义"和"对立性自我定义"这一线性区分是有问题的。从理论上而言，族群认同的建构基于两方面的因素：一是内部共识的形成，二是外部边界的划分，二者相辅相成，同时都起着不可缺少的作用。虽然在特定历史时期其中一个因素可能更明显，但这并不意味着另一个因素变

---

① 希罗多德：《历史》，VIII，144。

② Jonathan M. Hall, *Ethnic Identity in Greek Antiquity*, p. 47.

③ 参见 M. L. West, *The Hesiodic Catalogue of Women: Its Nature, Structure and Origins*, Oxford: Oxford University Press, 1985。

得无关紧要。而实际上无论是从古风时期希腊人的大规模扩张这一历史事实来分析，还是从"荷马史诗"，尤其是《奥德修记》体现的希腊人的观念来看，都有理由认为，在希波战争之前，希腊世界和外部世界的区分已经在塑造希腊人的族群认同中起到了重要的作用。乔纳森·霍尔本人后来也承认，这一划分过于绝对了。[①]

在《古代希腊的族群认同》的前言中，乔纳森·霍尔说，他的这本书研究的"并非总体的希腊认同，而是希腊内部认同的多元性"。[②] 2002年，他又出版了《希腊性：在民族性与文化之间》[③]，进一步研究希腊民族认同。在这本书中，他对希腊族群认同产生于公元前8世纪的殖民运动的观点提出了质疑，进而提出希腊族群认同产生于公元前6世纪帖撒利人对于"近邻同盟"（Amphiktyony）的控制。他们赋予"希腊人"（Hellenes）这一概念以种族意义，目的在于把周围的希腊人排除在"近邻同盟"之外，由此"希腊人"的范围逐渐扩大，形成了一个族群的认同。到公元前5世纪后期，希腊人的族群认同逐渐从具有种族意义的认同转变成以更为宽泛的文化认同为基础的族群认同。当然，这后一个看法也值得商榷。因为无论是在公元前5世纪后期，还是在公元前4世纪，大量的史料都能够说明，希腊人并未淡化以共同血缘作为族群认同的

[①] "Review Feature: *Ethnic Identity in Greek Antiquity*", *Cambridge Archaeological Journal* 8 (1998), pp. 265-283 刊载了几位学者对这本书的评论以及作者的回应；又见 Jonathan M. Hall, "Ancient Greek Ethnicities: Towards a Reassessment", *BICS* 58 (2015), 15-29, 尤见 p. 25。

[②] Jonathan M. Hall, *Ethnic Identity in Greek Antiquity*, p. xiii.

[③] Jonathan M. Hall, *Hellenicity: Between Ethnicity and Culture*, Chicago: The University of Chicago Press, 2002.

标志。

作为斯诺德格拉斯新一代弟子的代表人物，乔纳森·霍尔的研究表明，剑桥古典考古学派逐渐拓展了斯诺德格拉斯的问题意识，从城邦的起源问题转而讨论民族或者族群的起源问题，同时回应知识界最新关注的民族性与民族认同，以及后殖民主义理论所提出的问题，从而拓展了希腊族群认同这个新的研究领域。① 而这个领域的研究业已在国内古代史研究中引起反响。②

值得一提的是，对于希腊人及古代地中海世界其他文化中"他者"观念和"他者"表述的分析与强调也引起了学者们的反思，他们提醒研究者们注意，不同的族群之间在观念上并非全然对立的，实际情况要更为复杂，他们相互之间的交流也值得注意。著名的罗马史家埃里克·格鲁恩（Erich Gruen）在 2011 年出版《反思古代世界的"他者"》一书，提出希腊人、罗马人和犹太人并非不分青红皂白地把其他族群都看成"他者"，而是抱着复杂的混合态度，不同的古代社会能够认识到自己是更广阔的地中海世界文化环境的一部分，也能够发现和创造与其他社会之间的联系。科斯塔斯·弗拉索浦洛斯（Kostas Vlassopoulous）则系统地论述了

---

① 有关研究成果还包括 C. Morgan, "Ethnicity and Early Greek States", *PCPhS* 37 (1991), pp. 131-63; J. Hall, "Approaches to Ethnicity in the Early Iron Age of Greece", in N. Spencer, ed., *Time, Tradition and Society in Greek Archaeology: Bridging the "Great Divide"*, London: Routledge, 1995, pp. 6-17; J. McInerney, *The Folds of Parnassos: Land and Ethnicity in Ancient Phokis*, Austin, TX: University of Texas Press, 1999; Irakd Malkin, ed., *Ancient Perceptions of Greek Ethnicity*, Washington DC: Center for Hellenic Studies (distributed by Harvard University Press), 2001.

② 见徐晓旭：《古代希腊民族认同的形成》，复旦大学博士后研究报告，2003 年 6 月；《古希腊人的"民族"概念》，《世界民族》2004 年第 2 期，第 35—40 页；《罗马统治时期希腊人的民族认同》，《历史研究》2006 年第 4 期，第 149—164 页。

希腊人和所谓"蛮族人"之间的流动、交往和联系。①

六、雅典民主政治②

雅典民主政治一直是古希腊史研究中备受关注的问题,这在很大程度上是因为它和现代西方民主政治之间的关联,学者经常借助对雅典民主政治的解释来阐发其政治见解。1784—1810年,英国人威廉·米特福德出版了8卷本的《希腊史》,其中的一个主旨即在于阐明雅典民主政治的教训和"暴民"统治的弊端,从而说明英国立宪君主制是最为理想的政治制度。时至19世纪中期,当自由党人乔治·格罗特在1846—1856年出版其12卷本《希腊史》的时候,西欧的政治氛围业已发生剧变,民主政治转而成为备受推崇的政治方式,格罗特笔下的雅典民主政治又成了现代政治生活的榜样。当代雅典民主政治研究肇始于英国古代史学家琼斯于1957年出版的《雅典民主政治》。③琼斯曾经参与发起著名左翼历史学刊物《过去与现在》(*Past and Present*),《雅典民主政治》辑录了他在20世纪50年代所发表的一系列论文,其间社会科学研究方法的影响十分明显,马克思主义的痕迹也隐约可见,这从他提出并加以讨论的一些问题中可以看出来,如"雅典民主政治的经

---

① Erich S. Gruen, *Rethinking the Other in Antiquity*, Princeton: Princeton University Press, 2011; Kostas Vlassopoulous, *Greeks and Barbarians*, Cambridge: Cambridge University Press, 2013. 参见 Irad Malkin, "Introduction", in Malkin ed., op. cit., pp. 12-15; Simon Hornblower, "Greek Identity in the Archaic and Classical Periods", in Katerina Zacharia ed., *Hellenisms: Culture, Identity, and Ethnicity from Antiquity to Modernity*, Aldershot: Ashgate, 2008, pp. 37-58.

② 对西方雅典民主政治研究更为全面的介绍,可参见 P. J. Rhodes, *Ancient Democracy and Modern Ideology*, London: Duckworth, 2003。

③ A. H. M. Jones, *Athenian Democracy*, Oxford: Blackwell, 1957.

济基础""公元前4世纪雅典的社会结构"以及"雅典民主政治的实际运作"等。总体而言,琼斯对雅典民主政治进行了充分的肯定,提出从根本上来说,雅典民主政治并非以其霸权为基础,甚至奴隶制亦非其必不可少的基础。就社会财富分配而言,雅典公民群体的贫富分化并不巨大,绝大部分人以土地为生,因此小农阶层是民主政治的基石。在政治生活中,由普通公民组成的公民大会起了决定性作用,但民主政治并非古代或现代的批评者所指责的那样,是"极端民主制"。

琼斯的著作是奠基性的,他提出的问题和得出的结论成为后来雅典民主政治研究的出发点。芬利接受了琼斯的问题意识,在很多方面和他的观点也比较相近,但在一个方面做出了突破。比起琼斯,他更明显地将对雅典民主政治的分析和现代政治现实联系起来,通过两者的对话,希冀对现代民主政治产生冲击和影响,他相关论文集的标题《古代和现代的民主政治》即明显表达了这种取向。[①] 在芬利看来,雅典民主制和现代民主制有一个根本性的不同,那就是现代民主政治在本质上是精英政治,体现了政治学家米歇尔斯所提出的"寡头政治的铁律"(the iron law of oligarchy)。而雅典民主政治是真正意义上的公民统治,政治精英不是实际的权力操纵者,而是不得不真正服从于人民的意志与利益。在芬利看来,雅典民主政治恰恰打破了"寡头政治的铁律",因而对于现代民主政治观念及其实践都具有启发性,可以借以冲击现代民主政治中弥漫的精英主义。

---

① M. I. Finley, *Democracy Ancient and Modern*, New Brunswick, N. J.: Rutgers University Press, 1985, revised edition (first published in 1973).

到 20 世纪 70 年代，琼斯和芬利所倡导的社会科学方法的研究开始发生转向，这要归功于丹麦学者摩根斯·赫尔曼·汉森（Mogens Herman Hansen）。从那时起一直到 20 世纪 90 年代，汉森发表了大量关于雅典民主政治研究的论著，不仅使他被公认为当代雅典民主政治研究最权威的学者，而且开辟了笔者称之为"制度研究"的新路径。汉森早期研究的主要着眼点在于明晰雅典民主政治的机制，他通常提出非常明确的问题，如"多少雅典人出席公民大会？""公民大会每年开会多少次？""公民大会如何投票？"等等。在提出问题之后汉森即收集各种相关文献，一一加以分析，最后得出一个确切的结论。他的一系列研究汇集起来，形成了对于雅典民主政治制度和运作机制的系统研究，并在此基础上出版了具有权威性的《德谟斯梯尼时代的雅典民主政治》，[①] 系统阐述了雅典民主政治的历史和公民大会、500 人议事会、人民法庭的演变、运作机制及其权力，以及官僚制度。但汉森的研究明显过于注重制度与机制，有用今天完善的政治体制理解古代政治生活的嫌疑，而忽视了其可能存在的不规范性和对实际政治生活的考察，貌似客观有据，实际上带有自己的倾向性。对于汉森的研究方法，美国学者奥伯在一篇著名的评论中总结道：

[①] Mogens Herman Hansen, *The Athenian Democracy in the Age of Demosthenes: Structure, Principles, and Ideology*, Oxford: Blackwell, 1991. 其相关的论文集见 Mogens Herman Hansen, *The Athenian Ecclesia. A Collection of Articles 1976-1983*, Copenhagen: Museum Tusculanum Press, 1983; *The Athenian Ecclesia II. A Collection of Articles 1983-1989*, Copenhagen: Museum Tusculanum Press, 1989. 其雅典民主政治研究的重要著作还包括 *The Athenian Assembly in the Age of Demosthenes*, Oxford: Blackwell, 1987。

在一项典型的研究中，汉森首先形成并提出一个较小的问题，尽可能精确地界定问题所包含的概念，罗列出可能的答案，然后举出所有相关的证据。在结论中，他总结证据，排除不受证据支持的答案，阐明确定的答案。因此他的方法是经验性的和排除性的。如果推到逻辑的极端，这就是夏洛克·福尔摩斯喜爱的方法，后者宣称说："如果排除了不可能的情形，剩下来的无论是什么，无论有多么不可信，就一定是真实"。就像福尔摩斯解开一件犯罪谜案一样，汉森典型的研究看似不偏不倚地收集了所有证据，任何人只要愿意并且能够仔细观察，都可以找到这些证据。一旦对这些证据进行完合理的分析，它们似乎就毫无疑问地会引向一个具体的结论。

他进一步评述道：

比起其他从一系列假定的预设出发的学者来说，汉森的结论并不一定更（或者更不）"客观"。正像他自己承认的，所有历史学家都必定从一系列假定的预设出发。像所有历史学家一样，汉森基于他自己对什么是重要的理解来提出问题。而且像所有历史学研究成果一样，汉森的结论的形式是由他提出的问题预定了的：尽管他决心穷尽史料，并公正加以分析，但他的答案必定是由其问题所基于的预设构造的，而且其答案的范围也必定是受这种预设限定的。因此，最好像理解其他任何文本一样，把汉森的专著或者论文理解成一种意识形态的建构，是作者对于现实的看法、其研究的方法及其对于史料的解读相互作用的结果。①

汉森的"制度研究"取向实际上也有其学术渊源。早在1952年，英国学者希格内特出版《至公元前5世纪末的雅典政制史》②，即秉承了注重考据和制度研究的传统，而和汉森同时代的另一位重要的雅典民主政治研究者、英国人罗兹（P. J. Rhodes）也十分注重制度研究，其代表作《雅典议事会》同样是制度研究的杰作。③罗兹的另一部著作《亚里士多德〈雅典政制〉注疏》也是雅典民主政治研究必不可少的参考书。④

奥伯本人在1989年出版《民主雅典的大众与精英》⑤，转而从话语和意识形态的角度研究雅典民主政治中的权力关系。他主要通过对公元前5世纪末期到公元前4世纪雅典的政治演说词进行分析，先是试图阐明民主雅典的"政治社会学"（旨在避免他所批评的"制度研究"），把雅典的社会结构和政治力量笼统地划分为

---

① Josiah Ober, "The Nature of Athenian Democracy", *Classical Philology* 84 (1989), pp. 322-334, 引文见 pp. 322-23。汉森随即著文为自己的研究取向进行了辩护，见 M. H. Hansen, "On the Importance of Institutions in an Analysis of Athenian Democracy", *Classica et Mediaevalia* 40 (1989) (published in 1993), pp. 107-113。

② C. Hignett, *A History of the Athenian Constitution to the End of the Fifth Century BC*, Oxford: Oxford University Press, 1952. 有时被错误地翻译为《至公元前5世纪末的雅典宪政史》。在此将"constitution"译为"宪政"殊为不当，乃因"宪政"或"宪法"为现代概念。

③ P. J. Rhodes, *The Athenian Boule*, Oxford: Oxford University Press, 1985, revised edition (first edition in 1972).

④ P. J. Rhodes, *A Commentary on the Aristotelian Athenaion Politeia*, 2nd edition, Oxford: Oxford University Press, 1985.

⑤ Josiah Ober, *Mass and Elite in Democratic Athens: Rhetoric, Ideology, and the Power of the People*, Princeton: Princeton University Press, 1989.

精英（elite）与民众（mass）两个部分，然后说明因为缺乏制度性的领导机制，民众的意识形态（mass ideology）成为主导雅典政治决策的力量，也就是说，根本的权力控制在民众手中。在这种情况下，精英群体不得不主要依靠演说的方式说服大众接受自己的政治主张，从而发挥领导作用。最后奥伯得出结论说，雅典民主政治并不符合"寡头政治的铁律"，精英群体不得不屈从于民众的意识形态，并通过符合这意识形态的话语来起到领导作用。就其最为核心的观点而言，奥伯的研究并非全新的。他实际上接受和发挥了芬利在《雅典平民领袖》一文中所阐发的观点，即雅典民主政治之下所有的政治领袖都不得不是平民领袖，其每一个政治主张都必须经过民众的投票考验，因此只有在以民众利益为本，才有可能成为成功的政治领袖。①

在此之前，另有一部对雅典民主政治研究产生影响的著作，即英国学者罗宾·奥斯邦在1985年出版的《Demos：古典阿提卡的发现》。②作者在此书中讨论了学者们较为忽视的一个问题，即雅典城邦的基层组织"村社"（demos）在民主政治中起到什么作用呢？奥斯邦提出，村社的公共场所，特别是村社会议是雅典公民更为普遍地参加公共活动的场所，在此普通公民培养了参与城邦政治活动的意识以及能力，因而村社公共生活起到了民主教育

---

① M. I. Finley, "Athenian Demagogues", *Past and Present* 21 (1962), 3-24, reprinted with revision in Finley, *Democracy Ancient and Modern*, pp. 38-75.

② Robin Osborne, *Demos: The Discovery of Classical Attika*, Cambridge: Cambridge University Press, 1985.

的作用，是雅典民主政治重要的基石。①

　　奥伯引起更大争议的是他关于"雅典革命"的论断。在1993年发表的一篇著名文章中，奥伯提出，所谓的"克里斯提尼改革"和法国大革命具有相似之处，实际上是雅典人民一场自发的政治革命。他认为，在公元前6世纪末期的雅典，民众已经培养了强烈的公民意识，能够在政治上形成共识，并主动采取行动。克里斯提尼的改革不是由政治领袖发起的政治改革，而是"大量雅典公民或多或少自发的暴力起义"的结果，表明人民"凭着自身的力量、以自己的名义登上了历史舞台"。正是民众武装起来，驱逐了贵族派领袖伊萨戈拉斯（Isagoras）和斯巴达王克里奥美尼率领的军队，才使得克里斯提尼的改革成为可能，对此他称为"雅典革命"，并且认为这是雅典民主政治真正的起源。② 奥伯的这一解读被普遍认为是具有新意和启发性的，但实际上并非如此。很明显，这从根本上说是一个马克思主义的解释。然而奇怪的是，无论是他本人还是对此进行评述的学者，都没有提到马克思主义的影响。无论如何，奥伯的结论受到诸多学者的质疑，亦有学者明确提出，"雅典民主政治兴起的历史主要是雅典贵族阶级的政治史"，即民主政治是贵族阶层内部斗争、逐渐丧失统治权的

---

① 差不多同时出版的David Whitehead, *The Demes of Attika, 508/7-ca. 250 B.C.: A Political and Social Study*, Princeton: Princeton University Press, 1986 更注重考据，但也得出了同样的结论。

② Josiah Ober, "The Athenian Revolution of 508/7 BCE: Violence, Authority, and the Origins of Democracy", in C. Dougherty and L.Kurke, eds., *Cultural Poetics in Archaic Greece*, Cambridge: Cambridge University Press, 1993, pp. 215-32; reprinted in Ober, *The Athenian Revolution: Essays on Ancient Greek democracy and Political Theory*, Princeton: Princeton University Press, 1996, chapter 4.

结果。①

上述围绕克里斯梯尼改革的争论实际上发生在一个特殊的时期。1992—1993 年，雅典民主政治的研究达到一个高潮，乃是因为，西方知识界掀起了一场热烈的庆祝活动，纪念民主政治诞生 2500 周年，而克里斯梯尼改革被看成是民主政治诞生的标志，因而备受关注。一时间西方世界主要的学术与政治中心纷纷组织关于雅典民主政治的学术讨论会，出版了大量学术论文集。② 政治家也参与了进来，为配合纪念活动，华盛顿国立美术馆（National Gallery of Art）不得不改变计划，将原先规划好的希腊雕塑展和民主政治的庆祝结合起来，而举办了"希腊奇迹：公元前 5 世纪民主政治开端时期的古典雕塑"展览。希腊政府出面干预，下令国内博物馆出借从未出国的国宝，时任希腊总理亲自致辞，

---

① 围绕奥伯这一观点的争论以及他的回应，见 Ian Morris and Kurt A. Raaflaub, eds., *Democracy 2500? Questions and Challenges*, Archaeological Institute of America, Dubuque, Iowa: Kendall/Hunt Publishing Company, 1998, chapter III, "Power in the Hands of the People: Foundation of Athenian Democracy" by Kurt A. Raaflaub; chapter IV, "Revolution Matters: Democracy as Demotic Action (A Response to Kurt A. Raaflaub)" by Josiah Ober; chapter V, "The Thetes and Democracy (A Response to Josiah Ober)" by Kurt A. Raaflaub; and chapter VI, "Aristocrats and the Coming of Athenian Democracy" by Walter Eder，引文引自 Walter Eber, p. 106。对奥伯观点的辨析，可参见拙文《"雅典革命论"与古典雅典政制的建构》，《历史研究》2012 年第 5 期。

② 其中的一些论文集包括 Josiah Ober and C. W. Hedrick, Jr., eds., *The Birth of Democracy: An Exhibition Celebrating the 2500th Birthday of Democracy*, Washington DC: National Archives, 1993; Josiah Ober & Charles Hedrick, eds., *Demokratia: A Conversation on Democracies, Ancient and Modern*, Princeton: Princeton University Press, 1996; J. Peter Euben, John R. Wallach & Josiah Ober, eds., *Athenian Political Thought and the Reconstruction of American Democracy*, Ithaca and London: Cornell University Press, 1994; W. D. E. Coulson et al., eds., *The Archaeology of Athens and Attica under the Democracy: Proceedings of an International Conference Celebrating 2500 Years since the Birth of Democracy in Greece, Held at the American School of Classical Studies at Athens, December 4-6,1992*, Oxford: Oxbow Books, 1994; John A. Koumoulides, eds., *The Good Idea: Democracy and Ancient Greece. Essays in Celebration of the 2500th Anniversary of Its Birth in Athens*, New Rochelle, NY: Aristide d Caratzas Pub, 1995。

他写道:

> 这个展览……庆祝2500年以前人文主义在希腊的诞生。在那里个人的价值第一次得到认可,而这种认可孕育了世界上的第一个自主政府,即第一个民主政体。……2500年前人文主义在希腊的诞生同样孕育了一种之后从未被超越的创造精神的爆发。这个展览中的雕塑是希腊"黄金时代"遗留下来的最精美作品。它们的首次出国之行是到美国这个以希腊民主政治为模式建立的国家,这再合适不过了。①

不难看出,对于雅典民主政治的热情和纪念带着强烈的现实关怀,而这样的现实关怀可能影响到我们对于雅典民主政治的认识。实际上,把公元前508年克里斯提尼的改革看成民主政治的诞生是有问题的。首先,对于谁是雅典民主政治的建立者,历来存在争议。在古典作家中,亚里士多德在《政治学》(1273b35-1274a11)和《雅典政制》(41.2)中都十分确定地把梭伦看成雅典民主政治的缔造者。虽然在此之前,希罗多德认为克里斯提尼建立了民主制度,但并不能因此而轻易否认《雅典政制》的说法,因为它毕竟是专门研究雅典政治制度的著述。同样,对于谁是雅典民主政治的建立者,现代学者也存在争议,既有学者认为梭伦是民主政治的建立者,也有学者坚持要到公元前462年埃菲阿尔特(Ephialtes)改革之后,民主

---

① Diana Buitron-Oliver, *The Greek Miracle: Classical Sculpture from the Dawn of Democracy, the Fifth Century*, Washington: National Gallery of Art, 1992, p. 6.

政治才算完全建立起来。① 其次，更大的问题在于，雅典民主政治的建立是一个漫长的过程，从古风时代早期执政官（archon）由终身制转变为一年一任，到梭伦立法，再到克里斯提尼改革，再到埃菲阿尔特改革，这一系列的改革最终造就了雅典的民主制度，其中每一个环节都至关重要，因此，忽略其他环节，刻意强调其中任何一个环节都难免是武断的。② 最后，把古代希腊民主政治和现代西方民主政治联系起来，追溯其诞生，庆祝其2500年的历史，意味着民主政治有一个连续不断的谱系。而正如美国学者巴里·斯特劳斯（Barry S. Strauss）所说："谱系即是意识形态。"他进一步阐述道：

> 民主政治始于雅典公民群体，而非苏美尔，亦非古代以色列，亦非罗马，……更非古典共和主义的传统和早期资本主义——这仅仅是学者们提出的可供替代的谱系，这一观念意味着一个意识形态上的选择。任何一个谱系都重视某些主题而忽视其他主题，雅典民主政治的谱系亦不例外。③

即是说，把古代希腊民主政治看成现代民主政治的前身，在两者之间建立起关联，实际上意味着对现代民主政治的张扬，同时也

---

① 例如 Robert W. Wallace, "Solonian Democracy", in Ian Morris and Kurt A. Raaflaub, eds., *Democracy 2500? Questions and Challenges*, pp. 11-29 即认为是梭伦首先建立了雅典民主政治的基本机制，而 Kurt A. Raaflaub, "Power in the Hands of the People: Foundation of Athenian Democracy" 则认为真正的民主政治建立于公元前462年埃菲阿尔特改革之后。

② 参见拙文《民主政治诞生2500年？》，《历史研究》2002年第6期，第123—30页。

③ Barry S. Strauss, "Genealogy, Ideology, and Society in Democratic Athens", in Ian Morris and Kurt A. Raaflaub, eds., *Democracy 2500? Questions and Challenges*, pp. 141-154.

对雅典民主政治的理解产生影响。汉森即提出，雅典民主政治和现代民主政治一样，具有民主、自由和平等三个基石。① 人们很难相信，他的这一结论没有受到现代西方政治价值观的影响。

  我们看到，在希腊史这个无处不打上西方价值烙印的研究领域，雅典民主政治研究因为牵涉到西方核心的政治与社会价值，所受到的影响尤深。与此同时，一些社会理论也给雅典民主政治的研究带来启发。奥伯对于演说术在政治领导权中的作用的强调，未免不是受了福柯关于话语和权力的论断的启发，尽管他似乎并没有提到福柯。另一方面，人类学关于仪式与文化的理论——例如格尔茨的文化解释理论——也产生了很大影响。部分学者由此转向分析雅典宗教和文化生活与民主政治之间的关联。在 1987 和 1989 年，英国学者戈德希尔（S. D. Goldhill）和美国学者康纳分别著文，探讨城市狄奥尼索斯节（又称大狄奥尼索斯节）和民主政治之间的关系。② 戈德希尔力图阐明，大狄奥尼索斯节上的一系列仪式向观众传达了理想的公民规范、公民和城邦之间的关系、公民对城邦应尽的义务等，而节日所上演的悲剧和戏剧中所表现的种种违规行为则是对上述公民规范的拷问，两者的张力

---

  ① M. H. Hansen, "The Ancient Athenian and the Modern Liberal View of Liberty as a Democratic Ideal", in Josiah Ober & Charles Hedrick, eds., *Demokratia: A Conversation on Democracies, Ancient and Modern*, pp. 91-104; Hansen, *Was Athens a Democracy? Popular Rule, Liberty and Equality in Ancient and Modern Political Thought, Historisk filosofiske Meddelelser* 59, The Royal Danish Academy of Sciences and Letters, Copenhagen, 1989, pp. 8-21, 25-28; Hansen, *The Athenian Democracy in the Age of Demosthenes*, pp. 74-85.

  ② S. D. Goldhill, "The Great Dyinysia and Civic Ideology", *Journal of Hellenic Studies* 107 (1987), pp. 58-76; 参见其 "Civic Ideology and the Problem of Difference: the Politics of Aeschylean Tragedy, once again", *JHS* 120 (2000), pp. 34-56。W. R. Connor, "City Dionysia and Athenian Democracy", *Classica et Mediaevalia* 40 (1989), pp. 1-32.

形成了民主政治之下的公民话语。康纳则认为,戈德希尔可能过分强调了公民规范及其违规之间的张力,认为节日在根本上庆祝的是公民自由。不过他们的这种解读却受到了罗兹的质疑,后者认为,城市狄奥尼索斯节所表现的并不是民主政治的意识形态,而是城邦意识形态。① 在一个更为整体的层面上,学者们还借用了表演和艺术领域的"表演文化"(performance culture)概念来理解雅典的文化与民主政治之间的关系。② 这种解读力图说明,雅典的文化以表演性的"竞争"(agon)、"展示"(epideixis)、"观看"(theoria)等为特征,这些要素体现了公民在不同层面的广泛参与。狄奥尼索斯节和勒那亚节(Lenaia)上的戏剧表演固然包含这些要素,但法庭上原告与被告之间的争斗也被称为 agon,公民审判团自然也就扮演了"观看者"的角色。同样,在公民大会上,政治家发表演说是对自己技能的一种"展示",同时不同演说者发表不同观点的演说又成为 agon,因此民主政治是深深植根于雅典的文化背景之中的。与此相关,笔者在《希腊城邦的公共空间与政治文化》一文中,也从公共空间的角度讨论了希腊城邦文化和政治生活之间的关联。不过笔者只是在一般意义上讨论城邦政治的民主性,而非专门讨论雅典民主政治。③

---

① P. J. Rhodes, "Nothing to Do with Dionysos", *Journal of Hellenic Studies* 123 (2003), pp. 104-119.

② Simon Goldhill and Robin Osborne, eds., *Performance Culture and Athenian Democracy*, Cambridge: Cambridge University Press, 1999. 其中 Simon Goldhill 在"导言"中详细讨论了"表演文化"所依托的文化理论。

③ 黄洋:《希腊城邦的公共空间与政治文化》,《历史研究》2001 年第 5 期,第 100—107 页。

七、希腊经济研究

古代希腊罗马经济史研究是一个论争十分激烈的领域,乃是因为它同一系列竞争性的解释框架和理论关联在一起。希腊经济史常常被看作这个大的领域的一个组成部分,也常常是争论的焦点,因为一些框架和理论恰恰是以对古代希腊经济的判断作为基础的。

在西方学术界,希腊罗马经济被称为古代经济,对这个领域的兴趣要追溯到 19 世纪末期的德国学术界。1893 年,经济学家卡尔·布歇尔出版《国民经济的起源》一书,提出了一个进化论的欧洲经济史解释模式,把古代经济说成是"封闭的家庭经济"(geschlossene Hauswirtschaft),中世纪经济是"城市经济"(Stadtwirtschaft),现代经济则是"国民经济"(Volkswirtschaft)。该书一时影响很大,引起了古代史家的注意。以著名古代史家爱德华·迈耶为首的古代史学家们提出强烈批评,认为他错误理解了古代经济,提出早在古风时代,希腊工商业经济即已十分发达。迈耶断言:"在希腊史上,(公元前)7 世纪和(前)6 世纪就相当于近代欧洲的 14 和 15 世纪,而(公元前)5 世纪则相当于 16 世纪。"① 因此,从一开始,对古代希腊经济的分析就出现了激烈的争论,后来的学者称这一争论为"原始派"和"现代派"之争。不难理解的是,在这场争论中,古代史学家们占了上风。到 1941 年,俄罗斯出生的古代史学家罗斯托夫采夫出版 3 卷本巨著《希

---

① 参见 M. M. Austin & P. Vidal-Naquet, *Economic and Social History of Ancient Greece: An Introduction*, Berkeley: University of California Press, 1977, pp. 4-5, 引文见第 5 页。

腊化世界社会经济史》①,"现代派"似乎取得了完全的胜利。他利用现代资本主义社会的概念如"资产阶级""工人阶级""资本主义"等来分析希腊化世界的社会经济结构,提出资产阶级业已"形成希腊化城市的脊梁","经济生活组织中的所有创新趋向于我们(即使有所保留意见)可以称之为'资本主义'的东西",而且很快从希腊化世界扩张到了西部的罗马世界,②进而指出,希腊化世界"这个时期和现代世界经济生活的差别仅仅是数量上的,而非质量上的"。③这一结果对我国学界产生了深远的影响。迈耶的观点传入中国后,统治了我国的古希腊经济史认识达半个多世纪。

然而"原始派"和"现代派"之争一开始就显露出一个弊端,那就是把经济方式的发展简单地看成一个线性的演化模式。如此一来,研究者就只能在两个模式之间进行选择,从而将研究路径带入了一个死胡同。后来的学术史表明,是马克思·韦伯指明了古代经济史研究的新路径,尽管他的论述并没有引起当时的古代史家们的注意。韦伯一系列关于古代社会的著述提出,古代经济和现代资本主义有着根本性的不同。这首先在于,由于等级制、奴隶制和军事征服等因素,古代社会的劳动力不具有现代资本主义的特征,等级制妨碍贵族阶级从事市场导向的谋利活动,古代城市不同于中世纪城市,从根本上说是消费中心,是"消费者城

---

① M. Rostovtzeff, *The Social and Economic History of the Hellenistic World*, 3 Vols., Oxford: Oxford University Press, 1941.

② 引文分别见 M. Rostovtzeff, *The Social and Economic History of the Hellenistic World*, Vol. 2, pp. 1119, 1303。

③ M. Rostovtzeff, *The Social and Economic History of the Hellenistic World*, Vol. 3, p. 335. 注1。

市",古代城市及其乡村不是市场联系起来的关系,而是政治统治的关系。①

韦伯的论述的意义在于,他提醒学者们把古代经济放置在其政治和社会制度环境中加以考察,而不是单独抽离出来,确定它处在发展的什么阶段。不过除了哈斯布鲁克以外②,韦伯的观点几乎完全被古代史学家们忽视了,直到摩西·芬利在1973年出版其代表作《古代经济》。在本书中,芬利着手建构了一个理解和分析古代希腊罗马经济的模式框架。他提出,古代人没有现代经济的概念,乃因为古代人的经济活动"嵌合"(embedded)在政治和社会生活之中,不是相对独立地依据市场导向而展开的活动领域。也就是说,古代人的经济活动不是纯粹以谋利为目的的,而是以维护和提升社会地位为目的的。因此,不能以旨在分析现代资本主义市场经济而发展出来的概念工具,例如资本、利润、市场等,来分析古代经济,而应该根据古代经济不同于现代资本主义经济的特征,建构一个特别

---

① 主要见 Max Weber, *Agrarverhältnisse im Altertum*, 载 *Handwörterbuch der Staatswissenschaften*, Band 1, Jena 1909, 3. Auflage, pp. 52—188。其英译版为 *The Agrarian Sociology of Ancient Civilizations*, London: New Left Books, 1976; "Die Stadt", *Archiv für Sozialwissenschaft und Sozialpolitik*, XLVII (1921), pp. 621—772(后收入《经济与社会》,见商务印书馆1997年中译本,下卷,第9章第7节)。参见 M. I. Finley, "The Ancient City: From Fustel de Coulanges to Max Weber and beyond", *Comparative Studies in Society and History*, 19 (1977), pp. 305—327, 收入其 *Economy and Society in Ancient Greece*, London: Chatto & Windus, 1981, pp. 3-23。

② 哈斯布鲁克在20世纪20年代末和30年代初接连出版两本著作,循着韦伯的路径,提出城邦并没有任何现代意义的发展经济的政策,即没有鼓励市场和贸易的政策,它所关注的是确保粮食等必需品的供应;公民群体把持了拥有土地的特权,从事手工业和商业的人主要是没有公民权的外邦人以及奴隶。从这个意义上说,公民是消费者,而不是生产者。见 Johannes Hasebroek, *Staat und Handel im alten Griechenland*, Tübingen: Mohr, 1928; *Griechische Wirtschafts- und Gesellschaftsgeschichte bis zur den Perserkriegen*, Tübingen: Mohr, 1931。

用于分析古代经济的框架。在他看来,这个框架的核心概念是社会地位。由此芬利的《古代经济》以社会地位为中心,展开了对古代经济的系统分析。他进一步提出,古代希腊罗马最重要的财富是土地,大部分人以农业为生,社会精英阶层存在明显的轻视手工业和商业的观念,积累的财富主要投资于土地,而较少投资于面向市场的扩大再生产。由于地位的限制,劳动力价值也不是由市场决定的。无论是希腊还是罗马都没有形成统一的市场,由于技术条件的限制,尤其是陆路的远距离贸易有限。国家没有主动促进经济增长的经济政策。所有这些因素综合起来,使得古代经济呈现出明显不同于现代资本主义经济的特征。[①]

芬利的分析深受社会科学理论和分析方法的影响,除了韦伯社会地位概念的影响以外,还有匈牙利裔社会学家和历史学家卡尔·波兰尼的影响,后者提出,在古代社会中,经济活动"嵌合"在社会生活的其他领域中,只有在现代资本主义社会,经济活动才"脱嵌"于社会其他领域。这当然和芬利早年的学术经历有关,但也可以说是时势造英雄。第二次世界大战以来,社会科学蓬勃发展,其理论和方法在20世纪中期以后大举进入历史学领域,对史学研究产生深远影响,乃至可以说历史学在很大程度上社会科学化了。芬利恰恰是将社会科学理论和方法运用到古代希腊罗马史研究中的先驱和开拓者,由此奠定了他作为一位古代史大家的

[①] M. I. Finley, *The Ancient Economy*, Berkeley: University of California Press, 1999, updated version (first published in 1973),中文版见芬利:《古代经济》,黄洋译,商务印书馆,2020年版。

地位。[①]

芬利建构的分析模式使得古代经济史研究彻底走出了"原始派"和"现代派"的死胡同。《古代经济》出版以后，迅速成为绕不开的经典，芬利的分析模式也成为主导古代希腊罗马经济史研究的"新正统"模式。然而新的争论又起，一些学者认为芬利低估了市场和贸易的作用。更重要的是，对于芬利的"嵌合"之说，部分学者表示怀疑。他们认为，古代经济也像现代资本主义经济一样，以市场为导向而展开。也就是说，古代经济也是脱嵌的。这一争论被称为"实质主义"立场（substantivist）与"形式主义"立场（formalist）之争。争论背后的"幽灵"则是韦伯的另一个理论命题。在《新教伦理与资本主义精神》中，韦伯把西欧资本主义称为理性经济，言下之意是说，只有在基督教新教环境之下，才滋生了理性的经济活动。韦伯对资本主义独特性的理解被芬利等人用于解释古代的经济活动。现在学者们质疑的是，古代人经济活动的理性是否与资本主义的经济理性有着根本性不同。换言之，古代人是否也按照谋取利润的理性从事经济活动。部分学者的回答是肯定的。1992年爱德华·科恩出版《雅典经济与社会：银行业的视角》一书，提出在公元前4世纪，雅典的经济活动即是以市场为主导的：

公元前4世纪的雅典十分不同。雅典人通过市场过程来

[①] 关于芬利的贡献及其学术理路，可参见拙文《摩西·芬利与古代经济史研究》，《世界历史》2013年第5期（后作为《古代经济》"代译序"）以及伊恩·莫里斯为《古代经济》1999年修订版所作的序。

运作，其间不相关联的个人——他们常常仅是在这个城市短暂停留，有时甚至是在国外操控——通过商业交易谋取金钱利润。这种交易不仅"脱嵌于"社会，而且理论家们在其著述中、诉讼人在其法庭案件中把它看成是对通过社会和家庭来处理生产与消费的传统方式的威胁。①

通过对公元前4世纪雅典银行业的研究，科恩意图全面否定芬利的"嵌合"模式。不过他主要讨论的是银行业的规模与发达程度，并没有深入分析雅典银行业与社会的关系，而且实际上把芬利的"实质主义"立场和"原始主义"立场混为一谈，因此并不构成对芬利模式的全面挑战。②

真正对芬利模式构成系统挑战的也许是法国学者阿兰·布赫松的新著《古代希腊经济的形成：城邦中的制度、市场与增长》。该书2007—2008年出版法文版上下卷，2016年出版英文版。作者毫不讳言，正面挑战芬利的模式：

> 将资本主义世界的"理性"和其他社会的"非理性"对立起来，只不过反映了一种进化论的偏见。分析前资本主义社会的经济是可能的，也是合理的，尤其是古代经济，它不是马克思·韦伯和摩西·芬利描绘的原始而非理性的世界。古代世界特定的经济制度无论如何并不是"非理性的"，对其

---

① Edward E. Cohen, *Athenian Economy and Society: A Banking Perspective*, Princeton: Princeton University Press, 1992, p. 4.

② Ian Morris, "The Athenian Economy Twenty Years after *The Ancient Economy*", *Classical Philology*, 89 (1994), pp. 351-366.

研究不能和其他制度（政治、宗教、血缘）分割开来。只不过它回应了不同于我们世界的制约。①

从这一观点出发，他认为任何一个历史时期的经济增长都是可以进行分析的，而他的目的之一就是分析"古代希腊世界在古风、古典和希腊化时期罕见的经济增长"。他得出的基本结论是：

> 完全的内部自给自足纯粹是神话；对外贸易是根本性的，不仅涉及奢侈品，而且在前所未有的水平上，也涉及广大人口的基本消费品；从长时期来看，技术创新令人瞩目，能够导致劳动力的重新配置；人均经济增长水平是近代早期以前未有的。②

他进一步提出，要分析增长，就要考虑增长的要素即劳动力、资本和技术。经济史学家可以得益于经济学提供的大量工具、概念和前提假设。这一路径显然也和芬利模式针锋相对。为了说明不仅现代经济学方法可用于对古代希腊经济的分析，而且有益于更好地把握古代希腊经济的增长，布赫松引入了新制度经济学的方法，提出希腊城邦的制度环境有利于希腊经济的增长。全书分"结构与生产"及"市场与贸易"两大部分，对希腊经济进行系统分析。无独有偶，和布赫松著作的英文版差不多同时出版的一部古希腊经济研究论文

---

① Alain Bresson, *The Making of the Ancient Greek Economy: Institutions, Markets, and Growth in the City-States*, Princeton: Princeton University Press, 2016, p. 27.

② Alain Bresson, *The Making of the Ancient Greek Economy*, pp. 2-3.

集也以市场和增长为主题，同样强调市场在希腊经济增长中所起的关键作用。① 看起来希腊经济史研究正在走出芬利的模式。②

八、性与性别研究

性与性别研究是近几十年来希腊史研究中受到重视的另一个重要领域。这其实包含了两个既相关联又相对独立的领域，即古代希腊同性恋研究和妇女史研究。1978 年，英国古典学家肯尼斯·多佛尔（K. J. Dover）出版《希腊同性恋》一书，被论者认为是古代希腊文化研究的一个里程碑。这本著作第一次系统讨论了古代希腊的同性恋现象。这在当时算得上是惊世骇俗的一本著作，因为那时同性恋还是一个禁忌的话题，有关性的一些内容受到法律严格禁止。多佛尔本人就写道，他在伦敦著名的查令十字街的书店里看到，柏拉图的《会饮篇》和《斐德罗篇》经常被归类在色情类图书之列，仅仅因为其中谈到了同性恋。作者和出版社在准备出版的过程中，不得不派人亲自递送用于插图的照片，因为担心会被以邮寄淫秽内容，从而违反英国的邮政法而遭到起诉。多佛尔以一位古典学家的严谨态度，细致梳理和分析了希腊文献和图像中表现的同性恋现象。在著作的第一章中，他还分析了史料的特征及其解读方法，并且说明，由于史料的限制，他的讨论侧重于男性同性恋。他也直言，他的目的在于呈现史料所反

---

① Edward M. Harris, David M. Lewis, Mark Woolmer, eds., *The Ancient Greek Economy: Markets, Households and City-States*, Cambridge: Cambridge University Press, 2016.

② Josiah Ober, *The Rise and Fall of Classical Greece*, Princeton: Princeton University Press, 2015 从另一个侧面论述了古代希腊经济非同寻常的增长，他把这种增长归因于民主政治的发展，提出了希腊"政治与经济例外论"的说法。

映的同性恋现象,而不在于进行理论上的推测。不过即便如此,他还是得出了一些对我们理解希腊文化而言十分重要的结论:

> ……希腊文化不同于我们的文化,在于它乐意承认同一个体在同性恋倾向和异性恋倾向之间的变换,它含蓄地否认这两种倾向的共存或者变换会对个体和社会造成特定的问题,它在言语和行为中以同情的态度回应对同性恋欲望的公开表达,以及它在文学和视角艺术中毫无顾忌地处理同性恋主题的品味。[1]

全书的内容以公元前4世纪雅典演说家埃斯基涅斯(Aischines)的法庭诉讼辞《诉提马科斯》(*Against Timarchus*)为核心切入,深入探讨雅典人对男性同性恋的态度,又由此展开,进一步梳理文献和图像中对于同性恋的表现。他得出的主要结论是,古代希腊男性同性恋主要表现为成年男子和少年的性关系,希腊人认为这种关系是正常的和自然的,雅典的法律和风俗习惯并不禁止体面的同性恋性关系,而且雅典人认为同性恋性关系是体面的,甚至是值得称赞的。

我们不禁要问,公开的和毫无顾忌的同性恋何以会成为希腊人生活中如此突出的一个特征呢?事实上这也是多佛尔在撰写此书时想到的问题。但是他拒绝就此作出回答,因为在他看来,由于史料的缺乏,无法给出确切的答案。

当然,多佛尔的著作也是时代的象征,预示了一个观念的深

---

[1] K. J. Dover, *Greek Homosexuality*, Cambridge, Mass: Harvard University Press, updated edition, 1989(first published in 1978), p. 1.

刻转变。20世纪后半期,同性恋行为和同性恋话语逐渐从一种禁忌中解脱出来,从而在学术研究中获得了一席之地。多佛尔代表了这种观念转变的先驱。同时也正是因为他崇高的学术声誉和学术地位,他的著作甫一问世,就把希腊的同性恋这个颇不登大雅之堂的问题带入了严肃的学术研究殿堂。其时他正担任牛津大学圣体学院院长,就在《希腊同性恋》出版的前一年,多佛尔刚刚因其杰出的学术成就而受封爵士头衔,而在该书出版的同一年,他又当选为英国学术院院长。他的著作不仅开辟了希腊同性恋研究这个领域,而且对后来者产生了深刻的影响。

在对希腊同性恋现象的描述中,多佛尔把男性同性恋关系看成是主动者和被动者的关系,这一基本解释为后来的研究者所接受。多佛尔之后,对希腊性关系研究影响最大的是米歇尔·福柯。他在《性史》中提出,性关系在根本上是一种文化产物,而非自然决定的,也就是说,人们的性行为主要是社会规范所塑造的,而非生理主导的。在论及古代希腊的性关系时,他也接受了多佛尔的说法,把主动和被动关系看成是希腊人性关系中最重要的因素。[1]

福柯的社会建构理论同样深刻影响了古代希腊的同性恋研究。在1990年出版的《同性恋一百年》中,大卫·哈尔帕林(David M. Halperin)提出,同性恋和异性恋的区分是19世纪末以来的建构,古代希腊人并没有这种类别区分。因而不能用这种概念框架来分析古代希腊的同性恋,而应该从性关系的整体角度来进行考

---

[1] Michel Foucault, *The History of Sexuality*, Volume 2, *The Use of Pleasure*, New York: Vintage Books, 1985; Volume 3, *The Care of the Self*, New York: Pantheon Books, 1986. 法文初版均出版于1984年。

察。以此来看,古代希腊人的性关系不是相互的和合作的,而是一种两极化体验,"它实际上把参与者划分、分类和分配到不同的和极其对立的类别之中"。非但如此,性还是等级制的,是统治性的:

> "主动"和"被动"性伴侣之间的关系被认为是与社会优势地位和劣势地位同样的关系。因此,"主动"和"被动"的性角色必定与主导和从属社会地位是同样形态的。由此雅典的成年男性公民只能够与地位低劣的人发生合法的性关系(不是年龄上更小,而是社会和政治地位更低),明确地说,他的性欲的合理对象是妇女、少年、外国人和奴隶,所有这些人都不享有与他同等的法律、政治权利和特权。而且,公民的床笫之事反映了将他和他的性伴侣区分开来的差异地位。公民优越的特权和权威在他的性过程中表达出来,表现在他发起性行为的权力、他从中获得快感的权利,以及他取得插入者而非接受者的性角色方面。①

基于这样的认识,哈尔帕林进一步提出,应该把古代雅典的性关系放在更大的社会环境中加以考察,"因为古典雅典的'性关系'并非独立而脱离'政治'的(如同我们想象性和政治是脱离的那样),而是由组织雅典公共生活的同样原则构建的"②。这样一来,

---

① David M. Halperin, *One Hundred Years of Homosexuality and Other Essays on Greek Love*, New York: Routledge, 1990, pp.30-31.

② David M. Halperin,前引书,第31页。

对希腊人尤其是雅典人性关系的研究就与对希腊和雅典社会及政治结构的分析关联在了一起。①

把古代希腊的性关系和社会政治结构联系起来加以考察,强调特权地位和低劣地位的差异,自然与另一个研究视角汇合了,那就是古代希腊妇女史研究。这就要提到另一部开创性的著作,即萨拉·波梅罗伊在1975年出版的希腊罗马妇女史名作《女神、妓女、妻子和奴隶》。该书比较全面地讨论古代希腊和罗马妇女的生存状况,但全书的主体还是希腊妇女,作者按时间线索勾勒出了从青铜时代到希腊化时期希腊妇女的生活面貌。和琼·凯利(Joan kelly)著名的论文《妇女有文艺复兴吗?》提出的问题一样,波梅罗依的一个核心论题是说,雅典民主政治的兴起非但没有给予妇女权利,反而意味着对妇女更为沉重的全面压迫。相比而言,无论是在古风时代,还是在贵族政治的斯巴达,妇女的地位都要高于雅典。当然,她对青铜时代和古风时代妇女地位相对较高,而到古典时代妇女社会地位进一步下降的判断实际上是值得商榷的,这是因为她对早期的史料做了表面解读。在该书的第二版前言中,作者坦言她应该修正自己的看法,希腊历史早期的妇女和古典时代同样地位低下。②

无论如何,波梅罗依的著作开辟了古代希腊妇女史研究领

---

① 关于古代希腊性的重要研究还包括 John J. Winkler, *The Constraints of Desire: The Anthropology of Sex and Gender in Ancient Greece*, New York: Routledge, 1990; David M. Halperin, John J. Winkler and Froma I. Zeitlin, eds., *The Construction of Erotic Experience in the Ancient Greek World*, Princeton: Princeton University Press, 1990。

② Sarah B. Pomeroy, *Goddesses, Whores, Wives, and Slaves: Women in Classical Antiquity*, New York: Schocken Books, 1995, 2nd edition (first published in 1975).

域，吸引了一代又一代学者研究希腊妇女和性别问题。① 在我国的希腊史学界，希腊妇女研究也成为一个引人瞩目的领域。② 学者们的研究日益深入和细致，对于之前的框架提出了一些修正，比如对妇女在宗教崇拜中的作用的研究，修正了妇女完全被隔离在家中、被排除在社会生活之外的刻板理解。③ 然而学者们也都意识到，希腊城邦社会作为男性特权共同体这个根本因素决定了妇女总体上处于从属和被统治地位。

九、希腊化研究 ④

在 1833—1843 年间，德国史学家德罗伊曾出版 3 卷本《希腊化历史》(*Geschichte des Hellenismus*)，开创了希腊化研究这一领域。德罗伊曾提出，在亚历山大大帝所征服的地区，占主导地位的希腊文化和西亚、埃及的本土文化相结合，形成了希腊化文化的特色，也成为基督教兴起的文化基础。在 19 世纪直至 20 世纪前期，欧洲诸强相继试图在亚历山大帝国的版图上重建殖民帝国。

---

① 全面论述的重要著作包括 Roger Just, *Women in Athenian Law and Life*, London: Routledge, 1989; S. Blundell, *Women in Ancient Greece*, Cambridge, MA: Harvard University Press, 1995。
② 代表作为裔昭印：《古希腊的妇女——文化视域中的研究》，商务印书馆，2001 年版。
③ Barbara Goff, *Citizen Bacchae: Women's Ritual Practice in Ancient Greece*, Berkeley: University of California Press, 2004.
④ 本部分参考了 Stanley M. Burstein, Ramsey MacMullen, Kurt A. Raaflaub, Allen M. Ward, *Ancient History: Recent Work and New Directions*, chapter II by Stanley M. Burstein。有关希腊化时期的史料集包括 M. M. Austin, *The Hellenistic World from Alexander to the Roman Conquest: A Selection of Ancient Sources in Translation*, Cambridge: Cambridge University Press, second edition, 2006 (first published in 1981); Roger S. Bagnall and Peter Derow, eds., *The Hellenistic Period: Historical Sources in Translation*, Malden, MA and Oxford: Blackwell Publishing, 2004; Stanley M. Burstein, ed. and trans., *The Hellenistic Age from the Battle of Ipsos to the Death of Kleopatra VII*, Cambridge: Cambridge University Press, 1985。

与此相应，学者们进一步发展了德罗伊曾的希腊化解释。占主导地位的观点认为，被征服地区的居民和马其顿-希腊征服者和谐相处，创造了一个多种文化交融的文明。亚历山大大帝被描绘成具有世界大同理想的统治者。这种观点在英国权威的希腊化研究专家塔恩于1948年出版的名著《亚历山大大帝》中达到了顶峰。在塔恩看来，亚历山大是

> 最伟大的推动历史发展的力量之一。他把文明世界的发展从一个轨道推向了另一个轨道。他开创了一个新时代。……他极大地扩展了知识和人类活动的范围，给予了希腊科学和希腊文明前所未有的空间和机会。个别主义为"人类世界"（inhabited world）——文明人的共同占有——的观念所取代；商业和贸易国际化了，"人类世界"由新道路、新城市，以及共同利益的网络连接在一起。此前一直限于希腊人的希腊文化普及到了整个世界；希腊语的"普通话"（koine）取代希腊的诸多方言，为整个世界的居民所使用。教育了罗马的希腊是亚历山大创造的希腊化世界，在现代学者重塑了伯里克利时代的雅典之前，旧的希腊并没有产生太大影响。如果说现代世界的文明源于希腊，那么主要是因为亚历山大，它才具有这样的机会。如果亚历山大未能融合各个种族，那么他至少超越了民族国家，而超越民族国家即意味着超越民族的宗教崇拜。人们开始感觉到在种种宗教之下的统一性。……人们的内心开始生出渴望，渴望真正的精神的统一。是亚历山大在这种观念出现之时，创造了其赖以传播的手段。因

为他，希腊文明才得以进入西亚，即使许多具体的措施是他的继承者们所推行的，却是他开创的道路。如果没有他，他们不会有所作为。最后，当基督教指明了人们所感受到的精神统一的道路之时，已有一种现存的手段，供新宗教在此传播，这就是"文明世界"共同的希腊化文明。如果没有这个前提，基督教的征服可能就会像它在超出这个共同文明的边界以后那么缓慢和艰难。

然而如果说他的所作所为已然伟大的话，那么他的梦想更为伟大。我们可以说他以芝诺的理想国家取代了亚里士多德的理想国家。他不仅推翻了前者的狭隘束缚，而且为人们创造了充分的机会，在这个世界里任何人都不必贫困，对人们的限制毫无意义。亚里士多德的理想国家仍然不关注其边界之外的人类，异域之人仍然必须是奴隶或者敌人。亚历山大改变了这一切。当他宣布所有人都是同一个"祖先"的子孙时，当他在奥皮斯（Opis）祈祷马其顿人和波斯人成为国家（commonwealth）的伙伴、其治下的诸民族团结一心和睦相处时，他第一次宣告了人类的统一和兄弟般的友爱。[①]

不难看出，塔恩不仅乐观地解释了以征服者文化为主导的希腊化文化的同一性，而且极力美化作为征服者的亚历山大。然而，第二次世界大战之后，随着去殖民化和后殖民主义思潮的影响，学

---

① W. W. Tarn, *Alexander the Great*, Vol. I, *Narrative*, Cambridge: Cambridge University Press, 1948, pp. 145-147.

者们开始反思和修正这种带着强烈殖民主义色彩的解释。美国学者贝狄安（E. Badian）率先质疑了正统的观点。在20世纪60年代起发表的一系列论著中，贝狄安指出了亚历山大专制和残暴的一面，提出他的征服是为了建立专制统治，赢得个人的荣誉。[①] 到20世纪后期，希腊化历史得到全面改写。法国学者威尔（Édouard Will）在《解读希腊化世界的殖民人类学》一文中，剖析了第二次世界大战以前殖民主义对于希腊化研究的影响，并试图建构在去殖民化和后殖民主义情形下的希腊化解释体系。[②] 美国学者格林（Peter Green）在其巨著《从亚历山大到亚克兴：希腊化时代的历史演进》的开头明确说道：

> 我必须从一开始就明确说明，我认为在被征服领土上有意识地、理想化地和传教式地推广希腊文化、风尚、文学、艺术和宗教的整个说法是个用心险恶的神话，把这说成是亚历山大或者其后继者进行征服的最终目的就更难以置信了。这一神话加上时代错乱的基督教福音主义和受普鲁塔克影响的一厢情愿的想法，目的是（无论是有意识的还是无意识的）为实质上大规模的经济与帝国主义剥削——尽管它以浪漫的

[①] E. Badian, "Alexander the Great and the Loneliness of Power", in Badian, *Studies in Greek and Roman History*, New York: Barnes and Nobel, 1964, pp. 192-205 (first published in *AUMLA: Journal of Australian Universities' Modern Language Association*, 17 [1962], pp. 80-91); "Alexander in Iran", *The Cambridge History of Iran*, Vol. 2, Cambridge: Cambridge University Press, 1985, pp. 420-501.

[②] Édouard Will, "Pour une 'anthropologie coloniale' du monde hellénistique", in John W. Eadie and Josiah Ober, eds., *The Craft of the Ancient Historian: Essays in Honor of Chester G. Starr*, Lanham, MD: University Press of America, 1985, pp. 273-301.

面目出现而广受欢迎——进行辩护。①

在这种学术取向的主导之下，亚历山大征服的帝国主义特征得到进一步揭示。澳大利亚学者博斯华兹先是出版《征服与帝国：亚历山大大帝的统治》②，对其残忍的征服和统治进行了阐述，而后又在《亚历山大与东方：胜利的悲剧》中，把亚历山大的征服与西班牙殖民者对美洲的征服和对印第安人的屠杀相比，强调了其给东方带来的破坏性以及给被征服人民带来的苦难。与此同时，博斯华兹还分析了作为征服者的亚历山大通过宣传手段为自己的征服进行辩护的方式。③ 基于这种新的认识，学者们进一步探讨深刻影响了现代人认识的美化亚历山大的古代传统，包括亚历山大的自我宣传及其形象传统的形成。④ 尽管如此，仍有少数学者坚持传统的观点不放，英国学者哈蒙德在晚年撰写的关于亚历山大的著作中，就再次标榜了他的天才，称"他的眼光超越了马其顿和

---

① Peter Green, *Alexander to Actium: The Historical Evolution of the Hellenistic Age*, Berkeley and Los Angeles: University of California Press, 1990, p. xv. 此外，Andrew Erskine, ed., *A Companion to the Hellenistic World*, Malden, MA and Oxford: Blackwell Publishing, 2003 也是最近全面重写希腊化历史的著作。

② A. B. Bosworth, *Conquest and Empire: The Reign of Alexander the Great*, Cambridge: Cambridge University Press, 1988.

③ A. B. Bosworth, *Alexander and the East: The Tragedy of Triumph*, Oxford: Oxford University Press, 2004, new edition (first published in 1996).

④ Andrew Stewart, *Faces of Power: Alexander's Image and Hellenistic Politics*, Berkeley and Los Angeles: University of California Press, 1993; Martin Jessop Price, *The Coinage in the Name of Alexander the Great and Philip Arrhidaeus: A British Museum Catalogues*, 2 vols., Zurich: Swiss Numismatic Society, and London: British Museum, 1991; Jesper Clasen et al., eds., *Alexander the Great: Reality and Myth*, Rome: L'Erma di Bretschneider, 1993; Carmen Arnold-Biucchi, *Alexander's Coins and Alexander's Image*, Cambridge, MA: Harvard University Art Museum, 2006. 有关亚历山大的宣传的最新研究见 John Walsh and Elizabeth Baynham, eds., *Alexander the Great and Propaganda*, London: Routledge, 2021。

希腊社会",他的统治是为了"建设和平与繁荣",是"为人类谋福"。① 无论如何,作为一位伟大的征服者,亚历山大不仅令许许多多的普通西方人着迷,也令许多西方学者着迷,关于他的传记和研究不计其数②,而且仍然是个热点③。

在亚历山大之外,学者们对于塞琉古王国和托勒密王国的研究也不断修正传统的文化融合之说。1978 年,比利时学者普里欧(Claire Préaux)出版《希腊化世界:从亚历山大之死到罗马征服之时的希腊与东方(公元前 323—前 146 年)》④,指出在马其顿希腊征服者和被征服民族之间存在巨大的社会差异,是压迫者与被压迫者的关系,同时希腊文化和被征服地区文化也不存在交流与融合,两者同时独立存在,并且形成紧张关系,这在托勒密埃及尤其明显。普里欧的观点无疑得到史料的支持,也为众多学者所接受⑤。然而晚近以来,普里欧所勾画的面貌也受到了质疑。更为深入的区域研究表明,在托勒密埃及,两种文化的相互作用亦不

---

① N. G. L. Hammond, *The Genius of Alexander the Great*, London: Duckworth, 1997, p. 201。

② 除上文提及的之外,许多著名学者都撰写过亚历山大传记,例如 Robin Lane Fox, *Alexander the Great*, London: The Folio Society, 1997, new edition (first published in 1973); N. G. L. Hammond, *Alexander the Great: King, Commander and Statesman*, Park Ridge, NJ: Noyes Press, 1980; Paul Cartledge, *Alexander the Great: The Hunt for a New Past*, London: Macmillan, 2004。

③ 晚近较为全面研究亚历山大及其统治的著作包括 Joseph Roisman, ed., *Brill's Companion to Alexander the Great*, Leiden and Boston: Brill, 2003。关于亚历山大的史料集见 Waldemar Heckel and J. C. Yardley, *Alexander the Great: Historical Sources in Translation*, Malden, MA and Oxford: Blackwell Publishing, 2004。

④ Claire Préaux, *Le Monde Héllenistique: la Grèce et l'Orient de la Mort d'Alexandre à la Conquête Romaine de la Grèce (323-146 av. J.-C.)*, Paris: Presses Universitaires de France, 1978。

⑤ 见 Alan E. Samuel, *The Shifting Sands of History: Interpretations of Ptolemaic Egypt*, Lanham, MD: University Press of America, 1989。

少见①。在塞琉古王国研究方面，学者们的重新评估则得出了不同的结论。1993年，谢雯－怀特（Susan Sherwin-White）和阿美莉·库尔特（Amélie Kuhrt）出版《撒马尔罕汗到萨迪斯：塞琉古帝国研究新方法》②一书，提出塞琉古王国继承了波斯传统，并借此稳固地统治了曾经属于波斯帝国核心地区的西亚。如此看来，恐怕很难简单地将希腊化文化归结为以希腊文化为主导的文化融合，或者是不同文化之间的对立。希腊化文化是一个更为复杂的体系，无疑存在着民族的隔离与文化的对立，同时也存在着文化相互渗透的情形。

在亚历山大和希腊化文化研究之外，希腊化政治史研究也取得了较大进展，出版了一系列关于亚历山大的继承者们（diadochoi）的专著③，同时学者们对希腊化时期希腊城邦的政治、社会与文化生活都提出了新的见解。例如德国学者克里斯蒂安·哈比希特（Christian Habicht）的《从亚历山大到安东尼时期的雅典》就认为，虽然雅典大体上丧失了主权和独立，但古典民

---

① Dorothy J. Thompson, *Memphis under the Ptolemies*, Princeton: Princeton University Press, 1988; Koen Goudriaan, *Ethnicity in Ptolemaic Egypt*, Amsterdam: Gieben, 1988; Per Bilde, Troels Engberg-Pedersen, Lise Hannestad and Jan Zahle, eds., *Ethnicity in Hellenistic Egypt*, Aarhus: Aarhus University Press, 1992.

② Susan Sherwin-White and Amélie Kuhrt, eds., *From Samarkhand to Sardis: A New Approach to the Seleucid Empire*, Berkeley: University of California Press, 1993.

③ Richard A. Billows, *Antigonos the One-Eyed and the Creation of the Hellenistic State*, Berkeley and Los Angeles: University of California Press, 1991; Billows, *Kings and Colonists: Aspects of Macedonian Imperialism*, Leiden: E. J. Brill, 1995; Walter M. Ellis, *Ptolemy of Egypt*, London and New York: Routledge, 1994; John D. Grainger, *Seleukos Nikator: Constructing a Hellenistic Kingdom*, London and New York, Routledge, 1990; Waldemar Heckel, *The Marshals of Alexander's Empire*, London and New York: Routledge, 1992.

主政治的机制在市民的政治与社会生活中仍然发挥着重要作用[1],而卡特里奇和斯波佛斯(Antony Spawforth)对于斯巴达的研究也表明,传统的政治体制仍然具有顽强的生命力[2]。然而这些研究并未形成众所瞩目的热点,而希腊化经济史研究则明显受到忽视,罗斯托夫采夫经典的《希腊化世界社会经济史》仍然是不容忽视的成果[3]。

---

[1] Christian Habicht, *Athens from Alexander to Antony*, Cambridge, MA: Harvard University Press, 1997 (originally published in German as *Athen. Die Geschichte der Stadt in hellenistischer Zeit*, 1995).

[2] Paul Cartledge and Antony Spawforth, *Hellenistic and Roman Sparta*, London and New York: Routledge, 1989.

[3] M. Rostovtzeff, *The Social and Economic History of the Hellenistic World*, 3 vols., Oxford: Oxford University Press, 1941. 和《罗马帝国社会经济史》相比,此书更能代表罗斯托夫采夫的史学成就,遗憾的是它从未被译成中文。

第五章　学术资源

在西方学术体系中，古希腊史研究属于古典学这个学科中的一个分支，因此西方学者对基本研究方法的讨论，往往是在古典学的整体框架下，而非特别针对古希腊史，又或者把范围缩小到古代史。这个概念是西方学者对希腊罗马史的传统称呼，乃因为传统上，他们的历史概念只限于欧洲，并不包括欧洲以外的其他地区。

就古典学范围而言，大卫·夏普斯（David M. Schaps）所著《古典学研究手册》（*Handbook for Classical Research*, London: Routledge, 2011）提供了一个十分全面而实用的研究指南。本章扼要列举一些重要且较易获取的学术资源。

一、工具书

最为权威的古典学百科全书是德国古典学家保利（August Friedrich von Pauly）和维索瓦（Georg Wissowa）主编的《古典科学百科全书》（*Real-Encyclopädie der classischen Altertumswissenschaft*），通称为"保利—维索瓦百科"。该书最初由保利主编，1839年开始出版，1845年保利去世后，由瓦尔兹（Christian Waltz）和托伊费尔（Wilhelm Teuffel）于1852年最终完成，共6卷。1890年维索瓦开始主持修订该书，1894年出版第1卷，至1980年方大功告成，新版计 85 卷（含 1 卷索引），关于古典学的知识无所不包，是名副其实的古典学百科全书。令人遗憾的是国内似乎仅有少量收藏，且由于语言关系，能够加以利用者少。

1964—1975 年间，"保利—维索瓦百科"同时出版了 5 卷本的简写本，称为《小保利辞书》（*Der Kleine Pauly: Lexikon der Antike*, Sttutgart and Müchen: Alfred Druckenmüller, 1964-1975），亦广为学者利用。1996—2003 年，德国古典学界又推出了 17 卷的《新保利百科》（Hubert Cancik, Helmuth Schneider, eds., *Der Neue Pauly: Enzyklopädie der Antike*, Sttutgart: Verlag J. B. Metzler, 1996-2003），是最新的德文古典学百科全书，其规模虽然要小得多，但知识和信息得到了更新，而且该书也继承了"保利—维索瓦百科"的传统。

《新保利百科：古代世界》英文版（Hubert Cancik and Helmuth Schneider, eds., *Brill's New Pauly: Encyclopaedia of the Ancient World, Antiquity*, Leiden: Koninklijke Brill, 2002- ）由博睿出版社出版，共 15 卷；同时出版其姊妹篇《新保利：古典传统》（Manfred Landfester, ed., *Brill's New Pauly: Encyclopaedia of the Ancient World, Classical Tradition*, Koninklijke Brill, 2006- ），共 5 卷。"古代世界"（Antiquity）部分在于提供古代世界的百科知识，以希腊罗马文明为中心，兼及西方学者所谓的"近东"，即古代西亚和埃及；"古典传统"则着重介绍后世对于古典文明的研究。《新保利百科》德文版和英文版都同时出版了网络电子版，订购和使用都十分方便。

英文的新版《牛津古典辞书》（Simon Hornblower and Antony Spawforth, eds., *The Oxford Classical Dictionary*, Oxford: Oxford University Press, 2003, revised third edition）则是最方便的古典学百

科词典。其特点在于是单卷本，便于使用。从第三版起在主要的条目后面增添了少量必要的研究文献，对于入门者有所帮助。缺点在于条目偏少，不能真正起到百科词典的作用，且大部分条目的解析过于简略。另外值得注意的是，该书及其所列研究文献并非权威知识的来源，亦不能全面反映研究状况。任何研究仅以此书为主要参考都是不够的。该书亦出版了电子版。

新版《剑桥古代史》（*The Cambridge Ancient History*）是最为全面的叙事史。该书各章分别由相关领域比较权威的学者撰写，叙述详尽，颇值得参考。但全书出版周期较慢，许多知识和观点业已陈旧；且注重知识性，而不重视对知识的批判性反思，因此亦不能作为权威之说而全盘接受。值得注意的是，如若参考，只能参考第二版（个别卷为第三版），而不能参考第一版。有关希腊史各卷如下：

Volume II, part 2, *The Middle East and the Aegean, c. 1380-1000 BC*, edited by I. E. S. Edwards, C. J. Gadd, N. G. L. Hammond, E. Sollberger, 1991, 3rd edition;

Volume III, part 1, *The Prehistory of the Balkans, the Middle East and the Aegean World, Tenth to Eighth Centuries BC*, edited by John Boardman, I. E. S. Edwards, N. G. L. Hammond, E. Sollberger, 1982, 2nd edition;

Volume III, part 3, *The Expansion of the Greek World, Eighth to Sixth Centuries BC*, edited by John Boardman, N. G. L. Hammond, 1982, 2nd edition;

Volume IV, *Persia, Greece and the Western Mediterranean, c.*

525-479 BC, edited by John Boardman, N. G. L. Hammond, D. M. Lewis, Martin Ostwald, 1988, 2nd edition;

Volume V, *The Fifth Century BC*, edited by D. M. Lewis, John Boardman, J. K. Davies, Martin Ostwald, 1992, 2nd edition;

Volume VI, *The Fourth Century BC*, edited By D. M. Lewis, John Boardman, Simon Hornblower, Martin Ostwald, 1994, 2nd edition;

Volume VII, part 1, *The Hellenistic World*, edited by F. W. Walbank, A. E. Astin, M. W. Frederiksen, R. M. Ogilvie, 1984, 2nd edition.

此外，意大利古典学家瑟提斯（Salvatore Settis）主编的《**希腊：历史，文化，艺术，社会**》(*I Greci: Storia, cultura, arte, società*, Torino: Giulio Einaudi, 1996-2002）大获成功。该书共分4卷，邀请世界上著名的古希腊研究专家，分专题详细阐述古希腊文明的诸方面。同样遗憾的是，由于语言的局限，我们很难加以利用。

最为权威和全面的研究文献索引是法国学者编著的《**古典学年鉴**》(*L'Année philologique: Bibliographie Critique et Analytique de l'Antiquité Gréco-Latine*），该刊从1928年起，每年出版一卷，按门类和专题收录此前一年度所出版和发表的所有希腊罗马文明相关研究成果，范围涵盖欧洲所有主要语言。此年鉴也出版了网络电子版。

希腊史研究所不可缺少的工具书还包括希腊文和拉丁文词典。最为权威的希腊文-英文词典为李德尔（H. G. Liddell）和斯各特（R. Scott）最早主编的《**希腊文-英文大词典**》(*A Greek-English Lexicon*, Oxford: Oxford University Press, 1996, with a revised supplement），该词典于1843年初版，之后集数代古典学家之功，屡经修订，1940年已出至第9版，1996年又有了新的增补，为最新版本。这本大词典收录的词语全面自不待言，其最大的优点在于详细列举每个词语的不规则形态变化，并按照年代先后，列举其在古典文献中的出处，极具参考价值。该书同时出版了一本简写中级版（*An Intermediate Greek-English Lexicon*），所收入词条和大词典相同，唯列举有所减少，然价格便宜，适合初学者使用。北京大学出版社于2015年出版了该书的影印本。2021年，剑桥大学出版社出版《剑桥希腊语词典》（*The Cambridge Greek Lexicon*, Cambridge: Cambridge University Press, 2021）。该词典由剑桥大学古典学系主持编纂，集二十年之功而成。其特点在于词条含义与用法解释更为清晰，更便于学生使用。

拉丁文–英文大词典则有两种可供选择。更早的权威词典是刘易斯（C. T. Lewis）和肖特（C. Short）主编的**《拉丁文大词典》**（*A Latin Dictionary*, Oxford University Press, 1879），1879年由牛津大学出版。1933年，牛津大学开始组织编写新的**《牛津拉丁文大词典》**，至1968年正式出版，1996年出版最新的修订重印本（*Oxford Latin Dictionary*, Oxford: Oxford University Press, 1996, reprinted with corrections）。其规模比刘易斯和肖特的《拉丁文–英文大词典》大三分之一，体例参照《牛津英文大词典》，使用更为方便。就古典学研究而言，现在《牛津拉丁文大词典》大体上取代了刘易斯和肖特主编的《拉丁文大词典》，但后者仍然具有重要的参考价值，尤其是理解中世纪拉丁文所不可缺少的工具书。《牛津拉丁文大词典》主要集中于古典时期，所收录词语基本上限于公元200年之前（圣奥古斯丁的著作例外收入）。

李德尔和斯各特的《希腊文－英文大词典》以及刘易斯和肖特的《拉丁文大词典》都有免费的网络版（http://www.perseus.tufts.edu/）。

二、原始资料

古希腊史的原始资料十分丰富，不仅包括传世文献，还包括丰富的物质遗存，后者又包括考古遗址、建筑、雕塑、墓葬、彩陶、钱币、碑铭、纸草文献等。迈克尔·克劳福德（Michael Crawford）主编的《古代史史料》（*Sources for Ancient History*, Cambridge: Cambridge University Press, 1983）分别由权威的学者对文献、铭文、考古学和钱币这四种主要史料进行了深入的分析，至今仍为十分有用的方法论指导书。此外，安德鲁·厄斯金（Andrew Erskine）主编的《古代史指南》（*A Companion to Ancient History*, Malden, MA: Wiley-Blackwell, 2009）第一部分分史学、碑铭文化、纸草文献、钱币、考古学、演说辞和古代文学，对史料进行了系统梳理。该书也对研究问题与方法作了介绍。

最为权威的希腊拉丁文献丛刊包括德国的**《托伊布纳希腊罗马文献丛刊》**（*Bibliotheca Scriptorum Graecorum et Romanorum Teubneriana*）、英国牛津大学出版社出版的**《牛津古典文献丛刊》**（*Oxford Classical Texts*）和法国的**《布袋文库》**（*Collection Budé*），其中《托伊布纳希腊罗马文献丛刊》最为全面。该丛刊1849年开始由设在莱比锡的托伊布纳出版社陆续出版，并不断修订。1999年，托伊布纳出版社将旗下全部古典学出版物转卖给了慕尼黑的绍尔出版社（K. G. Saur）。2006年，德古意特出版公司（Walter de Gruyter）又收购了绍尔出版社。从 2007 年起，《托伊布纳希腊罗马文献丛刊》乃改由德古意特出版公司出版发行，但仍保留了丛刊原来的名称。《牛津古典文献丛刊》的拉丁文名为 *Scriptorum Classicorum Bibliotheca Oxoniensis*，从 20 世纪初左右开始出版，现已出版古典文献 120 多种，涵盖了所有主要的希腊拉丁文献。《布袋文库》因为纪尧姆·布袋学会（Association Guillaume Budé）资助出版而得名，又名《法国大学文库》（*Collection des Université de France*），由美文出版社（Les Belles Lettres）从 1920 年起出版。和前两套古典文献丛书纯粹以原文出版、以拉丁文作序和注的做法不同，《布袋文库》以法文撰写导言，且为希腊拉丁原文和法文译文对照本。上述三种丛书均包含详细的文本校注（critical apparatus）。

但是使用最广的可能还是《洛伊布古典文库》（*Loeb Classical Library*）。该丛书从 1912 年开始出版，因为詹姆士·洛伊布（James Loeb）发起并资助而得名。其最初的目的是为了便于普通读者阅读希腊拉丁文献，因而采用原文和英文译文对照版的形式，专业的文本校注也比上述三种丛刊要少得多。但是因为价格便宜且附有英文译文，加上版本校刊质量不断提高，该丛书很快成为研究者尤其是古典学专业学生广为使用的古典文献丛书。《洛伊布古典文库》最初由麦克米兰出版社和威廉·海涅曼公司（William Heinemann and Company）在美英同时出版，1933 年之后，在美国的出版者改为哈佛大学出版社。在威廉·海涅曼公司于 1989 年退出丛书的出版之后，哈佛大学获得了丛书的全部拥有权，哈佛大学出版社更是成为丛书在全球的出版和发行者。今天，它已成为哈佛大学出版社的标志性出版物之一。《洛伊布古典文库》已出版电子版。

除了完整存世的古典文献之外，大量古典文献业已散失，但通过各种途径保留下来诸多残篇，其中包括一些重要史家如公元前4世纪的提奥庞波斯（Theopompos）和埃弗鲁斯（Ephorus）的作品残篇。德国古典学家菲利克斯·雅科比（Felix Jacoby）尽收856位古希腊历史学家残存的著作片段并加以评注，编成多卷本巨著《希腊历史文献残篇》（Die Fragmente der Griechischen Historiker, Berlin: Weidmann, 1923-1958），成为重要的历史资料来源。遗憾的是，该书大部分没有译文，初学者难以企及。

除此以外，铭文也是必不可少的研究资料，德国古典学界主持汇编的**《希腊铭文集成》**（Inscriptiones Graecae，简称 IG），收罗了几乎所有古代希腊的铭文，它和蒙森主持汇编的《拉丁铭文集成》（Corpus Inscriptionum Latinarum，简称 CIL）一道，成为古典学领域最为重要的史料整理成果之一。德国古典学家奥古斯特·博克（August Böckh）在 1825—1860 年之间编成《希腊铭文集成》（Corpus Inscritionum Graecarum）。1860年，普鲁士科学院组织在博克的著作基础上，汇编了更为全面的《希腊铭文集成》，后改由柏林-勃兰登堡科学院（Berlin-Brandenburgische Akademie de Wissenschaften）主持，至今已出版 15 卷计 49 册（fascicles），其中部分出版至第 2 或第 3 版，包括最为常用的阿提卡铭文（第 I—III 卷）。学者们在引注《希腊铭文集成》时，通常采用简称形式，如 IG I^3, 305，即为《希腊铭文集成》第 1 卷第 3 版，第 305 条。这一浩瀚的工程至今仍未全部完成。全书序言和评注均用拉丁文写成，且没有译文，但新版各卷在其因特网主页上附有德文译文。

在《希腊铭文集成》之外，《希腊铭文补编》（*Supplementum Epigraphicum Graecum*，简称 SEG）亦十分有用，该丛刊由荷兰学者主办，从 1923 年起出版，收录了每年发表的希腊铭文研究成果的目录及摘要，如《希腊铭文集成》未收录的铭文，则刊载铭文原文，并加以评注。该丛刊从第 25 卷（1976—1977 年）起改用英文编著，因此使用较为方便，但并不提供铭文本身的译文。

《希腊铭文集成》并不提供译文，初学者恐难以利用，但英国学者编辑了一套希腊历史铭文选集，便于研究者使用，是非常重要而又便利的史料来源，不可不备。其一是罗兹和奥斯邦主编的《公元前 478—前 404 年的希腊历史铭文》（*Greek Historical Inscriptions 478—404BC*, Oxford: Oxford University Press, 2017），以及梅格斯和刘易斯主编的**《至公元前 5 世纪末的希腊历史铭文选》**（*A Selection of Greek Historical Inscriptions to the End of the Fifth Century BC*, Oxford: Oxford University Press, 1988, revised edition [first published in 1969]），其二是罗兹和奥斯邦主编的**《公元前 404—前 323 年的希腊历史铭文》**（*Greek Historical Inscriptions, 404-323 BC*, Oxford: Oxford University Press, 2003）。此套铭文选集用于取代由托德（Marcus N. Tod）更早主编的 2 卷本《希腊历史铭文选》（*A Selection of Greek Historical Inscriptions*, Oxford: oxford University Press, 1946-1948, 2nd edition），对每篇铭文均有详细的介绍、评注，前者部分附有英译，后两者全部附有英译，使用极为便利。

对于完全没有希腊文基础的研究者来说，还有剑桥大学出版社出版的一套 6 卷本《希腊罗马史料选译》（*Translated Documents* of Greece and Rome》丛书可资利用，其选文以铭文为主，辅以部分文献选段和残篇，希腊史相关 3 卷分别为福尔那拉（Charles W. Fornara）主编和翻译的《从古风时代到伯罗奔尼撒战争末》(*Archaic Times to the End of the Peloponnesian War*, Cambridge: Cambridge University Press, 1983, 2nd edition），哈丁（Phillip Harding）主编和翻译的《从伯罗奔尼撒战争末到伊普苏斯之战》(*From the End of the Peloponnesian War to the Battle of Ipsus*, Cambridge: Cambridge University Press, 1985），以及伯斯坦因（Stanley M. Burstein）主编和翻译的《从伊普苏斯之战到克丽奥帕特拉七世之死的希腊化时代》(*The Hellenistic Age from the Battle of Ipsos to the Death of Kleopatra VII*, Cambridge: Cambridge Universiy Press, 1985）。这套史料选译也由北京大学出版社出版影印本，收入"西方古典学研究"丛书。**《从古风时代到伯罗奔尼撒战争末》和《从伯罗奔尼撒战争末到伊普苏斯之战》**选译的铭文和前述 2 种希腊历史铭文选多有重合，若相互验证使用，会大有裨益。

考古资料在古希腊史研究各个领域所起的作用日益重要，不可忽视。古希腊文明遗留下来大量的考古遗迹，除了城市和定居点遗址、墓葬、各类实物，尤其是陶器，还有大量建筑、雕塑、彩陶绘画、钱币等。英国希腊研究推进学会（British Society for the Promotion of Hellenic Studies）和英国驻雅典古典学学院（British School at Athens）共同编写的年度《考古学报告》(*Archaeological Report*）提供了较为全面的考古进展情况。该刊从 1954 年出版，收入 JSTOR 数据库。同时英国驻雅典古典学学院和法国驻雅典学院（École française d'Athènes）共同建设了"希腊考古在线"

(Archaeology in Greece Online),将两个机构的考古资源合并上线,对我们了解希腊考古状况十分有用。

古代希腊人喜爱创造和使用图像,他们生活的方方面面都由图像装点着,无论是公共生活还是私人生活。也因为如此,有学者把希腊城市称为"图像的城市"(city of images)。大量的图像以这样或那样的形式保留了下来,最为集中的是雕塑和彩陶绘画。这些图像中的许多是叙事性的,描绘希腊人神话传说乃至历史中的片段场景,因而成为我们了解希腊人历史和思想观念的重要资料。除了后文开列的图像资料网上数据库,著名艺术史家约翰·鲍德曼(John Boardman)所著的一系列关于希腊雕塑和彩陶的手册也是十分有用的工具书。它们分别是:

Greek Sculpture: The Archaic Period, London: Thames and Hudson, 1978;

Greek Sculpture: The Classical Period, London: Thames and Hudson, 1987;

Greek Sculpture: The Late Classical Period and Sculpture in Colonies and Overseas, London: Thames and Hudson, 1995;

Early Greek Vase-Painting, London: Thames and Hudson, 1998;

Athenian Black Figure Vases, London: Thames and Hudson, 1974, corrected edition, 1991;

Athenian Red Figure Vases: The Archaic Period, London: Thames and Hudson, 1975;

Athenian Red Figure Vases: The Classical Period, London: Thames and Hudson, 1989。

三、主要期刊

以下是一些重要的学术期刊以及约定俗成的缩写。

AC	*L'antiquité classique*, Brussels
AClass	*Acta Classica: Proceedings of the Classical Association of South Africa*, Capetown
AJA	*American Journal of Archaeology*, Boston
AJAH	*American Journal of Ancient History*, Cambridge, MA
AJP	*American Journal of Philology*, Baltimore
AncSoc	*Ancient Society*, Leuven
AncW	*Ancient World*, Chicago
AR	*Archaeological Reports*, London
Arethusa	*Arethusa: A Journal of the Wellsprings of Western Man*, Buffalo
AS	*Anatolian Studies: Journal of the British Institute of Archaeology an Ankara*, London
Athenaeum	*Athenaeum: Studi periodici di letteratura e storia dell'antichità*, Pavia
AW	*Antike Welt*, Zürich
BCH	*Bulletin de correspondance hellénique*, Paris
BE	*Bulletin épigraphique*, Paris
BICS	*Bulletin of the Institute of Classical Studies*, London
BSA	*Annual of the British School at Athens*, London

Chiron	*Chiron: Mittelungen der Kommission für alte Geschichte und Epigraphik des deutschen archäologischen Instituts*, Munich
CJ	*Classical Journal*, Athens, GA
ClAnt	*Classical Antiquity*, Berkeley
C&M	*Classica et Mediaevalia*, Copenhagen
CP	*Classical Philology*, Chicago
CQ	*Classical Quarterly*, Oxford
CR	*Classical Review*, Oxford
CW	*Classical World*, Pittsburgh
DHA	*Dialogue d'histoire ancienne*, Paris
G&R	*Greece and Rome*, Oxford
GRBS	*Greek, Roman and Byzantine Studies*, Durham, NC
Hermes	*Hermes: Zeitschrift für klassische Philologie*, Wiesbaden
Hesperia	*Hesperia: Journal of the American School of Classical Studies at Athens*, Athens
Historia	*Historia: Zeitschrift für alte Geschichte*, Wiesbaden
HSCP	*Harvard Studies in Classical Philology*, Cambridge
JHS	*Journal of Hellenic Studies*, London
Klio	*Klio: Beiträge zur alten Geschichte*, Berlin
Ktèma	*Ktèma: Civilizations de l'Orient, de la Grèce et de Rome Antiques*, Strasburg
MH	*Museum Helveticum: Revue Suisse pour l'étude de*

	l'antiquité classique, Basel
Mnemosyne	*Mnemosyne: Bibliotheca Classica Batava*, Leiden
PCPhS	*Proceedings of the Cambridge Philological Society*, Cambridge
Philologus	*Philologus: Zeitschrift für klassische Philologie*, Berlin
Phoenix	*Phoenix: The Journal of the Classical Association of Canada*, Toronto
PP	*La parola del passato: rivista di studi antichi*, Naples
RA	*Revue archéologique*, Paris
REA	*Revue des études ancienne*, Talence
REG	*Revue des études grecques*, Paris
SMEA	*Studi micenei ed egeo-anatolici*, Rome
TAPA	*Transactions of the American Philological Association*, Decatour
ZPE	*Zeitschrift für Papyrologie und Epigraphic*, Bonn

四、网络资源

古典学研究的网络资源极其丰富，在此不能一一收录，只能列举一些作者认为最有帮助，同时比较稳定的数据库和网址。这些网络资源的网址常有变更，需随时搜索更新。

古典学研究网络资源向导："古典学家的电子资源"（Electronic Resources for Classicists，网址：http://www.stephanus.tlg.uci.edu/

index/resources.html）现设于加州大学尔湾分校，分门别类介绍各种电子资源网站，包括其他古典学网络资源向导、数据库、电子期刊、图像资料、教学资料、学术团体等，并设有链接，十分有用。

古典学文献资料数据库：由 Tufts 大学主持的"帕修斯数字图书馆"（Perseus Digital Library，网址：http://www.perseus.tufts.edu/）应为最好和最全面的古典文献网络数据库，收录了主要的希腊文拉丁文古典文献，且包括原文版和英译版。该数据库还收录了大量钱币、彩陶、建筑和考古遗址图片，亦为十分有用的资料。由于版权原因，大部分图像资料只向订阅用户开放，不过免费开放的图像资料仍十分可观，而古典文献则全部免费开放。

由加州大学尔湾分校主持的"希腊文文库"（Thesaurus Linguae Graecae，简称 TLG）收录了几乎全部原版古希腊文文献，可以进行词语检索，为研究提供了很大便利。自 2001 年起该文库可进行网上检索（网址：http://www.tlg.uci.edu/），但只向订阅用户开放。

古典学图像资料数据库：前述"帕修斯数字图书馆"包括部分图像资料，但牛津大学的"比兹利古典艺术档案库"（The Beazley Archive）则是最为权威的古典考古与艺术图像资料档案库，收录照片约 25 万张。其网上数据库（网址：http://www.beazley.ox.ac.uk/index.htm）分为免费开放和订阅用户开放两类，但免费开放的图像资料亦十分丰富。

古典学期刊数据库：JSTOR（网址：http://www.jstor.org/）现今已成为包括古典学在内的人文社会科学研究所必不可少的期刊

数据库，它收录了1000多种期刊，涵盖所有用英文出版的主要古典学期刊，可对数据库进行全面检索，亦可全文下载，使用方便。该数据库需要订阅方能进入，目前国内一些重点高校均已订购该数据库，是国内研究者最易获得的外文期刊资料。但JSTOR通常只收录3—5年之前的期刊，无法从中了解最新研究状况。在国内要获得最新的古典学期刊资料，仍然十分困难。

古典学电子期刊：最为有用的古典学电子期刊是《布兰·帽尔古典学评论》(*Bryn Mawr Classical Review*，网址：http://bmcr.brynmawr.edu)，该刊自1990年起出版，主要刊载最新出版的古典学著作的书评，几乎涵盖所有新出的著作，是了解研究状况所不可多得的资料。最为难得的是该刊免费开放，使用便利。

此外，学者社交网络www.academia.edu虽非专门古典学网站，但能够搜索到大量研究文献，十分有用。

附录：关键词

1. "历史"（historia）：西文中的history（"历史"或"历史学"）这一概念源出于古希腊文 ιστορία/historia。希罗多德将自己的著作称为 historiē（为伊奥尼亚方言的拼法），但在此这个词语的含义为"探究"或者"研究"。修昔底德则从未使用这个词语称呼自己的著作。只是到了希腊化时期，historia 才具有现在意义上的"历史"含义。

2. "五十年时期"（Pentekontaetia）：从公元前479年至公元前431年伯罗奔尼撒战争爆发这段时期的希腊历史，史书并无详细记载，仅修昔底德在其《伯罗奔尼撒战争史》中作了扼要记叙（I.89-118），成为我们解释这一段历史的主要依据，学者们通常按照修昔底德的说法，把他的这一段记载称为"五十年时期"。但其记载详略有别，且未注明确切年代。

3. 碑铭学（epigraphy）：法国著名古典碑铭学家路易·罗贝尔（Louis Robert）曾称希腊罗马文明为"碑铭文明"，意指碑铭无处不在。他还说道，几乎每件碑铭都包含着历史，说明了碑铭对于历史研究的重要性。古希腊碑铭均以希腊文大写字母刻成，词语之间并无间隔或者标点，不同时期、不同地区的字母写法也不尽相同。另外，碑文铭刻方式亦不同，主要有回文（boustrophedon，原意为"牛来回耕地的方式"）和"排文"（stoichedon）两种方式，前者从左到右，再从右到左来回交替铭刻，有时从右到左铭刻的字母也反向；后者则每行均从左到右铭刻，且字母横竖排列均对齐。由于许多碑文残损，补遗就成了碑铭学的一项重要工作。

4. 莎草纸文献学（papyrology）：古代地中海世界使用的纸张是埃及出产的莎草纸（papyrus），因而不同时期均遗留下来大量的莎草纸文献，分别以古埃及文字（包括象形文字、僧侣文字和通俗文字）、希伯来文、阿拉米文、古希腊文、拉丁文和阿拉伯文书写，其中希腊文莎草纸文献多出自埃及，时间跨度从公元前4世纪直至公元8世纪早期。莎草纸文献学即对这些文献的字迹进行辨认、整理、补遗和勘误。至今经编辑整理的希腊文莎草纸文献约3万件。

5. 史诗（epic poetry）：指古希腊的六音步叙事诗歌，其内容主要记叙神明、英雄和凡人的事迹。现存最重要的史诗作品包括"荷马史诗"、赫西俄德的《神谱》和《劳作与时令》，以及希腊化时代诗人阿波罗纽斯（Apollonius）的《阿尔戈航行记》（*Argonautica*）。其中荷马和赫西俄德的时代可称为希腊历史上的史诗时代。

6. 抒情诗（lyric poetry）：指公元前7至前4世纪除六音步韵律诗（史诗、戏剧诗等）以外的其他形式的诗歌，供伴随乐器吟唱之用，并因主要伴奏乐器为竖琴（lyre）而得名，但并非纯粹指现代意义上的抒情诗歌。其内容、体裁多种多样，其中以古风时代最为繁荣，因而这个时期亦可称为希腊的"抒情诗时代"。

7. "家庭"（oikos）：和现代人的家庭概念不同，古希腊的"家庭"概念范围更广，除血亲成员外，还包括家庭的财产、奴隶和没有血亲关系的附属成员，但通常不是大家庭，儿子成婚后即脱离父母家庭，组成独立的家庭。

8."家族"（genos）：古希腊语中的 genos 一词，旧译为"氏族"，实为讹译，是将人类学的氏族社会概念套用到古希腊历史的结果。genos 的含义广泛，用于指代"种类""种族""类别""家系""血亲"等等。到公元前4世纪，更多地用于特指一些使用共同名称、认可相互亲缘关系的家庭群体，大体可译为"家族"。家族名称有时是以同一祖先名字命名，但有时也用地域名命名，因而虽然其成员可能出自同一祖先，但不必然如此。

9."部落"（phyle）：phyle 通常译为"部落"，但容易被误解为人类学概念中的原始部落。这其实是希腊人的社会组织。在历史早期，多里安人的社会通常分成三个部落，分别为 Hylleis, Dymanes, Pamphyloi，而雅典和爱奥尼亚人的社会通常分成四个部落，分别为 Geleontes, Hopletes Argadeis, Aigikoreis, Oinopes。其起源并不为人所知。它们似乎既是社会组织，也是军事组织。在古风时代，许多城邦对这一传统社会组织进行改革（例如雅典的克里斯提尼改革），使之成为城邦的下属行政单位，地域色彩明显。

10. 胞族（phratria）：希腊文原意为"兄弟会"，是希腊城邦的传统社会组织，可能以地域为基础形成，下属组织可包括家族。胞族存在于许多城邦，以雅典的胞族最为人所知，其最为重要的作用在于确认公民的出生。男孩要经父亲介绍入胞族，才能得到公民权认可。

11. 贵族（kaloi k'agathoi）：在古风时代，贵族阶层统治了希腊社会，控制了社会的政治经济特权。这个贵族集团以出身为标志，希腊文中的 kaloi k'agathoi（字面意思为"美貌的和优秀的"）是其代名词，有时也被称为"高贵出身者"（Eupatridai），在雅典即如此。

12. 蛮族人（barbaroi）：和古代中国人一样，希腊人有着明确的"夷夏之分"，将他们之外的所有其他民族都称为"蛮族人"。《伊利亚特》中把卡里亚人称为"说蛮语者"（barbarophonoi），但在希波战争之后，barbaros 一词才受到广泛使用。学者们一般认为，在古风时代这个词主要指语言的奇异，只是在公元前 6 世纪或者希波战争之后，它才明显具有文化上的贬义。

13. 城邦（polis）：希腊古风时代发展起来的特定国家形态，通常以一个城市为中心，联合周围乡村领土而成。城邦通常为小国寡民，政治生活以制度化为特征。据统计，希腊世界出现过的城邦大约有 1500 个。

14. 政制（politeia）：希腊城邦均有其特定的政治制度，或为贵族制，或为民主制，抑或为寡头制，称为 politeia，英文通常译为 constitution，但并不等同于现代意义上的宪法，其含义更为广泛，还包括相应的生活方式。

15. 长老会议（gerousia）：斯巴达的贵族议事会，由 28 名贵族成员和斯巴达 2 位国王组成。按照普鲁塔克在《莱库古传》中记载的莱库古立法，这个长老会议有权推翻公民大会的决议，因而是斯巴达实际的最高权力机构。

16. 双王制（dual kingship）：斯巴达名义上的国家首领是两位权力相等的世袭国王，称为双王制。两个王室分别为阿基亚德家族（Agiads）和欧里庞剃德家族（Eurypontids）。国王属于长老会议成员，可能享有更高声望，但没有绝对政治权威，其主要职能在于指挥军队。

17. 共餐制（syssitia）：希腊一些城邦的公民集体就餐制度，尤以斯巴达和克里特的共餐制最为著名。在斯巴达，公民须向城邦交纳一定数量的粮食以维持共餐制，而共餐资格又是公民资格的基础，只有参加共餐制才能维持全权公民身份。

18. "公共教育"（agoge）：斯巴达的未成年公民教育制度。从7岁至29岁的男性均须集体生活，接受以俭朴集体生活和军事训练为主要内容的公民教育，唯两个王室的王位继承人除外。年满20岁以后可以参加共餐制和军队，亦可成婚，但仍须住在训练营地里。

19. 秘密暗杀（krypteia）：作为斯巴达青年公民教育的一部分，18—20岁阶段的青年被秘密分散派遣到乡村，杀死具有反抗意识的黑劳士。这一制度亦被解释为成年礼的一部分。

20. 黑劳士（helots）：斯巴达人的奴隶，为斯巴达公民耕种土地，但不同于雅典的私有奴隶，他们可能不完全属于个人财产，可以建立自己的家庭。其收成的一半上交主人，一半留作己用。

21. 庇里阿西人（perioikoi）：意为"居于周围者"。除了公民和黑劳士之外，在斯巴达领土上还居住着部分没有公民权的自由人，他们形成相对自主的群体，需要参加军队作战和纳税，但没有政治权利。

22. "统一"（synoicism）：古希腊一些居民群体联合起来，形成统一的政治实体，称为synoicism。其中以雅典的统一最为人所知，之后雅典设"统一节"（Synoicia）以庆祝。

23. 公民大会（ekklesia）：雅典民主政治的最高决策机构，公民大会每月开会4次（雅典议事会历法每年分10个月，每个月35或者36天），其中一次为"主会"（ekklesia kyria），每年开会40次（紧急情况下临时召开的会议除外）。所有年满20岁的男性公民大会都有权参加公民大会，城邦所有重要事务都经公民大会辩论后投票决策。公元前4世纪初起对于出席公民大会的公民给予津贴。

24. 500人议事会（Boule）：克里斯提尼改革中建立起来的民主议事会，由500名公民组成。议事会成员以克里斯提尼建立的10个部落为单位，从年满30岁的男性公民中抽签选出，每部落50人。成员任期一年，不得连任，自公元前5世纪中期起，在任期间每次出席会议均获得少量津贴。其主要职责在于召开公民大会，为其准备预案，并主持城邦日常事务。

25. 主席团（prytaneis）：500人议事会10个部落的成员轮流主持政事，每个部落的50名成员主持一个月（35—36天），被称为主席团，其任期称作prytaneia。主席团每天当班，负责召集和主持议事会和公民大会会议，接待来使，主持城邦日常事务。主席团每天抽签选出主席团主席，任期一日，他和主席团三分之一的成员须日夜当班。

26. 战神山议事会（Areopagus）：雅典传统的贵族议事会，因会址设在一个称作"战神山"的小山丘上而得名。议事会由卸任执政官（archon）组成，在古风时期是雅典的最高决策机构。公元前462年埃菲阿尔特改革剥夺了其政治权力，此后它成为一个刑事法庭。

27. 人民法庭（dikasterion）：雅典民主政治的主要机构之一。

雅典每年从年满30岁的志愿公民中抽签遴选出6000名审判员。人民法庭一年开庭约200天，城邦根据案件重要程度确定每次审判团的规模。因私诉讼的审判团规模为201人，因公诉讼案件的审判团规模最少为501人，多则可达上千人。开庭之日，从志愿前来的审判员中抽签选出所需数量的陪审员。被告是否有罪以及量刑均由审判团投票判决。

28. 违法提案起诉（graphe paranomon）：雅典法律中的因公诉讼称为graphe，如有公民提出违背现有法律的法案，则可能因为违法提案而遭到起诉。一旦遭到起诉，法案无论是否已获公民大会通过，即刻中止。如果人民法庭判决提案违法，该法案即被废除，提案人遭受罚款处罚。若三次被判违法提案，即丧失公民权。违法提案起诉主要见于公元前5世纪末期和前4世纪。

29. "三一区"（trittyes）：雅典克里斯提尼改革所建立的部落组成单位。克里斯提尼将雅典城邦的领土划分成10个新部落，每个部落由三个分别位于沿海、内陆和雅典城市的互不相连的区域组成，称做"三一区"。如此划分的目的在于使部落之间相对平等。Trittyes即为"三分之一份"的意思。

30. demos：在希腊文中，demos一词具有多种含义，可指全体公民，如雅典公民大会的决议开头通常说："500人议事会和人民（demos）决议如下"；亦可指相对于贵族的平民阶级；还用于代表雅典最基层的社会组织"村社"（英文作deme）。克里斯提尼改革时，将雅典划分成139个村社，它们成为城邦社会政治活动的最基层组织。

31. 市政广场（agora）：希腊城邦的社会、政治与经济活动中心。agora 本意为"集会之地"。广场通常为方形或者不规则形（如雅典市政广场），以柱廊（stoa）、神庙等公共建筑环绕。这里是政治集会之地，也是集市交易之地，还是社会活动的中心。

32. 普尼克斯会场（Pnyx）：雅典的公民大会会场，设在雅典市政广场西南面的普尼克斯山丘上，于公元前 5 世纪末和前 4 世纪后期两次扩建，公元前 5 世纪末扩建后可容纳约 8000 人左右，但对于这样的估计存在争议。

33. 平民领袖（demagogues）：对于民主政治之下雅典政治领袖的称呼。具有精英倾向的文献记载用这一词将民主的政治领袖称为"惑众者"，这一说法偶尔亦为不够审慎的研究者所接受。但在雅典特定的民主政治之下，政治领袖必然都是"平民领袖"，否则即会丧失政治领袖的地位。

34. 公益捐助制度（liturgy/leitourgia）：在古典时期，雅典城邦指定一些富有公民承担城邦的公共支出，主要包括公共节日戏剧或者合唱演出的支出和维护三层桨战舰的费用。承担戏剧和合唱支出者通常负责演员、排练、服装等费用，称为 choregia（本意为"承担歌队费用"），捐助者称为 choregos（"歌队费用承担者"）。承担三层桨战舰者称为 trierarchos（"三层桨战舰舰长"），需承担其维护费用一年。

35. 志愿控告者（sycophants/sykophantes）：雅典城邦没有公诉人，但任何公民都可代表城邦起诉违法行为。在古典时代，出现了一些专门控告违法行为的人，称为 sykopantes。他们的动机在于获取罚金或者博取名声，因而常常被讥讽为"诬告者"。城邦为鼓励控告违法行为，将部分罚款奖励给控告人。但亦有恶意控告者，称为"诬告"(sykophantia)。为防止这种行为,雅典法律规定,控告人若不能获得陪审团五分之一票数的支持,将受到罚款处罚。

36. 资格审查(dokimasia):雅典的官员资格审查制度。官员在上任之前须由"立法者委员会"(thesmothetai,实为仲裁者)审查其资格,但500人议事会成员资格则由前一届议事会审查。

37. 检举制度(euthynai):雅典的官员在卸任之时,须经过卸任审查的程序,其时任何公民均可检举其在任期间的渎职行为,经官员核实后可交人民法庭审理。其他一些希腊城邦亦存在类似制度。

38. "老寡头"(Old Oligarch):公元前5世纪末期一本名为《雅典政制》的政治宣传册的匿名作者,因其反对民主制、赞成寡头制而被现代学者称为"老寡头",传统上其文收入色诺芬作品集中,因而也称为"伪色诺芬",该文是研究雅典民主政治的重要文献。

39. 亚里士多德《雅典政制》:传统认为亚里士多德撰写了158篇分别论述158个城邦政体的长篇论文,其中仅一篇论述雅典政体的论文得以存世。大英博物馆获取的纸草文书包括《雅典政制》全文,仅开头和结尾部分残缺,于1891年出版。该文论述了从古风时期至公元前5世纪末雅典政体的演变过程,并详细描述了雅典民主政治的机制,是研究雅典民主政治不可缺少的文献。

40.《奥克苏云基亚希腊史》(*Hellenica Oxyrhynchia*):指在埃及奥克苏云基亚发现的两组纸草文书中所保存的一部公元前4世纪早期希腊史著作的残篇。藏于伦敦的一组发现于1906年,藏于佛罗伦萨的一组发现于1942年。这部希腊史接修昔底德搁笔之处写起，记叙至公元前395年。通过比较可以看出，该书为公元前4世纪史家埃弗鲁斯所援引，转而为西西里的狄奥多罗斯（13、14卷）所援引。

41. 预备役（ephebeia）：雅典年满18岁的青年男子要进行两年的军事训练，其中第一年在庇里乌斯港的军营里训练，第二年则驻扎边境，承担边防任务，只有完成训练后方成为正式公民。

42. 外邦人（metics）：指迁居其他城邦的自由人，若获居住城邦的认可，即获得"外邦人"身份。在古典时期，尤以雅典的外邦人为多。他们不享有公民权，亦不能拥有土地财产，但须服兵役和交纳特别的外邦人税。在雅典，只有极少数外邦人因为城邦作出贡献而被公民大会授予公民权。

43. 傲慢无礼（hybris）：希腊人行为规范中的一个重要道德概念，指自恃力量强大而对人造成侮辱的过分言行，包括对他人身体的攻击，性侵犯，对老人、妇幼的过分行为，入侵他国，等等。在雅典，hybris是一种违法行为，可受到起诉和法律处罚。

44. 半人半马族（Centaurs）：希腊神话中野蛮的怪物，上身为人，下身为马。传说帖撒利拉比特人（Lapiths）的国王皮里图斯（Pirithous）邀请他们参加婚礼，但他们酒醉后企图攻击新娘，引起和希腊人的战争。公元前5世纪，半人半马族、亚马孙女人族、巨人族都被看成是象征着希腊人的敌对力量，因而希腊人和他们的战争（分别称为Centauromacy，Amazonomacy和Giaganomachy）成为流行的艺术主题。

45. 泛希腊主义（panhellenism）：在古希腊文中，Panhellenes指相对于"蛮族人"的全体希腊人。现代学者用"泛希腊主义"

指公元前4世纪出现的希腊统一思想。从伯罗奔尼撒战争开始，希腊世界内部战争不断，一些人开始呼吁希腊人统一起来，一致对外进攻波斯，其代表人物为雅典演说家伊索克拉底。

46. 希腊司库（Hellenotamiai）：掌管提洛同盟金库的官员。同盟金库原设在提洛岛，公元前454年迁至雅典，但从一开始司库一职即由雅典人任命10名雅典人担任，每部落1人。公元前454年之后司库听命于雅典公民大会。

47. 厄琉息斯秘仪（Eleusinian Mysteries）：厄琉息斯是崇拜德墨忒耳及其女儿科瑞（Kore）的圣地，这一崇拜称为厄琉息斯秘仪。所谓秘仪，并非完全秘密，只是需要经入教仪式方能参加崇拜。秘仪亦非原先认为的那样，和城邦的公民宗教区分开来。厄琉息斯秘仪完全由城邦管理，是公民宗教的一部分。

48. 洁礼（purification）：在希腊人的观念中，某些事和某类人是"污浊的"，即不洁净和危险的，这包括出生、死亡、杀人和渎神，此种情况之下就要举行洁礼，以清除污浊，消除潜在的危险。但有时在一些没有明显污浊的宗教仪式时也会举行洁礼。

49. 缪斯圣殿（mouseion）：指缪斯女神的圣地，亦指研习文艺之所，因而学校可称为mouseion。但最著名的还是希腊化时期亚历山大里亚的研究所，由托勒密一世创建，集中了当时许多著名的文人学者，其图书馆藏书多达50万卷。

50. "继承者"（diadochoi）：指亚历山大去世之后参与瓜分其帝国、争夺统治权的军事将领，所谓"继承者时期"指公元前323年至公元前301年伊普苏斯之战的争霸时期。

51. 狄奥尼索斯节（Dionysia）：祭祀狄奥尼索斯神的节日，以雅典最为人所知，分为乡村狄奥尼索斯节（每年公历 12 月举行）和大狄奥尼索斯节（亦称城市狄奥尼索斯节，每年公历 3 月举行），是上演戏剧的主要节日。

参考文献

一、西文（作者姓氏字母顺序排列）

T. H. van Andel, *Beyond the Acropolis: A Rural Greek Past*, Stanford: Stanford University Press, 1987

A. Andrewes, *The Greek Tyrants*, London: Hutchinson & Co Ltd, 1956

——"Government of Classical Sparta", in E. Badian, ed. *Ancient Society and Institutions: Studies in Honour of Victor Ehrenberg's 75th Birthday*, Oxford: Basil Blackwell, 1966

Carmen Arnold-Biucchi, *Alexander's Coins and Alexander's Image*, Cambridge, MA: Harvard University Art Museum, 2006

M. M. Austin, *The Hellenistic World from Alexander to the Roman Conquest: A Selection of Ancient Sources in Translation*, Cambridge: Cambridge University Press, second edition, 2006 (first published in 1981)

M. M. Austin and P. Vidal-Naquet, *Economic and Social History of Ancient Greece: An Introduction*, London: Batsford, 1977

E. Badian, "Alexander the Great and the Loneliness of Power", in Badian, *Studies in Greek and Roman History*, New York: Barnes and Nobel, 1964, pp.192-205 (first published in *AUMLA: Journal of Australian Universities' Modern Language Association*, 17 [1962], pp. 80-91)

——"Alexander in Iran", *The Cambridge History of Iran*, vol. 2, Cambridge: Cambridge *University* Press, 1985, pp. 420-501

R. Bagnall, *Greek Historical Documents: The Hellenistic Period*, New York:

Scholar's Press, 1986

Roger S. Bagnall and Peter Derow, eds., *The Hellenistic Period: Historical Sources in Translation*, Malden, MA and Oxford: Blackwell Publishing, 2004

E. J. Bakker, I. J. F. de Jong and Hans van Wees, eds., *Brill's Companion to Herodotus*, Leiden: E. J. Brill, 2002

John Davidson Beazley, *The Development of Attic Black figure*, Berkeley: University of California Press, 1986, revised edition (first published in 1951);

—— *Potter and Painter in Ancient Athens*, London: Geoffrey Cumberledge, 1944

—— *Attic Black-Figure Vase Painters*, Oxford: Oxford University Press, 1956

Hans Beck, ed., *A Companion to Ancient Greek Government*, Malden, MA: Blackwell Publishing, 2013

K. J. Beloch, *Griechische Geschichte*, 2nd ed., Berlin: W. De Gruyter & Co., 1912-1926

Hermann Bengtson, *Die Strategie in der hellenistischen Zeit*, Munich: C. H. Beck, 1937-1944

—— *Einführung in die Alte Geschichte*, Munich: Biederstein, 1949

—— *A History of Greece*, Ottawa: University of Ottawa Press, 1988

Hermann Bengtson and Robert Werner, *Die Verträge der griechisch-römischen Welt von 700 bis 338*, Munich: C. H. Beck, 1962

Martin Bernal, *Black Athena. The Afroasiatic Roots of Classical Civilization*, Vol. 1, *The Fabrication of Ancient Greece 1785-1985*, London: Free Association Books, 1987; Vol. 2, *The Archaeological and Documentary Evidence*, New Brunswick, New Jersey: Rutgers University Press, 1991; Vol. 3, *The Linguistic Evidence*, London: Free Association Books, 2006

—— *Black Athena Writes Back: Martin Bernal Responds to His Critics*, Durham: Duke University Press, 2001

Per Bilde, Troels Engberg-Pedersen, Lise Hannestad and Jan Zahle, eds., *Ethnicity in Hellenistic Egypt*, Aarhus: Aarhus University Press, 1992

Richard A. Billows, *Antigonos the One-Eyed and the Creation of the Hellenistic State*, Berkeley and Los Angeles: University of California Press, 1991

—— *Kings and Colonists: Aspects of Macedonian Imperialism*, Leiden: E. J. Brill, 1995

John Boardman, *The Greeks Overseas. Their Early Colonies and Trade*, London and New York: Thames and Hudson, 1999, 4th edition (first published in 1964)

A. B. Bosworth, "Alexander and the Iranians", *JHS* 100 (1980), pp.1-21

—— *A Historical Commentary on Arrian's History of Alexander*, Oxford: Oxford University Press, 1980-1995

—— *From Arrian to Alexander*, Oxford: Oxford University Press, 1988

—— *Conquest and Empire: The Reign of Alexander the Great*, Cambridge: Cambridge University Press, 1988

—— *Alexander and the East: The Tragedy of Triumph*, Oxford: Oxford University Press, 2004, new edition (first published in 1996)

Ernle Bradford, *Thermopylae: The Battle for the West*, Cambridge, Mass.: Da Capo, 2004 (first published in 1980)

Alain Bresson, *The Making of the Ancient Greek Economy: Institutions, Markets, and Growth in the City-States*, Princeton: Princeton University Press, 2016

Roger Brock and Stephen Hodkinson, eds., *Alternatives to Athens: Varieties of Political Organization and Community in Ancient Greece*, Oxford: Oxford University Press, 2000

Diana Buitron-Oliver, *The Greek Miracle: Classical Sculpture from the Dawn of Democracy, the Fifth Century*, Washington: National Gallery of Art, 1992

J. Burckhardt, *Griechische Kulturgeschichte*, Leipzig: Alfred Kröner Verlag, 1929

Walter Burkert, *Die orientalisierende Epoche in der griechischen Religion und Literatur*, Heidelberg: Winter, 1984 (published in English as *The Orientalizing Revolution*, Cambridge, Mass.: Harvard University Press, 1992)

—— *Greek Religion: Archaic and classical*, Malden, MA and Oxford: Blackwell,

1985

Stanley M. Burstein, ed. and trans., *The Hellenistic Age from the Battle of Ipsos to the Death of Kleopatra VII*, Cambridge: Cambridge University Press, 1985

Stanley M. Burstein, Ramsay MacMullen, Kurt A. Raaflaub and Allen M. Ward, *Ancient History: Recent Work and New Directions*, Publications of the Association of Ancient Historians 5, Claremont, California: Regina Books, 1997

J. B. Bury & Russell Meiggs, *A History of Greece to the Death of Alexander the Great*, 4th ed., London: Macmillan (first published in 1902), 1975

G. Busolt, *Griechische Geschichte*, Gotha: F. A. Perthes, 1885-1888

—— *Griechische Staatskunde*, Munich: Beck, 1920-1926

Paul Cartledge, *Sparta and Lakonia, a Regional History 1300-362 B.C.*, London: Routledge and Kegan Paul, 1979; 2nd edition, Routledge, 2002

—— *Agesilaos and the Crisis of Sparta*, Baltimore: The Johns Hopkins University Press, 1987

—— *Hellenistic* and *Roman Sparta: A Tale of Two Cities*, London and New York: Routledge, 1989

—— *Spartan Reflections*, Berkeley: University of California Press, 2001

—— *The Greeks: A Portrait of Self and Others*, Oxford: Oxford University Press, second edition in 2002 (first published in 1993)

—— *Alexander the Great: The Hunt for a New Past*, London: Macmillan, 2004

—— *Thermopylae: The Battle That Changed the World*, London: Macmillan, 2006

Paul Cartledge and Antony Spawforth, *Hellenistic and Roman Sparta*, London and New York: Routledge, 1989

R. W. V. Catling and I. S. Lemos, *Lefkandi II, The Protogeometric Building at Toumba. Part 1: The Pottery* (British School at Athens Supplementary Volume, no. 22), London: Thames and Hudson, 1990

J. Chadwick, *The Mycenaean World*, Cambridge: Cambridge University Press, 1976

Angelos Chaniotis, *War in He Hellenistic World: A Social and Cultural History*,

Malden, MA: Blackwell, 2005

—— *Age of Conquests: The Greek World from Alexander to Hadrian*, Cambridge, MA: Harvard University Press, 2018

K. M. T. Chrimes, *Ancient Sparta*, Manchester: Manchester University Press, 1949

Jesper Clasen et al.,eds., *Alexander the Great: Reality and Myth, Rome*: L'Erma di Bretschneider, 1993

J. Nicolas Coldstream, *Geometric Greece*, 2nd edition, London: Routledge, 2003 (first edition, 1977)

W. Robert Connor, *Theopompos and Fifth-Century Athens*, Washington D. C.: The Centre for Hellenic Studies, 1968

—— T*hucydides*, Princeton: Princeton University Press, 1984

—— "City Dionysia and Athenian Democracy", *Classica et Mediaevalia* 40 (1989), pp.1-32

Craig Cooper, *Politics of Orality*, Leiden and Boston: E. J. Brill, 2007

W. D. E. Coulson et al., eds., *The Archaeology of Athens and Attica under the Democracy: Proceedings of an International Conference Celebrating 2500 years since the Birth of Democracy in Greece, Held at the American School of Classical Studies at Athens, December 4-6,1992*, Oxford: Oxbow Books, 1994

D. J. Crawford, *Kerkeosiris, an Egyptian Village in Ptolemaic Period*, Cambridge: Cambridge University Press, 1971

Michael Crawford, ed., *Sources for Ancient History*, Cambridge: Cambridge University Press, 1983

M. Crawford and David Whitehead, *Archaic and Classical Greece*, Cambridge: Cambridge University Press, 1983

J. K. Davies, *Athenian Propertied Families, 600-300 B.C.*, Oxford: Oxford University Press, 1971

—— *Democracy and Classical Greece*, London: Fontana Press, 1993, second edition (first published in 1978)

Irene J. F. de Jong, ed., *Homer: Critical Assessments*, 4 vols., London and New York: Routledge, 1999

François de Polignac, *La Naissance de la Cité Grecque*, Paris: Éditions de la découverte, 1984 (published in English as *Cults, Territory and the Origins of the Greek City-State*, Chicago: University of Chicago Press, 1995)

──── "Repenser la 'Cité? Rituels et Société en Grèce Archaïque', in Mogens Herman Hansen and Kurt Raaflaub, eds., *Studies in the Ancient Greek Polis*, Historia Einzelschriften 95, Stuttgart: Franz Steiner Verlag, 1995, pp.7-19

Sigrid Deger-Jalkotzy and Irene S. Lemos, eds., *Ancient Greece: from the Mycenaean Palaces to the Age of Homer*, Edinburgh: Edinburgh University Press, 2006

Peter Derow and Robert Parker, eds., *Herodotus and His World. Essays from a Conference in Memory of George Forrest*, Oxford: Oxford University Press, 2003

Vincent R. Desborough, *The Greek Dark Ages*, London: Ernest Been Limited, 1972

Jean-Paul Descœudres, ed., *Greek Colonists and Native Populations. Proceedings of the First Australian Congress of Classical Archaeology Held in Honour of Emeritus Professor A. D. Trendall, Sydney, 9-14 July 1985*, Oxford: Oxford University Press, 1990

Marcel Detienne, *Les Jardins D'Adonis*, Paris: Gallimard, 1972 (English version: *The Gardens of Adonis: Spices in Greek mythology*, Atlantic Highlands, N.J.: Humanities Press, 1977)

──── *Dionysos Mis à Mort*, Paris: Gallimard, 1977 (English version: *Dionysos Slain*, Baltimore: Johns Hopkins University Press, 1979)

R. Develin, *Athenian Officials: 684-321 B.C.*, Cambridge: Cambridge University Press, 1989

Oliver Dickinson, *The Aegean Bronze Age*, Cambridge: Cambridge University Press, 1994

────"The Mycenaean Heritage of Early Iron Age Greece", in Sigrid Deger-Jalkotzy and Irene S. Lemos, *Ancient Greece: From the Mycenaean Palaces to the Age of Homer*, pp.115-122

John Dillery, *Xenophon and the History of His Times*, London: Routledge, 1995

M. Dillon and L. Garland, *Ancient Greece: Social and Historical Documents from the Archaic Times to the Death of Socrates*, London and New York: Routledge, 1994

E. R. Dodds, *The Greeks and the Irrational*, Berkeley and Los Angeles: University of California Press, 1951

C. Dougherty and L.Kurke, eds., *Cultural Poetics in Archaic Greece*, Cambridge: Cambridge University Press, 1993

K. J. Dover, *Greek Homosexuality*, Cambridge, Mass.: Harvard University Press, updated edition, 1989, first published in 1978

G. Downey, *A History of Antioch in Syria from Seleucus to the Arab Conquest*, Princeton: Princeton University Press, 1961

T. J. Dunbabin, *The Western Greeks. The History of Sicily and South Italy from the Foundation of the Greek Colonies to 480 BC*, Oxford: Oxford University Press, 1948

Alain Duplouy and Roger Brock, eds., *Defining Citizenship in Archaic Greece*, Oxford: Oxford University Press, 2018

Victor Ehrenberg, "When Did the Polis Rise?", *Journal of Hellenic Studies* Vol. 57, Part 2 (1937), pp.147-159

—— *The People of Aristophanes*, 2nd ed. Cambridge, Mass.: Harvard University Press, 1951

—— *The Greek State*, Oxford: Basil Blackwell, 1960

Walter M. Ellis, *Ptolemy of Egypt*, London and New York: Routledge, 1994

Andrew Erskine, ed., *A Companion to the Hellenistic World*, Malden, MA and Oxford: Blackwell Publishing, 2003

——, ed., *A Companion to Ancient History*, Malden, MA: Wiley-Blackwell, 2009

J. Peter Euben, John R. Wallach & Josiah Ober, eds., *Athenian Political Thought and the Reconstruction of American Democracy*, Ithaca and London: Cornell University Press, 1994

Sir Arthur Evans, *The Palace of Minos*, 4 vols., London: Macmillan & Co., 1921-1936

J. A. Evans, *Herodotus, the Explorer of the Past*, Boston: Twayne Publishers, 1982

D. Evely, ed., *Lefkandi IV, The Bronze Age: The Late Helladic IIIC settlement at Xeropolis* (British School at Athens Supplementary Volume, No. 39), London: Thames and Hudson, 2006

M. I. Finley, *Studies in Land and Credit in Ancient Athens 500-200 B.C.*, New Brunswick: Rutgers University Press, 1952

——, ed., *Trade and Politics in the Ancient World*, Paris: Mouton & Cie, 1965

—— *The World of Odysseus*, Harmondsworth, Middlesex: Penguin Books, 1979, 2nd revised edition (first published in 1954)

—— *Economy and Society in Ancient Greece*, London: Chatto and Windus, 1981

—— *Politics in the Ancient World*, Cambridge: Cambridge University Press, 1983

—— *The Ancient Economy*, Berkeley and Los Angles: University of California Press, 1999, updated edition (first published in 1973)

—— *Democracy Ancient and Modern*, New Brunswick, N. J.: Rutgers University Press, 1985, revised edition (first published in 1973)

Nick Fisher and Hans van Wees, eds., *Archaic Greece: New Approaches and New Evidence*, London: Duckworth, 1998

W. G. Forrest, *A History of Sparta 950-195 B.C.*, London: Hutchinson, 1968

Sara Forsdyke, *Exile, Ostracism and Democracy: The Politics of Expulsion in Ancient Greece*, Princeton: Princeton University Press, 2005

Robert Fowler, ed., *The Cambridge Companion to Homer*, Cambridge: Cambridge University Press, 2004

Robin Lane Fox, *Alexander the Great*, London: The Folio Society, 1997, new edition

(first published in 1973)

P. M. Fraser, *Ptolemaic Alexanderia*, 3 vols., Oxford: Oxford University Press, 1972

A. French, *The Growth of Athenian Economy*, London: Routledge, 1964

Yvon Garlan, *War in the Ancient World, a Social History*, London: Chatto and Windus, 1975

—— *Slavery in Ancient Greece*, Ithaca: Cornell University Press, 1988

G. Glotz, *Ancient Greece at Work*, London: Kegan Paul, 1929

S. D. Goldhill, "The Great Dyinysia and Civic Ideology", *Journal of Hellenic Studies* 107 (1987), pp. 58-76

—— "Civic Ideology and the Problem of Difference: The Politics of Aeschylean Tragedy, once again", *JHS* 120 (2000), pp. 34-56

S. D. Goldhill and Robin Osborne, eds., *Performance Culture and Athenian Democracy*, Cambridge: Cambridge University Press, 1999

Mark Golden and Peter Toohey, eds., *Inventing Ancient Culture. Historicism, Periodization, and the Ancient World*, London and New York: Routledge, 1997

A. W. Gomme, *A Historical Commentary on Thucydides*, 5 vols., Oxford: Oxford University Press, 1945-1981

Koen Goudriaan, *Ethnicity in Ptolemaic Egypt*, Amsterdam: Gieben, 1988

Anthony Grafton, Glenn W. Most and Salvatore Settis, eds., *The Classical Tradition*, Cambridge MA: The Belknap Press of Harvard University Press, 2010

A. J. Graham, *Colony and Mother City in Ancient Greece*, Manchester: Manchester University Press, 1964

—— *Collected Papers on Greek Colonization*, *Mnemosyne* Suppl. 214, Leiden: Brill, 2001

John D. Grainger, *Seleukos Nikator: Constructing a Hellenistic Kingdom*, London and New York: Routledge, 1990

Vivienne Gray, *The Character of Xenophon's Hellenica*, London: Duckworth, 1989

Peter Green, *Alexander to Actium: The Historical Evolution of the Hellenistic Age*,

Berkeley and Los Angeles: University of California Press, 1990

George Grote, *History of Greece*, 12 vols., London: John Murray, 1846-1856

Christian Habicht, *Athens from Alexander to Antony*, Cambridge, MA: Harvard University Press, 1997 (originally published in German as *Athen. Die Geschichte der Stadt in hellenistischer Zeit*, 1995)

Edith Hall, *Inventing the Barbarian: Greek Self-Definition through Tragedy*, Oxford: Oxford University Press, 1989

J. Hall, "Approaches to Ethnicity in the Early Iron Age of Greece", in N. Spencer, ed., *Time, Tradition and Society in Greek Archaeology: Bridging the "Great Divide"*, London: Routledge, 1995, pp. 6-17

—— *Ethnic Identity in Greek Antiquity*, Cambridge: Cambridge University Press, 1997

—— *Hellenicity: Between Ethnicity and Culture*, Chicago: The University of Chicago Press, 2002

—— *A History of the Archaic Greek World, ca. 1200-479 BCE*, Malden, Mass. and Oxford: Blackwell Publishing, 2014, second edition (first published in 2007)

N. G. L. Hammond, *A History of Greece to 322 B.C.*, 2nd ed., Oxford: Oxford University Press, 1967

—— *Alexander the Great: King, Commander and Statesman*, Parke Ridge: Noyes Press, 1980

—— *A History of Macedonia*, 3 vols., Oxford: Oxford University Press, 1972-1988 (vol. 2 with G. T. Griffith, vol. 3 with F. W. Walbank)

—— *Sources for Alexander the Great*, Cambridge: Cambridge University Press, 1993

—— *Philip of Macedon*, Baltimore: Johns Hopkins University Press, 1994

—— *The Genius of Alexander the Great*, London: Duckworth, 1997

Mogens Herman Hansen, *The Athenian Ecclesia. A Collection of Articles 1976-1983*, Copenhagen: Museum Tusculanum Press, 1983

—— *The Athenian Assembly in the Age of Demosthenes*, Oxford: Blackwell, 1987

—— *The Athenian Ecclesia II. A Collection of Articles 1983-89*, Copenhagen: Museum Tusculanum Press, 1989

—— *Was Athens a Democracy: Popular Rule, Liberty and Equality in Ancient and Modern Political Thought*, Copenhagen: The Royal Danish Academy of Sciences and Letters, 1989

—— *The Athenian Democracy in the Age of Demosthenes: Structure, Principles, and Ideology*, Oxford: Blackwell, 1991

—— "On the Importance of Institutions in an Analysis of Athenian Democracy", *Classica et Mediaevalia* 40 (1989) (published in 1993), pp.107-113

——, ed., *The Ancient Greek City-State*, Copenhagen: Historisk-Filosofiske Meddelelser det Kongelike Danske Videnskabernes 67, 1993

—— "The Ancient Athenian and the Modern Liberal View of Liberty as a Democratic Ideal", in Josiah Ober & Charles Hedrick, eds., *Demokratia: A Conversation on Democracies, Ancient and Modern*, 1996, pp. 91-104

——, ed., *The Polis as an Urban Centre and as a Political Community*, Acts of the Copenhagen Polis Centre vol. 4, Historisk-filosofiske Meddelelser 75, Copenhagen: Det Kongelige Danske Videnskabernes Selskab, 1997

—— *Polis and City-State: An Ancient Concept and Its Modern Equivalent*, Acts of the Copenhagen Polis Centre vol. 5, Historisk-filosofiske Meddelelser 76, Copenhagen: Det Kongelige Danske Videnskabernes Selskab, 1998

——, ed., *A Comparative Study of Six City-State Cultures. An Investigation Conducted by the Copenhagen Polis Centre*, Historisk-filosofiske Skrifter 27, Copenhagen: Det Kongelige Danske Videnskabernes Selskab, 2002

——, ed., *The Imaginary Polis*, Acts of the Copenhagen Polis Centre vol. 7, Historisk-filosofiske Meddelelser 91, Copenhagen: Det Kongelige Danske Videnskabernes Selskab, 2005

—— *Polis: An Introduction to the Ancient Greek City-State*, Oxford: Oxford

University Press, 2006

Mogens Herman Hansen and Thomas Heine Nielsen, eds., *An Inventory of Archaic and Classical Poleis*, Oxford: Oxford University Press, 2004

V. D. Hanson, *The Other Greeks*, New York: Free Press, 1995

Edward M. Harris, *Democracy and the Rule of Law in Classical Athens: Essays on Law, Society and Politics,* Cambridge: Cambridge University Press, 2006

Edward M. Harris, David M. Lewis and Mark Woolmer, eds., *The Ancient Greek Economy: Markets, Households and City-States*, Cambridge: Cambridge University Press, 2016

A. R. W. Harrison, *The Law of Athens*, 2 vols., Oxford: Oxford University Press, 1968

John Hart, *Herodotus and Greek History*, London: Croom Helm, 1982

François Hartog, *Le Miroir d'Hérodote: Essai sur la* Représentation *de l'Autre*, Paris: Gallimard, 1980 (published in English as *The Mirror of Herodotus: The Representation of the Other in the Writing of History*, Berkeley and Los Angeles: University of California Press, 1988)

Johannes Hasebroek, *Staat und Handel in altern Griechenland*, Tübingen: Mohr, 1928 (published in English as *Trade and Politics in Ancient Greece*, London: G. Bell and Sons Ltd., 1933)

Waldemar Heckel, *The Marshals of Alexander's Empire*, London and New York: Routledge, 1992

Waldemar Heckel and J. C. Yardley, *Alexander the Great: Historical Sources in Translation*, Malden, MA and Oxford: Blackwell Publishing, 2004

A. Heubeck, M. L. West and A. Hainsworth, *A Commentary on Homer's Odyssey*, Oxford: Oxford University Press, 1988-1989

Charles Hignett, *A History of the Athenian Constitution to the End of the Fifth-Century B.C.*, Oxford: Oxford University Press, 1952

Stephen Hodkinson, *Property and Wealth in Classical Sparta*, London: Duckworth,

2000

S. Hood, *The Minoans: Crete in the Bronze Age*, London: Thames and Hudson, 1971

Jane Hornblower, *Hieronymus of Cardia*, Oxford: Oxford University Press, 1981

Simon Hornblower, *The Greek World, 479-323 B.C.*, London and New York: Routledge, 2002, third edition (first published in 1983)

—— *Thucydides*, Baltimore: Johns Hopkins University Press, 1987

—— *A Commentary on Thucydides*, 2 vols., Oxford: Oxford University Press, 1991-1996

Sally Humphreys, *Anthropology and the Greeks*, London: Routledge and Kegan Paul, 1978

Felix Jacoby, *Fragmente der griechischen Historiker*, Berlin: Weidemann, 1923-1958

Werner Jaeger, *Paideia: the Ideal of Greek Culture*, 3 vols., Oxford: Basil Blackwell, 1939-1945

A. Jarde, *Les Céréales dans L'Antiquité Grecque*, Paris: E. de Boccard, 1925

L. H. Jeffery, *Archaic Greece: the City-States 700-500 B.C.*, London: Ernst Benn, 1976

—— *The Local Scripts of Archaic Greece*, Oxford: Oxford University Press, 1990, second edition (first published in 1961)

A. H. M. Jones, *Athenian Democracy*, Oxford: Basil Blackwell, 1957

—— *Sparta*, Oxford: Basil Blackwell, 1967

Nigel M. Kennell, *The Gymnasium of Virtue: Education and Culture in Ancient Sparta*, Chapel Hill and London: The University of North Carolina Press, 1995

Konrad H. Kinzl, ed., *A Companion to the Classical Greek World*, Oxford and Malden, Mass.: Blackwell Publishing, 2006

G. S. Kirk, *The Songs of Homer*, Cambridge: Cambridge University Press, 1976

——, ed., *Iliad, a Commentary*, Cambridge: Cambridge University Press, 1985-1993

G. Kopcke and I. Tokumaru, eds., *Greece between East and West: 10th-8th Centuries*

BC, Mainz: Franz Steiner, 1992

John A. Koumoulides, ed., *The Good Idea: Democracy and Ancient Greece. Essays in Celebration of the 2500th Anniversary of Its Birth in Athens*, New Rochelle, NY: Aristide D. Caratzas, 1995

C. M. Kraay, *Greek Coins and History: Some Current Problems*, London: Muthuen, 1969

—— *Archaic and Classical Greek Coins*, Berkeley and Los Angles: University of California Press, 1976

C. M. Kraay and M. Hirmer, *Greek Coins*, London: Thames and Hudson, 1966

Peter Krentz, "Fighting by the Rules: The Invention of the Hoplite Agôn", *Hesperia* 71 (2002), pp.23-39

—— "Warfare and Hoplites", in H. A. Shapiro, ed., *The Cambridge Companion to Archaic Greece*, pp. 61-84

Amelie Kuhrt & Susan Sherwin-White, *Hellenism in the East*, London: Duckworth, 1987

Andriaan Lanni, *Law and Justice in the Courts of Classical Athens*, Cambridge: Cambridge University Press, 2006

J. A. O. Larsen, *Representative Government in Greek and Roman History,* Berkeley and Los Angle: University of California Press, 1955

—— *Greek Federal States: Their Institutions and History*, Oxford: Oxford University Press, 1968

Joachim Latacz, *Kampfparänese, Kampfdarstellung und Kampfwirklichkeit in der Ilias, bei Kallinos und Tyrtaios*, München: Beck, 1977

——, ed., *Zweihundert Jahre Homer-Forschung: Rückblick und Ausblick*, Stuttgart: B. G. Teuber, 1991

Donald Lateiner, *The Historical Method of Herodotus*, Toronto and London: University of Toronto Press, 1989

J. F. Lazenby, *The Spartan Army*, Warminster: Aris and Phllips, 1985

Mary R. Lefkowitz, *Not Out of Africa: How Afrocentrism Became an Excuse to Treat Myth as History*, New York: New Republic and Basic Books, 1997, second edition (first published in 1996)

Mary R. Lefkowitz and G. M. Rogers, eds., *Black Athena Revisited*, Chapel Hill: University of North Carolina Press, 1996

David M. Lewis, *Sparta and Persia*, Leiden: E. J. Brill, 1977

N. Lewis, *Greeks in the Ptolemaic Egypt: Case Studies in the Social History of the Hellenistic World*, Oxford: Oxford University Press, 1986

Nicole Loraux, *L'Invention d'Athènes: Histoire de l'Oraison Funèbre dans la "Cité Classique"*, Paris: Mouton, 1981 (English: *The Invention of Athens: The Funeral Oration in the Classical City*, Cambridge, Mass.: Harvard University Press, 1986)

—— *Les Enfants d'Athèna: Idées Athéniennes sur la Citoyenneté et la Division des Sexes*, Paris: F. Maspero, 1981 (English: *The Children of Athena: Athenian Ideas about Citizenship and the Division between the Sexes*, Princeton: Princeton University Press, 1993)

H. L. Lorimer, "The Hoplite Phalanx", *Annual of the British School at Athens* 42 (1947), pp.76-138

—— *Homer and the Monuments*, London: Macmillan, 1950

Douglas MacDowell, *The Law in Classical Athens*, London: Thames and Hudson, 1978

—— *Spartan Law*, Edinburgh: Scottish Academic Press, 1986

Malcolm F. MacGregor, *The Athenians and Their Empire*, Vancouver: University of British Columbia Press, 1987

Irak Malkin, ed., *Ancient Perceptions of Greek Ethnicity*, Washington DC: Center for Hellenic Studies (distributed by Harvard University Press), 2001

—— "'Tradition' in Herodotus: The Foundation of Cyrene", in Peter Derow and Robert Parker, eds., *Herodotus and His World*, pp.153-170

P. B. Manville, *The Origins of Citizenship in Ancient Athens*, Princeton: Princeton

University Press, 1990

David J. Mattingly and John Salmon, eds., *Economies beyond Agriculture in the Classical World*, London and New York: Routledge, 2001

Ian McAuslan and Peter Walcot, eds., *Homer*, Greek & Rome Studies Vol. IV, Oxford: Oxford University Press, 1998

James F. McGlew, *Tyranny and Political Culture in Ancient Greece*, Ithaca and London: Cornell University Press, 1993

J. McInerney, *The Folds of Parnassos: Land and Ethnicity in Ancient Phokis*, Austin, TX: University of Texas Press, 1999

—— *Ancient Greece: A New History*, London: Thames & Hudson, 2018

R. Meiggs, *The Athenian Empire*, Oxford: Oxford University Press, 1972

Russuell Meiggs and David Lewis, *A Selection of Greek Historical Inscriptions*, Oxford: Oxford University Press, 1988 (revised edition)

B. D. Meritt, *The Athenian Financial Documents of Fifth Century B.C.*, Ann Arbor: University of Michigan Press, 1932

—— *The Athenian Assessment of 425 B.C.*, Ann Arbor: University of Michigan Press, 1934

B. D. Meritt, H. T. Wade-Gery and M. F. MacGregor, *The Athenian Tribute Lists*, vols. i-iv, Cambridge, Mass.: Harvard University Press, 1939-1953

Edward Meyer, *Forschungen zur alten Geschichte*, Halle: Niemeyer, 1892

—— *Geschichte des Altertums*, Stuttgart and Berlin: J. G. Cotta, 1931（第二次修订本）

Mi Chenfeng, "The Spread of Aristotle's Political Theory in China", *Rivista di cultura classica e medioevale* 37 (1995), numero 2, pp.243-256

H. Michell, *Sparta*, Cambridge: Cambridge University Press, 1952

Lynette G. Mitchell and P. J. Rhodes, *The Development of the Polis in Archaic Greece*, London: Routledge, 1997

John Stuart Mill, "Grote's History of Greece [1]" (1846), in J. M. Robson, ed.,

Collected Works of John Stuart Mill, Vol. XI, Toronto: University of Toronto Press, 1987, pp. 271-305

Arnaldo Momigliano, *Filippo il Macedone*, Florence: Le Monnier, 1934

—— *Alien Wisdom: The Limitation of Hellenization*, Cambridge: Cambridge University Press, 1975

Catherine Morgan, *Athletes and Oracles. The Transformation of Olympia and Delphi in the Eighth Century BC*, Cambridge: Cambridge University Press, 1990

—— "Ethnicity and Early Greek States", *PCPhS* 37 (1991), pp. 131-63

—— *Early Greek States beyond the Polis*, London and New York: Routledge, 2003

Neville Morley, *Ancient History: Key Themes and Approaches*, London: Routledge, 2000

Ian Morris, "The Use and Abuse of Homer", *Classical Antiquity* 5 (1986), pp. 81-138

—— *Burial and Ancient Society: The Rise of the Greek City-State*, Cambridge: Cambridge University Press, 1987

—— "The Athenian Economy Twenty Years after *The Ancient Economy*", *Classical Philology* 89 (1994), pp. 351-366

—— "Periodization and the Heroes: Inventing a Dark Age", in Mark Golden and Peter Toohey, eds., *Inventing Ancient Culture*, 1997, pp. 96-131

—— *Archaeology as Cultural History: Words and Things in Iron Age Greece*, Malden, MA and Oxford: Blackwell Publishing, 2000

Ian Morris and Barry Powell, eds., *A New Companion to Homer*, *Mnemosyne* Suppl. 163, Leiden: E. J. Brill, 1997

Ian Morris and Kurt A. Raaflaub, eds., *Democracy 2500? Questions and Challenges*, Archaeological Institute of America, Dubuque, Iowa: Kendall/Hunt Publishing Company, 1998

Sarah Morris, *Daidalos and the Origins of Greek Art*, Princeton: Princeton University Press, 1992

—— "Homer and the Near East", in Ian Morris and Barry Powell, eds., *A New Companion to Homer*, 1997, pp. 599-623

Claude Mossé, *Athens in Decline 404-86 B.C.*, London: Routledge, 1973

—— *Les Institutions Politiques Grecques à l'Époque Classique*, Paris: A. Colin, 1967

Oswyn Murray, *Early Greece*, 2nd ed., London: Fontana Press, 1993 (first published in 1980)

C. Nadon, *Xenophon's Prince, Republic and Empire in the Cyropaedia*, Berkeley and Los Angeles: University of California Press, 2001

Gregory Nagy, "Homeric Questions", *Transactions of the American Philological Association* 122 (1992), pp.17-60

M. P. Nilsson, M. P. Nilsson, "Die Hoplitentaktik und das Staatswesen", *Klio* 22 (1928), pp. 240-249

—— *The Mycenaean Origin of Greek Mythology*, Berkeley: University of California Press, 1972, with a new introduction and bibliography by Emily Vermeule (first published in 1932),

—— *Homer and Mycenae*, London: Methuen and Co. Ltd., 1933

Josiah Ober, *Mass and Elite in Democratic Athens: Rhetoric, Ideology, and the Power of the People*, Princeton: Princeton University Press, 1989

—— "The Nature of Athenian Democracy", *Classical Philology* 84 (1989), pp. 322-334

—— "The Athenian Revolution of 508/7 BCE: Violence, Authority, and the Origins of Democracy", in C. Dougherty and L.Kurke, eds., *Cultural Poetics in Archaic Greece*, 1993, pp.215-232

—— *Athenian Revolution: Essays on Ancient Greek Democracy and Political Theory*, Princeton: Princeton University Press, 1999

—— *Athenian Legacies: Essays on the Politics of Going on Together*, Princeton: Princeton University Press, 2005

—— *The Rise and Fall of Classical Greece*, Princeton: Princeton University Press, 2015

Josiah Ober and C. W. Hedrick, Jr., eds., *The Birth of Democracy: An Exhibition Celebrating the 2500th Birthday of Democracy*, Washington DC: National Archives, 1993

—— *Demokratia: A Conversation on Democracies, Ancient and Modern*, Princeton: Princeton University Press, 1996

Pavel Oliva, *Sparta and Her Social Problems*, Prague: Academia, 1967

Robin Osborne, *Demos: the Discovery of Classical Attika,* Cambridge: Cambridge University Press, 1985

—— *Greece in the Making, 1200-479 BC*, London and New York: Routledge, 2009, second edition (first published in 1996)

—— "Law and Laws: How Do We Join up the Dots?", in Lynette G. Mitchell and P. J. Rhodes, eds., *The Development of the Polis in Archaic Greece*, 1997, pp.74-82

—— "Early Greek Colonization? The Nature of Greek Settlement in the West", in Nick Fisher and Hans van Wees, eds., *Archaic Greece: New Approaches and New Evidence*, 1998, pp. 251-269

—— "Homeric Society", in Robert Fowler, ed., *The Cambridge Companion to Homer*, 2004, 206-19

—— *The Tranformation of Athens: Painted Pottery and the Creation of classical Greece*, Princeton: Princeton University Press, 2018 Robin Osborne and P. J. Rhodes, eds., *Greek Historical Inscriptions 478-404 BC*, Oxford: Oxford Unversity Press, 2017

M. Ostwald, *From Popular Sovereignty to the Rule of Law*, Berkeley and Los Angles: University of California Press, 1986

Corinne Ondine Pache, ed., *The Cambridge Guide to Homer*, Cambridge: Cambridge University Press, 2020

D. L. Page, *History and the Homeric Iliad*, Berkeley and Los Angles: University of

California Press, 1959

John Papadopoulos, "To Kill a Cemetery: The Athenian Kerameikos and the Early Iron Age in the Aegean", *Journal of Mediterranean Archaeology* 6 (1993), pp. 175-206

Victor Parker, "Tyrants and Lawgivers", in H. A. Shapiro, ed., *The Cambridge Companion to Archaic Greece*, Cambridge: Cambridge University Press, 2007, pp. 13-39

Milman Parry, *The Making of Homeric Verse*, ed. by Adam Parry, Oxford: Oxford University Press, 1971

J. B. S. Pendlebury, *The Archaeology of Crete: An Introduction*, London: Methuen, 1939

Sarah B. Pomeroy, *Spartan Women*, Oxford: Oxford University Press, 2002

M. R. Popham, L. H. Sackett and P. G. Themelis, eds., *Lefkandi I, The Iron Age: The Settlement; The Cemeteries* (British School at Athens Supplementary Volume, No. 11), London: Thames and Hudson, 1980

M. R. Popham, P. G. Calligas and L. H. Sackett, eds., *Lefkandi II, The Protogeometric Building at Toumba, Part 2: The Excavation, Architecture and Finds* (British School at Athens Supplementary Volume, No. 23), London: Thames and Hudson, 1993

M. R. Popham and I. S. Lemos, *Lefkandi III: The Early Iron Age Cemetery at Toumba* (British School at Athens Supplementary Volume, No. 29), London: Thames and Hudson, 1996

Anton Powell, ed., *Classical Sparta: Techniques behind her Success*, London: Routledge, 1989

——, ed., *A Companion to Sparta*, 2 vols., Hoboken, NJ: John Wiley and Sons, 2018

Anton Powell and Stephen Hodkinson, eds., *The Shadow of Sparta*, London and New York: Routledge, 1994

Barry B. Powell, *Homer*, Malden, MA and Oxford: Blackwell, 2004

Claire Préaux, *Le Monde Héllenistique: La Grèce et l'Orient de la Mort d'Alexandre à la Conquête Romaine de la Grèce (323-146 av. J.-C.)*, Paris: Presses Universitaires de France, 1978

Martin Jessop Price, *The Coinage in the Name of Alexander the Great and Philip Arrhidaeus: A British Museum Catalogues*, 2 vols., Zurich: Swiss Numismatic Society, and London: British Museum, 1991

W. K. Pritchett, *The Greek State at War*, Vol. 4, Berkeley: University of California Press, 1985

Kurt A. Raaflaub, "Homeric Society", in Ian Morris and Barry Powell, eds., *A New Companion to Homer*, 1997, pp. 623-648

—— "Soldiers, Citizens, and the Evolution of the Early Greek Polis", in Lynette G. Mitchell and P. J. Rhodes, eds., *The Development of the Polis in Archaic Greece*, 1997, pp. 49-59

—— "A Historian's Headache: How to Read 'Homeric Society'", in Nick Fisher and Hans van Wees, eds., *Archaic Greece: New Approaches and New Evidence*, 1998, pp. 169-193

—— "Historical Approaches to Homer", in Sigrid Deger-Jalkotzy and Irene S. Lemos, eds., *Ancient Greece: from the Mycenaean Palaces to the Age of Homer*, 2006, pp.249-262

Kurt A. Raaflaub, Josiah Ober, and Robert W. Wallace, eds., *Origins of Democracy in Ancient Greece*, Berkeley and Los Angles: University of California Press, 2007

Elizabeth Rawson, *The Spartan Tradition in European Thought*, Oxford: Oxford University Press, 1969

Antonios Rengakos and Antonios Tsakmakis, eds., *Brill's Companion to Thucydides*, Leiden and Boston: E. J. Brill, 2006

P. J. Rhodes, *The Athenian Boule*, Oxford: Oxford University Press, 1985, revised edition (first edition in 1972)

—— *A Commentary on Aristotelian Athenaion Politeia*, 2nd ed., Oxford: Oxford

University Press, 1985

—— *Ancient Democracy and Modern Ideology*, London: Duckworth, 2003

—— "Nothing to Do with Dionysos", *Journal of Hellenic Studies* 123 (2003), pp. 104-119

—— *A History of the Classical Greek World 478-323 BC*, second edition, Malden, MA: Wiley-Blackwell, 2010

P. J. Rhodes with the late David M. Lewis, *The Decrees of the Greek States*, Oxford: Clarendon Press, 1997

P. J. Rhodes and Robin Osborne, *Greek Historical Inscriptions 404-323 BC*, Oxford: Oxford University Press, 2003

B. Ridgeway, "The Plataean Tripod and the Serpent Column", *AJA* 81 (1977), pp. 374-379

Jennifer Tolbert Roberts, *Athens on Trial: the Antidemocratic Tradition in Western Thought*, Princeton: Princeton University Press, 1994

Eric W. Robinson, *The First Democracies: Early Popular Government outside Athens*, *Historia* Einzelshriften, Heft 107, Stuttgart: Franz Steiner Verlag, 1997

Joseph Roisman, ed., *Brill's Companion to Alexander the Great*, Leiden and Boston: Brill, 2003

M. I. Rostovtzeff, *A Large Estate in the Third Century B.C.: a Study in Economic History*, Madison: University of Wisconsin Press, 1922

—— *The Social and Economic History of the Hellenistic World*, 3 vols., Oxford: Oxford University Press, 1941

Phlip Sabin, Hans van Wees & Michael Whitby, eds., *The Cambridge History of Greek and Roman Warfare*, Vol. 1, *Greece, the Hellenistic World and the Rise of Rome*, Cambridge: Cambridge University Press, 2007

G. E. M. de Ste. Croix, "The Characters of the Athenian Empire", *Historia* 3 (1954), pp.1-41

—— *The Origins of the Peloponnesian War*, London: Duckworth, 1972

—— *The Class Struggle in the Ancient Greek World*, London: Duckworth, 1981

John Salmon, "Lopping off the Heads? Tyrants, Politics and the Polis", in Lynette G. Mitchell and P. J. Rhodes, eds., *The Development of the Polis in Archaic Greece*, 1997, pp. 60-73

Loren J. Samons II, ed., *The Cambridge Companion to the Age of Pericles*, Cambridge: Cambridge University Press, 2007

Alan E. Samuel, *The Shifting Sands of History: Interpretations of Ptolemaic Egypt*, Lanham, MD: University Press of America, 1989

Arlene W. Saxonhouse, *Athenian Democracy: Modern Mythmakers and Ancient Theorists*, Notre Dame and London: University of Notre Dame Press, 1996

Walter Scheidel and Sitta von Reden,, eds., *The Ancient Economy*, Edinburgh: Edinburgh University Press, 2002

R. Seaford, *Reciprocity and Ritual: Homer and Tragedy in the Developing City-State*, Oxford: Oxford University Press, 1994

H. A. Shapiro, ed., *The Cambridge Companion to Archaic Greece*, Cambridge: Cambridge University Press, 2007

David M. Schaps, *Handbook for Classical Research*, London: Routledge, 2011

E. S. Sherratt, "Reading the Texts: Archaeology and the Homeric Question", *Antiquity* 64 (1990), pp. 807-824

Susan Sherwin-White & Amelie Kuhrt, *From Samarkand to Sardis: A New Approach to the Seleucid Empire*, Berkeley and Los Angles: University of California Press, 1993

Gordon S. Shrimpton, *Theopompus the Historian*, Montreal: McGill-Queen's University Press, 1991

R. K. Sinclair, *Democracy and Participation in Athens*, Cambridge: Cambridge University Press, 1988

A. M. Snodgrass, *Early Greek Armour and Weapons*, Edinburgh: Edinburgh University Press, 1964

—— "The Hoplite Reform and History", *Journal of Hellenic Studies* 85 (1965), pp. 110-122

—— *The Dark Age of Greece*, Edinburgh: Edinburgh University Press, 1971; 2nd edition, 2000

—— "An Historical Homeric Society?", *Journal of Hellenic Studies* 94 (1974), pp. 114-125, reprinted in Anthony Snodgrass, *Archaeology and the Emergence of Greece. Collected Papers on Early Greece and Related Topics (1965-2002)*, Edinburgh: Edinburgh University Press, 2006, pp. 173-193

—— *Archaeology and the Rise of the Greek State*, Cambridge: Cambridge University Press, 1977

—— *Archaic Greece: The Age of Experiment*, London: J. M. Dent & Sons Ltd, 1980

—— *An Archaeology of Greece. The Present State and Future Scope of a Discipline*, Berkeley: University of California Press, 1987

——"Archaeology and the Study of the Greek City", in John Rich and Andrew Wallace-Hadrill, eds., *City and Country in the Ancient World*, London: Routledge, 1991

——"The Rise of the Polis: the Archaeological Evidence", in M. H. Hansen, ed., *The Ancient Greek City-State*, 1993, pp. 30-40

—— *Archaeology and the Emergence of Greece*, Ithaca and New York: Cornell University Press, 2006

N. Spencer, ed., *Time, Tradition and Society in Greek Archaeology: Bridging the "Great Divide"*, London: Routledge, 1995

Chester G. Starr, *The Origins of Greek Civilization 1100-650 B.C.*, New York: Alfred A. Knopf, 1961

—— *Economic and Social Growth of Early Greece, 800-500 B.C*, New York: Oxford University Press, 1977

—— *Past and Future in Ancient History*, Publications of the Association of Ancient Historians 1, Lanham: University Press of America, 1987

Andrew Stewart, *Faces of Power: Alexander's Image and Hellenistic Politics*, Berkeley and Los Angeles: University of California Press, 1993

Barry S. Strauss, "Genealogy, Ideology, and Society in Democratic Athens", in Ian Morris and Kurt A. Raaflaub, eds., *Democracy 2500? Questions and Challenges*, 1998, pp. 141-154

O. Taplin, *Homeric Soundings. The Shaping of the Iliad*, Oxford: Oxford University Press, 1992

W. W. Tarn, *Hellenistic Civilizations*, London: Edward Arnold and Co., 1927

—— *The Greeks in Bactria and India*, Cambridge: Cambridge University Press, 1938

—— *Alexander the Great*, 2 vols., Cambridge: Cambridge University Press, 1948

William Taylor, *The Mycenaeans*, New York: F. A. Praeger, 1964

Rosalind Thomas, *Oral Tradition and Written Records in Classical Athens*, Cambridge: Cambridge University Press, 1989

—— *Literacy and Orality in Ancient Greece*, Cambridge: Cambridge University Press, 1992

Dorothy J. Thompson, *Memphis under the Ptolemies*, Princeton: Princeton University Press, 1988

M. N. Tod, *Greek Historical Inscriptions*, Oxford: Oxford University Press, 1946-1948

Gocha R. Tsetskhladze, ed., *The Greek Colonisation of the Black Sea Area. Historical Interpretation of Archaeology*, *Historia* Einzelschriften 121, Stuttgart: F. Steiner, 1998

—— *Ancient Greeks West and East*, *Mnemosyne* Suppl. 196, Leiden: Brill, 1999;

—— *Greek Colonisation. An Account of Greek Colonies and Other Settlements Overseas*, 2 volumes, Leiden: Brill, 2006 and 2008

Gocha R. Tsetskhladze and Franco De Angelis, eds., *The Archaeology of Greek Colonisation. Essays Dedicated to Sir John Boardman*, Oxford: Oxford University

Committee for Archaeology, 1994

Gocha R. Tsetskhladze & A. M. Snodgrass, eds., *Greek Settlements in Eastern Mediterranean and the Black Sea*, Oxford: Archaeopress, 2002

Frank M. Turner, "The Homeric Questions", in Ian Morris and Barry Powell, eds., *A New Companion to Homer*, pp.123-145

Hans van Wees, *Status Warriors: War, Violence, and Society in Homer and History*, Amsterdam: J. C. Gieben, 1992

—— "The Homeric Way of War: the *Iliad* and the Hoplite Phalanx", *Greece & Rome* 41 (1994), pp. 1-18, 131-155

—— "Homeric Warfare", in Ian Morris and Barry Powell, eds., *A New Companion to Homer*, 1997, pp. 668-693

—— *Greek Warfare: Myth and Realities*, London: Duckworth, 2004; "War and Society", in Phlip Sabin, Hans van Wees & Michael Whitby, eds., *The Cambridge History of Greek and Roman Warfare*, Vol. 1, *Greece, the Hellenistic World and the Rise of Rome*, Cambridge: Cambridge University Press, 2007, pp. 273-299

Michael Ventris and J. Chadwick, *Documents in Mycenaean Greek*, Cambridge: Cambridge University Press, 1956

E. Vermeule, *Greece in the Bronze Age*, Chicago: University of Chicago Press, 1964

Jean-Pierre Vernant, *Les Origines de la Pensée Grecque*, Paris: Presses universitaires de France, 1962 (in English as *The Origins of Greek Thought*, Ithaca: Cornell University Press, 1982)

—— *Mythe et Pensée chez les Grecs: Études de Psychologie Historique*, Paris: F. Maspero, 1965 (in English as *Myth and Thought among the Greeks*, London: Routledge and Kegan Paul, 1983)

—— *Mythe et Société en Grèce Ancienne*, Paris: F. Maspero, 1974 (in English as *Myth and Society in Ancient Greece*, Brighton: Harvester Press, 1980)

Jean-Pierre Vernant and Pierre Vidal-Naquet, *Mythe et Tragédie en Grèce Ancienne*, 2 vols., Paris: F. Maspero, 1972 (avec Pierre Vidal-Naquet) (in English as *Tragedy and Myth in Ancient Greece*, Brighton: Harvester Press, 1981)

Pierre Vidal-Naquet, *Le Chasseur Noir: Formes de Pensée et Formes de Société dans le Monde Grec*, Paris: F. Maspero, 1981(English: *The Black Hunter: Forms of Thought and Forms of Society in the Greek World*, Baltimore: Johns Hopkins University Press, 1986)

Ulrich von Wilamowitz-Möllendorf, Aristoteles und Athen, 2 vols., Berlin: Weidemann, 1893

—— *History of Classical Scholarship*, Baltimore: The Johns Hopkins University Press, 1982 (first published in German in 1921)

F. W. Walbank, *A Historical Commentary on Polybius*, I-III, Oxford: Oxford University Press, 1957-1979

—— *The Hellenistic World*, London: Fontana Press, 1992, second edition (first published in 1981)

Robert W. Wallace, *The Areopagus Council to 307 B. C*, Baltimore and London: The Johns Hopkins University Press, 1989

—— "Solonian Democracy", in Ian Morris and Kurt A. Raaflaub, eds., *Democracy 2500? Questions and Challenges*, 1998, pp. 11-29

John Walsh and Elizabeth Baynham eds., *Alexander the Great and Propaganda*, London: Routledge, 2021

M. Weber, *The Agrarian Sociology of Ancient Civilizations*, London: New Left Books, 1976

T. B. L. Webster, *From Mycenae to Homer*, London: Methuen, 1964, 2nd edition (first published in 1958)

Bradford Welles, *Royal Correspondence in the Hellenistic Period*, New Haven: Yale University Press, 1934

M. L. West, *Hesiod, Theogony*, Oxford: Oxford University Press, 1966

—— *Early Greek Philosophy and the Orient*, Oxford: Oxford University Press, 1971

—— *The Hesiodic Catalogue of Women: Its Nature, Structure and Origins*, Oxford:

Oxford University Press, 1985

—— *The East Face of Helikon. West Asiatic Elements in Greek Poetry and Myth*, Oxford: Oxford University Press, 1997

David Whitehead, *The Demes of Attika, 508/7-ca. 250 BC: A Political and Social Study*, Princeton: Princeton University Press, 1986

J. Whitley, *Style and Society in Dark Age Greece: The Changing Face of Pre-Literate Society, 1100-700 BC*, Cambridge: Cambridge University Press, 1991

Édouard Will, *Histoire Politique du Monde Hellenistique*, 1-3, Nancy: Facultes des Lettres et des Sciences Humaines de L'Universite de Nancy, 1966

—— "Pour une 'Anthropologie Coloniale' du Monde Hellénistique", in John W. Eadie and Josiah Ober, eds., *The Craft of the Ancient Historian: Essays in Honor of Chester G. Starr*, Lanham, MD: University Press of America, 1985, pp. 273-301

F. A. Wolf, *Prolegomena ad Homerum*, Halis Saxonum: Libraria Orphanotrophei, 1859, second edition (first published in 1795)

E. M. Wood, *Peasant Citizen and Slavery: The Foundation of Athenian Democracy*, London: New Left Books, 1986

Alfred Zimmern, *The Greek Commonwealth, Politics and Economics in Fifth-Century Athens*, Oxford: Oxford University Press, 1924

二、中文（以作者姓氏拼音顺序排列）

保罗·G. 巴恩主编：《剑桥插图考古学史》，郭小凌、王晓秦译，山东画报出版社，2000年版

罗杰·巴格诺尔：《阅读纸草，书写历史》，宋立宏、郑阳译，上海三联书店，2007年版

瓦尔特·伯克特：《东方化革命：古风时代前期近东对古希腊文化的影响》，刘智译，上海三联书店，2010年版

——《希腊文化的东方语境》，唐卉译，社会科学文献出版社，2015年版

陈德正：《19世纪后期传教士对西方古典学的引介和传播》，收于《西学研究》第2辑，商务印书馆，2006年版，第56—92页

陈恒：《略论希腊文明中的东方因素》，《上海师范大学学报》2004年第1期

——《论希腊化世界的城市及其功能》，《上海师范大学学报》2004年第1期

——《略论希腊化史学》，《史学理论研究》2005年第3期

——《希腊化研究》，商务印书馆，2006年版

——《美索不达米亚遗产及其对希腊文明的影响》，《上海师范大学学报》2006年第6期

——《亚历山大大帝的五种传统》，《史学理论研究》2007年第2期

陈衡哲：《西洋史》，东方出版社，2007年版(1924年初版)

陈唯声：《古代雅典的民主政治》，《哈尔滨师范大学学报》1981年第3期

M. I. 芬利：《古代世界的政治》，晏绍祥、黄洋译，商务印书馆，2016年版

——《古代民主与现代民主》，郭小凌、郭子林译，商务印书馆，2016年版

——《奥德修斯的世界》，刘淳、曾毅译，北京大学出版社，2019年版

——《古代经济》，黄洋译，商务印书馆，2020年版

Peter Garnsey：《骨骼与历史——古代地中海地区食谱与健康研究的新方法》，《历史研究》2006年第5期，第3—11页

邦雅曼·贡斯当：《古代人的自由与现代人的自由》，阎克文、刘满贵译，商务印书馆，1999年版

顾准：《希腊城邦制度》，中国社会科学出版社，1982年版

郭沫若：《关于奴隶和农奴的纠葛》，《新建设》1957年第5期

郭圣铭：《西方史学史概要》，上海人民出版社，1983年版

郭小凌：《希腊军制的变革与城邦危机》，《世界历史》1994年第6期

——《西方史学史》，北京师范大学出版社，1995年版

——《论普鲁塔克〈名人传〉的史学意义》，《史学集刊》1995年第3期

——《关于波里比乌的史学贡献》，《史学史研究》1995年第1期

——《古典西方史学中的客观主义原则与史家个人的实践》，《史学理论研究》

1996 年第 1 期

——《古希腊作家的民主价值观》,《史学理论研究》1998 年第 1 期

——《古代的史料和古代世界史》,《史学理论研究》2001 年第 2 期

——《后现代主义与古代史研究》,《世界历史》2007 年第 5 期

约翰内斯·哈斯布鲁克:《古希腊贸易与政治》,陈思伟译,商务印书馆,2019 年版

胡钟达:《论世界历史发展的不平衡性》,《史学理论》1988 年第 1 期

——《古典时代中国希腊政治制度演变的比较研究》,《内蒙古大学学报》1996 年第 6 期

——《胡钟达史学论文集》,内蒙古大学出版社,1997 年版

黄洋:《雅典民主政治新论》,《世界历史》1994 年第 1 期

——《古代希腊土地制度研究》,复旦大学出版社,1995 年版

——《希腊城邦社会的农业特征》,《历史研究》1996 年第 4 期

——《试论荷马社会的性质与早期希腊国家的形成》,《世界历史》1997 年第 4 期

——《希腊城邦的公共空间与政治文化》,《历史研究》2001 年第 5 期

——《民主政治诞生 2500 周年？——当代西方雅典民主政治研究》,《历史研究》2002 年第 6 期

——《古代希腊罗马世界的"东方"想象》,《历史研究》2006 年第 1 期

——《古代与现代的民主政治》,《史林》2007 年第 3 期

——《迈锡尼文明、"黑暗时代"与希腊城邦的兴起》,《世界历史》2010 年第 3 期

——《"雅典革命"论与古典雅典政制的建构》,《历史研究》2012 年第 5 期

——《古代希腊政治与社会初探》,北京大学出版社,2014 年版

——《希腊城邦政治与西方法治传统的建立》,《经济社会史评论》,2015 年第 2 期

——《西方政治学的前史:公元前 5 世纪希腊的政治思想》,《历史研究》2020 年第 1 期

——《古代希腊蛮族观念与族群认同研究述评》,载《西方古典学辑刊》第 3 辑,

复旦大学出版社，2021 年

佩里格林·霍登和尼古拉斯·珀塞尔：《堕落之海：地中海史研究》，上下册，吕厚量译，中信出版社，2018 年版

R. G. 科林武德：《历史的观念》，中国社会科学出版社，1986 年版

蒋保：《演说家与雅典民主政治》，《历史研究》2006 年第 6 期

李天祜：《古代希腊史》，兰州大学出版社，1991 年版

李永斌：《古典学与东方学的碰撞：古希腊"东方化革命"的现代想象》，《中国社会科学》2014 年第 10 期

廖学盛：《希波战争和雅典城邦制度的发展》，收于中国世界古代史研究会编：《世界古代史研究》，北京大学出版社，1982 年版，第 54—69 页

——《廖学盛文集》，上海辞书出版社，2005 年版

刘家和：《论古代的人类精神觉醒》，《北京师范大学学报》1989 年第 5 期

——《古代中国与世界》，武汉出版社，1995 年版

刘家和、廖学盛主编：《世界古代文明史研究导论》，高等教育出版社，2001 年版

珍妮弗·托尔伯特·罗伯兹：《审判雅典：西方思想中的反民主传统》，晏绍祥、石庆波、王宁译，吉林出版集团有限责任公司，2011 年版

保罗·麦克金德里克：《会说话的希腊石头》，晏绍祥译，浙江人民出版社，2000 年版

阿纳尔多·莫米利亚诺：《现代史学的古典基础》，冯洁音译，华东师范大学出版社，2009 年版

——《外族的智慧：希腊化的局限》，晏绍祥译，生活·读书·新知三联书店，2013 年版

——《论古代与近代的历史学》，晏绍祥译，黄洋校，北京大学出版社，2015 年版

日知：《我们在研究古代史中所存在的一些问题》，《历史研究》1956 年第 12 期

——《古典作家所记的黑劳士制度》，《东北师大科学集刊》1957 年第 3 期

——《中西古典学引论》，东北师范大学出版社，1999 年版

日知、际陶：《关于雅典国家产生的年代问题》，《社会科学战线》1980 年第 4 期

施治生、刘欣如主编：《古代王权与专制主义》，中国社会科学出版社，1993 年版

施治生、郭方主编：《古代民主与共和制度》，中国社会科学出版社，1998 年版

施治生、徐建新主编：《古代国家的等级制度》，中国社会科学出版社，2003 年版

童书业：《"古代史研究中的几个问题"的补充》，《文史哲》1956 年第 6 期

王敦书：《斯巴达早期土地制度考》，《历史研究》1983 年第 6 期

——《西洋文化史纲要导读》，载雷海宗：《西洋文化史纲要》，上海古籍出版社，2001 年版

——《贻书堂史集》，中华书局，2003 年版

王以欣：《克诺索斯"迷宫"与克里特的"王权"》，《世界历史》1998 年第 2 期

——《迈锡尼世界——希腊英雄神话和史诗的摇篮》，《世界历史》1999 年第 3 期

——《寻找迷宫：神话、考古与米诺文明》，天津人民出版社，2000 年版

——《古希腊神话与土地占有权》，《世界历史》2004 年第 2 期

——《迈锡尼时代的王权：起源和发展》，《世界历史》2005 年第 1 期

——《神话与历史 —— 古希腊英雄故事的历史和文化内涵》，商务印书馆，2006 年版

王以欣、王敦书：《古代希腊人的"神话—古史"观和神话与历史的相互融合》，《史学理论研究》2000 年第 2 期

——《克里特公牛舞：神王周期性登基祭礼的一部分》，《世界历史》2000 年第 2 期

——《神话与历史：忒拜建城故事考》，《历史研究》2005 年第 6 期

皮埃尔·维达尔－纳凯：《黑色猎手：古希腊世界的思想形式和社会形式》，华东师范大学出版社，2016 年版

吴晓群：《古代希腊仪式文化研究》，上海社会科学院出版社，2000 年版

吴于廑：《吴于廑学术论著自选集》，首都师范大学出版社，1995 年版

解光云：《古典时期的雅典城市研究》，中国社会科学出版社，2006 年版

徐松岩：《关于雅典奴隶制状况的两个问题》，《世界历史》1993年第5期

——《古典时期的雅典奴隶人数考析》，《世界历史》1994年第3期

——《公元前四世纪前期雅典采银业状况考》，《西南师范大学学报》1994年第3期

——《关于特洛伊战争的若干问题》，《世界历史》2002年第2期

——《提修斯改革》，《安徽史学》2003年第1期

——《黑劳士制度、土地制度与"平等者公社"的兴衰》，《西南师范大学学报》2003年第3期

徐晓旭：《论古代希腊的自耕农》，《世界历史》2002年第5期

——《古代希腊民族认同的形成》，（复旦大学博士后研究报告，2003年6月）

——《古代希腊人的"民族"概念》，《世界民族》2004年第2期

——《古希腊语与古希腊文化》，《华中师范大学学报》2004第4期

——《罗马统治时代希腊人的民族认同》，《历史研究》2006年第4期

——《希腊人和蛮族人：一对不断被修改的画像》，《历史研究》2014年第6期

——《文化选择与希腊化时代的族群认同》，《中国社会科学》2015年第3期

——《创造蛮族：古代希腊人建构他者新探》，《武汉大学学报》2019年第2期

——《波斯人的希腊祖先：跨越族群边界的名祖神话》，《历史研究》2019年第2期

徐晓旭、王敦书：《庞培·特罗古斯的〈腓力史〉和查士丁的《〈腓力史〉摘要》》，《史学理论研究》2001年第2期

颜海英：《托勒密时期埃及奴隶制评析》，《历史研究》1996年第6期

晏绍祥：《古典作家笔下的古代希腊商业》，《内蒙古大学学报》，1992年第3期

——《古典历史研究发展史》，华中师范大学出版社，1999年版

——《雅典首席将军考辨》，《历史研究》2002年第4期

——《古代希腊历史与学术史初学集》，湖北人民出版社，2003年版

——《从理想到暴政——古典时代希腊人的雅典民主观》，《华东师范大学学报》2003年第6期

——《民主还是暴政——希腊化时代和罗马时代思想史中的雅典民主问题》，

《世界历史》2004 年第 1 期

——《演说家与希腊城邦政治》,《历史研究》2006 年第 6 期

——《荷马社会研究》,上海三联书店,2006 年版

——《芬利与欧美学术界的雅典民主研究》,彭小瑜、张绪山主编:《西学研究》第二辑,商务印书馆,2006 年,第 151—181 页

——《迈锡尼国家的起源及其特征》,《华中师范大学学报》2006 年第 6 期

——《古典民主与共和传统》,上下册,北京大学出版社,2013 年

——《冲突与调适——埃斯库罗斯悲剧中的城邦政治》,《政治思想史》2015 年第 1 期

——《新形象的刻画:重构公元前四世纪的古典世界》,《历史研究》2015 年第 2 期

——《雅典的崛起和斯巴达的"恐惧":论"修昔底德陷阱"》,《历史研究》2017 年第 6 期

——《希腊城邦民主与罗马共和政治》,人民出版社,2018 年版

——《雅典民主政治发端之论争》,《武汉大学学报》2019 年第 1 期

——《古代希腊民主政治》,商务印书馆,2019 年

杨巨平:《试析"希腊化"时期君主制的形成与特点》,《山西大学学报》1991 年第 1 期

——《论希腊化文化的多元与统一》,《世界历史》1992 年第 3 期

——《希腊化文明的形成、影响与古代诸文明的交叉渗透》,《山西师范大学学报》1998 年第 3 期

——《阿伊·哈努姆遗址与"希腊化"时期东西方诸文明的互动》,《西域研究》2007 年第 1 期

——《亚历山大东征与丝绸之路开通》,《历史研究》2007 年第 4 期

——《试论演说家与雅典民主政治的互动》,《世界历史》2007 年第 4 期

裔昭印:《古希腊的妇女——文化视域中的研究》,商务印书馆,2001 年版

张强译注:《古希腊铭文辑要》,中华书局,2018 年版

张新刚:《友爱与共同体:古希腊政治思想研究》,北京大学出版社,2020 年版

张巍:《希腊古风诗教考论》,北京大学出版社,2018年版

祝宏俊:《斯巴达的"监察官"》,《历史研究》2005年第5期

——《古代斯巴达政制研究》,中央编译出版社,2013年版

朱建军:《论物质财富对古代马其顿王权消长的决定作用》,《世界历史》1987年第2期

——《论古代王权的发展及其与财富的关系》,《世界历史》1992年第3期